༄། །བྱང་སེམས་ནོར་བུའི་ཕྲེང་བ་དང་མི་ཆོས་གཙང་གི་ཕྲེང་བའི་འགྲེལ་པ་བཞུགས་སོ། །

གཟིམ་སྤྱིལ་བསྟན་འཛིན་ཡེ་ཤེས་ཀྱིས་བརྩམས།

བོད་ལྗོངས་མི་དམངས་དཔེ་སྐྲུན་ཁང་།

图书在版编目(CIP)数据

菩萨宝鬘及人道要鬘释:藏文、汉文/森珠·丹增益西著;克珠群佩译.--拉萨:西藏人民出版社,2024.6

ISBN 978-7-223-07707-1

Ⅰ.①菩… Ⅱ.①森…②克… Ⅲ.①格鲁派-研究-藏、汉 Ⅳ.①B946.6

中国国家版本馆CIP数据核字(2024)第107920号

菩萨宝鬘及人道要鬘释

作　　者 森珠·丹增益西
译　　者 克珠群佩
责任编辑 巴桑旺庆
封面设计 丹增旺杰
责任印制 达　珍
版式设计 巴桑旺庆
出版发行 西藏人民出版社(拉萨市林廓北路20号)
印　　刷 西藏新华印刷有限公司
开　　本 635×965 1/16
印　　张 22.375
字　　数 200千
版　　次 2024年6月第1版
印　　次 2024年6月第1次印刷
印　　数 01-2,000
书　　号 ISBN 978-7-223-07707-1
定　　价 58.00元

发行部联系电话(传真):0891-6826115

སྔོན་འགྲོའི་གཏམ།

འདི་བརྩམས་པའི་ཐོག་མའི་ཀུན་སློང་ནི་ཞུ་ལན་ནོར་བུའི་ཕྲེང་བ་དང་མི་ཆོས་གནད་ཀྱི་ཕྲེང་བ་འདི་དག་ལ་འགྲེལ་པ་ཡོད་མེད་རྩད་གཅོད་མཁན་ཏ་ཅང་མང་བས། དེའི་འགྲེལ་པ་ཞིག་ཐབས་གང་ཡོད་ཀྱིས་བཙལ་ཡང་རང་ཉིད་ལྟ་རྒྱ་ཐོས་རྒྱ་ཆུང་བའི་དབང་གིས་ཡིན་ནམ། ཡང་ན་དེའི་འགྲེལ་པ་ཞིག་དེ་སྟོན་མེད་པ་གང་ཡིན་ཆ་མ་འཚལ། གང་ལྟར་ད་ལྟའི་བར་དེ་དག་གི་འགྲེལ་པ་ཞིག་མཐོང་ཐོས་གང་ཡང་མ་བྱུང་བ་མ་ཟད་གཞན་དག་གིས་ཀྱང་འདིར་འགྲེལ་པ་ཞིག་བྲིས་ན་འཚམ་རབ་བཅས་ཡང་ཡང་སྐུལ་བས་བདག་རྐྱེན་དང་། ལྷག་པར་མི་ཆོས་ཀྱི་འགྲེལ་པ་ནི་རང་ས་ཁུལ་གྱི་དགུན་ཁའི་ཁ་གསབ་སློབ་ཚན་སོགས་ལ་ཡང་དགོས་མཁོ་ཆེ་བས་གང་ནུས་ཀྱིས་འདི་ལ་མཁས་པ་མགུ་བ་བསྐྱེད་པའི་འགྲེལ་པ་ཞིག་འབྲི་མི་ཐུབ་ཀྱང་བློ་དམན་དག་ལ་ཕན་ཕྱིར་དང་། རང་ཉིད་ཀྱང་མཉམ་མེད་ཇོ་བོ་ཡབ་སྲས་ཀྱི་ལྷ་ཆོས་བདུན་ལྡན་གྱི་བསྟན་པ་ལ་ཤིན་ཏུ་དད་པས་དེའི་གསུང་ལ་བག་ཆགས་ཤིག་འཛོག་ཕྱིར་ཐོག་མར་བཀའ་གདམས་གླེགས་བམ་གྱི་རྩ་བ་བྱུང་སེམས་ནོར་བུའི་ཕྲེང་བ་དང་། མི་ཆོས་གནད་ཀྱི་ཕྲེང་བ་འདི་དག་ལ་འགྲེལ་པ་ཞིག་བྲིས་ནས་མི་རྟོག་ཆུང་ཡང་ལྷ་རྫས་སུ་ཕུལ་ཏེ་ཚེ་ཚེ་རབས་རབས་ཐམས་ཅད་དུ་ཇོ་བོ་ཡབ་སྲས་ཀྱི་རྗེས་སུ་བཟུང་ཞིང་ལྷ་ཆོས་མི་ཆོས་གང་དང་ཡང་མི་འགལ་བའི་རྣམ་ཐར་

གཙང་མའི་རྒྱུད་འཛིན་གྱི་བུ་སློབ་ཞིག་ཏུ་སྐྱེས་ཏེ་འཇིག་རྟེན་ཡ་རབས་ཀྱི་དཔལ་ལ་ལོངས་སུ་སྤྱོད་པའི་རྒྱུར་སྨོན་པ་ནི་ཐོག་མའི་སེམས་བསྐྱེད་པའོ། །

འདིར་བྲིས་པའི་ཇོ་བོ་ཡབ་སྲས་གསུམ་གྱི་ཆེ་བའི་ཡོན་ཏན་ནི་མཆིམས་ནམ་མཁའ་གྲགས་དང་། འབྲོམ་ཤེས་རབ་མེ་ལྡེ། ལས་ཆེན་ཀུན་དགའ་རྒྱལ་མཚན། པཎ་ཆེན་བསོད་ནམས་གྲགས་པ་དང་ཡེ་ཤེས་རྩེ་མོ་སོགས་ཀྱིས་མཛད་པའི་རྣམ་ཐར་ཆོས་འབྱུང་ཁག་ལ་གཞི་བཅོལ་བ་ཡིན་ལ། ལྷག་པར་ཇོ་འབྲོམ་ཡབ་སྲས་གཉིས་ཀྱི་རྣམ་ཐར་ནི་འབྲོམ་ཤེས་རབ་མེ་ལྡེས་མཛད་པའི་རྣ་སྒྲོན་གྱི་བཤད་པ་ཉི་མའི་འོད་ཟེར་ཞེས་པ་དེ་ཉིད་ལ་གཞི་བྱས་ཏེ་བྲིས་པ་དང་། རྒྱུ་མཚན་ནི་དེ་ཉིད་མི་ལོ་བདུན་བརྒྱ་ཙམ་སོང་བའི་ཡིག་རྙིང་ཡིན་པས་ལོ་རྒྱུས་ཀྱི་རིན་ཐང་གཞལ་དུ་མེད་ཅིང་། རྒྱས་བསྡུས་འཚམ་པ། རྗོད་བྱེད་ཀྱི་ཚིག་ཀྱང་ཡང་བརྗོད་བྱའི་དོན་ཟབ་ལ་རྒྱ་ཆེ་བ། དཔེ་རྒྱུན་དཀོན་པས་ལོ་རྒྱུས་ཤེས་རྟོགས་དང་ཞིབ་དཔྱད་དག་ལ་ཕན་པར་རེ་བའི་བསམ་པས་ཀུན་ནས་བསླངས་ཏེ་འདིར་ཆེད་དུ་བཀོད་ཡོད། འོན་ཀྱང་། དེའི་ནང་ལོ་རྒྱུས་ཆོས་འབྱུང་དེབ་ཐེར་སྔོན་པོ་དང་མཁས་པའི་དགའ་སྟོན་སོགས་དང་མི་མཐུན་པ་ཅུང་ཟད་མཆིས་ཀྱང་ནང་དོན་ཁག་ཅིག་ནོར་བ་མ་བསམ་པ་ལོ་རྒྱུས་དང་གང་ཐག་ཉེ་བའི་ཡིག་ཆ་དག་ལ་དཔྱད་བསྡུར་བྱེད་རྒྱུ་ནི་ལོ་རྒྱུས་སྨྲ་བ་ཚོས་དོར་དུ་མེད་པའི་ལྟ་ཐབས་ཡིན་པས་གཟུར་གནས་དཔྱོད་ལྡན་རྣམས་ཀྱིས་དེ་དག་ལ་དཔྱད་པ་ཡང་དག་གནང་རྒྱུའི་རེ་བ་སྙིང་ནས་ཞུ།

བར་དུ་གཞུང་དངོས་ཀྱི་མ་དཔེ་དང་དེ་དག་གི་དགོངས་དོན་འགྲེལ་ཚུལ་ནི། བྱང་སེམས་ནོར་བུའི་ཕྲེང་བ་དང་མི་ཆོས་གནད་ཀྱི་ཕྲེང་བ་འདི་དག་གི་དཔེ་ཆ་ཡི་གེ་ཅུང་མི་འདྲ་བ་ཁག་ཅིག་འདུག་ཀྱང་དེའི་ནང་ནས་བྱང་སེམས་

ནོར་བུའི་ཕྲེང་བ་ནི་རང་དགོན་གྱི་རྒྱུགས་དཔེ་ཕྱོགས་བསྒྲིགས་དང་། མི་ཆོས་གཞན་གྱི་ཕྲེང་བ་ནི་བཀའ་གདམས་གླེགས་བམ་ཕྱོགས་བསྒྲིགས་ལས་བཏུས་པ་ཞིག་ཡི་གེ་དག་པར་སླམ་པས་དེ་དག་རྩ་བར་བྱས་ཏེ་འགྲེལ་ཡོད། འོན་ཀྱང་ཞིབ་དཔྱད་ཞིབ་བསྡུར་གྱི་ཆེད། བྱང་སེམས་ནོར་བུའི་ཕྲེང་བའི་རྩ་ཚིག་དག་སྡེ་དགེ་དང་། དགའ་ལྡན་ཕུན་ཚོགས་གླིང་། ཞོལ། བཀྲ་ཤིས་ལྷུན་པོ་བཅས་ཀྱི་པར་མའི་བཀའ་གདམས་ཕ་ཆོས་དང་། སྡེ་དགེ་བསྟན་འགྱུར། མི་ཆོས་གཞན་གྱི་ཕྲེང་བ་ནི་མཐོ་རིམ་སློབ་འབྲིང་གི་སྐད་ཡིག་དེབ་བཞི་པ་(ལྗོངས་དང་ཞིང་ཆེན་ལྔའི་མཉམ་སྒྲིག་བསླབ་གཞི།)དང་དཔེ་སྙིང་གཅིག་བཅས་ཀྱི་རྩ་ཚིག་ཡི་གེ་མི་འདྲ་བ་ཁག་འོག་ཏུ་པར་མ་སོ་སོའི་མཚན་ཐོག་ནས་མཆན་བཀོད་དང་། འགྲེལ་པའི་མཆན་ནི་འགྲེལ་པའི་བར་གསེང་དུ་རྟགས་()འདི་བརྒྱབ་སྟེ་བཀོད་ཡོད། དེ་དག་ལས་བསྟན་བཅོས་རྩོམ་པ་པོ་དང་བླ་རབས་ཁག་གི་འབྲུངས་འདས་ཀྱི་ལོ་ཚིགས་ནི་སྤྱི་ལོ་༢༠༢༠ལོར་སི་ཁྲོན་མི་རིགས་དཔེ་སྐྲུན་ཁང་ནས་པར་དུ་བསྐྲུན་པའི་ཁང་དཀར་གྱི་གསུང་འབུམ་དེར་རྒྱལ་སྤྱི་རྒྱལ་ནང་གི་བོད་རྒྱ་དབྱིན་གསུམ་གྱི་ཡིགེའི་ཐོག་ཏུ་ཡོད་པའི་ལོ་རྒྱུས་མང་པོར་དཔྱད་བསྡུར་བྱས་འདུག་པས་དེ་གཙོ་བོ་བྱས་ཤིང་དེར་མ་འཁོད་པ་དག་ལས་ཆེན་དང་པཎ་ཆེན་དག་གི་བཀའ་གདམས་ཆོས་འབྱུང་ཁག་ལ་གཞི་བཅོལ་ཡོད།

གཞུང་དེ་རྣམས་འགྲེལ་ཚུལ་ཡང་། བྱང་སེམས་ནོར་བུའི་ཕྲེང་བ་ནི་བཀའ་གདམས་ཕ་ཆོས་དང་བུ་ཆོས་ཀྱི་ལེའུ་སྡེབས་ཚུལ་ལྟར་ས་བཅད་བགོས་ཏེ་འགྲེལ་པ་དང་། དེ་ཡང་བྱང་སེམས་ནོར་བུའི་ཕྲེང་བ་འདི་རྩ་ཚིག་བྱས་ཏེ་བཀའ་གདམས་ཕ་ཆོས་དང་བུ་ཆོས་གཉིས་འབྱུང་ཞིང་། ཕ་ཆོས་ལས་ཇོ་འབྲོམ་ཡབ་སྲས་གཉིས་ཞུ་ལན་མང་དུ་མཛད་པའི་མཐར། རྒྱལ་བ་འབྲོམ་

སྟོན་པས་དེ་དག་གི་དོན་མཇུག་བསྡུའི་ཚུལ་གྱིས་རྩ་ཚིག་རེ་དྲངས་ཏེ་ཕ་ཆོས་རྫོགས་པར་བྱས་པའི་ཕ་ཆོས་ཞུ་ལན་ལེའུ་ཉི་ཤུ་རྩ་གསུམ་དང་། བུ་ཆོས་ནི་ཁུ་རྔོག་གཉིས་ཀྱིས་ཞུ་ལན་གྱི་རྩ་ཚིག་རེ་དྲངས་ཏེ་ཇོ་བོ་ལ་རྒྱལ་བ་འབྲོམ་སྟོན་པ་སྐུ་ཚེ་སྔ་མར་འདིའི་དོན་ཇི་ལྟར་ཉམས་སུ་ལེན་ཞེས་ཞུས་པའི་ལན་དུ་ཇོ་བོས་རྒྱས་བཤད་མཛད་དེ་འཆད་པའི་བུ་ཆོས་ལ་རྔོག་གིས་ཞུས་པ་ཉི་ཤུ་དང་ཁུས་ཞུས་པ་གཉིས་ཏེ་བསྡོམས་ཞུ་ལན་ནོར་བུའི་ཕྲེང་བའི་བུ་ཆོས་ལེའུ་ཉེར་གཉིས་ཡོད། དེར་བརྟེན་ཕ་ཆོས་ཀྱི་ལེའུ་དེ་དག་གི་ནང་དོན་ཕྱོགས་གཅིག་ཏུ་བསྡུས་པའི་དོན་དུ་ཞུ་ལན་གྱི་རྩ་ཚིག་དེ་དག་དྲངས་ཡོད་ལ་བུ་ཆོས་ཀྱིས་ཞུ་ལན་གྱི་རྩ་ཚིག་དག་དྲངས་ཏེ་དེའི་དོན་རྒྱས་བཤད་ཀྱི་ཚུལ་དུ་བུ་ཆོས་སྐྱེས་རབས་ཀྱི་ལེའུ་དག་འབྱུང་ཡོད། དེས་ན་ཞུ་ལན་གྱི་རྩ་ཚིག་འགྲེལ་རྗེས་དེས་ལེའུ་གང་བསྟན་པ་འོག་ཏུ་བཀོད་ཡོད།

མི་ཆོས་གནད་ཀྱི་ཕྲེང་བ་ནི་ཚིག་རྐང་བཞིར་སྡེབས་སུ་ནན་གྱིས་མ་འགྲེལ་བར་རྩ་བར་ཇི་ལྟར་སྡེབས་པ་དང་འགྲེལ་ཚིག་མང་ཉུང་ལ་བསྟུན་ཏེ་སོ་སོར་སྡེབས་པ་དང་རྩ་བའི་བརྗོད་བྱའི་དོན་ལ་སྦྱོར་བ་དང་གོ་བདེ་བ་གཙོ་གནད་དུ་བྱས་ཏེ་འགྲེལ་པའི་ཁུལ་བྱས་ཡོད། ད་དུང་ཞང་སྟོན་བསྟན་པ་རྒྱ་མཚོས་མཛད་པའི་བསླབ་བྱ་ནོར་བུའི་ཕྲེང་བ་འདི་མི་ཆོས་གནད་ཀྱི་ཕྲེང་བའི་ཁ་སྐོང་གི་འགྲེལ་པ་ཡིན་པ་གསུངས་པར་མ་ཟད། རྩ་བ་དང་སྦྱར་ནས་བལྟ་དགོས་པ་རྗེ་འདིའི་བསླབ་བྱ་ནོར་ཕྲེང་གི་མཇུག་ཏུ་གསུངས་པ་ལྟར་རྩ་འགྲེལ་གྱི་འོག་ཏུ་ཁག་བགོས་ཏེ་ཆ་ཚང་ཞང་སྟོན་གྱི་གསུང་འབུམ་དཔེ་སྙིང་ལྟར་བཀོད་ཡོད། འདིས་ཀྱང་མི་ཆོས་ཀྱི་གོ་བ་མཐའ་གཉིས་སུ་མ་ལྷུང་བར་བརྗོད་བྱའི་གནད་ལ་གོ་བ་ཡང་དག་ལོན་པའི་གྲོགས་བྱེད་ཐུབ།

ད་དུང་འདིར་འབྲོམ་གྱིས་བོད་ཀྱི་སྣོད་བཅུད་ཀྱི་འཇིག་རྟེན་རྣམ་གཞག་སྟོན་པའི་《བོད་ཀྱི་རྣམ་གཞག་》ཅེས་པ་འདི་བོད་ལྗོངས་བོད་ཡིག་དཔེ་སྙིང་དཔེ་སྐྲུན་ཁང་གིས་སྤྱི་ལོ་༢༠༢༠ལོར་དཔེ་སྐྲུན་གནང་བའི་(གངས་ཅན་རིག་མཛོད་)ཀློང་རྫོལ་ངག་དབང་བློ་བཟང་གི་གསུང་འབུམ་ལ་གཞི་བཅོལ་ཏེ་འགྲེལ་པ་བྱས་ཡོད། དེས་ཀྱང་སྐབས་དེ་དུས་ཀྱི་བོད་ཀྱི་སྣོད་བཅུད་ཀྱི་རྒྱ་ཁྱོན་དང་མི་ཚོས་བསླབ་བྱ་འདི་དག་གི་འཕྲིན་ལས་ཀྱི་ཁྱབ་ཁུལ། རྒྱལ་བ་འབྲོམ་རང་ཉིད་སྨད་མདོ་ཁམས་ནས་སྟོད་མངའ་རིས་བར་མྱུལ་བའི་མཐོང་ཐོས་ཡིད་ཀྱི་ས་ཁྲ་ཚིག་གི་ལམ་ནས་རྒྱ་གར་ནུབ་ཕྱོགས་ཀྱི་རྒྱལ་པོ་ས་ཡི་སང་ག་ལ་ཐོགས་མེད་དུ་ང་སྤྱོད་ཐུབ་པ་འདིས་ཀྱང་རྒྱལ་བ་འབྲོམ་སྟོན་པ་ཆོས་ཙམ་མ་ཡིན་པ་འཇིག་རྟེན་གྱི་རྣམ་གཞག་གང་ལ་ཡང་དོ་སྣང་གིས་བོད་ཁམས་རིག་པས་བསྐོར་བ་བཅས་རྟོགས་ནུས། གཞན་ཡང་ནོར་ཕྲེང་དང་མི་ཆོས་སོགས་གསུང་ཆོས་འདི་དག་ལ་ས་བཅད་འགོད་སྟངས་དང་། ཚིག་དོན་འགྲེལ་སྟངས་བཅས་ལ་དཔེ་ལྟ་ས་མེད་རྐྱེན་རང་ཉིད་ནས་བཀའ་གདམས་ཕ་ཆོས་བུ་ཆོས་དང་རྩ་བ་རང་གི་ཚིགས་བཅད་དག་ལ་གཞི་བཅོལ་ཏེ་ཚིག་དོན་འགྲེལ་པ་དང་ས་བཅད་གཏན་ལ་ཕབ་པ་ཡིན་པས་ནོར་འཁྲུལ་ཡོད་ན་གཟུར་གནས་བློ་ལྡན་དག་གིས་དགོངས་ཚུལ་ལྷུག་པོར་གསུང་རྒྱུའི་རེ་བ་སྙིང་ནས་ཞུ། །

འབྲོམ་གྱི་ཞལ་ནས།

ངོ་མཚར་བཀའ་ནི་སྡེ་སྣོད་གསུམ་པོ་སྟེ།།
གདམས་པ་སྐྱེས་བུ་གསུམ་གྱིས་མཛེས་པ་ཡི།།
བཀའ་གདམས་རིན་ཆེན་གསེར་གྱི་ཕྲེང་བ་འདི།།
འགྲོ་བ་གང་གིས་བགྲངས་ཀྱང་དོན་ཡོད་འགྱུར།།

ཞེས་གསུངས།

仲敦巴大师说：

奇异经教（噶）是三藏，
教授（当）乃是三士饰，
噶当珍宝之金鬘，
谁诵悉皆有裨益！

前言

很多读者询问《人道・要鬘》和答复宝鬘有没有释文，热振寺冬季补习班也非常需要这两部论典的注释，所以，本人不仅自己尽力寻找，而且还请教他人。但是，也许是因为本人孤陋寡闻，也许这两部论典从来就无人做过注释，始终没有见到有关这两部论典的释文。不仅如此，很多人还希望本人对这两部论典作阐释，为此本人斗胆为两部论典进行阐释。虽然不能令智者生欢喜，令愚者生惊奇，但是，为了对我等愚昧有所裨益，也为了满足授课需要，加上我本人就是一个噶当派的弟子，笃信阿底峡尊者师徒传承下来的“四尊三藏”即“噶当七宝”，因此对答复宝鬘或《菩提萨埵・宝鬘论》和《人道・要鬘》进行阐释传扬是我义不容辞的责任和义务。花儿虽小，可作供品，希望世世代代转生为阿底峡尊者师徒教法的传承人，研习三藏。这是本人最初的发愿，也是撰写释文的最初动机。

两部论典有几个不同版本，其中《菩提萨埵・宝鬘论》以本寺版本为基础；《人道・要鬘》以“噶当全集”为主进行解释。虽然“噶当全集”字迹清晰，但是也有少量词句，没有手抄古本贴切。此类词语按照手抄古本修改，并在括号里标注。答复宝鬘正文释文， 是遵照噶当派的

《祖师问道录》和《弟子问道录》章节安排。

以《菩提萨埵·宝鬘论》（答复宝鬘）为刚要，形成了《祖师问道录》和《弟子问道录》，其中《祖师问道录》是阿底峡尊者和仲敦巴大师师徒间的请问和答复，最后由仲敦巴大师将每章内容总括为刚要，形成《祖师问道录答复》二十三章；《弟子问道录》是阿底峡尊者和仲敦巴大师的弟子俄氏和库氏请问阿底峡尊者所说仲敦巴大师历代身世传，俄氏请问二十章，库氏请问二章，形成答复宝鬘正文为刚要的二十二章。

《祖师问道录》为了总括每章内容，引用了《答复》诸刚要，《弟子问道录》又引用这些刚要详细讲述仲敦巴大师本生传。

《祖师问道录》和《弟子问道录》都是阿底峡尊者所造，其中《祖师问道录》是由仲敦巴大师所请，阿底峡尊者所答，《弟子问道录》是由俄库二位弟子所请，阿底峡尊者所答。仲敦巴大师所请被称为《祖师问道录》是因为仲敦巴大师为噶当派创始人，是噶当派的祖师，能够代表阿底峡尊者。而俄库两位弟子不是噶当派的创始人，不能代表阿底峡尊者，所以他们所请教法被称为《弟子问道录》。

《人道·要鬘》，在创作形式上没有严格按照四句一个偈的传统格式，而是根据内容的需要安排词句，也没有使用辞藻等修辞手法。本人撰写释文也是根据原文的特点，以阐释内容为主，没有拘泥于形式。原文根据内容，词句方面或多或少，释文也是严格遵照原文风格，进行阐释，力图浅显易懂。另外，祥敦·丹巴加措造的《‹人道·要鬘›释义教诫·宝鬘》是《人道·要鬘》之释义，在《教诫·宝鬘》后记叙述补写了所断与所取、一般与特殊、总与支、喻与义等，而且要求与原文对照阅读。因此，《教诫·宝鬘》附在本人释文后面，供读者参校阅读。

根据旧文献，在《人道·要鬘》后面有阿底峡尊者三师徒反复交流问答的内容，其中纳措译师为了感谢阿底峡尊者撰写《菩萨·宝鬘》而所说的话，内容较为繁杂，文字亦比较多。笔者只对其中的少量能表现《人道·要鬘》精髓和利益的韵文作了阐释，因恐冗长，其余未作解释。阿底峡尊者三师徒的问答原文如实附上。

关于阿底峡尊者三师徒的传记版本颇多，笔者根据仲·西绕米杰和钦·南喀扎所著《阿底峡尊者及仲敦巴大师传》及来钦·贡嘎坚参、班钦·益西孜姆所著《噶当派教法源流》撰写了纳措译师的传；阿底峡尊者和仲敦巴大师的传记是依据仲·西绕米杰于藏历第六绕迥阴木猪年（公元1335年）所著《热振论·日光》而写。《热振论·日光》是七百多年前的历史文献，有不可低估的历史价值，记述内容详略得当，言简意赅，而且是难得的孤本。

《热振论·日光》中有不少与《青史》和《贤者喜宴》不尽相同处，笔者之所以依据《热振论·日光》，一则是因为《热振论·日光》的年代早于后二书；二则《热振论·日光》是难得的孤本，或许对研究历史，尤其是研究噶当派教法传承者有所助益。这是笔者的希望，也是动机。因为，研究历史者应该尽可能地区挖掘和使用与发生历史事件最近的史料，这是史学研究者的正确观点。

如此，也许在阿底峡尊者三师徒传记部分有不少谬误，或者不当处，敬请智者批评指正。

另外，根据西藏藏文古籍出版社于2020年出版的《隆多阿旺洛桑文集》，书中收录了仲敦巴大师所著的《西藏地理》，以飨读者。《西藏地理》虽然文字不多，但是内容涵盖极大，可以了解当时西藏的地理情况，以及《人道・要鬘》传播的区域。仲敦巴大师曾游历下部多康到上部阿里，并将所见所闻记录，犹如一幅地图。从中亦可知道仲敦巴大师不仅精熟佛法，而且精通人文地理。

关于撰写《人道・要鬘》等教诫的时间、篇章结构、释文释义等方面，没有可资参考的资料，笔者只能根据噶当派的《祖师问道录》《弟子问道录》，以及相关教法源流，依据原文进行划分章节，难免有许多错误，敬请专家学者不吝赐教。

དཀར་ཆག

བྱང་སེམས་ནོར་བུའི་ཕྲེང་བ་དང་མི་ཆོས་གནད་ཀྱི་ཕྲེང་བའི་འགྲེལ་པ།

བསྟན་བཅོས་མཛད་པ་པོའི་ཆེ་བའི་ཡོན་ཏན་བསྟན་པ།..........(1)

ནོར་བུའི་ཕྲེང་བ་མཛད་པ་པོ་མཉམ་མེད་ཇོ་བོ་ཆེན་པོའི་ཆེ་བའི་ཡོན་ཏན།..........(2)

དང་པོ། ཁྱིམ་ན་བཞུགས་པའི་ཆེ་བའི་ཡོན་ཏན།..........(2)

གཉིས་པ། ཐར་པར་གཤེགས་པའི་ཆེ་བའི་ཡོན་ཏན།..........(3)

གསུམ་པ། བོད་དུ་བྱོན་ནས་བསྟན་པ་ལ་ཕན་ཇི་ལྟར་
བཏགས་པའི་ཆེ་བའི་ཡོན་ཏན།..........(8)

མི་ཆོས་གནད་ཀྱི་ཕྲེང་བ་མཛད་པ་པོ་རྒྱལ་བ་འབྲོམ་སྟོན་པའི་ཆེ་བའི་ཡོན་ཏན།..........(20)

དང་པོ། ཡུལ་གང་དུ་སྐུ་འཁྲུངས་པའི་ཆེ་བའི་ཡོན་ཏན།..........(20)

གཉིས་པ། ཇོ་བོ་སེ་བཙུན་ལ་ཇི་ལྟར་བསྟེན་པའི་ཆེ་བའི་ཡོན་ཏན།..........(22)

གསུམ་པ། ཁམས་ནས་མངའ་རིས་སུ་ཇི་ལྟར་ཕེབས་པའི་ཆེ་བའི་ཡོན་ཏན།..........(24)

བཞི་པ། ཁྱད་པར་དུ་ཨ་ཏི་ཤ་ལ་ཇི་ལྟར་བསྟེན་པའི་ཆེ་བའི་ཡོན་ཏན།..........(27)

ལྔ་པ། ཇོ་བོའི་བཀའ་ལྟར་ར་སྒྲེང་དགོན་ཕྱག་བཏབ་སྟེ་སློབ་མ་
ཇི་ལྟར་བསྐྱངས་པའི་ཆེ་བའི་ཡོན་ཏན།..........(32)

ནོར་བུའི་ཕྲེང་བ་བསྒྱུར་མཁན་དང་མི་ཆོས་སྐྱེལ་བ་པོ་ནག་ཚོ་ལོ་ཙཱ་བའི་ཆེ་བའི་ཡོན་ཏན།..........(36)

དང་པོ། སྐུ་བལྟམས་ཏེ་ལུང་རྟོགས་ཀྱི་ཡོན་ཏན་བརྙེས་པའི་ཆེ་བའི་ཡོན་ཏན།..........(36)

གཉིས་པ། བརྩེས་ནས་བསྟན་པ་ལ་བཀའ་དྲིན་ཇི་ལྟར་བསྐྱངས་པའི་
ཆེ་བའི་ཡོན་ཏན།...(37)
མི་ཆོས་ཀྱི་ཁ་སྐོང་འགྲེལ་པ་མཛད་པ་པོ་ཞང་སྟོན་བསྟན་པ་རྒྱ་མཚོའི་ཆེ་བའི་ཡོན་ཏན།...(56)

འགྲེལ་པ་དངོས་ཀྱིས་གཞུང་ཇི་ལྟར་བཀྲི་བའི་རིམ་པ།

བྱང་ཆུབ་སེམས་དཔའི་ནོར་བུའི་ཕྲེང་བའི་འགྲེལ་པ།.......................................(61)
དང་པོ། སྐད་ཀྱི་དོན།...(62)
གཉིས་པ། གཞུང་གི་དོན།...(64)
གསུམ་པ། མཇུག་གི་དོན།...(105)
མི་ཆོས་གནད་ཀྱི་ཕྲེང་བའི་འགྲེལ་པ་འཇིག་རྟེན་མིག་འབྱེད།.......................................(107)
བཤད་པ་ལ་འཇུག་པ།...(107)
བཤད་པ་ཉེ་བར་དགོད་པ།...(111)
བསྟན་བཅོས་རྩོམ་པའི་རྒྱུ་མཚན་བར་བསྟན་ཏེ་བཤད་པར་དམ་བཅའ་བ།...........(111)
ལུས་མདོར་བསྟན་ཏེ་སྟོད་ལྡན་ཉན་པར་བསྐུལ་བ།.......................................(113)
ཡན་ལག་རྒྱས་པར་བཤད་པ།...(117)
བྱ་བྱེད་སྤྱི་ལ་གདམས་པ།...(117)
རང་འདོད་མ་ཆེ་བ་སྤྱི་སློམས་བྱ་དགོས་པར་གདམས་པ།.............................(120)
ང་རྒྱལ་བྱ་མི་རིགས་པར་གདམས་པ།...(124)
ཁྲིད་གསོད་བྱ་མི་རིགས་པར་གདམས་པ།...(127)
གུས་ལུགས་བྱ་དགོས་པར་གདམས་པ།...(128)
ཆོས་སྟོན་པའི་ཚུལ་ལ་གདམས་པ།...(130)

གཞན་དང་འགྲོགས་ལུགས་སོགས་ཀྱི་སྐྱོན་ཡོན་བཤད་པ།......(135)

གཞན་དང་འགྲོགས་ཚུལ་ནོར་བའི་སྐྱོན་སྤོང་བར་གདམས་པ།......(140)

ཆོས་པ་རྣམས་ཀྱི་བླང་དོར་བྱེད་ཚུལ་ལ་གདམས་པ།......(170)

འགྲོ་འོང་གི་ཡིད་གཟབ་ལ་གདམས་པ།......(173)

བླང་དོར་གོ་མི་ལོག་པར་བྱ་བར་གདམས་པ།......(178)

དེ་དག་གི་དོན་བསྡུ་བ།......(184)

བསླབ་བྱར་དོ་གལ་བྱེད་དགོས་པར་གདམས་པ།......(186)

བསྔོ་བ་དང་སྨོན་ལམ།......(189)

བཤད་པ་མཐར་ཕྱིན་པའི་ཚུལ།......(190)

ནག་ཚོ་དང་ཇོ་འབྲོམ་གྱི་ཞུ་ལན་འབྲོ།......(193)

འབྲོམ་གྱིས་གསུངས་པའི་བོད་ཀྱི་སྣོད་བཅུད་ཀྱི་འཇིག་རྟེན་
རྣམ་གཞག་གི་འགྲེལ་པ།......(201)

མཇུག་གི་གཏམ།......(338)

目录

菩萨宝鬘及人道要鬘释文

造论者简介……(215)

《菩萨·宝鬘论》作者阿底侠简介……(215)

《人道·要鬘》作者仲敦巴简介……(224)

《菩萨·宝鬘论》译者、《人道·要鬘》劝请者纳措译师简介……(234)

《人道·要鬘》补充释作者祥敦·丹巴加措简介……(242)

《菩提萨埵·宝鬘论》及释文……(244)

《人道·要鬘》及释文……(271)

阿底峡尊者三师徒间的问答……(325)

《西藏地理》及释文……(331)

后记……(340)

༄༅། །བྱང་སེམས་ནོར་བུའི་ཕྲེང་བ་དང་མི་ཆོས་གནད་ཀྱི་ཕྲེང་བའི་འགྲེལ་པ་བཞུགས་སོ། །

ཇོ་བོ་ཨ་ཏི་ཤ་དང་འབྲོམ་སྟོན་རྗེ། །
གུང་ཐང་པ་དང་ཞང་སྟོན་ལ་བཏུད་ནས། །
བྱང་སེམས་ནོར་དང་མི་ཆོས་གནད་ཀྱི་འགྲེལ། །
རང་དང་བློ་དམན་དག་ལ་ཕན་ཕྱིར་འབྲི། །

དེ་ལ་འདིར་མཉམ་མེད་ཇོ་བོ་ཆེན་པོ་དཔལ་ལྡན་ཨ་ཏི་ཤ་ཡིས་མཛད་པའི་བྱང་སེམས་ནོར་བུའི་ཕྲེང་བ་དང་། ཐུགས་སྲས་བཀའ་གདམས་བསྟན་པའི་མེས་པོ་འབྲོམ་སྟོན་ཆོས་ཀྱི་རྒྱལ་པོ་དེ་ཉིད་ཀྱིས་མཛད་པའི་མི་ཆོས་གནད་ཀྱི་ཕྲེང་བ་བཅས་ཀྱི་དོན་ཅུང་ཟད་བཤད་པ་ལ་རྩ་བའི་ས་བཅད་གཉིས་ཏེ། བསྟན་བཅོས་མཛད་པ་པོ་སོགས་ཀྱི་ཆེ་བའི་ཡོན་ཏན་དང་། འགྲེལ་བ་དངོས་ཀྱིས་གཞུང་ཇི་ལྟར་བཀྲི་བའི་རིམ་པའོ། །

བསྟན་བཅོས་མཛད་པ་པོའི་ཆེ་བའི་ཡོན་ཏན་བསྟན་པ།

དང་པོ། བསྟན་བཅོས་མཛད་པ་པོ་སོགས་ཀྱི་ཆེ་བའི་ཡོན་ཏན་བསྟན་པ་ལ་བཞི། ནོར་ཕྲེང་མཛད་པ་པོ་ཇོ་བོ་ཆེན་པོའི་ཆེ་བའི་ཡོན་ཏན། མི་ཆོས་མཛད་པ་པོ་འབྲོམ་སྟོན་པའི་ཆེ་བའི་ཡོན་ཏན། ནོར་ཕྲེང་བསྒྱུར་མཁན་དང་

མི་ཆོས་སྒྲུལ་བ་པོ་ནག་ཚོ་ལོ་ཙཱ་བའི་ཆེ་བའི་ཡོན་ཏན། མི་ཆོས་ཀྱི་ཁ་སྐོང་འགྲེལ་པ་མཛད་པ་པོ་ཞང་སྟོན་བསྟན་པ་རྒྱ་མཚོའི་ཆེ་བའི་ཡོན་ཏན་ནོ། །

ནོར་བུའི་ཕྲེང་བ་མཛད་པ་པོ་མཉམ་མེད་ཇོ་བོ་ཆེན་པོའི་ཆེ་བའི་ཡོན་ཏན།

ནོར་བུའི་ཕྲེང་བ་མཛད་པ་པོ་མཉམ་མེད་ཇོ་བོ་ཆེན་པོའི་ཆེ་བའི་ཡོན་ཏན། འདི་ལ་གསུམ་སྟེ། ཁྲིམ་ན་བཞུགས་པའི་ཆེ་བའི་ཡོན་ཏན། ཐར་པར་གཤེགས་པའི་ཆེ་བའི་ཡོན་ཏན། བོད་དུ་བྱོན་ནས་སངས་རྒྱས་ཀྱི་བསྟན་པ་ལ་ཕན་ཇི་ལྟར་བཏགས་པའི་ཆེ་བའི་ཡོན་ཏན་ནོ། །

དང་པོ། ཁྲིམ་ན་བཞུགས་པའི་ཆེ་བའི་ཡོན་ཏན།

དང་པོ། རྒྱ་གར་ཤར་ཕྱོགས་ཟ་ཧོར་གྱི་ཡུལ་(ཧྥ་ག་ལའི་རྒྱལ་ཁབ་)མི་ཁྲིམ་འབུམ་ཕྲག་ཉི་ཤུ་རྩ་ལྔ་ཡོད་པའི་དབུས་ན། རྒྱལ་པོའི་ཕོ་བྲང་གསེར་གྱི་རྒྱལ་མཚན་ཅན་ཞེས་བྱ་བ་ཡོད་དོ། །ཡུལ་དེའི་རྒྱལ་པོ་དགེ་བའི་དཔལ་བྱ་བ་ཡིན། དེའི་བཙུན་མོ་དཔལ་མོ་འོད་ཟེར་ཅན་བྱ་བ་སྟེ། ཡབ་ཡུམ་དེ་གཉིས་ལ་སྲས་གསུམ་སྟེ། དཔལ་གྱི་སྙིང་པོ་དང་། ཟླ་བའི་སྙིང་པོ་དང་། པདྨའི་སྙིང་པོའོ། །དཔལ་གྱི་སྙིང་པོས་བཙུན་མོ་ལྔ་ཁབ་ཏུ་བཞེས་པ་ལ་སྲས་དགུ་འཁྲུངས་པའི་ཆེ་ཤོས་རབ་ཏུ་བྱུང་སྟེ་པཎྜི་ཏ་རྣ་ན་ཤྲཱི་མི་ཏྲ་ཞེས་བྱའོ། །ཆུང་བ་པདྨའི་སྙིང་པོ་ཐར་པར་གཤེགས་ཏེ་དགེ་སློང་བཱིརྻ་ཙནྡྲ་ཞེས་བྱ་བའི་གྲུབ་པ་བརྙེས་པ་ཞིག་བྱུང་སྟེ་ཕྱིས་བོད་དུ་བྱོན་ནས་ངམ་ཤོད་ཀླུ་དགོན་དུ་སྐུ་ཆེ་འདས། འབྲིང་པོ་རྒྱལ་བུ་ཟླ་བའི་སྙིང་པོ་ནི། ཇོ་བོ་ཆེན་པོ་ལགས་ཏེ། རབ་བྱུང་གོང་གི་ཆུ་རྟ་(སྤྱི་ལོ་༡༠༤༢)ལོར་འཁྲུངས་ནས་རིང་པོ་མ་ལོན་པར་རིན་པོ་ཆེའི་ཁྲིའི་སྟེང་དུ་བཞུགས་

པའི་དུས་ན། རྗེ་བཙུན་མ་སྒྲོལ་མ་ཞལ་གཟིགས། ཡབ་ཡུམ་གྱིས་ཀྱང་མེ་ཏོག་ཨུད་པ་ལ་སྔོ་སེར་ཡུ་བ་དང་བཅས་པ་ཞིག་མཐོང་སྐད། དེ་ལྟར་བཞུགས་པའི་དུས་ན་རྒྱལ་པོའི་ཕོ་བྲང་གི་ལོངས་སྤྱོད་ནི། རྒྱ་ནག་སྟོང་ཁུན་(东国རྒྱ་སྐད་འདི་ཟུར་ཆགས་ཤིང་། ཤར་ཕྱོགས་རྒྱལ་ཁབ་ཅེས་པའི་དོན་ཡིན་པར་གྲགས།)རྒྱལ་པོ་དང་འདྲ་བ་ཡོད་པ་ལས། ཇོ་བོ་ཉིད་འདོད་པའི་ཡོན་ཏན་ལྔ་ལ་མི་ལྟ་བར་སྒྱུ་རྩལ་དྲུག་ཅུ་རྩ་བཞི་དང་། བཟོའི་བསྟན་བཅོས་དང་། གསོ་བའི་བསྟན་བཅོས་དང་། སྒྲ་དང་། ཚད་མ་ལ་སོགས་པ་བསླབས་ཏེ་མཐར་ཕྱིན་པར་མཛད་དེ། དགུང་ལོ་ཉི་ཤུ་རྩ་གཅིག་གི་བར་དུ་བཞུགས་སོ། །དེ་ནས་རི་ནག་པོའི་ཁོང་སེང་གི་གཙུག་ལག་ཁང་དུ་བླ་མ་རཱ་ཧུ་ལ་གུཧྱ་བཛྲ་ཞེས་བྱ་བའི་སྤྱན་སྔར་ཕྱིན་ནས་ཐེག་པ་ཆེན་པོ་གསང་སྔགས་ཀྱི་སྒོར་ཞུགས། དེ་ནས་བཟུང་སྟེ་བླ་མ་གྲུབ་ཐོབ་དང་མཁས་པ་མང་པོ་ལ་(ཛེ་ཏཱ་རི་དགྲ་ལས་རྣམ་པར་རྒྱལ་བ། བྱང་ཆུབ་བཟང་པོ། རིག་པའི་ཁུ་བྱུག །ཨ་ཝ་དྷཱུ་ཏི་པ། རཱ་ཧུ་ལ་གུཧྱ་བཛྲ། འདི་རྣམས་རབ་ཏུ་མ་བྱུང་གོང་གི་བླ་མ་ཡིན་ནོ། །)བསྟེན་ནས་མཁས་པ་དང་གྲུབ་པའི་ཡོན་ཏན་དུ་མས་བརྒྱན་པར་མཛད་པའི་བླ་མ་ཨ་ཝ་དྷཱུ་ཏི་པའི་ཕྱག་ཕྱིར་ལོ་བཅུ་གཉིས་འབྲངས་ནས་བརྟུལ་ཞུགས་ཀྱི་སྤྱོད་པ་མཐར་ཕྱིན་པར་མཛད་དོ། །དེ་དག་ནི་ཁྱིམ་ན་བཞུགས་པའི་ཆེ་བའི་ཡོན་ཏན་ནོ། །

གཉིས་པ། ཐར་པར་གཤེགས་པའི་ཆེ་བའི་ཡོན་ཏན།

གཉིས་པ། ཐར་པར་གཤེགས་པའི་ཆེ་བའི་ཡོན་ཏན་ལ་གསུམ་སྟེ། སྡེ་པ་གང་ལས་རབ་ཏུ་བྱུང་བ་དང་། བླ་མ་བརྒྱུད་པ་དང་བཅས་པ་རྣམས་ལ་ཆོས་གསན་ཅིང་མཁས་པ་དང་བཙུན་པ་དང་གྲུབ་པའི་ཡོན་ཏན་དང་ལྡན་པར་མཛད་པ་དང་། བོད་དུ་འབྱོན་ཁ་ན་གནས་གང་ན་གཞན་དོན་མཛད་པའི་

ཕོ་རྒྱུས་སོ། །

དང་པོ་སྡེ་པ་གང་ལས་རབ་ཏུ་བྱུང་བ་ནི། སྤྱིར་ཉན་ཐོས་རྩ་བའི་སྡེ་བཞི་(ཐམས་ཅད་ཡོད་སྨྲའི་སྡེ་པ། ཕལ་ཆེན་སྡེ་པ། གནས་བརྟན་སྡེ་པ། མང་བཀུར་སྡེ་པ།)ཡོད་པའི་ནང་ནས་དགེ་འདུན་ཕལ་ཆེན་པའི་སྡེ་པ། ལྷ་སངས་རྒྱས་ཡེ་ཤེས་ཞབས་ཀྱི་དཀར་རྒྱུད་མཁན་པོ་ཤི་ལ་རཀྵི་ཏ་ཞེས་བྱ་བ་ཞིག་ལས་མ་ཏི་ཛྙཱ་ཏ་རའི་གཙུག་ལག་ཁང་དུ་རབ་ཏུ་བྱུང་ནས་མཚན་དཔལ་མར་མེ་མཛད་ཡེ་ཤེས་ཞེས་གསོལ་ཏེ་བཙུན་པའི་ཕུལ་དུ་ཕྱིན་པར་མཛད་དོ། །

གཉིས་པ་བླ་མ་བརྒྱུད་པ་དང་བཅས་པ་རྣམས་ལ་ཐེག་པ་ཆེ་ཆུང་གི་ཆོས་གསན་པ་ནི། ཇོ་བོ་ལ་བླ་མ་བརྒྱུད་པ་འདི་རྣམས་མངའ་སྟེ། ཐེག་པ་ཐུན་མོང་གི་བརྒྱུད་པ་ནི་སངས་རྒྱས།(ཁྲི་ལོའི་སྔོན་གྱི་ལོ། c.༦༢༤-༥༤༤)འཇམ་དཔལ། སངས་རྒྱས་ཡེ་ཤེས་ཞབས།(c.-༨༠༠-)མར་མེ་མཛད་བཟང་པོ། ཡིག་གེ་པ། ཀརྞ་པ། ཌྷ་ན་ཤྲི་མི་ཏྲ། དེ་ལ་ཇོ་བོས་(c.༩༨༢-༡༠༥༤)གསན། ཕ་རོལ་ཏུ་ཕྱིན་པའི་བརྒྱུད་པའི་ལུགས་ལ། ལྟ་བ་རྣམ་པར་དག་པའི་བརྒྱུད་པ་དང་། སྤྱོད་པ་རྣམ་པར་དག་པའི་བརྒྱུད་པ་གཉིས་ལས། དང་པོ་ལྟ་བ་རྣམ་པར་དག་པའི་བརྒྱུད་པ་ནི། འཕགས་པ་ཀླུ་སྒྲུབ།(c.༡༥༠-༢༥༠)ཟླ་བ་གྲགས་པ།(c.-༦༥༠-)རིག་པའི་ཁུ་བྱུག །ཨ་ཝ་དྷཱུ་ཏི་པ་ཆེ་བ། ཨ་ཝ་དྷཱུ་ཏི་པ་ཆུང་བ། ཇོ་བོ། སྤྱོད་པ་རྣམ་པར་དག་པའི་བརྒྱུད་པ་ལ་གཉིས་ཏེ། དང་པོ་ནི། སངས་རྒྱས། བྱམས་པ། ཐོགས་མེད།(c.༣༩༦-༤༧༠)དབྱིག་གཉེན།(c.༤༠༠-༤༨༠)འཕགས་པ་རྣམ་གྲོལ་སྡེ། སོ་སོའི་སྐྱེ་བོ་རྣམ་གྲོལ་སྡེ། མཆོག་གི་སྡེ། དུལ་བའི་སྡེ། རྣམ་པར་སྣང་མཛད་བཟང་པོ།(c.༧༢༥-༧༩༠)སེང་གེ་བཟང་པོ།(c.-༨༠༠-)རིན་ཆེན་བཟང་པོ། གསེར་གླིང་པ།(c.-༡༠༠༠-)ཇོ་བོ་རྗེ། གཉིས་པ་ནི། སངས་རྒྱས། འཇམ་དཔལ། ཤཱནྟི་པ། ཨེ་ལ་ཧྲ་རི། དཔའ་བོ་རྗེ་

རྗེ། གསེར་གླིང་པ། ཇོ་བོ། སེམས་བསྐྱེད་པའི་བརྒྱུད་པ་ནི། སངས་རྒྱས།(སྤྱི་ལོའི་སྔོན་གྱི་ལོ།(c.༤༢༩-༥༨༨)ཤྲཱི་ཧི། ཨ་སམ་ག །བ་སུ་བཾ་དྷུ་(བཛྲ)། ཛཻ་ན་ཀ་ར། མདྲྭ་ཀུ་སུ་ལུ། ཀུ་སུ་ལུ་ཆུང་བ། རཏྣ་ཀཱིརྟི། ཇོ་བོ་ཨ་ཏི་ཤའོ། །གསང་སྔགས་ཀྱི་བརྒྱུད་པ་ལ། གསང་སྔགས་མཐའ་དག་གི་བརྒྱུད་པ་དང་བྱེ་བྲག་གི་བརྒྱུད་པ་ལུགས་གཉིས་ལས། དང་པོ་གསང་སྔགས་མཐའ་དག་གི་བརྒྱུད་པ་ནི། སློབ་དཔོན་ཀླུ་སྒྲུབ། ཨ་རྱ་དེ་བ།(c.༡༧༠-༢༧༠)མ་ཏི་ཙ་ལ། ཏི་ལ་ཇོ་ཀི །ཙད་ཏི་ལ། མཚོ་བྲི་ཛྷ་ཧྲ། པོ་ཏྲི་ཛྷ་ཧྲ། ཤན་ཏི་པ།(c.-༡༠༠༠-)ཇོ་བོ་རྗེ། གཉིས་པ་བྱེ་བྲག་བརྒྱུད་པ་ལ། གསང་བ་འདུས་པའི་བརྒྱུད་པ་ལུགས་གསུམ་ལས། དང་པོ་ནི། རྒྱལ་པོ་ཨིན་དྲ་བོ་དྷི། ཀླུ་མོ་རྣལ་འབྱོར་མ། བྲམ་ཟེ་ཆེན་པོ་ས་ར་ཧ། ཀླུ་སྒྲུབ།(c.༡༥༠-༢༥༠)ཙན་དྲ་ཀིརྟི།(-༦༥༠-)བིཥྞ་ཤྲཱི་ཧི། ཙོ་ཡི་པ་ཏ། རོལ་པའི་རྡོ་རྗེ། ས་འགེབས་ཞབས། ཤན་ཏི་པ། ཇོ་བོ་རྗེ། གཉིས་པ་གསང་འདུས་མི་བསྐྱོད་པ་འཕགས་ལུགས་ནི། སློབ་དཔོན་ཀླུ་སྒྲུབ། ཟླ་བ་གྲགས་པ། བི་དྱ་ཀོ་ཀི་ལགས། ཀུ་སུ་ལུ་ཆུང་བ། ཇོ་བོ། གསུམ་པ་གསང་འདུས་འཇམ་དཔལ་རྡོ་རྗེ་ཡེ་ཤེས་ཞབས་ལུགས་ནི། སངས་རྒྱས་ཡེ་ཤེས་ཞབས། པདྨ་སམ་བྷ་ཝ། རྒྱལ་པོ་ཨིནྡྲ་བྷོ་དྷི། ལེགས་སྨིན་ཀ་ར། རོལ་པའི་རྡོ་རྗེ། ས་འགེབས་ཞབས། ཤནྟི་པ། ཇོ་བོ། མ་རྒྱུད་ཀྱི་བརྒྱུད་པ་ལ། ལུ་ཨི་པ། ཧྲང་གི་པ། ཧྲ་རི་པ། བྲམ་ཟེ་འཛོ་ཏ་རི། ཇོ་བོ། ཀྲི་ཡོའི་བརྒྱུད་པ་ལ། སངས་རྒྱས་ཡེ་ཤེས།(c.-༨༠༠-)བུདྡྷ་གུ་ཧྱ། ཀུ་སུ་ལུ་ཆེ་བ། ཀུ་སུ་ལུ་ཆུང་བ། ཇོ་བོ། གཤིན་རྗེའི་བརྒྱུད་པ་ལ། ཀ་མ་ལ་ཤི་ཧྲ། ནག་པོ་ཞབས་ཆེན་པོ། ཇོ་བོ་རྗེ། གསང་སྔགས་ཕ་རོལ་ཏུ་ཕྱིན་པ་གཉིས་ཀའི་བརྒྱུད་པ་ནི། ཀླུ་སྒྲུབ། ཨ་རྱ་དེ་བ། ཙནྡྲ་ཀཱིརྟི། ཏི་ལ་ཇོ་ཀི །བི་དྱ་ཀོ་ཀི་ལགས། ཧྲོ་ན་པོ་ཧྲི། མཚོ་བྲི་ཕ་ལ། རད་ན་ཨ་ཀ་ར། ཤན་ཏི་པ། ཇོ་བོ། གྲུབ་པ་ཐོབ་

པའི་བརྒྱུད་པ་ལུགས་གཉིས་ལས། དང་པོ་ནི། མཉྫུ་ཤྲཱི་ཕ་ལ། ཤན་ཏི་པ། ཛོ་བོ། གཉིས་པ་ནི། ཨ་ཙཱརྱ། མཧཱ་བཛྲ་པ་ནི། པདྨ་བ། རྒྱལ་པོ་ཨིན་དྲ་བྷོ་ཏི། ལྭམ་ལེགས་སྨིན་ཀ་ར། ཛྙ་ན་བོ་དྷི། ཙོ་ཡི་པ་ཏ། བཛྲ་བོ་དྷི། མཉྫུ་ཤྲཱི་བཛྲ། ཤན་ཏི་པ། ཛོ་བོ་ཆེན་པོ། བྱིན་གྱིས་བརླབས་པའི་བརྒྱུད་པ་ལུགས་གཉིས་ལས། དང་པོ་ནི། བཛྲ་དྷ་རི། པདྨ་ཕ་ལ། ཛྙ་ན་སིད་དྷི། ཌོཾ་བྷི་པ། ཛོ་བོ། གཉིས་པ་ནི། ཨ་ཙཱརྱ། བུདྡྷ་ཧཱ་ལིང་ཏ། བུདྡྷ་ཛྙ་ན། བུདྡྷ་ཤན་ཏི། བུདྡྷ་གུ་ཧྱ། ཀུ་སུ་ལུ་ཆེ་ཆུང་གཉིས། ཛོ་བོ་ཆེན་པོ། གྲུབ་མཐའི་བརྒྱུད་པ་ནི། མཉྫུ་ཤྲཱི། ཨ་བ་དྷུ་ཏི་བ། ཧྲི་པཾ་ཀ་ར། ཤཱཀྱ་མི་ཏྲ། རི་བོ་ཕ་ལ། བཛྲ་ཧྲ་ཀི །དགེ་སློང་བསོད་སྙོམས་པའི་ཞབས། ཁུ་བྱུག་ཞབས། ས་འགེབས་ཞབས། རད་ན་ཨ་ཀ་ར། ཤན་ཏི་པ། ཛོ་བོ། གདམས་པ་སྣ་ཚོགས་པའི་བརྒྱུད་ལུགས་གཉིས་ལ། དང་པོ་ནི། འཕགས་པ་ཀླུ་སྒྲུབ།(c.༧༥༠-༢༥༠)ཙན་ཏྲ་གིརྟི། བི་ཏྲ་གོ་ཀི་ལེགས། ཨ་བ་དྷུ་ཏི་པ། གསེར་གླིང་པ། ཛོ་བོ་རྗེ། གཉིས་པ་ནི། སློབ་དཔོན་ཀླུ་སྒྲུབ། འཕགས་པ་ལྷ། ཟླ་བ་གྲགས་པ། ཏི་ལ་ཡོ་གི །བློ་གྲོས་ཡེ་ཤེས་བྱང་ཆུབ། ཛོ་བོ། དེ་རྣམས་བརྒྱུད་པ་སོ་སོ་དང་སྦྱར་བའོ། །རྩ་བའི་བླ་མ་ནི་འདི་རྣམས་ཡིན་ཏེ། གསེར་གླིང་པ། ཨ་བ་དྷུ་ཏི་པ། ཌོཾ་བི་པ། ཛྙ་ན་ཤྲཱི་མི་ཏྲ། བྲམ་ཟེ་འཛེ་ཏཱ་རི། ནག་པོ་ཞབས་ཆེན་པོ། ཀུ་སུ་ལུ་ཆུང་བ། དྷརྨ་རཀྵི་ཏ། ར་ཧུ་ལ་གུ་པ་ཏ་བཛྲ། ན་རོ་པ། ཧཱ་ལིང་ཨ་ཙཱརྱ་ཆེན་པོ། བླ་མ་བསོད་སྙོམས་པ་ཆེན་པོ། རིག་པའི་ཁུ་བྱུག །དུ་ཏ་ར་ནག་པོ། པཎྜི་ཏ་མི་ཆེན་པོ། ངག་གི་དབང་ཕྱུག་གྲགས་པ། མཁས་པ་ཆེན་པོ་རྣ་མཆོག །རད་ན་ཀཱིརྟི། གཤིན་རྗེ་གཤེད་ཀྱི་རྣལ་འབྱོར་པ། ཨ་བ་དྷུ་ཏི་པ་མངོན་པར་ཤེས་ཅན་པོ། དེ་རྣམས་བསྟེན་པའི་ཕྱིར་ལུས་དང་སྲོག་ལ་ལྟོས་པ་མ་མཛད་པར་རྒྱ་གར་གྱི་ཡུལ་དབུས་ཆེན་པོ་དང་། ཤར་ཕྱོགས་དང་། ལྷོ་དང་། ནུབ་དང་། ཁ་

ཆེའི་ཡུལ་(དེང་སང་ཀཱ་མ་རཱུ་པའི་ཡུལ།)དང་། ཨུ་རྒྱན་གྱི་ཡུལ་(དེང་གི་ཨཕྒ་ནི་སི་ཐན་ཡིན་པར་གྲགས།)དང་། གསེར་གླིང་(ད་ལྟའི་ཧིན་རྡུལ་ཉི་ཤི་ཡ་ཡིན་པར་བཤད།)དང་། ཟངས་གླིང་(ད་ལྟའི་ཤྲི་ལིངྐ་ཡིན་པ་བཤད།)དང་། ནགས་གླིང་ལ་སོགས་པ་རྣམས་སུ་བྱོན་ནས་བླ་མ་མཉེས་པར་མཛད་དེ་ཡོན་ཏན་མ་ལུས་པར་རྫོགས་པར་མཛད། ཇོ་བོ་ཉིད་ཀྱང་སློབ་མ་ཀུན་ལ་ཁྱེད་ཀྱིས་དཀའ་ལས་སྤྱད་མ་དགོས་པར་ཆོས་ཟབ་མོ་ཐོས་པ་ཇོ་མཚར་ཆེ་ཡི། ངས་བླ་མ་དམ་པ་འཚོལ་བའི་ཆེད་དུ་རྒྱ་མཚོ་ཆེན་པོར་ཡང་ལན་གསུམ་ཞུགས་གསུང་། གཞན་ཡང་རང་བཞིན་གྱི་རྣལ་འབྱོར་མ་དང་། ཡི་དམ་གྱི་ལྷ་ལ་དངོས་སམ་རྨི་ལམ་དུ་ཆོས་གསན་པ་ཡང་བསམ་གྱིས་མི་ཁྱབ་སྟེ་བརྗོད་ལས་འདས་སོ། །དེ་ལྟར་བླ་མ་རྣམས་ལ་སྔེ་སྣོད་ཀྱི་ཆོས་མཐའ་དག་གི་དོན་མ་ལུས་པ་ཐུགས་སུ་ཆུད་པས་རིག་པའི་གནས་ལྔ་ལ་མཁས་པའི་ཕུལ་དུ་ཕྱིན་པས། ཕྱི་རོལ་པའི་པཎྜི་ཏ་གདུགས་བཅུ་གསུམ་ཕུབ་པ་གཅིག་དང་། བརྒྱད་ཕུབ་པ་གཅིག་དང་། ལྔ་ཕུབ་པ་གསུམ་སྒྲ་ཚད་ལ་མཁས་པའི་ཕུལ་དུ་ཕྱིན་པ་ཡང་ཕམ་པར་མཛད་ནས་ནང་པ་སངས་རྒྱས་པའི་བསྟན་པ་ལ་བཙུད་ནས་སངས་རྒྱས་པ་ཕལ་ཆེ་བའི་ཐེ་ཚོམ་གྱི་དྲ་བ་སེལ་བའི་གནས་སུ་གྱུར་པ་མཛད་དོ། །བཙུན་པའི་ཡོན་ཏན་ནི། འདུལ་བ་དང་ཕ་རོལ་ཏུ་ཕྱིན་པ། གསང་སྔགས་ཀྱི་སྡོམ་པ་དང་དམ་ཚིག་མ་ལུས་པ་རྣམས་རང་རང་གི་ལུགས་དང་མི་འགལ་ཞིང་། གཅིག་གིས་གཅིག་ལ་མི་གནོད་པར་ཉམས་སུ་བཞེས་ལ། བླ་མ་དམ་པས་བྱིན་གྱིས་བརླབས་པ་རང་གི་སྒྲུབ་པའི་མཐུས་ཡི་དམ་གྱི་ལྷ་དཔལ་དགྱེས་པ་རྡོ་རྗེ་དང་། འཇིགས་རྗེད་དབང་ཕྱུག་དང་། རྗེ་བཙུན་མ་སྒྲོལ་མ་དང་། དམ་ཚིག་གསུམ་བཀོད་པའི་རྒྱལ་པོ་དང་། དཔལ་འཁོར་ལོ་སྡོམ་པ་ལ་སོགས་དུ་མའི་ཞལ་ཡང་གཟིགས་པ། གསང་སྔགས་གཞུང་ལྟར་ན་བསྐྱེད་པའི་རིམ་པ་

ལ་བརྟན་པ་ཐོབ་པ། ཕ་རོལ་ཏུ་ཕྱིན་པའི་གཞུང་ལྟར་ན་སྨྲུལ་པའི་སྐུ་ལ་དངོས་སུ་ཆོས་གསན་ཅིང་བདག་གཞན་བརྗེ་བའི་བྱང་ཆུབ་ཀྱི་སེམས་རིན་པོ་ཆེ་ཐུགས་ལ་འཁྲུངས་ཏེ། ཐམས་ཅད་མཁྱེན་པའི་ཡེ་ཤེས་བརྙེས་པ། མདོར་ན་བསམ་གྱིས་མི་ཁྱབ་པའི་ཡེ་ཤེས་བླ་མ་ཇོ་བཙུན་ཆེན་པོ་དཔལ་ལྡན་མར་མེ་མཛད་(c.༩༨༢-༡༠༥༤)ཅེས་གྲགས་པའི་ཡོན་ཏན་ནི་ནམ་མཁའི་མཐའ་དང་འདྲ་བས་བདག་ཅག་གིས་ཚད་བཟུང་བར་ག་ལ་ནུས་ཀྱང་། རང་གིས་ཐོས་ཚོད་ལ་ཆེ་ལོང་སྨྲས་པ་ཡིན་ནོ། །

གསུམ་པ་བོད་དུ་འབྱོན་ཁ་ན་གནས་གང་ན་གཞན་དོན་མཛད་ཅིང་བཞུགས་པ་ནི། རྒྱལ་པོ་ཆེན་པོ་རྣམ་པ་ལའི་ཐུགས་དམ་ཆུ་བོ་གངྒཱའི་འགྲམ་ཕྲི་ཀྲ་མ་ལ་ཤཱི་ལ་(ད་ལྟ་རྒྱ་གར་བི་ཧར་མངའ་སྡེའི་ཁོངས་སུ་ཡོད་འདུག)ཞེས་བྱ་བའི་གཙུག་ལག་ཁང་ན་པཎྜི་ཏ་ལྔ་བཅུ་རྩ་བདུན་གྱི་ནང་ནས་གཙུག་གི་ནོར་བུ་ལྟ་བུར་གྱུར་ཏེ། ཐམས་ཅད་ཀྱི་ཆོས་ཀྱི་ཞུ་ས། ཐེ་ཚོམ་གྱི་དྲུ་བ་གཅོད་ས་མཛད་ཅིང་གནས་བརྟན་རཏྣ་ཨཱ་ཀཱ་ར་དང་། མ་ག་དྷའི་རྒྱལ་པོ་ནེ་ཡ་པ་ལའི་སློབ་ཀྱི་མཆོད་གནས་མཛད་ཅིང་། ལོ་མིག་བཅོ་བརྒྱད་ཙམ་གྱི་བདག་མཛད་ནས་བཞུགས་སོ། །དེ་དག་ནི་ཐར་པར་གཤེགས་པའི་ཆེ་བའི་ལོ་རྒྱུས་སོ། །

གསུམ་པ། བོད་དུ་བྱོན་ནས་བསྟན་པ་ལ་ཕན་ཇི་ལྟར་བཏགས་པའི་ཆེ་བའི་ཡོན་ཏན།

གསུམ་པ། བོད་དུ་བྱོན་ནས་བསྟན་པ་ལ་ཕན་ཇི་ལྟར་བཏགས་པའི་ཆེ་བའི་ཡོན་ཏན་ལ་གསུམ་སྟེ། བོད་དུ་འབྱོན་དགོས་པའི་རྒྱུ་མཚན་དང་། བོད་ཀྱིས་ཇི་ལྟར་སྤྱན་དྲངས་པའི་ཚུལ་དང་། བོད་དུ་བྱོན་ནས་གཞན་དོན་ཇི་ལྟར་མཛད་པ་དངོས་སོ། །

དང་པོ། བོད་དུ་འབྱོན་དགོས་པའི་རྒྱུ་མཚན་ལ་གཉིས་ཏེ། བོད་དུ་ཕྱིར་སངས་རྒྱས་ཀྱི་བསྟན་པ་ལ་འཕེལ་འགྲིབ་ཇི་ལྟར་བྱུང་བ་དང་། དུས་དེ་ཙ་ན་ཇི་ལྟར་ཡོད་པའོ། །

དང་པོ་ནི། བོད་དུ་ཕྱིར་སངས་རྒྱས་ཀྱི་བསྟན་པ་ཇི་ལྟར་འཕེལ་བ་དང་འགྲིབ་པའི་ཚུལ་ནི། དེ་ལ་དང་པོ་བོད་ན་མིའི་འགྲོ་བ་ཡེ་ནས་མེད་པར་སྔོན་གནོད་སྦྱིན་གྱིས་བདག་བྱས་ཏེ། གནོད་སྦྱིན་གྱི་ཡུལ་བདུད་འཁར་ནག་པོ་ཟེར་བ་བྱུང་སྐད། དེའི་རྗེས་ལ་སྲུས་བཟུང་ནས་སྲུའི་ཡུལ་འབོད་ཀ་གླིང་དགུ་ཟེར། དེའི་རྗེས་ལ་བདུད་དང་སྲིན་པོས་བཟུང་ནས་ལྷ་མ་ཡིན་གྱི་ཡུལ་དུ་གྲགས། དེའི་རྗེས་ལ་འཕགས་པ་སྤྱན་རས་གཟིགས་ཀྱི་སྤྲུལ་པ་མ་སངས་རུ་དགུ་བྱ་བས་བཟུང་ནས་མ་སངས་ཡུལ་དུ་གྲགས། དེའི་རྗེས་ལ་སྟོད་མངའ་རིས་སྐོར་གསུམ་ཞིང་འདྲ་བ་ན་རི་དྭགས་དང་གཙན་གཟན་གྱིས་བཟུང་། སྨད་མདོ་ཁམས་སྒང་གསུམ་(སྨད་ཁམས། མདོ་སྨད། ཚོང་ཁ)ཞིང་འདྲ་བ་ན་འདབ་ཆགས་བྱ་དང་སྤྲང་པོ་ཆེས་བཟུང་། བར་དབུས་གཙང་རུ་བཞི་(དབུས་ལ་དབུ་རུ། གཡོ་རུ། གཙང་ལ་གཡས་རུ། རུ་ལག །)ཡུར་བ་འདྲ་བ་ན་སྤྲེའུ་དང་བྲག་སྲིན་མོས་བཟུང་ཡོད་པའི་སྐབས་སུ། འཕགས་པ་སྤྱན་རས་གཟིགས་ཀྱི་སྤྲུལ་པ་ཕ་སྤྲེའུ་རྒན་གྱིས་བྲག་སྲིན་མོ་ཁབ་ཏུ་བཞེས་ནས་བོད་དུ་མིའི་འགྲོ་བ་ཇི་ལྟར་སྤེལ་བའི་ལོ་རྒྱུས་ནི་གཞན་དུ་རྒྱས་པར་ཤེས་པར་བྱའོ། །དེ་ནས་རྒྱལ་ཕྲན་སིལ་མ་བཞི་བཅུ་ཞེ་གཉིས་བྱ་བ་དང་། རྒྱལ་ཕྲན་ལྔ་བཅུ་རྩ་གཉིས་བྱ་བས་བཟུང་ནས་ཡུལ་ཡང་སོ་ཁ་བརྒྱད་དུ་གྲགས་སྐད། ཐ་མར་སྤུ་རྒྱལ་བཙན་པོས་དབང་བྱས་ནས་སྤུ་རྒྱལ་བོད་ཀྱི་རྒྱལ་ཁམས་ཞེས་མིང་དུ་གྲགས་སོ། །གཉའ་ཁྲི་བཙན་པོ་ནས་རྒྱལ་རབས་བདུན་དུ་བོད་དུ་ཆོས་དང་རིག་པ་གང་ཡང་མ་བྱོན། ཁྲི་གུམ་བཙན་པོ

བྱ་བའི་རིང་ལ་བོན་འགྱུར་ཏེ། དོན་ལ་དམ་ཆོས་འབྱོན་པའི་སྔ་ལྟས་ཡིན་ཟེར་བར་གདའ། དེ་ནས་རྒྱལ་རབས་བཅུ་དྲུག་ཙམ་དུ་དམ་ཆོས་མ་བྱོན། དེ་ནས་ལྷ་མཐོ་དོ་རི་སྙན་ཤལ་གྱི་རིང་ལ་དམ་པའི་ཆོས་ཀྱི་དབུ་བརྙེས་པའི་སྔ་ལྟས་སུ་མཉན་པོ་གསང་བ་ཟེར་བའི་དཔེ་ཆ་ཞིག་བྱུང་ཡང་དམ་ཆོས་དང་བོན་ཆོས་སུ་ངོ་མ་ཤེས། ད་འདི་ནས་མི་རབས་ལྔ་ན་འདིའི་དོན་ངོ་ཤེས་པ་འོང་གི་གསུངས་ནས་སྤྲུལ་པའི་རྒྱལ་པོ་སྲོང་བཙན་སྒམ་པོ་ལུང་བསྟན། དེ་ནས་རྒྱལ་རབས་ལྔ་ན་སྤྲུལ་པའི་རྒྱལ་པོ་སྲོང་བཙན་སྒམ་པོ་(c.༥༦༩?-༦༤༩)བྱོན་ཏེ། ར་ས་འཕྲུལ་སྣང་ལ་སོགས་པའི་གཙུག་ལག་ཁང་མང་པོ་བཞེངས། ཇོ་བོ་ཤཱཀྱ་རྣམ་གཉིས་སྤྱན་དྲངས་ཏེ། སྤྱན་རས་གཟིགས་ཀྱི་མདོ་རྒྱུད་ཉི་ཤུ་རྩ་གཅིག་སོགས་དམ་ཆོས་ཁག་ཅིག་ཀྱང་བསྒྱུར་དགེ་འདུན་གྱི་རྟེན་ནི་མ་མཆིས་སོ། །དེ་ནས་མི་རབས་གསུམ་ན་སྤྲུལ་པའི་རྒྱལ་པོ་ཁྲི་སྲོང་ལྡེ་བཙན་(c.༧༥༤?-༧༩༧)བྱོན་ནས། བསམ་ཡས་ལ་སོགས་པའི་གཙུག་ལག་ཁང་མང་པོ་བཞེངས། ཆོས་བསམ་གྱིས་མི་ཁྱབ་པ་མང་པོ་བསྒྱུར། སློབ་དཔོན་བོ་དྷི་སཏྭ་(c.༧༢༥-༧༩༠)དང་། སློབ་དཔོན་པདྨ་འབྱུང་གནས་ལ་སོགས་པའི་པཎྜི་ཏ་བསམ་གྱིས་མི་ཁྱབ་པ་མང་པོ་སྤྱན་དྲངས་དང་པོ་སད་མི་དྲུག་(སྤྱིར་ཡོངས་གྲགས་སུ་སད་མི་བདུན་གསུངས་ཀྱང་ཇོ་བོའི་རྣམ་ཐར་འདི་གཞི་འཛིན་སའི་བཤད་པ་ཉི་མའི་འོད་ཟེར་དུ་དེ་ལྟར་བཀོད་འདུག་པས་དཔྱད་གཞིར་བསམ་ནས་རང་སོར་བཞག །ད་དུང་དེའི་སྐོར་རྒྱས་པར་ཁང་དཀར་གྱི་གསུང་འབུམ་པོད་བཅུ་པའི་ལེའུ་བཅུ་གཅིག་པར་སད་མི་དྲུག་དཔྱད་ཐུང་། ཟེར་བ་དེར་ཞིབ་དཔྱད་གནང་འདུག་པས་གཟིགས་པར་འཚལ།)རབ་ཏུ་བྱུང་། དེ་ནས་ལྔ་བརྒྱ་ཙམ་རབ་ཏུ་བྱུང་སྟེ་བསྟན་པ་རྒྱས་པར་མཛད། དེ་ནས་རྒྱལ་རབས་གཉིས་ན་སྤྲུལ་པའི་རྒྱལ་པོ་རལ་པ་ཅན་(c.༨༠༦-༨༤༡)བྱོན་ཏེ་དམ་པའི་ཆོས་སྐད་གསར་བཅད་ཀྱིས་གཏན་ལ་ཕབ། འོ་ཤང་རྗེའི་(ད་ལྟ་ཆུ་ཤུར་རྫོང་ཚལ་སྒང་ཤང་གི་ཁོངས་སུ་གནས།)

ལྷ་ཁང་ལ་སོགས་པ་བཞེངས། དེ་ནས་རྒྱལ་པོ་དར་མའི་(c.༨༠༩-༨༤༢)ཐུགས་སུ་འདྲེ་ཞུགས་ནས་བསྟན་པ་ནག་པོར་བྱས་པས་ལྷ་ལུང་དཔལ་གྱི་རྡོ་རྗེས་རྒྱལ་པོ་བཀྲོངས་ཏེ་ཁོང་ཉིད་རྒྱ་ནག་རི་བོ་རྩེ་ལྔ་ལ་གཤེགས་སྐད། བར་སྐབས་དེར་དཔལ་ཆུ་བོ་རིའི་(བོད་ཀྱི་རི་ཆེན་བཞིའི་ཡ་གྱལ་ད་ལྟ་ལྷོ་ཁ་གོང་དཀར་རྫོང་གི་ཁོངས་སུ་ཡོད་པའི་ལྕགས་ཟམ་ཆུ་བོ་རི་ལ་ཡོད།)སྒོམ་གྲྭ་ནས། གཙང་རབ་གསལ། གཡོ་དགེ་བའི་འབྱུང་གནས། དམར་ཤཱཀྱ་མུ་ནེ་གསུམ་གྱིས་འདུལ་བའི་དཔེ་ཆ་དྲེའུ་རྒྱབ་གཅིག་བསྐལ་ནས། མདོ་སྨད་དུ་བྲོས་པས་བྱང་ཆུབ་སེམས་དཔའི་སྤྲུལ་པ་ལས་སད་པའི་གང་ཟག་བླ་ཆེན་པོ་མུ་ཟི་དགོངས་པ་རབ་གསལ་དང་འཕྲད། རབ་ཏུ་བྱུང་ནས། ཏ་ཤང་(རྒྱ་རིགས་རབ་བྱུང་གི་མིང་།)གཉིས་ལ་ཁ་སྐོང་བཅོལ་ནས་མཐའ་འཁོབ་ཀྱི་ཚོ་གའི་ལུགས་སུ་བསྙེན་རྫོགས་མཛད་དེ་དན་ཏིག་ཤེལ་གྱི་ལྷ་ཁང་(ད་ལྟ་མཚོ་སྔོན་ཞིང་ཆེན་དཔའ་ལུང་རྫོང་གསེར་གཞུང་ཤང་ཁོར་གནའ་ཁ་སྡེ་བར་ཡོད་འདུག)དུ་བཞུགས་ནས་འགྲོ་དོན་མཛད། སུང་གོང་ཡེ་ཤེས་གཡུང་དྲུང་། སྐྱབས་དཔལ་གྱི་བྱང་ཆུབ། གྲུམ་ཤིང་གླག་ཅན་ནམ་མཚན་གཞན་ལ་གྲུམ་ཡེ་ཤེས་རྒྱལ་མཚན་གསུམ་གྱིས་བླ་ཆེན་པོ་ལས་རབ་ཏུ་བྱུང་ནས། ཁོང་གསུམ་གྱིས་མདོ་ཁམས་སུ་རབ་ཏུ་བྱུང་བ་མང་པོ་སྤེལ་ནས་བཞུགས་པའི་སྐབས་སུ་དབུས་གཙང་ནས་སད་མི་མི་དྲུག་མདོ་སྨད་དུ་བྱོན། དབུས་ནས་ཀ་བཙུན་ཡེ་ཤེས་བློ་གྲོས། རག་ཤི་ཚུལ་ཁྲིམས་རྒྱལ་བ། ཀླུ་མེས་ཤེས་རབ་ཚུལ་ཁྲིམས། འབྲིང་ཡེ་ཤེས་སྙིང་པོ། གཙང་ནས་ལོ་སྟོན་རྡོ་རྗེ་དབང་ཕྱུག །ཚོང་བཙུན་ཡེ་ཤེས་སེང་གེ་བཅས་དེ་ལྟར་མི་དྲུག་གིས་བླ་ཆེན་པོ་ལས་སྡོམ་པ་བླངས་ནས་བྱོན་པས། དབུས་གཙང་དུ་མཁན་བརྒྱུད་བཙུགས་ཏེ། ཀ་ཚོ། རག་ཚོ། ཀླུ་མེས། འབྲིང་ཚོ། གཙང་དུ་ལོ་ཚོ། ཚོང་ཚོ་ཞེས་པའི་བཙུན་པ་མང་པོ་བྱོན་ནས་གཙུག་ལག་ཁང་མང་པོ་བཞེངས་སོ། །དེ་དག

ནི་བོད་དུ་སྤྱིར་སངས་རྒྱས་ཀྱི་བསྟན་པ་ལ་འཕེལ་འགྲིབ་ཇི་ལྟར་བྱུང་བའི་ལོ་རྒྱུས་ཙམ་མོ། །(བུ་སྟོན་རིན་ཆེན་གྲུབ་(c.༡༢༩༠-༡༣༦༤)ཀྱིས་མཛད་པའི་བུ་སྟོན་ཆོས་འབྱུང་ལས། དབུས་ནས་སླུ་མེས་ཚུལ་ཁྲིམས་ཤེས་རབ་དང་། འབྲིང་ཡེ་ཤེས་ཡོན་ཏན། རག་ཤི་ཚུལ་ཁྲིམས་འབྱུང་གནས། བ་ཚུལ་ཁྲིམས་བློ་གྲོས། སུམ་པ་ཡེ་ཤེས་བློ་གྲོས་བཅས་དབུས་པ་མི་ལྔ་དང་། གཙང་ནས་ལོ་སྟོན་རྡོ་རྗེ་དབང་ཕྱུག །ཚོང་བཙུན་ཤེས་རབ་སེང་གེ །མངའ་རིས་པ་འོ་བརྒྱད་སྤུན་གཉིས། བོང་དོང་པ་ཨུ་པ་དེ་དཀར་དང་ལྔ་སྟེ་མི་བཅུ་མདོ་སྨད་དུ་ཕེབས་ཏེ་བླ་ཆེན་དགོངས་པ་རབ་གསལ་ལས་བསྙེན་རྫོགས་ཞུས་ཏེ་འདུལ་བའི་སྡོམ་རྒྱུན་སྤེལ་བས་བསྟན་པའི་མེ་རོ་སྨད་ནས་གསོ་བར་གྲགས། གསོ་བའི་དུས་ནི་བུ་སྟོན་གྱིས་བླ་ཆེན་བསྙེན་རྫོགས་ནས་བཞེད་པས་སྤྱི་ལོ་༩༧༣དང་། འབྲོམ་གྱིས་དབུས་གཙང་གི་མི་བཅུ་བསྙེན་རྫོགས་སྡོམ་པ་བཞེས་པ་ནས་བཞེད་པས་སྤྱི་ལོ་༩༧༨ལོར་ཡིན་པར་གསུངས། འགོས་ལོ་གཞོན་ནུ་དཔལ་(c.༡༣༩༢-༡༤༨༡)གྱི་དེབ་སྔོན་ལས། གཞན་དུ་དབུས་གཙང་གི་མི་དྲུག་གིས་བླ་ཆེན་པོ་ཉིད་ལ་ཐུག་པ་དང་། ཞེས་གསུངས་ཚུལ་མི་འདྲ་བ་མང་པོ་འདུག་པས་དཔྱད་པར་འཚལ།)

གཉིས་པ་དུས་དེ་ཙ་ན་ཇི་ལྟར་ཡོད་པ་ནི། མཁན་བརྒྱུད་འཛིན་པ་དང་། རབ་ཏུ་བྱུང་བའི་གཟུགས་བརྙན་མང་དུ་ཡོད་ཀྱང་། ཐེག་པ་ཆེ་ཆུང་གི་ཆོས་ཀྱི་དགོངས་པ་མ་ལོན་པས། ལག་ལེན་ལ་སོགས་པ་ལོག་པར་བྱེད་པ་དང་། རྒྱ་གར་ནས་ཀྱང་ཨ་ཙ་ར་(སྲིད་པ་ཏ་ཙང་ཆེ་བའི་རྒྱ་གར་རིགས་ཀྱི་སྔགས་པའམ་རྣལ་འབྱོར་པ་མིག་འཕྲུལ་མཁན་བཅས་ཀྱི་མིང་།)གསེར་འདོད་ཅན་ཁ་ཡར་བྱུང་ནས་ཆོས་གང་བདེ་བདེ་བྱས་པས། དེར་སྔགས་ལ་བརྟེན་ནས་འདུལ་བར་སྐྱུར་བ་བཏབ། འདུལ་བར་བརྟེན་ནས་སྔགས་ལ་སྐྱུར་བ་བཏབ། དེ་ལྟར་སངས་རྒྱས་ཀྱི་བསྟན་པ་སྐམ་ཐོག་འོག་གི་ཉི་མ་ལྟར་ཁྲ་ཤིག་གེ་བ་ཞིག་ལས་མེད་དོ། །དེ་དག་ནི་དུས་དེ་ཙ་ན་ཇི་ལྟར་ཡོད་པའི་ལོ་རྒྱུས་ཟུར་ཙམ་མོ། །དེ་ལྟར་བོད་དུ་བསྟན་པའི་འཕེལ་འགྲིབ་དུ་མ་བྱུང་ཞིང་། སྐབས་དེ་ན་འགྲིབས་པ་ཡང་མ་ཡིན། མ་

འགྲིབས་པ་མ་ཡིན་པ་དེར་ཡོད་པས་ན། དཔལ་ལྡན་ཨ་ཏི་ཤ་བོད་དུ་འབྱོན་དགོས་པའི་རྒྱུ་མཚན་དངོས་དེ་ཡིན་ནོ། །

གཉིས་པ་བོད་ཀྱིས་ཇི་ལྟར་སྤྱན་དྲངས་པའི་ཚུལ་ལ་གསུམ་སྟེ། རྒྱལ་པོ་གང་གིས་བདག་རྐྱེན་མཛད་པ་དང་། ལོ་ཙཱ་གང་གིས་སྤྱན་དྲངས་པ་དང་། ཤུལ་ལམ་དུ་གཞན་དོན་མཛད་པའི་རིམ་པའོ། །

དང་པོ་རྒྱལ་པོ་གང་གིས་བདག་རྐྱེན་མཛད་པ་ནི། རྒྱལ་པོ་མངའ་བདག་རལ་པ་ཅན་ནས་མི་རབས་དྲུག་པ་ན། མངའ་རིས་སུ་ལྷ་བླ་མ་བ་ཡེ་ཤེས་འོད་ཅེས་བྱ་བ་བྱུང་སྟེ། རྒྱལ་པོ་དེ་ནི་འཇམ་དཔལ་རྩ་བའི་རྒྱུད་(བཀའ་གདམས་གླེགས་བམ་དུ་དྲངས་པའི་ལྷ་བླ་མ་ལུང་བསྟན་པའི་འཇམ་དཔལ་རྩ་རྒྱུད་ཀྱི་ལུང་ནི། ཁ་བ་ཅན་གྱི་རྒྱལ་ཁམས་སུ། །རྒྱལ་པོ་འོད་ཀྱི་མཐའ་ཅན་འབྱུང་། །གངས་ཅན་དུ་ནི་རྒྱལ་པོའི་རིགས། །ཡེ་ཤེས་འོད་ཅེས་བྱ་བ་འབྱུང་། །ཞེས་གསུངས་ཀྱང་། རྒྱུད་ན་པར་བཞུགས་པའི་འཇམ་དཔལ་རྩ་བའི་རྒྱུད་ལས། ཚིག་དེ་མི་གསལ་ཡང་། གངས་ཅན་རི་ཡི་ནང་གནས་པའི། །རྒྱལ་པོ་མི་ཡི་ལྷ་ཞེས་པ། །ལིཙྪ་བྱི་རྣམས་རིགས་སུ་བྱུང་། །ཞེས་དང་། ཡང་ན། ཁ་བ་ཅན་གནས་ཀླ་ཀློའི་རྒྱལ། །དེ་ཡང་སྟོན་པ་མཆོད་བྱེད་པའོ། །ཁྲུ་མཆོག་ཁྲུ་མཆོག་བཟང་པོ་དང་། །ས་འོད་དེ་བཞིན་ས་འོད་བཟང་། །ཞེས་གསུངས་པ་དེ་དག་ཡིན་མིན་དཔྱད་དགོས།)དང་། བཀའ་ཐང་སྡེ་ལྔའི་ལོ་པཎ་བཀའ་ཐང་(དེ་ལས་ལུང་བསྟན་པ་ནི། བཀྲ་ཤིས་མགོན་སྲས་ལྷ་བླ་མ། །ཡེ་ཤེས་འོད་ཀྱིས་མཐོ་ལྡིང་བཞེངས། །ཞེས་གསུངས།)བཅས་སུ་ལུང་བསྟན་པའོ། །རྒྱལ་པོ་དེས་ཇོ་བོ་སྤྱན་འདྲེན་པའི་ཆེད་དུ་དཀའ་ལས་དཔག་ཏུ་མེད་པ་སྤྱད་པ་ལས། ལོ་ཙཱ་བ་དང་གསེར་ཕལ་ཆེ་བ་བརླག་ཅིང་སྤྱན་མ་དྲངས། ཕྱིར་ནི་བསྟན་པའི་སློ་བ་མང་དུ་མཛད། ཕྱིས་ཁོང་རང་གསེར་བསྒྲུབ་ཏུ་བྱོན་པས་གར་ལོག་(ཤིང་ཅན་དང་པ་ཁི་སི་ཏན་རྒྱུད་དུ་ཡོད་པའི་ཨི་སི་ལམ་ཆོས་ལ་དད་པའི་རིགས་རྒྱུད་ཚོ་བ་ཞིག་ཡིན་འདུག)གི་རྒྱལ་པོས་བཙོན་དུ་བཟུང་། ལྷ་བླ་མ་བྱང་ཆུབ་འོད་ཀྱིས་བླུ་བར་བཞེད་པ་མ་བླུས་པར་

གར་ལོག་གི་རྒྱལ་པོའི་ཡུལ་དུ་དཀོན་མཆོག་གསུམ་གྱི་སྐྱབས་དང་བཅས་བཞིན་དུ་འདས་(འདིའི་སྐོར་ཅུང་ཞིབ་པ་ནག་ཚོའི་རྣམ་ཐར་སྐབས་སུ་འཆད།)སོ། །དེ་ནས་ལྷ་བླ་མ་བྱང་ཆུབ་འོད་ཀྱིས་བདག་རྐྱེན་མཛད་དེ། སྤྱན་འདྲེན་པའི་ཕྱིར་དཀའ་བ་དཔག་ཏུ་མེད་པ་སྤྱད་དོ། །དེ་དག་ནི་རྒྱལ་པོ་གང་གིས་བདག་རྐྱེན་མཛད་པའོ། །

གཉིས་པ་ཕོ་ཉ་གང་གིས་སྤྱན་དྲངས་པ་ནི། ལོ་ཙཱ་བ་ནག་ཚོ་ཚུལ་ཁྲིམས་རྒྱལ་བ་(c.༡༠༡༡-༡༠༦༤)ཡིས་སྤྱན་དྲངས་ཏེ། ལྷ་བླ་མས་གསེར་ཤིང་བ་ཆེན་པོ་གཅིག་གིས་སྣ་དྲངས་པའི་གསེར་མང་དུ་བརྫངས་ནས། འཁོར་ལྔ་དང་བཅས་ཏེ་བྲི་ཀཱ་མ་ལ་ཤཱི་ལའི་གཙུག་ལག་ཁང་དུ་ཕྱིན། ལོ་ཙཱ་བ་རྒྱ་བརྩོན་འགྲུས་སེང་གེ་དེ་ན་བཞུགས་པས་ཀྱང་རོགས་མཛད་ནས། ཇོ་བོ་ལ་དབུ་སྲས་ན་མཉལ་ཁྲུ་གང་བ་ཞིག་ཡོད་པ་དེའི་སྟེང་དུ་གསེར་ཤིང་བ་དེ་དབུས་སུ་བཞག །གསེར་སིལ་མ་དེ་རྣམས་མཐའ་མར་ཆོམ་བུ་བཀོད་ནས་ཕུལ་ཏེ། བོད་ལ་ཐུགས་རྗེས་བཟུང་ནས་འབྱོན་པར་ཞུ་ཞུས་པས། བོད་ཀྱི་རྒྱལ་པོ་དེས་ང་གདན་འདྲེན་པའི་ཕྱིར་དཀའ་ལས་མང་པོ་བྱས། ཕོའི་མི་དང་གསེར་མང་པོ་ཡང་བཏང་རྒྱལ་པོ་དེ་ལ་ཡང་ང་ངོ་གནོང་བར་ཡོད་དེ་འོན་ཀྱང་ངས་བརྟག་པ་ཞིག་བྱས། དེའི་བར་དུ་གསེར་ཉར་ཚགས་གྱིས་གསུང་། དེ་ནས་ཇོ་བོས་དེ་ནུབ་རྗེ་བཙུན་མ་སྒྲོལ་མ་ལ་གསོལ་བ་འདི་ལྟར་བཏབ་སྐད། བདག་གི་བོད་དུ་ཕྱིན་ན་སངས་རྒྱས་ཀྱི་བསྟན་པ་ལ་ཕན་ཐོགས་སམ་མི་ཐོགས། རྒྱལ་པོ་བྱང་ཆུབ་སེམས་དཔའི་ཐུགས་དགོངས་སྐོང་ངམ་མི་སྐོང་རང་གི་ཚེ་སྲོག་གི་བར་ཆད་དུ་འགྱུར་རམ་མི་འགྱུར། ཞེས་གསོལ་བ་བཏབ་པས། སྒྲོལ་མའི་ཞལ་ནས། ལྷོ་ཕྱོགས་སུ་ཁྱེར་གྱི་གྲོང་དུ་སོང་དང་། དེ་ནས་ལུང་སྟོན་པ་ཞིག་འོང་གི་གསུངས། སང་ནང་པར་སུ་ཁྱེར་དུ་ཕྱིན་ནས་གྲོང་གི་དབུས་སུ་ལྷ་ཁང་ཞིག་འདུག་པའི་དྲུང་དུ་མཉལ་

ཕྱུལ་ནས་གསོལ་བ་འདེབས་ཤིང་བཞུགས། དེའི་སྐབས་རྣལ་འབྱོར་མ་རལ་པ་ས་ལ་འཁྲིལ་བ་ཞིག་བྱུང་། དེ་ལ་སྔར་བཞིན་གསོལ་བ་བཏབ་པས། རྣལ་འབྱོར་མའི་ཞལ་ནས། ཁྱོད་ལུས་དང་སྲོག་ལ་མི་ལྟ་བར་བོད་དུ་སོང་དང་། སངས་རྒྱས་ཀྱི་བསྟན་པ་ལ་ཕན་ཐོགས་རྒྱས་པར་བྱེད་ཅིང་རྒྱལ་པོ་བྱང་ཆུབ་སེམས་དཔའི་ཐུགས་དགོངས་ཀྱང་རྫོགས་པར་འགྱུར་རོ། །ཁྱད་པར་དུ་ཨུ་པ་སི་ཀ་(རྒྱ་གར་སྐད་ཀྱི་དགེ་བསྙེན།)ཞིག་དང་མཇལ་ནས་དེ་ལ་བརྟེན་ནས་ཕན་ཐོགས་པར་འགྱུར། འོན་ཀྱང་ཚེ་ལ་བར་ཆད་བོད་དུ་མ་བྱོན་ན་ལོ་དགུ་བཅུ་གོ་ལྔ་ཐུབ་ལ། བོད་དུ་བྱོན་ན་བདུན་ཅུ་རྩ་གསུམ་ལས་མི་ཐུབ་གསུང་ངོ་། །དེའི་སྐབས་སུ་སངས་རྒྱས་ཀྱི་བསྟན་པ་ལ་ཕན་ཐོགས་ན་ཚེ་ཐུང་ཡང་ཐུང་སྙམ་པའི་ཐུགས་དགོངས་བྱུང་ནས་བོད་དུ་ཕེབས་པ་ཐག་བཅད། དེ་ནས་ལོ་ཙཱ་བ་ལ་ང་བོད་དུ་འགྲོ་བ་ལ་འདིའི་ཆོས་འཁྲོ་ཚུར་བསྡུ་བ་དང་། ལྡེ་མིག་དག་གཞན་ལ་རྩིས་སྤྲོད་པ་ལ་ཡུན་རིང་འགོར་བར་འདུག་པས་དེའི་བར་ཁྱོམ་ལོང་ཡོད་དམ་མེད་གསུང་། དེ་ཡོད་ལགས་ཞུས་པས། འོ་ན་ཁྱེད་རང་དེའི་བར་དུ་སློབ་གཉེར་གྱིས་གསུངས་ནས་དེ་ནས་ཇོ་བོས་བོད་དུ་ཕེབས་པའི་ཆེད། སློབ་མ་རྣམས་ཀྱི་ཆོས་འཁྲོ་སྟོན་མ་ཚོ་ཐོན་པར་མཛད། ཕྱི་མའི་འཁྲོ་མ་བཙུགས་ལྡེ་མིག་བཅོ་བརྒྱད་པོ་རྣམས་ཀྱང་རིམ་གྱིས་གཞན་ལ་རྩིས་སྤྲོད་མཛད་དེ། གཞན་དག་མིག་འཕྲུལ་པའི་ཕྱིར་དཔལ་ཇོ་ཇེ་གདན་ལ་སོགས་པ་རྣམས་སུ་ཕར་གཤེགས་ཚུར་གཤེགས་མཛད། དེ་ལྟར་མ་མཛད་ན་རྒྱ་གར་བས་བོད་དུ་མི་གཏོང་བས་སོ། །དེ་ནས་དཔལ་རང་བྱུང་མཆོད་པ་ལ་འགྲོ་གསུང་བ་ལ། གནས་བརྟན་རཏྣ་ཨཱ་ཀ་རས་ཚོར་ནས། ནག་ཚོ་ལོ་ཙཱ་བ་ལ་ཁྱེད་བོད་སློབ་གཉེར་ལ་མ་ཡོང་བར་ཇོ་བོ་སྤྱན་འདྲེན་པར་འོངས་ནས་འདུག །ཇོ་བོ་ཡང་ལྷག་པའི་བསམ་པས་ཕེབས

པར་དགོངས་ནས་འདུག་སྟེ། ངས་བཀག་ན་ཆོག་སྟེ། ད་ཁྱེད་བོད་སྙིང་རྗེ་བས་ལོ་གསུམ་གཡར་གཞུག་གི་དེ་ནས་ཕྱིར་སྤྱན་དྲོངས་ཤིག །མ་དྲངས་ན་ང་དང་དམ་ཚིག་མེད་དོ་གསུང་། དེ་དག་ནི་ཕོ་ཉ་གང་གིས་སྤྱན་དྲངས་པའི་ལོ་རྒྱུས་ཟུར་ཙམ་མོ། །

གསུམ་པ་ཞལ་ལམ་དུ་གཞན་དོན་མཛད་པའི་རིམ་པ་ནི། ཇོ་བོའི་ཞལ་ནས། ལོ་ཙཱ་བ་ལ་གསེར་དེ་ཁྱེར་ལ་ཤོག་གསུངས། གསེར་དེ་རྣམས་བཞིར་བགོས་ཏེ་ཆ་གཅིག་ནོ་རྗེ་གདན་དུ་མཆོད་པ་ལ་བསྔོས། ཆ་གཅིག་ཁྲི་ཀཱ་མ་ལ་ཤྲཱི་ལའི་དགེ་འདུན་ལ་བསྔོས། ཆ་གཅིག་རྒྱལ་པོ་ནེ་ཡ་པ་ལ་གཏད་ནས་ཇོ་བོ་ཉིད་ཀྱི་བླ་མ་ཚོར་བསྔོས། དེ་ནས་ཇོ་བོའི་ཕྱག་ལས་དག་ཕལ་ཆེ་བ་གནས་བརྟན་རཏྣ་ཨཱ་ཀཱ་ར་ལ་རྗེས་སྣང་མཛད་ནས་བོད་དུ་ཕྱིན། དེའི་ཞལ་ལམ་དུ་རྒྱ་གར་མཐའ་འཁོབ་ཀྱི་ཆོས་གླིན་ཞིག་གིས་ལྷ་ཁང་བཞེངས་པའི་ས་ཆོག་མཛད། མུ་སྟེགས་ཀྱི་སྟོན་པ་བཅོ་ལྔ་བཏུལ། དེ་ནས་བལ་ཡུལ་དུ་ཕྱིན་ཏེ། ཞལ་ལམ་དུ་བྱུང་བའི་ནོར་རྫས་ཀྱིས་ཐང་ཧེ་ཏྭ་ར་ཞེས་པའི་གཙུག་ལག་ཁང་ཞིག་བཞེངས། འདི་ད་ལྟ་ཡང་མཇལ་རྒྱུ་ཡོད་འདུག །དེ་ནས་རིམ་གྱིས་བོད་དུ་ཕྱིན་ནས་སྤུ་རངས་མཐོ་ལྡིང་གི་གཙུག་ལག་ཁང་དུ་ཕྱུགས་ཕེབས་སོ། །དེ་དག་ནི་ཞལ་ལམ་དུ་འགྲོ་བ་མང་པོའི་དོན་མཛད་པའི་ཆེ་བའི་ཡོན་ཏན་དང་བཅས་ཇོ་བོ་བོད་དུ་སྤྱན་ཇི་ལྟར་དྲངས་པའི་ལོ་རྒྱུས་ཆེ་ལོང་བསྟན་ཟིན་ཏོ། །

གསུམ་པ་བོད་དུ་ཕྱིན་ནས་གཞན་དོན་མཛད་པའི་རིམ་པ་དངོས་ལ་རྣམ་པ་ལྔ་སྟེ། སྟེ་སྣོད་ཀྱི་ཆོས་གང་གསུངས་པ་དང་། སློབ་མ་ཇི་ལྟ་བུ་རྣམས་ཕྱིན་པ། བོད་དུ་ལོ་དུ་བཞུགས་པ། མཐའ་མ་གནས་གང་དུ་མྱ་ངན་ལས་འདའ་ཚུལ་བསྟན་པ། དེ་དག་གི་སྐབས་སུ་མིང་ཇི་སྐད་གྲགས་པའོ། །དང་པོ་བོད་དུ་ཆོས་

གང་གསུངས་པ་ནི། ཇོ་བོ་མཐོ་ལྡིང་གི་གཙུག་ལག་ཁང་(ད་ལྟ་མངའ་རིས་རྩ་མདའ་རྫོང་དུ་ཡོད།)དུ་ཕྱག་ཕེབས་ནས། རྒྱལ་པོ་ལྷ་བླ་མ་བྱང་ཆུབ་འོད་ཀྱིས་ཞུ་བ་མཛད་ནས། བོད་ཀྱི་རྒྱལ་ཁམས་འདིར་ཆོས་ཟབ་ཟབ་པོ་དང་། མཆོར་མཆོར་པོ་ལས་ཀྱང་ལས་རྒྱུ་འབྲས་ཀྱི་ཆོས་ཀྱིས་བསྐྱང་བར་ཞུ་ཞེས་པ་དང་། སྡེ་སྣོད་མཐའ་དག་གི་དོན་བསྡུས་པ་བླ་མ་ཉིད་ཀྱིས་སྐུ་ཉམས་སུ་བཞེས་པའི་བསྟན་བཅོས་ཤིག་རྩོམས་པར་ཞུ་ཞེས་པ་དང་། གསང་བ་འདུས་པའི་ལྷ་བཅུ་དགུའི་གཙོ་བོ་འཇིག་རྟེན་དབང་ཕྱུག་གིས་མཛད་པའི་སྒྲུབ་ཐབས་ཤིག་ཞུ་ཞེས་པ་དང་། གཞན་ཡང་བོད་ཀྱི་ལོག་པར་རྟོག་པ་མཐའ་དག་ཇི་ལྟར་ཡོད་པ་རྣམས་ཇོ་བོའི་སྙན་དུ་ཞུས་པས། ཇོ་བོའི་ཞལ་ནས་ཆོས་ལ་ལ་གཅིག་འཐོལ་པ་འདྲ། རྒྱུ་འབྲས་ལས་ཟབ་པ་ཡི་མེད་གསུངས་ནས་ལས་རྒྱུ་འབྲས་ལས་བརྩམས་པའི་ཆོས་མང་དུ་གསུངས། བོད་ཀྱི་ལོག་པར་རྟོག་པ་མཐའ་དག་གི་གཉེན་པོར་གཞུང་བྱང་ཆུབ་ལམ་གྱི་སྒྲོན་མ་བརྩམས། དེའི་འགྲེལ་ཆོས་སུ་ལམ་གྱི་རིམ་པ་གནང་། ལྷ་བླ་མ་ལ་གསང་བ་འདུས་པའི་དཀྱིལ་འཁོར་དུ་དབང་བསྐུར། དེའི་གཙོ་བོ་འཇིག་རྟེན་དབང་ཕྱུག་གིས་མཛད་པའི་སྒྲུབ་ཐབས་(སྡེ་དགེ་བསྟན་འགྱུར་རྒྱུད་ཕི་པའི་ནང་བཞུགས།)མཛད་ནས་གནང་། གཞན་ཡང་རྟེན་རབ་གནས་མེད་པ་ལ་རབ་གནས། ཡོན་བསྔོ་བ་མེད་པ་ལ་བསྔོ་བ་བཅས་མཛད། ད་དུང་ཁྱིམ་པ་རྣམས་ཕྱག་དང་བསྙེན་གནས་ལ་བཀོད། རབ་ཏུ་བྱུང་བ་རྣམས་འདུལ་ཁྲིམས་ལ་བཀོད། ཐེག་ཆེན་པ་རྣམས་སེམས་བསྐྱེད་དང་བསླབ་བྱ་ལ་བཀོད། སྔགས་པ་རྣམས་དབང་དང་དམ་ཚིག་ལ་བཀོད། མདོར་ན་སངས་རྒྱས་ཀྱི་བསྟན་པ་རིན་པོ་ཆེའི་སྲོལ་ཕྱིན་ཅི་མ་ལོག་པར་བཀོད་དེ། བོད་ཀྱི་ཐེ་ཚོམ་གྱི་དྲ་བ་མ་ལུས་པ་བསལ། སྤུ་རངས་སུ་ལོ་གཅིག་བཞུགས། དེ་ནས་གནས་བརྟན་རཏྣ་ཨཱ་ཀཱ་རའི་འཁོར་ཞག

ཐེམ་ནས་ཕྱིར་རྒྱ་གར་ལ་ཕེབས་རྗེས་མཛད་པའི་སྐབས་སུ། འབྲོམ་སྟོན་པ་དང་མཇལ་ནས། བོད་དབུས་གཙང་གི་ས་ཆར་སྤྱན་དྲངས་ནས། གཙང་གི་ཉན་ཆོ་གནས་རྙིང་(ཁང་དམར་རྫོང་།)དང་། ལ་སྟོད།(དིང་རི་རྫོང་དང་ངམ་རིང་རྫོང་།)བསམ་ཡས། ཐང་པོ་ཆེ།(ལྷོ་ཁ་འཕྱོངས་རྒྱས་རྫོང་།)འོན་གྱི་ལྷ་ཁང་གེ་རུ།(སྙེ་གདོང་ཆུས་སྲིད་པ་ཤང་།)ར་ས་འཕྲུལ་སྣང་། ཡེར་པ། ལན་པ་སྤྱིལ་བུ།(ལྷུན་གྲུབ་རྫོང་ལྷུང་ར་ཤང་།)སྙེ་ཐང་རྣམས་སུ་བཞུགས་ཏེ་གདུལ་བྱ་རྣམས་ལ་དམ་པའི་ཆོས་སྡེ་སྣོད་རིན་པོ་ཆེ་རྣམ་པའི་གཞུང་དང་། གདམས་ངག་མ་ལུས་པ་གང་ལ་གང་འཚམ་པ་བསྟན་ཏེ་འགྲོ་བ་མཐའ་དག་དངོས་སམ་བརྒྱུད་པས་མ་སྨིན་པ་རྣམས་སྨིན་པར་མཛད། སྨིན་པ་རྣམས་གྲོལ་ནས་མཐར་ཕྱིན་པར་མཛད་དོ། །དེ་དག་ནི་སྡེ་སྣོད་ཀྱི་ཆོས་གང་དང་གང་དུ་གསུངས་པའི་ལོ་རྒྱུས་ཟུར་ཙམ་མོ། །

གཉིས་པ་སློབ་མ་ཇི་ལྟ་བུ་རྣམས་བྱོན་པ་ནི། ཕྱིར་ཆོས་འབྲེལ་ཡོད་པ་མང་དུ་བྱོན་མོད་ཀྱང་། ཡོངས་སུ་གྲགས་པའི་ཆེན་པོ་རྣམས་ནི་འདི་རྣམས་ལགས་ཏེ། རྒྱ་གར་དུ་རཏྣ་ཨཱ་ཀ་ར། བོ་དྷི་པ། བཤེས་གཉེན་གསང་བ། དབུ་མ་སེང་གེ །སའི་སྙིང་པོ་སོགས་དང་། མངའ་རིས་སུ་ལྷ་བླ་མ་བྱང་ཆུབ་འོད། ལོ་ཙཱ་བ་རིན་ཆེན་བཟང་པོ།(c.༩༥༨-༡༠༥༥)ལོ་ཙཱ་བ་རྒྱ་བརྩོན་འགྲུས་སེང་གེ །ལོ་ཙཱ་བ་ནག་ཚོ་ཚུལ་ཁྲིམས་རྒྱལ་བ། ལོ་ཙཱ་བ་དགེ་བ་བློ་གྲོས།(c.༩༩༧-༡༠༧༠)ལོ་ཙཱ་བ་ཤཱཀྱ་བློ་གྲོས། གཀགས་སྟོན་ཆེ་ཆུང་གཉིས། བསྒོམ་ཆེན་གཞོན་ནུ་ཚུལ་ཁྲིམས། གནས་བརྟན་གསེར་བཟོ་ལ་སོགས་པ་མང་དུ་བྱོན། གཙང་སྟོད་ནས། ལེང་མི་ལོ་ཙཱ་བ། འབྲོག་མི་ལོ་ཙཱ་བ་(c.༩༩༣-༡༠༥༠)དང་། གཙང་སྨད་ནས་འགར་དགེ་བ་དང་། ལོ་ཙཱ་བ་འགོས་ཁུག་པ་ལྷས་བཙས་གཉིས། དབུས་ནས་ཡོལ་ཆོས་ཀྱི་འབྱུང་གནས། ཡོལ་ཐོག་འབེབས། ཡོལ་དྲང་སྲོང་། རྔོག་ཁ་པ། བང་སྟོན་གནས་

ཁང་ས་ཕུག་པ། ཞང་བཙུན་ཡེར་པ་བ། ཀ་བ་ཤཱཀྱ་དབང་ཕྱུག །ལྡོགས་ཀྱི་ར་བ། ལྷ་བཙུན་པོ་ཧྲི་ན་ཛའོ། །ཁམས་ནས་དགེ་བཤེས་ཕྱུག་དར་སྟོན་པ། རྣལ་འབྱོར་པ་ཆེན་པོ།(c.༡༠༡༥-༡༠༧༥) དཔལ་ལྡན་དགོན་པ་བ།(c.༡༠༡༦-༡༠༨༢) རྣལ་འབྱོར་བ་ཤེས་རབ་རྡོ་རྗེ། ལྟོ་བྲག་ནས་རྣལ་འབྱོར་པ་ཕྱུག་ཁྲི་མཆོག །གང་དང་འགྲན་ཟླ་མེད་པ་ནི་དབུས་ནས་ཁུ་རྔོག་འབྲོམ་གསུམ་མོ། །དེ་དག་ལ་སོགས་པ་བསམ་གྱིས་མི་ཁྱབ་པ་ཞིག་བྱོན་ཏེ་ཆེ་ལོང་ཙམ་བརྗོད་པ་ཡིན་ནོ། །དེ་དག་ནི་སློབ་མ་ཇི་ལྟ་བུ་རྣམས་བྱོན་པའི་ལོ་རྒྱུས་ཟུར་ཙམ་མོ། །

གསུམ་པ་བོད་དུ་ལོ་དུ་བཞུགས་པ་ནི། དགུང་ལོ་དྲུག་ཅུ་རེ་གཅིག་ཆུ་ཕོ་རྟའི་(སྤྱི་ལོ་༡༠༤༢)ལོ་ལ་བོད་དུ་བྱོན་ཏེ། དགུང་ལོ་བདུན་ཅུ་དོན་གསུམ་ཤིང་རྟ་ལོར་བོད་དུ་དགོངས་པ་རྫོགས་པས་ལོ་ཧྲིལ་པོ་བཅུ་གཉིས་(ལས་ཆེན་ཆོས་འབྱུང་ལས། ལོ་བཅུ་གསུམ་དང་། ལམ་རིམ་དང་ཐུའུ་བཀྭན་བཀའ་གདམས་ཆོས་འབྱུང་སོགས་ལས་ལོ་བཅུ་བདུན་བཞུགས་པར་འདོད།)བོད་དུ་བཞུགས་སོ། །དེ་དག་ནི་ལོ་དུ་བཞུགས་པའོ། །

བཞི་པ་གནས་གང་ན་མྱ་ངན་ལས་འདས་པ་ནི། སྙེ་ཐང་(ཆུ་ཤུར་རྫོང་སྒྲོལ་མ་ལྷ་ཁང་ཡོད་སའི་གནས།)དུ་དགུང་ལོ་བདུན་ཅུ་ཙ་གསུམ་ཤིང་རྟའི་ལོ་(སྤྱི་ལོ་༡༠༥༩)དབྱུག་གུ་ཟླ་བའི་ཚེས་བཅོ་བརྒྱད་ལ་སྐུ་མྱ་ངན་ལས་འདའ་བའི་ཚུལ་བསྟན་ཏེ། དགའ་ལྡན་དུ་མགོན་པོ་བྱམས་པའི་སྤྱན་སྔར་གཤེགས་སོ། །དེ་དག་ནི་འདས་པའི་ཚུལ་བསྟན་པའོ། །

ལྔ་པ་དེ་དག་གི་སྐབས་སུ་མིང་ཇི་སྐད་གྲགས་པ་ནི། དང་པོ་མངའ་རིས་སུ་རྒྱུ་འབྲས་ཀྱི་ཆོས་མང་དུ་གསུངས་པས། ལས་རྒྱུ་འབྲས་པ་བྱ་བར་གྲགས། བར་དུ་གཙང་རོང་(རིན་སྤུངས་དང་བསམ་གྲུབ་རྩེའི་ཁོངས།)ལ་སོགས་པ་རྣམས་སུ་དབུས་གཙང་གི་མི་ཆེན་རྣམས་ལ་སེམས་བསྐྱེད་མཛད་ཅིང་། བྱང་ཆུབ་

སེམས་ཀྱི་ཕན་ཡོན་པོ་ན་གསུངས་པས། བྱང་ཆུབ་སེམས་ཆོས་པར་གྲགས། དེ་ནས་སློ་ཐང་དུ་སྐྱབས་འགྲོའི་ཕན་ཡོན་མང་དུ་གསུངས་པས། སྐྱབས་འགྲོ་བར་གྲགས་སོ། །དེ་དག་ནི་མིང་ཇི་སྐད་དུ་གྲགས་པའོ། །དེ་རྣམས་ནི་བོད་དུ་ཕྱིན་ནས་སངས་རྒྱས་ཀྱི་བསྟན་པ་ལ་ཕན་ཇི་ལྟར་བཏགས་པའི་ལོ་རྒྱུས་སོ། །དེ་ལྟར་དོན་གསུམ་གྱིས་བྱང་སེམས་ནོར་བུའི་ཕྲེང་བའི་མཛད་པ་པོ་ཇོ་བོ་ཆེན་པོའི་ཆེ་བའི་ཡོན་ཏན་ཅུང་ཟད་བརྗོད་ཟིན་ཏོ། །

མི་ཆོས་གནད་ཀྱི་ཕྲེང་བ་མཛད་པ་པོ་རྒྱལ་བ་འབྲོམ་སྟོན་པའི་ཆེ་བའི་ཡོན་ཏན།

མི་ཆོས་མཛད་པ་པོ་རྒྱལ་བ་འབྲོམ་སྟོན་པའི་ཆེ་བའི་ཡོན་ཏན། འདི་ལ་ལྔ་སྟེ། ཡུལ་གང་དུ་སྐུ་འཁྲུངས་པ་དང་། ཇོ་བོ་སེ་བཙུན་ལ་ཇི་ལྟར་བསྟེན་པ། ཁམས་ནས་མངའ་རིས་སུ་ཇི་ལྟར་ཕེབས་པ། ཁྱད་པར་དུ་ཨ་ཏི་ཤ་ལ་ཇི་ལྟར་བསྟེན་པའི་ཚུལ་དང་། ཇོ་བོའི་བཀའ་ལྟར་ར་སྒྲེང་དགོན་ཕྱག་བཏབ་སྟེ་སློབ་མ་ཇི་ལྟར་བསྐྱངས་པའི་ཆེ་བའི་ཡོན་ཏན་නོ། །

དང་པོ། ཡུལ་གང་དུ་སྐུ་འཁྲུངས་པའི་ཆེ་བའི་ཡོན་ཏན།

དང་པོ། ཡུལ་གང་དུ་སྐུ་འཁྲུངས་པའི་ཆེ་བའི་ཡོན་ཏན་ལ་བཞི་སྟེ། རིགས་དང་། རུས་དང་། ཡབ་ཡུམ་དང་། མཚན་དང་། སྐུ་འཁྲུངས་སའི་ས་དངོས་སོ། །དང་པོ་རིགས་གང་ཡིན་པ་ནི། སྤྱིར་བོད་ལ་མི་རིགས་རྗེའུ་དང་། ཁེང་པོ་གཉིས་ཡིན་པ་ལས། འདི་ནི་རྗེའུ་ཡི་རིགས་སོ། །རྗེའུ་ལ་ཡང་ལྟོང་དང་སྟོང་གཉིས་ཡོད་པ་ལས། སྟོང་གི་རྗེའུ་ལགས། སྟོང་ལ་རྗེ་བཞི་ཁོལ་བརྒྱད་ཡོད་པ་ལས། རྗེ་བཞི་ནི། ཡིག་གེ་སྟེ་མཛོམ་རྗེ། ཐོད་དཀར་རྗེ། ཉག་ཉེ་ཐོལ་ཐྲོམ་

ཛེ། ཅོག་ལ་རམ་པ་ཛེའོ། །ཁོལ་བརྒྱད་ནི། སྒྲོ་དང་ལང་གྲོ་གཉིས། ཕུ་དུ་དང་གནང་གཉིས། ཟ་ར་དང་ཟུ་ར་གཉིས། རམ་དང་གཡར་བ་གཉིས་ཏེ་བརྒྱད་དོ། །དེའི་ནང་ནས་ཡིག་གེ་སྟེ་མཛོམ་ཛེ། དེ་ལ་ཕ་བཞི་ཡོད་པ་ལས། ལྷང་ཏོ་དར། ལྷང་ཟུར་འགྲོ། ལྷང་ཁ་འབྲོམ། ལྷང་ལྷང་རྨའོ། །དེའི་ནང་ནས་ལྷང་ཁ་འབྲོམ་ཡིན་ནོ། །གཉིས་པ་རུས་ནི་འབྲོམ་ཡིན་ནོ། །གསུམ་པ་ཡབ་ཡུམ་ནི། ཡབ་འབྲོམ་ཛེ་སྐུ་གཤེན(མཆིམས་ཀྱིས་ཡབ་ཡག་བཞེར་སྐུ་གཤེན་ཞེས་བྱ་བ་དང་། ཞེས་གསུངས།)བྱ་བ་བོན་ཤིན་ཏུ་མཁས་པ་ལགས་སྐད། ཡུམ་ཁུ་འོད་ཟ་ལན་གཅིག་བྱ་བ་ལགས། བཞི་པ་ཡབ་ཡུམ་དེ་གཉིས་ཀྱི་སྲས་འབྲུག་གྲགས་ཞེས་བྱའོ། །ལྔ་པ་སྐུ་འཁྲུངས་སའི་ས་དངོས། གནམ་གྱི་བྱེ་མ་ལུང(འདམ་གཞུང་རྫོང་ཡངས་ཅན་ཤང་ཟམ་གསར་གྲོང་ཚོ་བྱེ་ལུང་རུ་ཁག་གསུམ་པ།)དུ་ཤིང་ཕོ་འབྲུག(སྤྱི་ལོ་༡༠༠༥)ལོ་ལ་སྐུ་འཁྲུངས་ནས་དགུང་ལོ་བཅུ་བཞིའི་བར་ཁྱིམ་དུ་བཞུགས་སོ། །དེའི་བར་དུ་ཐང་ལྷས་བར་ཆད་བྱ་བར་བརྩམས་པ་ནི། དྲི་ཟའི་རྒྱལ་པོ་ཟུར་ཕུད་ལྔ་པ་ཡིན་ཟེར་བ་ལ། ཐེངས་ཤིག་ཁོང་གིས་སྒྲོམ་འོག་ན་སྦྱར་པ་ལྷ་བུའི་སྦྲོག་ཆགས་སུ་སྒྱུར་ནས་གནོད་པར་མ་ནུས་སྐད། དེའི་དུས་སུ་ཡུམ་ཚེ་ལས་འདས་ཡབ་དེས་མ་ཡར་ཞིག་བླངས། དེ་དང་ཅུང་ཟད་མ་མཐུན་པས་ད་འདིར་འདིའི་སྡིག་རྐྱེན་བྱེད་པ་ལས་གཞན་དུ་འབྱོན་དགོངས་ནས་དགུང་ལོ་བཅོ་ལྔ་ལ་ཡབ་དང་འགྲོགས་ནས་སྐྱི་མོ་གཞུང(སྐྱི་མོ་རྫོང་གཞུ་སྨད་ཤང་ཨང་སྨང་གྲོང་ཚོ་ཀུན་ར་དགོན་གནས་ས་དེར།)བྱོན། དེར་གཡུང་ཛེ་སྲས(མཆིམས་ནམ་མཁའི་འབྲོམ་གྱི་རྣམ་ཐར་ལས། གཡུང་ཆོས་མགོན་ཞེས་པའི་སྔགས་པ་གཅིག་ལ་ཀློག་སློབ་ཅིང་བཞུགས་སྐད། ཅེས་གསུངས།)བྱ་བའི་སྔགས་པ་ཞིག་ལ་ཡི་གེ་ལ་སོགས་པ་སློབ་གཉེར་མཛད་དེ་ལོ་གཉིས་བཞུགས་སོ། །དེ་དག་ནི་ཡུལ་གང་དུ་སྐུ་འཁྲུངས་པའོ། །

གཉིས་པ། ཇོ་བོ་སེ་བཙུན་ལ་རྗེ་ལྷར་བསྟེན་པའི་ཆེ་བའི་ཡོན་ཏན།

གཉིས་པ། ཇོ་བོ་སེ་བཙུན་ལ་རྗེ་ལྷར་བསྟེན་པ་ནི། ཇོ་བོ་སེ་བཙུན་དབང་ཕྱུག་གཞོན་ནུ་ཁོང་ནི་གྲུམ་ཡེ་ཤེས་རྒྱལ་མཚན་གྱི་མཁན་བུ་ཡིན་པ། སྡེ་སྣོད་ཀྱི་ཆོས་མང་དུ་མཁྱེན་པ། གྲུབ་པའི་ཡོན་ཏན་དུ་མ་དང་ལྡན་པ་བདག་གཞན་བརྗེ་བའི་བྱང་ཆུབ་ཀྱི་སེམས་དང་ལྡན་པ་ཞིག་ཁམས་ཡུག་ཐང་(ད་ལྟ་སི་ཁྲིན་ཞིང་ཆེན་དཀར་མཛེས་ཁུལ་སེར་ཤུལ་རྫོང་ལོ་ཕྱུག་གྲོང་རྡལ་དུ་ཡོད་པའི་འདན་ཁོག་སེང་གེ་གནམ་རྫོང་དུ་ཡིན་འདུག)ན་བཞུགས་པ་ལ། རྒྱ་གར་དུ་བཞུད་པར་དགོངས་ནས། བལ་ཡུལ་བར་དུ་བྱོན་པ་ལ། རྒྱ་གར་ན་ཁོང་རང་ལས་མཁས་པ་མེད་ཅིང་། སྐུ་སྲོག་གི་བར་ཆད་དུ་སོང་དོགས་ནས། ཕྱིར་བྱོན་པའི་ཤུལ་ལམ་སླེ་མོ་གཞུར་(ཇོག་བྱང་ཆུབ་འབྱུང་གནས་ཀྱིས་ཕྱག་བཏབ་པའི་གཞུའི་ཀུན་དགའ་ར་བ། ད་ལྟའི་ཀུན་ར་དགོན་པ།)ཞལ་མཇལ། དེའི་དུས་སུ་དགེ་བཤེས་སྟོན་པ་དེ། ཇོ་བོ་སེ་བཙུན་ལ་ཐུགས་དད་པ་འཁྲུངས་ནས། ཕྱག་ཕྱི་ལ་འཁྲིད་པར་ཞུས་པས། ད་ལྟ་ང་མཉམ་དུ་ཕྱིན་ན་སེ་བཙུན་གྱིས་མི་རྐུས་ཟེར་ནས་འོང་བས་སང་ཕོད་ཤོག་གསུངས། དེའི་ཕྱི་ལོ་དགུང་ལོ་བཅུ་བདུན་ལ་ཚོང་པ་ཚན་གཅིག་དང་འགྲོགས་ནས་ཁམས་སུ་བྱོན་ཏེ། ཡུག་ཐང་དུ་ཇོ་བོ་སེ་བཙུན་གྱི་སྤྱན་སྔར་མཇལ་ཏེ། དགེ་བསྙེན་གྱི་སྡོམ་པ་མནོས།(ཆོས་འབྱུང་ཁག་ཏུ་འཕན་པོའི་ཞང་སྣ་ནམ་རྡོ་རྗེ་(c.༩༧༦-༡༠༦༠)ལས་དགེ་བསྙེན་གྱི་སྡོམ་པ་བཞེས་པ་གསུངས་པས། དང་པོ་ཡོངས་རྫོགས་དགེ་བསྙེན་དང་དེ་རྗེས་ཚངས་སྤྱོད་དགེ་བསྙེན་གྱི་སྡོམ་པ་བཞེས་པ་ཡིན་ནམ་སྙམ།)སྡེ་སྣོད་ཀྱི་ཆོས་མང་པོ་གསན་པས། སེ་བཙུན་གྱི་སྤྱན་སྔར་འབྲོམ་སྟོན་པ་བློ་རྣོན་པོར་གྲགས། ཁུ་(c.༡༠༡༡-༡༠༧༥)དང་རྔོག་གཉིས་ཀྱང་སེ་བཙུན་གྱི་སློབ་མ་ཡིན། ཁུ་རྔོག་འབྲོམ་གསུམ་ཞེས་ཁོང་གི་སྤྱན་སྔར་གྲགས། ཁྱད་པར་དུ་དགེ་བཤེས་སྟོན་པ་དེ། བླ་མ་ལ་གུས་ཤིང་ཐུགས་ཀྱི་དཀྱིལ་དང་མཁྱེན་པ་རྒྱ་མཚོ

ལྟར་ཟབ་ལ། སྐུ་ལུས་ཀྱི་སྟོབས་ཀྱང་བསམ་གྱིས་མི་ཁྱབ་པ་མངའ་བས། ཇོ་བོ་སེ་བཙུན་གྱི་ནོར་རྫས་ཕྱི་ནང་བར་གསུམ་ཐམས་ཅད་ཀྱི་གཉེར་ཁ་དང་། འཕྲུལ་གྱི་ཞབས་ཏོག་གང་དགོས་ཐམས་ཅད་མཛད་པས། སེ་བཙུན་ཐུགས་ཤིན་ཏུ་མཉེས་ནས། སློབ་མ་གཞན་གང་དང་ཡང་མི་སློམ་པར་མཛད་དེ། ཆོས་དང་མན་ངག་མ་ལུས་པ་གནང་བ་ལགས། དེའི་དུས་སུ་པཎྜི་ཏ་སྨྲྀའི་ཚེར་མ(སྨྲྀ་ཏི་ཛྙ་ན་ཀཱིརྟི་སྟེ་བོད་སྐད་དུ་དྲན་པ་ཡེ་ཤེས་གྲགས་པ་ཞུ། སྨྲ་སྒོ་མཚོན་ཆ་ཞེས་པའི་བརྡ་སྤྲོད་གཞུང་དེ་བརྩམས། འདན་ཁོག་དྲན་ཐང་དུ་དགོངས་པ་རྫོགས།)བྱ་བ་ཞིག་བྱོན་པ་ལས། དེས་སེ་བཙུན་གྱི་བླ་མཆོད་མཛད་པས། དགེ་བཤེས་སྟོན་པ་ལ་ལོ་ཙཱ་བསླབས།(ནང་ཆེན་རྒྱལ་རབས་ལས། འབྲོམ་སྟོན་པ་དགུང་ལོ་༡༧སྟེང་བླ་མ་སེ་བཙུན་དང་སྨྲྀ་ཏིའི་མདུན་དུ་སྒྲ་རིག་པ་དང་ལེགས་སྦྱར་གྱི་སྐད་བསླབས། ཞེས་གསུངས།)གཞན་ཡང་མན་ངག་མང་དུ་ཞུས། དགེ་བཤེས་སྟོན་པའི་ཞལ་ནས། ང་ལ་བླ་མ་པཎྜི་ཏ་སྨྲྀའི་ཚེར་མ་བྱ་བ་ཤིན་ཏུ་བཀའ་དྲིན་ཆེ། ཕྱིས་ཇོ་བོ་དང་མཇལ་བའི་དུས་ན་ལོ་ཙཱ་གཞུག་མ་སློབ་མ་དགོས་གསུང་། དེ་ལྟར་ཇོ་བོ་སེ་བཙུན་གྱི་སྤྱན་སྔར་ལོ་ཉི་ཤུ་བཞུགས་སོ། །དེ་ནས་ཇོ་བོ་སེ་བཙུན་དེ་ལ་མངོན་ཤེས་མངའ་བས། དགེ་བཤེས་སྟོན་པ་ཇོ་བོ་དང་མཇལ་ན་བསྟན་པ་ལ་ཕན་པར་དགོངས་ནས་ཁྱེད་དབུས་སུ་ཡབ་མཇལ་དུ་འགྲོ་དགོས་པ་མིན་ནམ་གསུང་། དེའི་དུས་མངའ་རིས་སུ་ཇོ་བོ་རྗེ་སྐད་པའི་པཎྜི་ཏ་མཁྱེན་པ་ནམ་མཁའ་དང་མཉམ་པ་ཞིག་བྱོན་ཡོ་ཟེར་བའི་ཁ་སྐད་ཐོས་པས། ང་དབུས་སུ་འགྲོ་བའི་དུས་པཎྜི་ཏ་དང་མཇལ་ན་ཆོས་ཞུ་བར་ཞུ་ཞུས་པས། དེ་ལྟར་མཛོད་ཅིག་གསུང་ནས། ཇོ་བོ་སེ་བཙུན་གྱིས་ཆོས་དཔེ་ར་ཁལ་གཅིག་དང་། འཁོར་གཉིས། དགོས་པའི་མཐུན་རྐྱེན་མང་དུ་གནང་ནས་དབུས་སུ་བྱོན་ནོ། །དེ་དག་ནི་སེ་བཙུན་ལ་ཇི་ལྟར་བསྟེན་པའི་ལོ་རྒྱུས་ཟུར་ཙམ་མོ། །

གསུམ་པ། ཁམས་ནས་མངའ་རིས་སུ་ཇོ་ལྷར་ཕེབས་པའི་ཆེ་བའི་ཡོན་ཏན།

གསུམ་པ། ཁམས་ནས་མངའ་རིས་སུ་ཇོ་ལྷར་ཕེབས་པའི་ཆེ་བའི་ཡོན་ཏན་ནི། དེ་ལྟར་ཁམས་ནས་དབུས་སུ་བྱོན་པའི་ཤུལ་ལམ་དུ། སོག་ཆུ་ཁར་སླེབ་པའི་དུས་སུ། ཁང་པ་ཞིག་ན་སྐད་སྒྲ་ཆེན་པོ་འདུག་པས། དེར་བྱོན་ཙ་ན། ཞང་འཕྲང་ཁ་བེར་ཆུང་ཡབ་བེར་ཆེན་འདས་རྗེས་སྲིད་བཟུང་ནས་ཞིང་པའི་དམག་བསྡུས་ཏེ་འཁྲུག་པར་དྲངས་ནས་བྱང་དུ་དམག་མིར་སྟོན་མོ་བྱེད་ཀྱིན་འདུག་པ་དང་ཕྲད།(མཆིམས་ནམ་མཁའ་གྲགས་(c.༡༢༡༠-༡༢༨༥)ཀྱིས་མཛད་པའི་འབྲོམ་གྱི་རྣམ་ཐར་ལས། སོག་ཆུ་ཁར་བྱོན་པའི་ཚེ་ཞང་འཕྲང་ཁ་བེར་ཆུང་ཞེས་པ་ལོ་བཅུ་དྲུག་ལོན་ནས་གཙོ་བོ་བྱས་པས་ཕ་ཁུ་ཐམས་ཅད་བསྐྲངས་པ་སྟུགས་པ་འབྲིང་པོ་ཙམ་གྱི་ཡོན་ཏན་ཡོད་པ་ཞིག་གིས་རྩམ་ཟན་གྱི་དམག་བསྡུས་ནས་ཤ་ཟན་ལ་དྲང་པའི་ཕྱིར་སོག་ཆུ་ཁ་ན་སྒྲ་ཞིག་ཕུག་ནས་དམག་མི་དང་བཅས་པ་བཞུགས་པ་དང་མཇལ། ཞེས་གསུངས་པའི་སོག་ཆུ་ཁར་ནི་དམག་དོན་དུ་ཕྱིན་པར་མངོན། སོག་ཆུ་ཁ་ཡང་ད་ལྟའི་ནག་ཆུ་གྲོང་ཁྱེར་སོག་རྫོང་གནས་སའི་སོག་ཆུ་ཁ་ཟེར་བ་དེ་ཡིན་ནམ་སྙམ་སྟེ། རྒྱུ་མཚན་ན་སྔོན་གྱི་ཉེ་འཁོར་དུ་ས་མིང་དེ་འདྲ་ཟེར་བ་མེད་པ་དང་། སོག་རྫོང་གི་སོག་ཆུ་ཁ་ནི་སྟོན་ནས་ད་བར་མིང་དེ་ལྟར་འབོད་པ་མ་ཟད་འདན་ཁོག་སོགས་མདོ་སྨད་དུ་འགྲོ་སའི་ས་ཚིགས་ཡིན་པར་ལོ་རྒྱུས་ཁག་ཏུ་གསལ།) དེར་འཕྲང་ཁ་བེར་ཆུང་ན་རེ། ཁྱོད་ཆོས་ཀྱྭ་ནས་འོངས་པའི་རིགས་ཤིག་ཡིན་འདུག་པས། ང་ལ་ཕྱག་གྱིས་ཤིག་ཟེར། དགེ་བཤེས་སྟོན་པས་ཕྱག་ཕ་འཕྱུགས་པ་འདྲ་བ་ཞིག་མཛད། དེ་ནས་དེ་ནུབ་དེར་བཞུགས་པ་ལ། ཞང་འཕྲང་ཁ་བེར་ཆུང་དེ་སྟུགས་དང་མངོན་པ་གཉིས་ཀ་ལ་མཁས་པ་ཡིན་པས། ཕལ་ཆེ་བ་བསྒྲོ་གླེང་བྱས་ཚད་ཚར་གཅོད་པ་ཡིན་པར་གདའ་བ་ལ། དགེ་བཤེས་སྟོན་པ་ལ་ཡང་ཆོས་ཀྱི་གླེང་མོལ་མང་དུ་མཛད་ལ། དགེ་བཤེས་སྟོན་པར་སྟུར་ཡ་མ་བྱུང་བས་ཁོ་བློ་ཐེ་ཚོམ་དུ་གྱུར་ནས། དགེ་བཤེས་སྟོན་པ་ལ་དད་པ་སྐྱེས་ཏེ། ཁྱེད་ཁམས་ན་འབྲོམ་སྟོན་

པ་བྱ་བ་ཞིག་ཡོད་ཟེར་བ་དེ་ཡིན་ནམ་ཟེར། ཡིན་མོད་གསུངས་པས། གདན་ལས་ལངས་ཏེ་དགེ་བཤེས་སྟོན་པ་འབོལ་དང་གྲུམ་ཟེའི་གདན་ལ་བཞུགས་སུ་བཅུག །ཁོང་རང་གི་ཚིབས་བཟང་པོ་ཞིག་གི་མཐུར་མདའ་དར་ཡུག་ལ་བྱས་ནས་ཕྱག་ཏུ་ཕུལ། ཕྱག་ཕ་འཁྲུགས་པ་འདྲ་བ་ཞིག་མཛད་ནས་དང་པོ་ཕྱག་བླངས་པའི་བཟོད་གསོལ་མཛད། དེ་ནས་བསྒྲོ་གླེང་བྱས་པའི་བཟོད་གསོལ་ཡང་མཛད་ནས། ད་དགེ་བའི་བཤེས་གཉེན་རིན་པོ་ཆེ་ཁོ་བོའི་བླ་མཆོད་མཛད་པར་ཞུ། ང་ལ་རྭ་སྒྲེང་ཟེར་བའི་དགོན་པ་བྱ་ས་ལེགས་པོ་ཞིག་ཡོད་པས། དེར་དགོན་པ་རྩིག་པར་ཞུ་ཞུས་པས། དགེ་བཤེས་སྟོན་པའི་ཞལ་ནས། ཁྱོད་འབྲུག་དཔོན་ཞིག་གི་བླ་མཆོད་ངས་མི་ཡོང་གསུང་ནས་མ་གནང་། ཡང་ཡང་ཞུ་བ་ཕུལ་བས། དགེ་བཤེས་སྟོན་པའི་ཞལ་ནས། འོ་ན་ཁྱོད་ཀྱིས་བོད་མདོའི་མཁར་དེ་ལྷ་ཁང་དུ་བསྒྱུར། ཤ་ཟན་དང་། རྩམ་ཟན་(ཞིང་འབྲོག)གྱི་འཁྲུག་པ། ཤང་གཟིགས་དང་མདོ་སྨག་(འཕྲང་ཁ་དང་བོད་མདོ་སྨག་ལུང་།)གི་འཁྲུག་པ་བསྡུམ་ན།(མཆིམས་ཀྱིས། ཐུགས་སྲེ་གཉིས་ཀྱི་འཁྲུག་པ། འཕྲང་སྨག་གཉིས་ཀྱི་འཁྲུག་པ། ཤ་རྩམ་གཉིས་ཀྱི་འཁྲུག་པ་འདི་རྣམས་བསྡུམས། བོད་མདོའི་འཁར་འདི་ཤིག་ལ་གནས་གཞི་གཅིག་གྱིས། ད་རེས་ཀྱི་དམག་འདི་ཤོལ(ཕྱིར་འཐེན།) ཞེས་དང་། ཐེར་ཆུང་ནས་གཞན་གསུང་པ་ལྟར་བགྱིད་དམག་འདི་ནི་བཤོལ་བར་དཀའ་ཟེར་བ་ལ། འོ་ན་འོག(ཁྱོད་ཀྱི་བླ་མཆོད་ཀྱང་གཡུག་འོག་ཅེས་པའི་དོན།)གསུངས་པས་དམག་ཀྱང་ཤོལ་ནས་སོག་ཆུ་ཁ་ནས་ཡར་བྱོན་ཏེ་འཕྲང་ཁ་རྫེའི་འཁར་(ཐེར་ཆེན་གྱི་བཞུགས་ཁང་)བཤིག་ནས་གཙུག་ལག་ཁང་བཞེངས་པའི་ས་གཞོན་གྱི་ཆོ་ག་ཡང་དགེ་བཤེས་སྟོན་པས་མཛད་ནས་བོད་མདོ་བདུད་འདུལ་གྱི་གཙུག་ལག་ཁང་བཞེངས་པ་ལགས་སྐད། ཐེར་ཆེན་གུམ་པའི་དགེ་རྩ་ལ་ཙུང་ཟད་ཐོགས།(ཐེན་ཆེན་འདས་པའི་དགེ་རྩར་དམིགས་པའི་དོན་ཡིན་ནམ་སྙམ།)ཞེས་གསུངས།) ངས་བླ་མཆོད་བྱ་ཡི་གསུང་། དེ་དག་རེམ་གྱིས་ཕུལ་ནས་བླ་མཆོད་བྱེད་པར་ཞལ་གྱིས་བཞེས་སོ། །དེ་ནས་ཡར་ལ་ཐེར་

ཚུང་དང་འགྲོགས་ནས་ཐོན་ཏེ། ར་སྒྲེང་གི་དགོན་ས་གཟིགས། རོག་ཕོམ་སྒུར་དུ་ཆོས་ཞག་ཤས་ཀྱང་གསུངས་སོ། །དེའི་དུས་སུ་མངའ་རིས་སུ་ཇོ་བོ་རྗེ་པཎྜི་ཏ་ཐོན་ལོ་བྱ་བ་གསན་པས། དེས་ཐུགས་ཕྲོགས་པར་གྱུར་ནས། ད་ངས་མངའ་རིས་སུ་པཎྜི་ཏ་དང་མཇལ་ལ་དེ་ནས་དགོན་པ་རྩིག་པར་ཁ་ཆད་མཛད། དེའི་དུས་སུ་ཕོད་མདོའི་ས་ཆོག་མཛད་ནས་འཕན་ཡུལ་དུ་ཐོན། ཕ་ཡང་གུང་གསུམ་དབང་ཕྱུག་རྒྱལ་མཚན་དང་། ཀ་བ་ཤཱཀྱ་དབང་ཕྱུག(འཕན་པོའི་ལན་པ་སྤྱིལ་བུ་དང་སྟོད་ལུང་མཚོ་སྨད་དགོན་སོགས་ཀྱི་གདན་ས་མཛད་མཁན།)ཞང་སྣ་ནམ་རྡོ་རྗེ་དབང་ཕྱུག(འཕན་པོའི་རྒྱལ་ལྷ་ཁང་ཕྱག་འདེབས་པ་པོ།)ལ་སོགས་པ་རྣམས་ལ་ཕྱག་འཚལ།(མཆིམས་ཀྱིས། རྒྱལ་གྱི་ཞང་ཆེན་པོ་(༡༧༤-༡༠༤༠)དགེ་བསྙེན་གྱི་སྡོམ་པ་བླངས་པའི་སློབ་དཔོན་ཡིན་པས་ཕྱག་མཛད། ཀ་བ་མི་ཆེ་བས་རྒྱལ་མོའི་མུར་ཛ་ཕུལ། ཞེས་གསུངས།)དགེ་བཤེས་ཀ་བ་ལ་རྒྱ་ལ་ཇོ་བོ་པཎྜི་ཏ་དེ་སྤྱན་དྲངས་ན། དེའི་བདག་རྐྱེན་ཁྱེད་ཀྱིས་མཛོད་ལ་བོད་ཀྱི་མི་ཆེན་རྣམས་ཐོན་ཞིག །ངས་ཁྱེད་ལ་ཡི་གེ་གཏོང་། ཞེས་པའི་ཐྐོག་ཆ་མཛད་དེ། ཐུགས་སྨམ་ལ་དཀྱིལ་ཆེ་བ་རྒྱལ་པོ་དར་བའི་དུས་ན་ཡིན་ན་གུང་སློན་ཕེར་བའི་ཐུགས་ཚད་ཙམ་མངའ་བ་ལགས་སྐད། དེ་ནས་ཁོང་གི་འབྲུངས་ཡུལ་གནམ་གྱི་བྱེ་མ་ལུང་དུ་ཐོན་ནས་ཡབ་དང་མཇལ། དེ་ནས་བྱང་ལམ་ལ་ཐོན་པའི་དུས་སུ། ལམ་ཁ་དབྲག་ཅིག་བྱུང་ནས་གང་ལ་འགྲོ་མ་ཤེས་པའི་སྐབས་རྒྱལ་པོ་དཔེ་ཧར་བཙུན་ཚུང་ཞྭ་རྒྱབ་ལག་མ་གོན་པ་དྲེའུ་ལ་ཞོན་པ་ཞིག་ཏུ་བྱས་ནས། ཤུལ་ལམ་འདི་ལ་འཐོན་པར་ཞུ་ཟེར་ནས་ཡ་ཚད་སྐྱེལ་ནས། ད་སྐུ་ཁམས་བདེ་བར་བཞུད་ཅིག །སྣ་ནམ་དང་ཤུད་པུ་གཉིས་འབྲུག་པ་ལངས་ཡོད་ང་འགྲོ་དགོས་པར་སྣང་ཟེར་ནས་ས་ཚུབ་ཅིག་ཏུ་བྱས་ནས་སོང་སྐད། དེ་ནས་ཡང་ལམ་ཁ་དབྲག་ཅིག་བྱུང་སྟེ། ཡང་རྒྱལ་པོས་རྐྱང་ཞིག་ཏུ་སྤྲུལ་ནས་ཤུལ་ལམ་སྣ་དྲངས་སྐད། དེ་ནས་

སྤྱི་རངས་སུ་བྱོན་ནོ། །དེ་དག་ནི་ཁམས་ནས་མངའ་རིས་སུ་ཇི་ལྟར་ཕེབས་པའི་ལོ་རྒྱུས་སོ། །

བཞི་པ། ཁྱད་པར་དུ་ཨ་ཏི་ཤ་ལ་ཇི་ལྟར་བསྟེན་པའི་ཆེ་བའི་ཡོན་ཏན།

བཞི་པ། ཁྱད་པར་དུ་ཨ་ཏི་ཤ་ལ་ཇི་ལྟར་བསྟེན་པའི་ཆེ་བའི་ཡོན་ཏན་ནི། དེའི་དུས་སུ་ཇོ་བོ་བོད་ནས་ཕྱིར་རྒྱ་གར་ལ་ཕེབས་རྩིས་མཛད་པའི་སྐབས་སྤྱི་རངས་རྒྱ་ཞིང་(ད་ལྟ་སྤྱི་རངས་རྫོང་སྐྱིད་ཐང་གྲོང་ཚོར་གནས།)བྱ་བ་ན་བཞུགས་པའི་སྐབས། དེའི་དུས་སུ་རྗེ་བཙུན་མ་སྒྲོལ་མའི་ཞལ་ནས། ད་སྟེ་ཞག་གསུམ་མམ་བཞིའི་ནངས་པར་བོད་ཀྱི་ཨུ་པ་སི་ཀ་ཆེན་པོ་(དགེ་བསྙེན་ཆེན་པོ།)ཡོང་བར་ཡོད་པས་དེ་ལ་བྱིན་གྱིས་རློབས་ཤིག་གསུངས། དེ་ནས་ཇོ་བོས་ཀྱང་དཔལ་གསང་བ་འདུས་པ་འཇམ་དཔལ་རྡོ་རྗེའི་དཀྱིལ་འཁོར་བཞེངས་ནས་བུམ་པ་བཅས་དགོས་པའི་ཡོ་བྱད་སྟ་གོན་མཛད་ནས་བཞུགས། ཞག་གསུམ་དུ་སོང་བའི་ནངས་པར་བྱ་ར་ཞིག་མཛད་ནས། ངའི་ཨུ་པ་སི་ཀ་ད་དུང་མ་སླེབ། ཇོ་མོ་སྒྲོལ་མ་རྫུན་ཅན་གསུང་ངམ་གསུང་གི་བྱ་ར་ཞིག་མཛད། དེར་ཡོན་བདག་ཅིག་གིས་ཇོ་བོ་ཁ་བྲོ་ལ་གདན་དྲངས། དེའི་དུས་དགེ་བཤེས་སྟོན་པ་ཕེབས་ནས་ཡོན་བདག་དེའི་ཁང་པར་ཞལ་མཇལ།(མཆིམས་(༡༢༡༠-༡༢༨༥)ཀྱིས་གྲོང་གི་གསེབ་ཏུ་ཚོལ་དུ་བཞུད་པས་སྲང་བར་གཅིག་ཏུ་མཇལ། ཞེས་གསུངས་པས་ཡོན་བདག་གི་ཁང་པའི་སྲང་ལམ་དུ་མཇལ་བ་ཡིན་ནམ་སྙམ།) སྐྱེ་བ་དཔག་ཏུ་མེད་པ་ནས་ལས་ཀྱི་འབྲེལ་བ་ཅན་དུ་གྱུར་པའི་སྟོབས་ཀྱིས་གཅིག་གིས་གཅིག་ངོ་ཤེས་པར་གྱུར་ཏོ། །དེར་དགེ་བཤེས་སྟོན་པས་དར་དཀར་པོ་ཡུག་གཅིག་ཕྱག་རྟེན་དུ་ཕུལ་ནས་དྲི་བ་གསུམ་ཕུལ་བ། ད་ལྟ་རྒྱ་གར་ན་ངོ་མཚར་ཅན་ཇི་ལྟ་བུ་བཞུགས། ངས་དེ་སྔ་ཆོས་འདི་ཚོ་ཤེས། བླ་

མ་འདི་དག་བསྐྱེན་པ་ལམ་དུ་སོང་ངམ་མ་སོང་། ད་ཇོ་བོ་ཉིད་ཀྱི་སྤྱན་སྔར་བསྡད་ན་ཇི་ལྟར་མཆི་ཞུས་པས། ཇོ་བོའི་ཕྱག་དགེ་བཤེས་སྟོན་པའི་དབུའི་ཐོག་ཏུ་བཞག་ནས་བཀྲ་ཤིས་ཀྱི་ཚིགས་སུ་བཅད་པ་མང་པོ་གསུངས་སོ། །དེ་ནས་ཇོ་བོའི་ཞལ་ནས། རྒྱ་གར་ན་ང་མཚར་བ་མང་པོ་བཞུགས། ང་བོད་དུ་འོང་བའི་དུས་ཤར་ཕྱོགས་རྣ་ག་ལ་ན་ཉིན་རེ་གྲུབ་ཐོབ་རེ་འབྱོན་གྱིན་ཡོད། ཁྱོད་ཀྱི་དེ་སྔའི་ཆོས་དེ་ཚོ་ལམ་དུ་མི་འགྲོ། བླ་མའི་ཞབས་ཏོག་དེ་རྣམས་ལམ་དུ་སོང་ནས་འདུག །ད་ཁྱོད་ངའི་དྲུང་དུ་སྡོད། ངའི་ལྷ་མོ་སྒྲོལ་མས་ཁྱོད་ལུང་བསྟན་པ་ཡིན། ངའི་བཀའ་རྒྱུད་འདི་ལ་བྱིན་རླབས་གཞན་དང་མི་འདྲ་བ་ཞིག་ཡོད་གསུངས་ནས། དེའི་ནུབ་མོ་ཇོ་བོས་དགེ་བཤེས་སྟོན་པ་ལ་དཔལ་གསང་བ་འདུས་པའི་དཀྱིལ་འཁོར་གྱི་དབུས་ཀྱི་གཙོ་བོ་འཇམ་དཔལ་རྡོ་རྗེས་མཛད་ནས་དབང་བསྐུར། དེ་ནས་བཟུང་སྟེ་དགེ་འདུན་ཕལ་ཆེན་པའི་ལུགས་ཀྱི་ནུབ་ལྷག་(དགེ་སློང་དང་དགེ་སློང་མ་ཡིན་པའི་བར་གནས་གཅིག་ཏུ་མཚན་མོ་འདའ་པ་ལ་སྲུང་བའི་བཅས་པ་ཞིག) ཡོལ་བས་ཆོད་པར་བཞེད་པས། ཡོལ་བས་བར་བཅད་དེ་དབུ་སྔས་སྦྲེལ་ནས་ཆོས་དང་རིགས་པ་མ་ལུས་པ་གནང་། ཐེག་པ་ཆེན་པོ་གསང་སྔགས་ཀྱི་སྡོམ་པ་མ་ལུས་པ་རྣམས་དང་། ཕ་རོལ་ཏུ་ཕྱིན་པའི་ལམ་གྱི་གདམས་པ་ཐུན་མོང་མ་ཡིན་པ་རྣམས་གནང་། མན་ངག་གི་ཀ་བ་ལིའི་ལྡེ་མིག་ཀྱང་དགེ་བཤེས་སྟོན་པ་ལ་གནང་། ལོ་ཙྪ་བ་ནག་ཚོ་ཚུལ་ཁྲིམས་རྒྱལ་བ་ལ་སོགས་པ་གཞན་རྣམས་ལ་ཡེ་མི་གཏོད། དེ་ནས་དགེ་བཤེས་སྟོན་པས། ཇོ་བོ་ལ་བོད་ན་རབ་ཏུ་བྱུང་བ་འདི་ཙམ་བཞུགས། འདི་ཐམས་ཅད་ཇོ་བོ་ལ་དད་པ་ལགས་པས། ཕྱིར་རྒྱ་གར་ལ་མི་འབྱོན་པར་བོད་ལ་ཐུགས་རྗེས་གཟིགས་ནས་འབྱོན་པར་ཞུ་ཞུས་པས། དགེ་འདུན་དེ་ཙམ་ཡོད་ན་དེ་རྣམས་ཀྱི་ནང་ནས་དགྲ་བཅོམ་པ་ཡོང་

བར་བཅོམ་ལྡན་འདས་ཀྱིས་ལུང་བསྟན་པ་ཡིན་དགེ་འདུན་རྣམས་དད་ཅིང་གུས་ཡོད་ན། ཁོ་བོས་དགེ་འདུན་གྱི་བཀའ་མི་གཅོག་པར་དམ་བཅས་པ་ལགས་གསུང་ནས། བོད་ཀྱི་ཕྱོགས་ཀྱི་དགེ་འདུན་ལ་ཕྱག་མཛད། དེར་དགེ་བཤེས་སྟོན་པས་འབྲོམ་ཉ་པ་དབང་ཕྱུག་མགོན་ལ་བཀའ་ཤོག་བཙངས་ཏེ། དགེ་བཤེས་ཀ་བ་ཤཱཀྱ་དབང་ཕྱུག་གི་ཕྱག་ཏུ་གཏད། དེ་ནས་བོད་ཀྱི་མི་ཆེན་རྣམས་བཀའ་གྲོས་མཛད་དེ། ཇོ་བོ་སྤྱན་འདྲེན་དུ་ཕྱིན། བཀའ་ཤོག་གི་ནང་དུ་ཁུ་སྟོན་མ་ཚུད་པས་ཐུགས་ཁྲེལ་ཏེ་སྟོན་ལ་རྒྱུགས་པས། བོད་དུ་སྤྱན་འདྲེན་པ་ལ་ཕན་པར་བྱུང་སྐད། བོད་ཀྱི་མི་ཆེན་རྣམས་ཀྱིས་གཙང་གི་ཉན་ཚོ་གནས་རྙིང་དུ་སླེབས་ཏེ་ཆོས་མང་པོ་ཞུས། དེ་ནས་དབུས་སུ་གདན་དྲངས་སོ། །དགེ་བཤེས་སྟོན་པ་མིན་ན་ཇོ་བོ་ཕྱིར་རྒྱ་གར་ལ་ཕེབས་ཤོར་སྐད། དེ་ནས་ཇོ་བོའི་ཕྱག་ཕྱི་ལ་བསམ་ཡས་སུ་ཕེབས་པའི་དུས་སུ། ཞང་འཕྲང་ཀ་བེར་ཆུང་གིས། སེ་བླ་བ་དང་། ཟེར་ཁུ་དབང་གཉིས་ཕོ་ཉར་བཙངས་ནས། དགེ་བཤེས་སྟོན་པ་ལ་ད་ར་སྒྲེང་དུ་འབྱོན་པར་ཞུ་ཞུས་པས། སྟོན་པའི་ཞལ་ནས། ང་ཇོ་བོ་བཞུགས་རིང་མི་ཡོང་། དེ་ནས་འོང་གིས། དེའི་བར་དུ་ཁྱོད་མཆོད་གནས་འདི་ལ་གྱིས་ཆོས་འདི་རྣམས་ལ་སོམས་གསུང་ནས་ཐུགས་དམ་ཇོ་བོ་འཇམ་དཔལ་རྡོ་རྗེ་(ད་ལྟའི་ར་སྒྲེང་གི་རྟེན་གཙོ།)དང་། ཆོས་གདམས་ངག་ཚོགས་བཅད་མ་དེ་(བཀའ་གདམས་པའི་གཞུང་འགའི་འགྲེལ་པ་ཞེས་པའི་མཇུག་ཏུ་བཀོད་པའི་ཞང་འཕྲང་ཁ་བེར་ཆུང་ལ་སྐུར་བའི་སྤྲིངས་ཡིག་ཟེར་བ་དེ་ཡིན།)བསྐུར་བ་ལགས་སྐད། དེ་ལྟར་ཇོ་བོ་དགོངས་པ་མ་འདས་ཀྱི་བར་དུ་བསྟེན་ཅིང་བསྙེན་བཀུར་གསུམ་གྱིས་མཉེས་པར་མཛད། ཟང་ཟིང་གི་བསྙེན་བཀུར་དང་པོ་མངའ་རིས་སུ་ཞལ་མཇལ་བའི་ཉིན་པར་ཡོན་བདག་དེས་དྲངས་པའི་མར་ཚལ་པ་དེས་དེ་ནུབ་དབུ་སྣུམ་སུ་མར་མེ་མཆན་ཐུབ་ཅིག་བྱས་ནས་ཕུལ། དེ་

ནས་བཟུང་སྟེ་ད་ལྟ་ར་སྒྲིང་ན་སྐུ་གདུང་བཞུགས་པ་ཡན་ཆད་ལ། རྫི་མར་གྱི་མར་མེ་མཚན་ཐུབ་རེ་ཆད་མ་མྱོང་། ཉིན་རེ་ལ་ཇ་སྤུབ་ལེན་མང་བྱས་པའི་ཇ་ཚ་པོ་དུས་གསུམ་འདྲེན་པ་ཆག་མ་མྱོང་སྐད། དུས་ངེས་པ་ཅན་ཡེར་པ་ལྷ་རི་སྙིང་པོའི་མགུལ་དུ་གསེར་ཞོ་ཁ་དགུ་དགུ་ལ་སྲང་ཐུམ་དུ་བྱས་པའི་གསེར་སྲང་བརྒྱ་རྩ་བརྒྱད་ནོར་སྣ་གཅིག་ཏུ་བསྡེབས་པས་སྣ་དྲངས་ཏེ། སྨན་གྱི་གཞོང་པ་གཅིག་གིས་མཐའ་བརྟེན་པའི་ནོར་སྣ་བརྒྱ་རྩ་བརྒྱད་དུས་གཅིག་ལ་ཕུལ་བ་ལ་སོགས་པ་ལོངས་སྤྱོད་ཐམས་ཅད་བླ་མའི་ཕྱོགས་སུ་བཏང་བ་ཡིན། ལུས་ཀྱི་བསྙེན་བཀུར་ཇོ་བོའི་ཉེ་གནས་ཀྱི་ངོ་ལེན་རྣལ་འབྱོར་པ་ཆེན་པོས་མཛད་ཀྱང་གྲྭ་སའི་ལྷིད་ཁག་ཐམས་ཅད་དགེ་བཤེས་སྟོན་པས་འཁུར། ཕྱིན་གཤེགས་མཛད་པའི་ཚེ་ཐུ་བ་སྟ་ལོག་ཕྱི་ལོག་བརྗེས་ཤིང་ཕྱག་འཕར་ཞིག་བསྣམས་ནས་ཆིབས་སྣ་ཁྲིད་པར་མཛད། ལན་གཅིག་ཇོ་བོ་སྐུ་མ་བདེ་བས་ཆབ་ཆེན་གང་སར་དོར་བ་ལ་དགེ་བཤེས་སྟོན་པས་གཙང་སར་སྤྱན་དྲངས་དེར་ཕྱུག་པ་མཛད་དེ་མཉྫལ་བྱིས་པས། ཇོ་བོ་ཡང་ཤིན་ཏུ་མཉེས་ནས་ང་ལ་སློབ་མ་ཁྱོད་འདྲ་བ་ཞིག་རྒྱ་གར་ན་ཡང་ཡོད་གསུང་། སྐྱབས་པའི་བསྙེན་བཀུར་དུས་གསུམ་གྱི་སངས་རྒྱས་ཐམས་ཅད་ཀྱི་བགྲོད་པའི་ལམ་ཤིང་རྟ་ཆེན་པོའི་སྲོལ། སྐྱེས་བུ་གསུམ་གྱི་ལམ་གྱི་རིམ་པ་ལ་གཞི་མཛད་ནས་སྔར་གྱི་བླ་མ་རྣམས་ཀྱི་གསུང་ཡང་ཇོ་བོ་ལ་གཏུགས་ཏེ། སྡེ་སྣོད་ཀྱི་ཆོས་ཐམས་ཅད་ཇོ་བོའི་གསུང་ཇི་ལྟ་བ་བཞིན་དུ་ཐུགས་ཉམས་སུ་བཞེས་པ་ཡིན། དགེ་བཤེས་སྟོན་པས་ཇོ་བོ་ལ་སློབ་དཔོན་ཀླུ་སྒྲུབ་ལུགས་ཀྱི་དབུ་མའི་རྟོགས་པ་ཕུལ་བས། ཕྱག་ཐལ་མོ་སྦྱར་ནས་ཁྱོད་ལྟ་བུའི་སེམས་དཔའ་ཆེན་པོ་བོད་ན་བཞུགས་འདུག་པ། ཁོ་བོ་བོད་དུ་ཡོང་མི་དགོས་པར་འདུག་པ་གསུང་སྐད། དེ་ལྟར་བླ་མ་མཉེས་པར་མཛད་པས་མངོན་པར་རྟོགས་པའི་ཡོན་

ཏན་ཉན་ཚོ་གནས་སྙིང་དུ་གསང་བ་འདུས་པ་ཡེ་ཤེས་ཞབས་ཀྱི་རིམ་པ་ཞུས་པའི་དུས་སུ་མེ་ཏོག་ཀྱང་འཇམ་དཔལ་རྡོ་རྗེ་ལ་བབས། ཏིང་ངེ་འཛིན་ཁྱད་པར་ཅན་ཐུགས་རྒྱུད་ལ་འཁྲུངས། ཐུགས་དམ་གྱི་ལྷ་དཔག་ཏུ་མེད་པའི་ཞལ་གཟིགས། སྐྱེས་བུ་གསུམ་གྱི་རིམ་པ་ཇི་ལྟ་བ་བཞིན་ཐུགས་ལ་འཁྲུངས། ཁྱད་པར་དུ་བླ་མ་ལ་གསོལ་བ་ཐེབས་པ་ཡིན་ཏེ། ར་སྒྲེང་ན་བཞུགས་པའི་དུས་སུ་ཇོ་བོ་ལ་གསོལ་བ་བཏབ་པས་བཅོམ་ལྡན་འདས་ཤཱཀྱ་ཐུབ་པ་བྱོན་ཏེ། དགེ་བཤེས་སྟོན་པའི་ཞལ་ནས་བླ་མ་དང་ཡི་དམ་ངོ་བོ་གཅིག་པར་འདུག་གསུངས། ལུང་གི་ཡོན་ཏན་སྡེ་ཐང་དུ་བཞུགས་པའི་དུས་སུ་ལོ་ཙཱ་ཡང་ཕལ་ཆེར་དགེ་བཤེས་སྟོན་པས་མཛད། ཕྱིར་མཇལ་ཕྱིན་ཆད་ཆོས་གསུངས་པའི་རྣམ་གྲངས་ཕལ་ཆེར་ཇོ་བོ་ཉིད་ཀྱི་རྣམ་ཐར་ན་གསལ་ཏེ། དེ་རྣམས་མ་ལུས་པར་དགེ་བཤེས་སྟོན་པས་གསན་ཅིང་མཁྱེན་པ་ཡིན། སློབ་མ་གཞན་དག་གིས་ཀྱང་འབྲོམ་དཀྱིལ་པོ་ཆེ་དེས་ཇོ་བོའི་གདམས་ངག་བཅབས་ཞེས་གླེང་གི། མི་མཁྱེན་ཞེས་གླེང་བ་གཅིག་ཀྱང་མེད་ལ། དགེ་བཤེས་སྟོན་པ་ཉིད་ལ་ཆོས་ཞུས་པའི་དུས་ན་ཡང་དེ་ང་ལ་ཡོད་པ་ཡིན། དེ་ལ་ང་མཁས་པ་ཡིན་གསུངས་ནས་བཤད་པ་མཛད་ཀྱི། དེ་ངས་མི་ཤེས་ཞེས་པ་གཏན་ནས་མི་གསུང་སྐད། མདོར་ན་ཇོ་བོའི་ཡོན་ཏན་ཐམས་ཅད་བུམ་པ་གང་བྱོའི་ཚུལ་དུ་མངའ་བ་ཡིན་ནོ། །གཞན་ཇོ་བོའི་མངའ་ཐང་ཐམས་ཅད་དགེ་བཤེས་སྟོན་པའི་ཕྱག་ཏུ་རྫིལ་གྱིས་བྱུང་བས་ཁུ་སྟོན་ལ་སོགས་པའི་སློབ་མ་གཞན་དག་མི་མགུ་བ་ཡོད་པར་གདའ། ཤེས་རབ་ཀྱི་ཕ་རོལ་ཏུ་ཕྱིན་པ་བརྒྱད་སྟོང་པ་ལ་སོགས་པ་དང་། འགྲེལ་བ་ཆུང་བ་དང་། མན་ངག་གི་སྒྲུབ་ཐབས་མང་པོའི་འགྱུར་ཡང་མཛད་དོ། །དེ་རྣམས་ཀྱིས་ཨ་ཏི་ཤ་ལ་ཇི་ལྟར་བསྟེན་པའི་ཆེ་བའི་ཡོན་ཏན་སྨོས་པའོ། །

ལྔ་པ། ཇོ་བོའི་བཀའ་ལྟར་ར་སྒྲེང་དགོན་ཕྱག་བཏབ་སྟེ་སློབ་མ་ཇི་ལྟར་བསྐྱངས་པའི་ཆེ་བའི་ཡོན་ཏན།

ལྔ་པ། ཇོ་བོའི་བཀའ་ལྟར་ར་སྒྲེང་དགོན་ཕྱག་བཏབ་སྟེ་སློབ་མ་ཇི་ལྟར་བསྐྱངས་པའི་ཆེ་བའི་ཡོན་ཏན་འདི་ལ་གཉིས། ར་སྒྲེང་དགོན་ཕྱག་ཇི་ལྟར་བཏབ་པ་དང་། སློབ་མ་ཇི་ལྟར་བསྐྱངས་པའི་ཚུལ་ལོ། །

དང་པོ་ནི། ཤིང་ཕོ་རྟ་ལོར་(སྤྱི་ལོ་༡༠༥༨)ཇོ་བོ་སྐུ་མྱ་ངན་ལས་འདའ་ཀའི་དུས་སུ་སློབ་མ་གཞན་ཀུན་ལ་ཞལ་ཆེམས་རེ་གསུངས། ཐུན་མོང་ལ་འཇིག་རྟེན་བློས་ཐོངས། སེམས་བཟང་པོ་ཀྱིས། ཚེ་མཇུག་འགྲོམ་སྟོན་པ་དང་མ་བྲལ་བ་གྱིས་གསུངས། དགེ་བཤེས་འབྲོམ་སྟོན་པས་འོ་ན་བདག་སུ་ལ་བསྟེན་ལགས་ཞུས་པས། བཤེས་གཉེན་མདོ་སྡེ་ལ་གྱིས། ཁྱོད་མཛོན་པར་ཤེས་པ་མ་ཐོབ་རིང་ལ་གཞན་དོན་མ་བྱེད་དམུས་ལོང་འབེན་ལ་མདའ་འཕེན་པ་དང་འདྲ། སངས་རྒྱས་ཀྱི་བསྟན་པ་ལ་ཅི་ཕན་བྱ། བསྟན་པ་འཛིན་པར་དགེ་འདུན་གྱི་སྡེ་ལ་རག་ལས། དགེ་འདུན་གྱི་སྡེ་དགེ་སློང་ལ་རག་ལས། དགེ་སློང་འདུལ་བ་འཛིན་པ་ལ་རག་ལས་པས་འདུལ་བ་འཛིན་པ་ཅི་ཡོད་བྱ། ཁྱོད་ཀྱིས་ཀྱང་གཙུག་ལག་ཁང་གཅིག་བཞེངས་ཤིག་གསུངས། དེར་དགེ་བཤེས་སྟོན་པའི་ཐུགས་ལ་ལྡིང་ཏིང་གིས་སོང་བས་ཇོ་བོ་ལ་སླར་ཞུ་བ་ཕུལ་བ། བླ་མ་དེ་སྐད་མི་གསུང་བ་ཞུ། ཁོ་བོ་གཅིག་ཏུ་འཇིག་རྟེན་གྱི་ཤེས་ཚུང་། གཉིས་སུ་རྟེན་དམན་དགེ་བསྙེན་དུ་ཐལ། གསུམ་དུ་སྤྱིན་ཤུགས་ཚུང་ཞིང་མི་ཆོས་ལྟང་ཉིང་འགའ་མཆིས་པ་ཡང་བྱང་དུ་ལུས་པས་ཇོ་མི་ཐོགས་ལགས་ཞུས་པས། ཇོ་བོའི་ཞལ་ནས་ཁྱེད་རང་གཉེར་ཀ་བྱེད་པོ་ཀྱིས་དང་འདི་ལ་བྱེད་པ་པོ་ཞིག་འོང་

གིས་གསུངས་པས་དགེ་བཤེས་སྟོན་པས་བླ་མའི་བཀའ་ཟློག་པར་མ་ནུས་པས་ཞལ་གྱིས་བཞེས། དེ་རྗེས་རབ་བྱུང་དང་པོའི་ཤིང་ལུག་(སྤྱི་ལོ་༡༠༥༥)ལོར་ཇོ་བོའི་གདུང་དང་ཕྱག་དཔེ་ཐུགས་དམ་ཁག་ཅིག་བཅས་སྤྱན་དྲངས་ནས་ལྷ་དང་བླ་མའི་ལུང་ལྟར་ར་སྒྲེང་དུ་ཕྱིན། ཐོག་མར་བྲག་སེངྒེ་འདྲ་བའི་ཞོལ་དུ་མནལ་ལམ་བརྟགས་པས་རི་རྩེ་འཕྱིང་དཀར་བ་མང་གི་ཕུང་པོར་སོང་བ་དང་། ཕ་བོང་ཐང་ལ་མར་གྱིས་ཁེངས་པ། ད་ལྟ་ཇོ་བོ་འཇམ་དཔལ་རྡོ་རྗེ་བཞུགས་སའི་གཞི་དབུ་རྩེ་ཀ་གཉིས་མ་བཞེངས་ས་དེར་གསེར་གྱི་མཆོད་རྟེན་ཤིན་ཏུ་མཐོ་ཞིང་ལེགས་པ་ཞིག་ལས་འོད་ཟེར་བོད་ཁམས་ཡོངས་ལ་ཁྱབ་པ། མདུན་དུ་མཚོ་གཡུང་དྲུང་འཁྱིལ་བ་སོགས་རྨི་ལྟས་ཁྱད་པར་ཅན་དགེ་མཚན་བརྗོད་ཀྱིས་མི་ལང་ཞིང་ས་དཔྱད་ཕུན་སུམ་ཚོགས་པ་གཟིགས་ཏེ་རབ་བྱུང་དང་པོའི་མེ་སྤྲེལ་(སྤྱི་ལོ་༡༠༥༦)ལོར་ཞང་འཕྲང་ཁ་བེར་ཆུང་གི་སྦྲས་ཀྱིས་ཡོན་བདག་བྱས་ནས་ཉེ་གྲོང་ནས་གཞུ་འདོམ་ལྔ་བརྒྱ་གཞལ་བའི་སར་རྣལ་འབྱོར་རྣམ་བཞིའི་བཞུགས་གནས་དགོན་པ་གོང་དང་། ཀླུ་རྒྱལ་ནེའུ་ལུང་པའི་ཕོ་བྲང་གི་སྟེང་དུ་བཤེས་གཉེན་སྟོན་པ་རང་ཉིད་ཀྱི་གཟིམ་ཆུང་བཅས་བཀོད་པ་ཤིན་ཏུ་མཛེས་པར་བཞེངས། དེའི་ཕྱི་ལོ་མེ་བྱ་(སྤྱི་ལོ་༡༠༥༧)ལོར་ཞང་འཕྲང་ཁ་བེར་ཆུང་གིས་ཡོན་བདག་བྱས་ཏེ་རྟེན་གྱི་གཙོ་བོ་ཇོ་བོ་འཇམ་དཔལ་རྡོ་རྗེའི་བཞུགས་གནས་དབུ་རྩེ་ཀ་གཉིས་མ་ཕྱག་བཏབ། དེར་ཕྱོགས་བཞིར་ཀ་བ་གཉིས་གཉིས་ཏེ་ཀ་བ་བརྒྱད། ཟུར་བཞི་ལ་ཀ་བ་རེ། དབུས་སུ་ཀ་བ་གཉིས་བཅས་ཀ་བ་བཅུ་བཞི་དང་། སྟེང་དུ་རྒྱ་ཕིབས་སོགས་ལེགས་པར་གྲུབ་རྗེས་འདི་མན་ཆད་བཞེངས་མཁན་ཡོང་གསུངས་ནས་སྟོན་པ་རིན་པོ་ཆེ་དང་རྣལ་འབྱོར་རྣམ་བཞིས་དཔལ་གསང་བ་འདུས་པའི་དཀྱིལ་འཁོར་ཞལ་ཕྱེ་ནས་རབ་གནས་ཀྱི་ཆོ་ག་མཛད། དེ་

ཏྲེར་ལྷ་དང་བླ་མས་ལུང་བསྟན་པའི་གནས། བཀའ་གདམས་བརྒྱ་རྩ་བརྒྱད་ཀྱི་ཕྱི་མོ། ཚུ་མིག་བརྒྱ་རྩ་བརྒྱད་ཀྱི་མགོ་བོ། གདན་ས་རིན་པོ་ཆེ་བྱང་ར་སྒྲེང་གི་གཙུག་ལག་ཁང་ཆེན་པོའི་རྨང་བཏིང་བ་ནས་བཟུང་སྟེ། དགེ་བཤེས་སྟོན་པ་ར་སྒྲེང་དུ་ལོ་དགུ་བཞུགས། དེའི་རིང་ཆོས་ཕ་རོལ་ཏུ་ཕྱིན་པ་བརྒྱད་སྟོང་མདོ་འགྲེལ། ཉི་ཁྲི། འགྲེལ་ཆུང་མངོན་རྟོགས། སྤྱོད་འཇུག །ལམ་སྒྲོན། སྒོམ་རིམ་ལ་སོགས་པ་མང་དུ་གསུངས། སེམས་ཙམ་ཀུན་ལས་བཏུས་དང་ཐེག་བསྡུས་མང་དུ་གསུངས། དབུ་མ་རྩ་ཤེས། བཞི་བརྒྱ་པ། དེ་བ་ཤར་མ་བཅས་མདོར་ན་ཐེག་པ་ཆེ་ཆུང་སྡེ་སྣོད་མང་དུ་གསུངས་པ་མ་ཟད་ར་སྒྲེང་དུ་ཇོ་བོའི་བསྟོད་པ་སུམ་ཅུ་པ། ལམ་ཡིག་ཆོས་ཀྱི་འབྱུང་གནས་དང་། སྐོས་སུ་སྐྱེས་བུ་གསུམ་གྱི་ལམ་གྱི་རིམ་པ་རྒྱུད་ལ་སྦྱོར་ཚུལ་ཤིན་ཏུ་གསལ་ཞིང་གོ་བདེ་བ་བླ་མཐོ་དམན་སུས་བལྟས་ཀྱང་རྒྱུད་འཕྲུལ་བ་རང་རྒྱུད་ལ་བསྐུལ་མ་འདེབས་པ་དད་པའི་ལྗོན་ཤིང་སོགས་གདམས་ངག་གི་ཡིག་འཇོག་མང་དུ་མཛད་དེ་གཞུང་གདམས་ངག་མན་ངག་གསུམ་གྱི་བཀའ་སྲོལ་ཐུན་མོང་མ་ཡིན་པ་བཀའ་གདམས་ལྷ་ཆོས་བདུན་ལྡན་གྱི་གྲུབ་མཐའི་སྲོལ་ཡངས་པོར་ཕྱེས། ད་དུང་ར་སྒྲེང་གི་གནས་གཞི་བཙུགས་ཏེ་གཞུང་དོན་དང་ཉམས་ལེན་ཆིག་སྒྲིལ་དུ་མཛད་དེ་བསྟན་འཛིན་གྱི་སྐྱེས་བུ་དམ་པ་ཤ་སྟག་ཏུ་གྱུར་པའི་བུ་སློབ་མང་དུ་བསྐྱངས་སོ། །

གཉིས་པ་ནི། ཕྱིར་སློབ་མ་ལས་ཅན་བརྒྱད་ཅུའི་གང་ཟག་བྱེ་བ་བྱུང་ཞིང་། ཇོ་བོ་དང་ཐུན་མོང་བ་གཙོ་བོ་རྣལ་འབྱོར་རྣམ་ལྔ་(ཨ་མེས་བྱང་ཆུབ་རིན་ཆེན། དགོན་པ་བ་དབང་ཕྱུག་རྒྱལ་མཚན། ཤེས་རབ་རྡོ་རྗེ། ཕྱག་དར་སྟོན་པ། བྱམས་པའི་བློ་གྲོས་བཅས་སོ། །)ལ་སོགས་པ་མཐའ་ཡས་ཤིང་། ཐུན་མོང་མ་ཡིན་པ་ནི། གཙོ་བོ་སྤྱུལ་པའི་སྐུ་མཆེད་གསུམ་དང་། ཁམས་ལུང་པ།(c,༡༠༢༥-༡༡༡༥)ལྷང་ལུམ་སྟོན་པ། སྐྱུ་ར་གཞོན་

ནུ་འོད་ཟེར། ལྷ་མི་ཤེས་རབ་གཡུང་དྲུང་། ཀ་པ་རྒྱ་གར། དྲུག་པའི་ཞང་ཆེན་པོ། བན་ཀ་ཛོ་བརྩོན། ཀམ་ཡུང་པ། ཡུ་ང་ཀ་ཅོག་པ། ཡོངས་རྫོགས་རྣལ་འབྱོར་པ། སྟོན་པ་ཡོན་ཏན་འབར། སྒོམ་པ་རིན་ཆེན་བླ་མ། ཨ་མེས་སྙན་གྲགས། དཀའ་སྒོམ་ཨག་ཆོས། སྟོན་པ་དབང་ཕྱུག་འབར། ཕ་གན་ལྡིང་སྟོན། ཛོ་བོ་ཞིགས། འདམ་ཀོ་ཁྲིམས་པ་ཨ་མི་ཐར་རྒྱལ། འབབ་རོམ་པ། འབྲི་སྨད་པ་རིན་ཆེན་རྒྱལ་མཚན། འཕན་ཡུལ་བ་ཆེ་ཆུང་གཉིས། མར་པ་ཛོ་ཞིགས་ལ་སོགས་པ་མང་དུ་བྱོན། དེའི་ནང་ནས་གཙོ་བོར་གྱུར་པ་ནི་སྐུ་མཆེད་གསུམ་སྟེ། རྒྱ་ཆེན་སྤྱོད་པའི་བཀའ་བབས་པོ་ཏོ་བ་རིན་ཆེན་གསལ་(c.༡༠༢༧-༡༡༠༥)དང་། ཉམས་ལེན་བྱིན་རླབས་ཀྱི་བཀའ་བབས་ཕུ་ཆུང་བ་གཞོན་ནུ་རྒྱལ་མཚན།(c.༡༠༣༡-༡༡༠༦)ཟབ་མོ་ལྟ་བའི་བཀའ་བབས་སྤྱན་སྔ་བ་ཚུལ་ཁྲིམས་འབར་(c.༡༠༣༨-༡༡༠༣)བཅས་སོ། །དེ་དག་གི་ནང་ནས་རྒྱལ་བ་འབྲོམ་གྱི་སྐུ་མདུན་ནས་སློབ་གཉེར་མཐར་ཕྱིན་གནང་མཁན་ལྷ་སྟེ། སྐུ་མཆེད་གསུམ་དང་(དགེ་བཤེས་པོ་ཏོ་བའི་ཞལ་ནས། དགེ་བཤེས་སྟོན་པའི་དྲུང་དུ་སློབ་གཉེར་བཤའ་མར་བྱས་པ་ངེད་ལྷ་ལས་མེད། གཅིག་ཁམས་སུ་སོང་། གཅིག་ཛོ་ཞིགས་ཡིན། གསུམ་ངེད་རང་གསུམ་ཡིན་གསུང་ངོ་། །)ཛོ་ཞིགས། སྒོམ་པ་རིན་ཆེན་བླ་མ་བཅས་སོ། །དེ་རྗེས་སྐུ་མཆེད་གསུམ་ཆོས་ཀྱི་རྒྱལ་ཚབ་ཏུ་མངའ་གསོལ་ཏེ། གནས་ཀྱི་གདན་ས་རྣལ་འབྱོར་བ་ཆེན་པོ་ཨ་མེས་བྱང་ཆུབ་རིན་ཆེན་ལ་གཏད་ནས་དགུང་ལོ་དྲུག་ཅུ་ཐམ་པ་ཆུ་མོ་ཡོས་ཀྱི་སྟོན་ཟླའི་ཚེས་ཉི་ཤུར་སྐུ་མྱ་ངན་ལས་འདས།(མཆིམས་ནམ་མཁའ་གྲགས་(༡༢༡༠-༡༢༨༥)ཀྱིས་མཛད་པའི་འབྲོམ་སྟོན་པའི་རྣམ་ཐར་དང་། ལས་ཆེན་གྱི་བཀའ་གདམས་ཆོས་འབྱུང་། དེབ་སྔོན་སོགས་ལས་ཤིང་ཕོ་འབྲུག་(སྤྱི་ལོ་༡༠༤༨)ལོའི་སྟོན་ཟླའི་ཚེས་ཉི་ཤུར་གཞན་དོན་དུ་ཞི་བར་གཤེགས་པ་གསུངས།)དེ་ལྟར་དོན་ལྡན་དགེ་བཤེས་སྟོན་པའི་ཆེ་བའི་ཡོན་ཏན་ཟུར་ཙམ་བརྗོད་ཟིན་ཏོ། །

ནོར་བུའི་ཕྲེང་བ་བསྒྱུར་མཁན་དང་མི་ཆོས་སྐུལ་བ་པོ་ནག་ཚོ་ལོ་ཙཱ་བའི་ཆེ་བའི་ཡོན་ཏན།

ནོར་བུའི་ཕྲེང་བ་བསྒྱུར་མཁན་དང་མི་ཆོས་གནད་ཀྱི་ཕྲེང་བ་སྐུལ་བ་པོ་ནག་ཚོ་ལོ་ཙཱ་བའི་ཆེ་བའི་ཡོན་ཏན་འདི་ལ་གཉིས་ཏེ། སྐུ་བལྟམས་ཏེ་ལུང་རྟོགས་ཀྱི་ཡོན་ཏན་བརྙེས་པའི་ཆེ་བའི་ཡོན་ཏན་དང་། བརྙེས་ནས་བསྟན་པ་ལ་བཀའ་དྲིན་ཇི་ལྟར་བསྐྱངས་པའི་ཆེ་བའི་ཡོན་ཏན་ནོ། །

དང་པོ། སྐུ་བལྟམས་ཏེ་ལུང་རྟོགས་ཀྱི་ཡོན་ཏན་བརྙེས་པའི་ཆེ་བའི་ཡོན་ཏན།

དང་པོ། སྐུ་བལྟམས་ཏེ་ལུང་རྟོགས་ཀྱི་ཡོན་ཏན་བརྙེས་པའི་ཆེ་བའི་ཡོན་ཏན་ལ་ནག་ཚོ་ལོ་ཙཱ་བ་ནི་བོད་རབ་བྱུང་གོང་གི་ལྕགས་ཕག་(སྤྱི་ལོ་༡༠༡༡)ལོར་མངའ་རིས་གུང་ཐང་ལྷ་གདོང་(ད་ལྟ་གཞིས་རྩེ་གྲོང་ཁྱེར་སྐྱིད་གྲོང་རྫོང་རྫོང་དཀར་གྲོང་རྡལ་སྐྱ་མོ་གྲོང་ཚོའི་ཁོངས་སུ་འདུག །)དུ་ནག་ཚོའི་གདུང་རྒྱུད་དུ་སྐུ་འཁྲུངས། མཚན་ལ་སློན་ལམ་ནོར་བུ་བཏགས། མཁན་སླང་བོ་ཅྱིན་དང་སློབ་དཔོན་བརྩོན་འགྲུས་སེང་གེ་ལས་རབ་ཏུ་བྱུང་། མཚན་ལ་ཚུལ་ཁྲིམས་རྒྱལ་བ་དང་ཕྱིས་སུ་འདུལ་བ་མཁས་ཤིང་ཚུལ་ཁྲིམས་ལ་སྲུང་བརྩི་ཆེ་བས་འདུལ་བ་འཛིན་པར་ཡང་གྲགས། ཤེར་ཕྱིན་བརྒྱད་སྟོང་པ་ཞལ་འདོན་མཛད། ཨ་ཙ་ར་བྲ་མིག་དང་ཏང་དུ་པཎྜི་ཏ་ཟེར་བ་གཉིས་ལས་རྒྱ་གར་གྱི་ཕལ་སྐད་དང་ལེགས་སྦྱར་སྐད་སྦྱངས་ཏེ་མྱུར་དུ་མཁྱེན། དགུང་ལོ་བཅོ་ལྔ་ལོན་ཚེ་སྐད་ལ་བྱང་པས་སྐབས་དེར་ཤེར་ཕྱིན་འབུམ་པ་སོགས་མདོ་སྔགས་ཀྱི་བཀའ་འགྱུར་རོ་ཅོག་ལ་གཟིགས་པས། པོ་ཏི་སོ་ལྔ་ཙམ་ལས་མི་འདུག་པས་ཐུགས་མ་ཁེངས་པར་རྒྱ་གར་དུ་ཕེབས། རྒྱ་བརྩོན་འགྲུས་སེང་གེས་མགོ་གཉེར་མཛད་དེ་ཇོ་བོ་ལ་སོགས་པའི་པཎྜི་ཏའི་ས་ནས་ཆོས་མང་དུ་གསན་པ་དང་། རྒྱ་བརྩོན་འགྲུས་སེང་གེ་ལས་

མངོན་པ་གསན་ཏོ། །དེ་དག་ནི་སྐུ་བལྟམས་ཏེ་ལུང་རྟོགས་ཀྱི་ཡོན་ཏན་བརྙེས་པའི་ཆེ་བའི་ལོ་རྒྱུས་ཆེ་ལོང་ཙམ་མོ། །

གཉིས་པ། བརྙེས་ནས་བསྟན་པ་ལ་བཀའ་དྲིན་ཇི་ལྟར་བསྐྱངས་པའི་ཆེ་བའི་ཡོན་ཏན།

གཉིས་པ། བརྙེས་ནས་བསྟན་པ་ལ་བཀའ་དྲིན་ཇི་ལྟར་བསྐྱངས་པའི་ཆེ་བའི་ཡོན་ཏན་ལ་གསུམ་སྟེ། ཇོ་བོ་བོད་དུ་གདན་ཇི་ལྟར་འདྲེན་པའི་ཆེ་བའི་ཡོན་ཏན་དང་། བསྟན་བཅོས་ཇི་ལྟར་བསྒྱུར་བ་དང་ཁུངས་ཕྱུང་ནས་ཞུས་པའི་ཆེ་བ། མཐར་སྐྱབ་པར་གཞོལ་ནས་སློབ་མ་ཇི་ལྟར་སྐྱོང་བའི་ཚུལ་ལོ། །

དང་པོ། རྒྱ་གར་ནས་བོད་དུ་ཚུར་ལོག་ཕེབས་རྗེས་མངའ་རིས་ཀྱི་ལྷ་བཙུན་བྱང་ཆུབ་འོད་ཀྱི་བཀའ་བཞིན་རབ་བྱུང་དང་པོའི་མེ་གླང་(སྤྱི་ལོ་༡༠༣༧)ལོར་ནག་ཚོ་དགུང་ལོ་ཉེར་བདུན་པ་ལ་འཁོར་ལྔ་དང་བཅས་ཕྱག་རྟེན་གསེར་སྲང་སུམ་ཅུ་སོ་གཉིས་དང་། གསེར་ཞིང་པ་གཅིག་སྐུར་བ་རྣམས་བསྣམས་ཏེ་སླར་རྒྱ་གར་དུ་ཇོ་བོ་རྗེ་གདན་འདྲེན་པར་ཕེབས། དེར་རྒྱ་བརྩོན་འགྲུས་སེང་གེས་ཀྱང་ཇོ་བོར་བོད་ཀྱི་རྒྱལ་པོས་ཇོ་བོ་སྤྱན་འདྲེན་པ་ལ་སྐུ་ལས་ཇི་ཙམ་སྐྱོན་པ་དང་ཇོ་བོ་བོད་དུ་ཕེབས་ཚེ་སངས་རྒྱས་ཀྱི་བསྟན་པ་ལ་ཕན་ཐོགས་ཆེན་པོ་ཡོད་ཚུལ་སོགས་ཐེངས་མང་དུ་ཞུས། ད་ཐེངས་ཀྱང་རྒྱ་བརྩོན་སེང་གེས་ནག་ཚོ་ཁྲིད་དེ་ཇོ་བོ་རྗེ་རྗེ་གདན་དུ་ཕེབས་པའི་རྗེས་ཐོན་ནས། ཇོ་བོའི་གཟིམ་ཁང་དུ་ཞབས་ལ་གཏུགས་ཤིང་ཕྱག་འཚལ་ནས་ཐལ་མོ་སྦྱར་ཏེ་མིག་གདོང་མཆི་མས་གང་བཞིན་དུ། འདི་ལྟར་གསོལ། མགོན་པོ་ངེད་བོད་ཀྱི་སེམས་ཅན་སྙིང་མི་རྗེའམ། ལྷག་པར་དུ་ངེད་གཉིས་པོས་ཅི་ཙམ་པའི་དཀའ་ལས་ཤིག་བྱས། འདོད་

པའི་དོན་མ་གྲུབ་ན་ངེད་གཉིས་པོ་སྙིང་མི་རྗེའམ། དེའི་ནང་ནས་ཀྱང་ང་གྲུང་ཐང་པ་ཚུལ་ཁྲིམས་རྒྱལ་བས་ས་མཐའ་མང་པོ་བགྲོད་མ་མྱོང་། མི་ཐེག་པའི་ཁུར་འཁུར་མ་མྱོང་། ཁྲིམ་གྱི་དུས་སུ་ཕ་མའི་གཅེས་ཕྲུག་གྲ་མ་ཉམས། རབ་ཏུ་བྱུང་ནས་སངས་རྒྱས་ཀྱི་བསྟན་པ་ལ་ཐོས་བསམ་གྱི་བྱ་བ་མ་གཏོགས་པ་མི་འགྲུབ་པའི་བྱ་བ་མ་ཕབ། འཚོ་བའི་ཡོ་བྱད་ཀྱིས་ཕོངས་མ་མྱོང་། སངས་རྒྱས་ཀྱི་བསྟན་པ་ལ་གཉེན་པོའི་གཞི་ཚུགས་པའི་སྟོབས་ཀྱིས་བོད་ཀྱི་ཆོས་རྒྱལ་ཁུ་དབོན་ཡབ་སྲས་ཀྱིས་ཁྱེད་མགོན་པོ་སྤྱན་འདྲེན་པའི་ཕོ་ཉར་མོ་དང་ཇིས་བྱས་པས་ང་ལ་ཟིན། ཡུལ་གྲུང་ཐང་ནས་བདག་མངའ་རིས་སུ་ཁྲིད། རྒྱལ་པོ་ཆེན་པོ་ལྷ་བཙུན་བྱང་ཆུབ་འོད་ཀྱིས་ང་གདན་གྱི་གྲུང་ལ་བཞག །བསྙེན་བཀུར་མཁས་བཙུན་བཟང་གསུམ་གྱི་བསྟོད་རས་ཆེ་བསྟོད་ནས་གཏམ་གྱི་ཕོག་འདི་ལྟར་གསུངས། ངའི་ཕ་མེས་རྒྱལ་བློན་བྱང་ཆུབ་སེམས་དཔའ་དེ་རྣམས་ཀྱིས་སངས་རྒྱས་ཀྱི་བསྟན་པ་དབུ་བརྩམས་ནས་དར་ཞིང་རྒྱས་པར་མཛད་ཀྱང་། ད་ལྟ་ནི་སངས་རྒྱས་ཀྱི་བསྟན་པ་ཉམས། མཁས་བཙུན་ཐམས་ཅད་གཤེགས་ནས་ཤེས་པ་སྐྱོ་བར་བྱུང་བས། ངེད་ཁུ་དབོན་གཉིས་ཀྱིས་མི་འདི་གོ་ཆོད་དམ། འདིས་བློ་གཏད་ཐུབ་བམ། འདིས་སངས་རྒྱས་ཀྱི་བསྟན་པ་ལ་སེམས་སྙམ་པ་ལ་བྱ་དགའ་བྱིན་ཅིང་། གསེར་སྲང་བརྒྱ་སྐོར་རེས་མ་མཐའ་བྱས་ནས་དཔོན་གཡོག་རོགས་པ་དང་བཅས་ཇོ་བོ་གདན་འདྲེན་དུ་བཏང་བ་ཡིན་ནའང་། ཕལ་ཆེར་ཚད་པ་དང་དུག་སྦྲུལ་གྱིས་ཁྱེར། ནོར་དང་སྲོག་མགོ་གང་ཡང་མ་ཐོན་པར་བྱུང་། ཁ་ཅིག་གིས་ནོར་འཕྲོད། ཇོ་བོ་ཁྱེད་དང་མཇལ་ཀྱང་འདི་ལྟར་བསྟན་པའི་བྱ་བ་ཆེས་པས་གདན་མ་འདྲོངས། དེ་དག་ལ་ཡང་ལྷ་ཆེན་པོ་(ཡེ་ཤེས་འོད།)དེས་རེ་ཐག་མ་ཆད་པར། ཡུལ་གྱི་མཐའ་འཁོབ་ཏུ་ཇོ་བོ་སྤྱན་འདྲེན་པའི་གསེར་འཚོལ་དུ་

ཕྱིན་པས། གར་ལོག་གི་རྒྱལ་པོས་ཆོས་ཀྱི་རྒྱལ་པོ་པཎྜི་ཏའི་ཆེད་གསེར་འཚོལ་བར་རིག་ནས་འདིའི་ཕ་མེས་ཆོས་རྒྱལ་མེས་དབོན་རྣམ་གསུམ་སོགས་ཀྱིས་ཀྱང་སྔོན་སངས་རྒྱས་ཀྱི་བསྟན་པ་དར་བ་བྱས་ཟེར། འདི་མ་བཟུང་ན་པཎྜི་ཏ་གདན་དྲངས་ནས། སངས་རྒྱས་ཀྱི་བསྟན་པ་དར་བར་བྱེད་འོང་བས་བཟུང་ལ་བཙོན་ཁང་དུ་ཆུག་ཅིག་ཟེར་ནས་བཙོན་དུ་བཅུག །དེ་བདག་བྱང་ཆུབ་འོད་ཀྱིས་ཐོས་ནས་སྡུག་བསྔལ་བའི་སྟོབས་ཀྱིས་རྟ་བ་བརྒྱ་བྱས་ཏེ། ཁུ་བོ་ཡེ་ཤེས་འོད་བླ་ཏུ་ཕྱིན་པས་གར་ལོག་གི་རྒྱལ་པོ་ཕ་ཚན་ཆེས་ནས་མ་བཟློག །ཡང་དམག་བྱས་ནས་ཁོ་ལ་བརྒྱབ་ན་ལྐོགས་པར་སྣང་སྟེ། དེའི་བར་དུ་མི་དང་འགྲོ་བ་མང་པོའི་སྲོག་ཆད་པར་སྣང་བ་དང་། ང་རང་ལ་ཡང་བར་ཆད་བྱུང་ན་ཇོ་བོ་ཆེན་པོ་སྤྱན་མི་འདྲོངས་པར་གདའ་བས་ཁོ་དང་ཐབས་མཁས་པས་བསྟུན་གྱིས་བླུས་བས། ཁོ་ན་རེ། འོ་ན་ཁྱེད་རང་པཎྜི་ཏ་གདན་འདྲེན་པའི་འཕྲོ་བཤོལ། ཁྱེད་རང་ཡང་ངའི་འོག་ཏུ་ཞུགས། ཡང་ན་གསེར་རྒྱལ་པོ་རང་དང་མཉམ་པ་ཞིག་ཁྱེར་ལ་ཤོག །དེ་ནས་རྒྱལ་པོ་བཏང་གིས་ཟེར། དེ་དག་ལས་གསེར་ལ་བདམས་ནས་གསེར་སྲང་བརྒྱ་ཐམ་པ་ཁྱེར་ཏེ། རྒྱལ་པོ་བླུས་པས་ཀྱང་ཁོ་མ་ཉན། དེ་ནས་ལུས་དང་མཉམ་པར་ཞིག་ཁྱེར་ནས་བླུས་པས་ཀྱང་མགོ་ལུས་ཐམས་ཅད་ཚང་བ་ཞིག་དགོས་ཟེར་ནས་ཁོ་མ་ཉན། དེར་ཁོ་བོ་བཙོན་ཁང་དུ་ལྷ་བཙུན་ཡེ་ཤེས་འོད་དེ་འོ་བརྒྱལ་བར་བཞུགས་པའི་སྒོ་དྲུང་དུ་ཕྱིན་ནས་ཁུ་བོ་ལ་གར་ལོག་གི་རྒྱལ་པོའི་གཏམ་རྣམས་ཞུས་པས། ཁུ་བོ་བཞད་གད་ཅིག་མཛད་དེ། ད་ང་ན་སོ་ཡང་རྒས་འདིར་ང་ད་ལན་མ་ཤི་ཡང་ཚེ་ལོ་བཅུ་མ་གཏོགས་མི་སྡོད། སྔར་ཚེ་འཁོར་བ་ཐོག་མེད་ནས་ཆོས་ཀྱི་ཕྱིར་གཅིག་ཀྱང་ཤི་བ་མེད། ད་ལན་ཆོས་ཀྱི་ཕྱིར་ཤི་ན་ལེགས་པ་ཡིན་པས། རྒྱལ་པོ་འདི་ལ་གསེར་སེ་བ་ཞིག་ཀྱང་མ་སྟེར། གསེར་དེ་

དག་གིས་རྒྱ་གར་ནས་པཎྜི་ཏ་གདན་ཅི་འདྲོངས་ཀྱིས། པཎྜི་ཏའི་སྔན་དུ་ཡང་ངས་སངས་རྒྱས་ཀྱི་བསྟན་པའི་ཕྱིར་ལུས་སྲོག་གར་ལོག་གི་རྒྱལ་པོར་བྱིན་ཡོད་པས། ཚེ་རབས་ཐམས་ཅད་དུ་བདག་ཐུགས་རྗེས་འཛིན་པ་དང་། ངའི་བསམ་པ་གཙོ་བོ། ཁྱེད་བོད་དུ་བྱོན་ནས་སངས་རྒྱས་ཀྱི་བསྟན་པ་དར་བར་མཛད་དུ་གསོལ། ཞེས་ངའི་འཕྲིན་མགོན་པོ་ཨ་ཏི་ཤའི་སྔན་དུ་ཐོངས་ཞེས་གསུང་གི་མདངས་ནི་ཤོར། ངས་སློའི་གསེབ་ནས་ཕར་བལྟས་པས་སྐུ་ལུས་རྣམས་དར་གྱིས་བཅིངས། སྟར་ལས་རྣམ་པ་གཞན་དུ་འགྱུར་ཏེ་སྐུ་ལུས་བུང་བ་ཙམ་ཞིག་ཏུ་སོང་། བོད་ཀྱི་སེམས་ཅན་དང་མགོན་པོ་ཨ་ཏི་ཤ་འབབ་ཞིག་ཐུགས་ལ་སེམས་པའི་བོད་མཐའ་འཁོབ་ཀྱི་སེམས་ཅན་མ་རིག་པ་རྣམས་ལ་སྙིང་སྟོབས་དེ་འདྲ་ན་ཁྱེད་འགྲོ་བའི་སྐྱབས་གནས་ཐུགས་རྗེ་ཅན་རྣམས་ཇི་ཙུག་ལ་སོང་། ཞེས་འདུལ་བ་འཛིན་པ་ཚུལ་ཁྲིམས་རྒྱལ་བས་འདིའི་ལོ་རྒྱུས་རྣམས་ཇོ་བོ་ལ་ཞུས་ཤིག་མཇུག་ཐ་མ་ཡང་བོད་དུ་འབྱོན་པ་མ་བཞེས་ན་ཡང་སྔན་དུ་ཐེབས་པར་མཛོད་གསུངས་ནས་སྤྱན་ཆབ་ཀྱིས་པང་ཁེབས་དང་ཅོག་ཙེ་བངས་པ་ཙམ་དུ་བཤུམ་ཞིང་ང་ལ་གསུང་བྱོན་པས། ངས་ཀྱང་ཡིན་མིན་གྱི་ཚིག་ཟུར་ཙམ་ཡང་མ་ནུས། ལྷ་བཙུན་པའི་གསུང་དེ་རྣམས་ཤིན་ཏུ་མད་པར་འདུག་པ་དང་། ཁོང་ཁུ་དབོན་གྱི་མི་ནོར་མང་པོ་ཟད་པ་རྒྱུས་ཡོད་པ་དང་། ཁུ་དབོན་གཉིས་སྡུག་བསྔལ་ཆེ་བ་དང་། ངེད་རྣམས་སྐྱིད་ཆེ་བ་དང་། ལྷ་བཙུན་མི་ཆེན་པོ་གཅིག་གིས་དེ་ལྟར་བཤུམས་པའི་སྟོབས་ཀྱིས་ང་ཡང་ལུས་འདར། གདོང་མཆི་མས་གང་སྟེ། ལྷ་བཙུན་གྱི་ཞལ་ལ་ཡང་བལྟ་མ་ནུས། དེའི་སྟོབས་ཀྱིས་ལུས་སྲོག་དང་བར་གྱི་དཀའ་ཚེགས། ཚེ་འདིའི་བདེ་སྐྱིད་གང་ལའང་མ་ཆགས་པར་ལན་དུ་འོ་ལགས་ཀྱིས་བྱས་ནས་མགོན་པོ་ཉིད་བོད་དུ་གདན་དྲངས་པ་ཡོང་བ་

ཡིན་ཞེས་ཞུས། དེར་ཇོ་བོ་ནས་བོད་ཀྱི་ཁུ་དབོན་བྱང་ཆུབ་སེམས་དཔའ་ཡིན་པར་འདུག རྒྱལ་པོ་དེ་ལ་ང་ངོ་ཡང་གནོང་བར་ཡོད། ངའི་ཆེད་དུ་ཁོང་གི་མི་ནོར་མང་པོ་ཆུད་ཟོས། ཁྱེད་དང་བོད་རྣམས་སྙིང་ཡང་རྗེ་བར་འདུག་གསུངས་ནས། མགོན་པོ་ཨ་ཏི་ཤ་སྤྱན་ཆབ་མང་པོ་ཕྱུན། དེ་རྗེས་ཇོ་བོ་བོད་དུ་ཕེབས་རྒྱུའི་ཞལ་བཞེས། ཇོ་བོའི་ཞལ་ནས། ཕྲན་ནས་བྱ་བ་གསར་བ་འཛྲོ་མི་གཏོད། སྙིང་པའི་འཕྲོ་བསྡུ་བ་སོགས་ལ་བརྩོན་འགྲུས་བསྐྱེད་ཀྱང་ཟླ་བ་བཅོ་བརྒྱད་འགོར་བར་འདུག་པས། དེའི་བར་སྒུག་ནུས་སམ་གསུངས་པ་ལ། ལོ་ཙཱ་བ་རྒྱ་བརྩོན་སེང་དང་ནག་ཚོ་ནས་ལོ་གསུམ་སྒུག་དགོས་ཀྱང་ནུས་ཞུས། ཇོ་བོ་ནས་འོ་ན་དེའི་བར་དུ་རཏྣ་ཨཱ་ཀཱ་ར་ལ་གནས་ཀྱི་སློབ་དཔོན་ཞུས་ཏེ་སློབ་གཉེར་མཛོད། དེ་ནས་ཐབས་མཁས་ཀྱིས་འགྲོ་བར་བྱའོ་གསུངས། དེ་ནས་ལོ་གསུམ་སོང་བ་ན་ནག་ཚོས་ཇོ་བོའི་ཞབས་དྲུང་དུ་བཅར་ནས་ད་བར་ལོ་ཕྱེད་པོ་གསུམ་དང་ཟླ་ངོ་ལྔ་ཉེ་བར་སོང་། དེའི་བར་སློབ་གཉེར་མད་པར་བྱུང་ཞུས། དེ་ནས་ནག་ཚོས་བྲི་ཀཱ་མ་ལ་ཤྲཱི་ལའི་གནས་བརྟན་ལ་ཇོ་བོ་རྗེ་བོད་དུ་ལོ་གསུམ་བཞུགས་ནས་རྒྱ་གར་དུ་ཕར་གདན་དྲངས་རྒྱུའི་མནའ་དམ་ཕུལ་ཏེ་བོད་དུ་གདན་དྲངས། འདི་ཉིད་ཀྱིས་ཇོ་བོ་སྤྱན་དྲངས་ནས་བོད་ཁམས་ལ་བཀའ་དྲིན་ཆེ་བས་སྐབས་དེར་བོད་སྟོན་ཐམས་ཅད་ཀྱིས་འདི་ཉིད་ལ་སློབ་དཔོན་ཞེས་བརྗོད། ཇོ་བོ་ཉིད་དགུང་ལོ་ང་དགུ་བཞེས་པ་རབ་བྱུང་དང་པོའི་ལྕགས་ཕོ་འབྲུག་(སྤྱི་ལོ་༡༠༤༠)ལོའི་མཇུག་ཏུ་ཇོ་བོ་དང་ལོ་ཙཱ་བ་འཁོར་བཅས་རྒྱ་གར་ནས་ཐོན། ལྕགས་མོ་སྦྲུལ་(སྤྱི་ལོ་༡༠༤༡)ལ་བལ་ཡུལ་དུ་ཕེབས་ནས་ལོ་གཅིག་བཞུགས་སྐབས་རྒྱ་བརྩོན་འགྲུས་སེང་གེ་སྐུ་གཤེགས། ཇོ་བོའི་ཞལ་ནས་ངས་བོད་དུ་ཕྱིན་ཡང་དོན་མེད། ངའི་ལྕེ་ཆད་པས་ཕན་མི་ཐོགས། བོད་སྤྱི་མཐུན་གྱི་བསོད་

ནམས་ལ་བརྩོན་འགྲུས་སེང་གེ་མི་འཆི་ཙམ་གྱི་བསོད་ནམས་ཤིག་མེད་པ་འདྲ་གསུངས། དེར་ནག་ཚོས། བླ་མ་དེ་སྐད་མི་གསུང་བར་ཞུ། ཁྱེད་བོད་དུ་ཕེབས་རོགས་གནང་། ལོ་ཙྪ་བ་རིན་ཆེན་བཟང་པོ་དང་། ལོ་ཆུང་ལེགས་པའི་ཤེས་རབ། དགེ་བའི་བློ་གྲོས་སོགས་མང་དུ་མཆིས། ཁོ་བོས་ཀྱང་ལོ་ཙྪ་ཕྲ་མོ་ཤེས་པས་ཐུགས་ངལ་མི་མཛད་པར་ཞུ། ཞུས་པས་ལོ་ཙྪ་དེ་ཀུན་ལས་ཁྱོད་རང་དྲག་ངས་ཀྱང་ཁས་སློབས་བྱས་པས་ཆོག་གསུངས་ནས་རྒྱལ་པོ་ནེ་ཡ་པ་ལ་ལ་འཕྲིན་ཡིག་དྲི་མ་མེད་པའི་རིན་པོ་ཆེའི་ཕྲེང་བ་མཛད་དེ་ཇོ་བོ་དང་ནག་ཚོ་རྣམ་གཉིས་ཀྱིས་བསྒྱུར། འདི་དང་ཞུ་ལན་ནོར་བུའི་ཕྲེང་བ་གཉིས་ཏ་ཙང་འདྲ། དེ་ནས་མང་ཡུལ་དུ་ནག་ཚོས་སྤྱིན་བདག་མཛད་དེ་ལོ་གཅིག་བཞུགས་སྐབས་ཀན་སྟོན་ལེགས་པའི་ཤེས་རབ་ཀྱིས་ཞུས་ནས་ཆུ་གཏོར་དྲི་མ་མེད་པའི་གཞུང་ཇོ་བོས་མཛད་དེ་ལོ་ཙྪ་བ་ཚུལ་ཁྲིམས་རྒྱལ་བས་བསྒྱུར། ཇོ་བོ་དགུང་ལོ་རེ་གཅིག་ཆུ་ཕོ་རྟ་(སྤྱི་ལོ་༡༠༤༢)ལོར་མངའ་རིས་སུ་མཆོ་མ་ཕམ་གྱི་དྲུང་དུ་སྐུ་ངལ་གསོས་པས་ཇོ་བོ་མཆོ་འགྲམ་དུ་ཕེབས་ནས་ཅོག་པུར་བཞུགས་པའི་སྤྱན་སྔར་ནག་ཚོ་ལོ་ཙྪ་བ་ཕྱིན་ནས་ཅི་མཛད་ལགས་ཞུས་པས། ཡི་དྭགས་ལ་ཆུ་སྦྱིན་པ་ལགས་གསུངས། དེའི་གདམས་ངག་ཅིག་བདག་ལ་ཡང་གནང་བར་ཞུ་བྱས་པ། དེ་ཉིད་དུ་ཁ་སརྤ་ཎིའི་ཆུ་སྦྱིན་གྱི་བསྟན་བཅོས་བརྩམས་ནས་ནག་ཚོར་གནང་། དེ་ནས་ལྷ་བཙུན་པ་བྱང་ཆུབ་འོད་ཀྱིས་བསུ་བ་རྒྱ་ཆེར་མཛད་དེ་མང་ནང་དང་མཐོ་ལྡིང་གསེར་གྱི་གཙུག་ལག་ཁང་ཆེན་པོར་བྱོན། སྐབས་དེ་དུས་ཇོ་བོའི་བསུ་བའི་ཆེད་དུ་ལྷ་བཙུན་གྱིས་རག་དུང་གསར་གཏོད་གནང་། དེའི་དུས་སུ་ལྷ་བཙུན་བྱང་ཆུབ་འོད་ཀྱིས་ནག་ཚོ་ལ་བཟོད་གསོལ་ཞུ་བ་ནི། སློབ་དཔོན་ཚུལ་ཁྲིམས་རྒྱལ་བའི་སྤྱན་སྔ་ནས། །རི་བ་ཆེ་བས་བདག་གིས་ཐུགས་དམ་ཞུས། །ཐུགས་ལ་

བཏགས་ནས་སློ་བལ་ཡུལ་དུ་ཕྱིན། །དཀའ་བ་མང་པོ་སྤྱད་པ་བཟོད་པར་མཛོད། །ཅེས་གསོལ། དེ་ནས་ནག་ཚོས་ཇོ་བོ་བོད་དུ་ལོ་མང་པོ་བཞུགས་སུ་མེད་པས། ཆོས་ཞུ་བ་ཀུན་ཞུས་ཤིག་ཅེས་ལྷ་བཙུན་པ་ལ་སོགས་པར་བསྐུལ་བས། ལྷ་བཙུན་པའི་གསོལ་བ་བཏབ་པ་ལྟར། ཇོ་བོ་ནས་ལས་རྒྱུ་འབྲས་དང་སེམས་བསྐྱེད་ལས་བརྩམས་པའི་ཆོས་གཙོ་བོར་བྱང་ཆུབ་ལམ་གྱི་སྒྲོན་མ་གསུངས། དེ་ནས་ཤིང་ཕོ་སྤྲེལ་(སྤྱི་ལོ་༡༠༥༥)ལ་ཇོ་བོ་སྙུ་རངས་སྐྱིད་ཐང་རྒྱ་ཞིང་དུ་བཞུགས་པའི་ཚེ། དགེ་བཤེས་སྟོན་པས་ཇོ་བོ་དང་པོར་ཞལ་མཇལ་ནས་ཐབས་མཁས་ཀྱིས་དབུས་སུ་ཕེབས་པར་ནན་ཞུ་མཛད་པས་ཇོ་བོས་ཞལ་གྱིས་བཞེས། འོན་ཀྱང་སྐབས་དེ་དུས་ཇོ་བོ་བོད་དུ་ཕེབས་ཏེ་ལོ་གསུམ་ཟིན་པས་ནག་ཚོས་སླར་རྒྱ་གར་དུ་ཕར་གདན་དྲངས་རྒྱུའི་མནའ་དམ་བྲི་ག་མ་ཤྲཱི་ལའི་གནས་བརྟན་རཏྣ་ཨཱ་ཀ་ར་ར་ཕུལ་ཡོད་པས་ནག་ཚོ་ལོ་ཙཱ་བའི་ཞལ་ནས་བདག་དམྱལ་བར་འགྲོ་མི་ནུས་གསུངས་ནས་བོད་ནས་སླར་རྒྱ་གར་ལ་ཕེབས་དགོས་ལུགས་ནན་ཞུས་མཛད་པས་ཇོ་བོའི་ཞལ་ནས་དང་པོ་ཚུར་སྤྱན་མ་འདྲོངས་ད་ཕར་སྤྱན་མ་འདྲོངས། ངས་ལོ་ཙཱ་བ་སྤྲུངས་གསུངས་སྐད། དེ་ནས་ནག་ཚོས་ཇོ་བོ་བལ་པོར་གདན་དྲངས། དེའི་དུས་བལ་པོར་ས་མན་སྡེ་གསུམ་བྱ་བའི་འཁྲུག་པ་བྱུང་ནས་རྒྱ་གར་དུ་ཕེབས་མ་ཐུབ། དེ་བོད་ཀྱི་བསོད་ནམས་ཡིན་གསུངས། ནག་ཚོ་ཐུགས་ཤིན་ཏུ་མ་བདེ་བ་ལ། ཇོ་བོའི་ཞལ་ནས་བློ་མི་བདེ་མི་དགོས། བསྒྲུབ་པར་མ་ནུས་པ་ལ་ཉེས་པ་མེད་པ་ཡིན་གསུངས། དེ་ལ་ནག་ཚོ་ཐུགས་དགྱེས་ནས་དབུས་གཙང་དུ་གཤེགས་པར་ཞུ་ཟེར། དེའི་དུས་ནག་ཚོའི་ཐུགས་ལ་ཇོ་བོ་ཉིད་སྐུ་ཚེ་བོད་དུ་རྫོགས་ཏེ་དགའ་ལྡན་དུ་བྱམས་པའི་སྐུ་དྲུང་ཕེབས་རྒྱུའི་ལུང་བསྟན་ཞིག་དྲན་པ་སྟེ། བསྟོད་པ་བརྒྱད་ཅུ་པ་ལས། ཁྱོད་སྟོན་

སོ་མ་པུ་རི་ན། །རྟོག་གེ་འབར་བ་གསུངས་པའི་ཚོ། །ད་ནི་ལོ་ནི་ཉི་ཤུ་ན། །ཚེ་ཡི་འདུ་བྱེད་གཏོང་འགྱུར་གསུངས། །དེ་ནས་ལོ་ནི་ལོན་པ་ན། །བོད་དུ་འབྱོན་པའི་དུས་སུ་ནི། །བི་ཀྲ་མ་ལ་ཤྲཱི་ལར་ནི། །ད་ནི་ལོ་ནི་བཅོ་བརྒྱད་ན། །ཚེ་ཡི་འདུ་བྱེད་བཏང་ནས་ནི། །ལུས་འདི་བོད་དུ་འཇོག་གོ་གསུངས། །ཞེས་དང་། ཁྱོད་ཀྱི་རྣམ་སྨིན་སྐུ་ལུས་དེ། །བོད་ཀྱི་ཡུལ་དུ་བཞག་ནས་སུ། །སྨོན་ལམ་གྱིས་ནི་སྐུ་ལུས་དེ། །བྱམས་པའི་སྤྲིན་ཕུར་དགའ་ལྡན་དུ། །འཕྲུངས་པར་སྨྲོལ་མས་ལུང་བསྟན་གསུངས། །ཞེས་པའི་དོན་ཐུགས་ལ་དྲན། དེའི་དུས་སུ་ནག་ཚོས་གསེར་གོ་གཏུམ་ཞིག་དང་བྱང་ཆུབ་ལམ་སྒྲོན་ཇོ་བོ་ཉིད་ཀྱིས་ཕྱག་བྲིས་ཡིན་པ་བཅས་སྤྱི་རངས་པའི་བརྡེ་གཉིས་ལ་བསྐུར་ནས་གསེར་འདི་གནས་བརྟན་རཏྣ་ཨཱ་ཀ་ར་སྐྱེ་དགོན་མཆོག་འབྱུང་གནས་ལ་ཕུལ། ཇོ་བོ་ད་རེས་སླར་རྒྱ་གར་ལ་གདན་དྲངས་པ་ཡིན་ཏེ། བལ་པོར་ས་མན་སྟེའི་འཕྲུག་པ་བྱུང་ནས་ཕྱིར་ལོག་མ་ཐུབ། ད་ངེས་པར་སྤྱན་དྲོངས་གསུང་ཀྱང་སྤྱན་འདྲེན། ཇོ་བོ་ཡང་བོད་ལ་མཉེས་ཤིང་འགྲོ་དོན་ཀྱང་ཆེན་པོ་འདུག་པས་བཞུགས་ཆོག་གམ་བྱ་བ་དང་། བསྟན་བཅོས་ལམ་སྒྲོན་འདི་ཕྲི་ཀྲ་མ་ལ་ཤྲཱི་ལའི་པཎྜི་ཏ་རྣམས་ལ་གཟིགས་སུ་ཕུལ་ཞེས་པའི་འཕྲིན་བསྐུར་བཏང་བས། གཉིས་པོས་ཀྱང་ལམ་ལ་སྐྱོན་མེད་པར་སླེབས་ཏེ་གནས་བརྟན་རཏྣ་ཨཱ་ཀ་ར་ལ་གསེར་རྣམས་ཕུལ། ཇོ་བོའི་ལོ་རྒྱུས་དང་། ནག་ཚོའི་འཕྲིན་རྒྱས་པར་གསོལ། བསྟན་བཅོས་དེ་པཎྜི་ཏ་རྣམས་ལ་གཟིགས་སུ་ཕུལ་བས་འདི་ལེགས། ཡི་གེ་ཕྱག་བྲིས་མ་ནོར་བ་འདུག་གསུངས། གནས་བརྟན་རཏྣ་ཨཱ་ཀ་ར་སྐྱེ་དགོན་མཆོག་འབྱུང་གནས་ཀྱི་ཞལ་ནས་ཆོས་འདི་འབྱོར་བས་ཇོ་བོ་དང་ཁྱད་མེད། ད་ཇོ་བོ་བོད་དུ་འགྲོ་དོན་ཆེ་བ་དང་ཁོང་ཉིད་དེར་ཏ་ཙང་དགའ་བས་དེར་བཞུགས་ཆོག །འོན་ཀྱང་བསྟན་བཅོས་འདི་ལ་འགྲེལ་པ་ཞིག

མཛད་དེ་བསྒྱུར་བ་ཞུ་གསུང་སྟེ་གཉིས་པོ་ཚུར་བཏང་། ཁོང་གཉིས་པོས་ཀྱང་ཇོ་བོ་དང་ནག་ཚོར་ཞུ་འཕྲིན་སྐྱན་དུ་གསོལ་བས། ནག་ཚོ་ཏ་ཙང་ཐུགས་མཉེས་པས། ཞལ་ནས་གནས་བརྟན་རཏྣ་ཨཱ་ཀཱུས་རི་ལས་ཀྱང་ལྷི་བའི་ཁུར་བསྒྱུར་བ་དེ་ད་སང་སོང་གསུངས། དེ་ནས་ཇོ་བོ་ནས་ལམ་སྒྲོན་གྱི་དཀའ་འགྲེལ་ཞིག་མཛད་དེ་སླར་སྤྱི་རངས་ཀྱི་བརྟེ་གཉིས་ལ་བསྒྱུར་བས། པཎྜི་ཏ་རྣམས་ཀྱིས་ཇོ་བོ་ཕེབས་པ་ལྟར་ཉིན་ལམ་མང་པོ་ནས་བསུ་བ་དང་མཆོད་པ་རྒྱ་ཆེན་པོ་བྱས། ཇོ་བོ་ཡབ་སྲས་དག་བལ་པོ་ནས་མང་ཡུལ་དུ་ཕེབས། དེའི་སྐབས་སུ་ཇོ་བོའི་ཞལ་ནས་ན་རོ་པའི་སློབ་མ་པཎྜི་ཏ་ཛྙཱ་ན་ཀཱ་ར་ཞེས་པ་སྐྱེས་བུ་དམ་པ་གཅིག་ལ་སློབ་དཔོན་ཀླུ་སྒྲུབ་ལུགས་ཀྱི་ཆོས་ཤིག་ཡོད་པ་ཞུ་མ་ཐུབ་པས་དེ་ཡིད་ལ་གཅགས་གསུངས། དེ་ནག་ཚོ་ལོ་ཙཱ་བས་ཐུགས་ལ་བཟུང་ནས་བལ་ཡུལ་དུ་མི་མཐོ་བཙུགས་ནས་བཞག །ནག་ཚོ་ཡང་ཇོ་བོ་མཉམ་དུ་གཙང་བརྒྱུད་དེ་དབུས་སུ་ཕེབས། དེ་ནས་ཆུ་ཕག་(སྤྱི་ལོ་༡༠༥༧)ལོར་བསམ་ཡས་སུ་བཞུགས་དུས་ནག་ཚོ་ལོ་ཙཱ་བས་སྔར་གྱི་ལམ་སྒྲོན་གྱི་འགྲེལ་པ་དེར་སྟོན་པ་མཛད་དེ་གསུང་སྒྲོས་ལ་གཞི་བླངས་པའི་བཤད་པ་རྒྱས་སུ་བཏང་། དེ་ནི་ལམ་སྒྲོན་གྱི་རང་འགྲེལ་དུ(སྟེ་དགེ་བསྟན་འགྱུར་དབུ་མ་ཁི་པའི་ནང་བཞུགས་པའི་བྱང་ཆུབ་ལམ་གྱི་སྒྲོན་མའི་དཀའ་འགྲེལ་ཞེས་བྱ་བ་དེ་ཡིན།)གྲགས་པ་དེ་ཡིན་སྐད། ད་དུང་དེའི་དུས་བྱང་སེམས་ནོར་བུའི་ཕྲེང་བ་དང་། བྱང་སེམས་ཀྱི་སྤྱོད་པ་མདོ་ཙམ་བྱས་པ་བཅས་བོད་ཡིག་ཏུ་བསྒྱུར། དེ་རྗེས་ལྷ་ས་དང་། ཡེར་བ། སྙེ་ཐང་སོགས་དབུས་གཙང་གི་ས་ཆ་ཁག་ཏུ་ཕེབས་སྐབས་ནག་ཚོ་མཆིམས་ཕུ་སོགས་སུ་ལོ་གཅིག་ཞལ་བྲལ་བ་མ་གཏོགས་དེ་མིན་ཇོ་བོ་དང་མཉམ་བཞུགས་མཛད་དེ་བསམ་སྦྱོར་གཉིས་ཀྱི་སྒོ་ནས་ཚུལ་བཞིན་དུ་ལོ་བཅུ་དགུ་བསྟེན་ཏོ། །

གཉིས་པ། བསྟན་བཅོས་ཇི་ལྟར་བསྒྱུར་བ་དང་ཁུངས་ཕྱུང་ནས་ཞུས་པའི་ཆེ་བ་ལ་གཉིས་ཏེ། དང་པོ། བསྟན་བཅོས་ཇི་ལྟར་བསྒྱུར་བ། ཇོ་བོ་ཡབ་སྲས་གཉིས་ཀྱིས་བལ་ཡུལ་དང་མངའ་རིས། གཙང་དང་བསམ་ཡས། སྙེ་ཐང་སོགས་སུ་བཞུགས་དུས་སུ་ནག་ཚོ་ལོ་ཙཱ་བས་བསྒྱུར་བའི་བསྟན་བཅོས་ནི་གྲྭམ་གསལ་ཏེ། བལ་ཡུལ་དུ་རྒྱལ་པོ་ནེ་ཡ་པ་ལ་ལ་སྐུར་བའི་འཕྲིན་ཡིག་ཇོ་བོས་མཛད་པ་དྲི་མ་མེད་པའི་རིན་པོ་ཆེའི་ཕྲེང་བ།(འདི་དང་བྱང་སེམས་ནོར་བུའི་ཕྲེང་བའི་ཚིག་ཕལ་ཆེར་འདྲ།)གནས་བརྟན་འོན་པས་སྐུལ་ནས་ཇོ་བོས་མཛད་པའི་སྤྱོད་པ་བསྡུས་པའི་སྒྲོན་མེ། མངའ་ཡུལ་ནས་ཀུན་སྤོན་ལེགས་པའི་ཤེས་རབ་ཀྱིས་ཞུས་ནས་ཇོ་བོས་མཛད་པ་རྩ་གཏོར་དྲི་མ་མེད་པའི་གཞུང་། ད་དུང་མྱ་ངན་ལས་འདས་པའི་མདོ་བམ་པོ་བཅུ་གཉིས་དང་། ཁྲིའུ་གསེར་མདོག་གི་རྟོགས་པ་བརྗོད་པའི་མདོ། ཆོས་བཞི་སྒྲུབ་པའི་མདོ། དཔའ་བོ་སྒྲུབ་པའི་རྒྱུད། འཆི་བ་བསླུ་བའི་མན་ངག །དགེ་སློང་མ་དཔལ་མོས་མཛད་པའི་ཐུགས་རྗེ་ཆེན་པོའི་སྒྲུབ་ཐབས་སོགས་ཆོས་ཤིན་ཏུ་མང་པོ་ནག་ཚོས་བསྒྱུར། བསམ་ཡས་སུ་ལྷ་བཙུན་པོ་ཧྲི་ན་ཛས་ཡོན་བདག་མཛད། དེའི་སྐབས་སུ་རིམ་པའི་ཚོ་ག་དང་། སློབ་དཔོན་ཟླ་བ་གྲགས་པས་མཛད་པའི་དབུ་མ་ཕུང་པོ་ལྔ་པ། སྨན་དཔྱད་ཡན་ལག་བརྒྱད་པ། མདོ་སྡེ་ཀུན་ལས་བཏུས་པའི་མན་ངག །བྱང་ཆུབ་སེམས་དཔའི་སྤྱོད་པ་མདོ་ཙམ་དུ་བྱས་པ། འཇིག་རྟེན་ལས་འདས་པའི་ཡན་ལག་བདུན་པ། བྱང་ཆུབ་སེམས་དཔའི་ནོར་བུའི་ཕྲེང་བ་བཅས་ཇོ་བོས་མཛད་དེ་ནག་ཚོས་བསྒྱུར། དཔལ་སངས་རྒྱས་ཐོད་པའི་རྒྱུད་ཀྱི་བསྐྱེད་རྫོགས། དེ་གཉིས་ཀྱི་གདམས་ངག །ཕྱག་ན་རྡོ་རྗེ་གཏུམ་པོ་གོས་སྔོན་ཅན་གྱི་སྒྲུབ་ཐབས། དེའི་ཚོ་ག་བཅས་ཀྱང་བསྒྱུར། ཡར་ཀླུངས་ཐང་པོ་ཆེར་ཁུ་སྟོན་གྱིས་སྦྱིན་བདག་མཛད་

དེ། ཆོས་ཁྲིད་དུ་ཉེ་ཁྲི་སྣང་བ། རྒྱུད་བླ་མ། ཆོས་དང་ཆོས་ཉིད་རྣམ་པར་འབྱེད་པ་ལ་སོགས་མང་དུ་གསུངས་པར་ནག་ཚོས་ལོ་ཙཱ་མཛད། ད་དུང་ཇོ་བོ་ཉིད་ཀྱིས་མཛད་པའི་རྟོག་པ་ཕྱོགས་གཅིག་པའི་སྒྲུབ་ཐབས་དང་། གཤིན་རྗེ་གཤེད་ཀྱི་སྒྲུབ་ཐབས། འཕྲིན་ལས་བཞིའི་འཁྲུལ་འཁོར། མངོན་སྤྱོད་བརྒྱད་པའི་འཁྲུལ་འཁོར་གྱི་མན་ངག་བཅས་བསྒྱུར། ལྷ་སར་ཇོག་གིས་དབུ་མཛད་དེ་དབུ་མའི་ཆོས་ཞུས་པས། དབུ་མ་རྟོག་གེ་འབར་བའི་མན་ངག་ཆེ་ཆུང་གཉིས་ཇོ་བོས་མཛད་པ་དེ་ནག་ཚོས་བསྒྱུར། ཇོག་བྱང་ཆུབ་འབྱུང་གནས་ཀྱིས་སྤྱན་བདག་མཛད་དེ་བྲག་ཡེར་བར། སྒྲོལ་མ་དཀར་མོའི་སྒྲུབ་ཐབས་དང་དེའི་བསྲུང་བའི་འཁོར་ལོ། རིག་སྔགས་བཅས་པའི་ཆོ་ག །སེར་བ་བཟློག་པའི་ཆོ་ག །དམ་ཚིག་གསུམ་བཀོད་པའི་རྒྱལ་པོའི་ལེའུ་རྣམས་བསྒྱུར། སྙེ་ཐང་དུ་བང་སྟོན་དང་ཨ་མེས་བྱང་ཆུབ་དང་ཕྱུག་ཁྲི་མཆོག་གིས་ཞུས་ནས་ནག་ཚོས་བསྒྱུར་བ་ཁྲོ་བོ་མི་གཡོ་བའི་ཆོ་ག་དང་། སྟོན་སྐྱ་རངས་སུ་བསྒྱུར་བའི་ཡིད་བཞིན་གྱི་ནོར་བུའི་ཆོ་ག་དང་། སྨན་བླའི་ཆོ་ག་ཇོ་བོ་ཉིད་ཀྱིས་མཛད་པ་རྣམས་དང་། ཀ་བ་ཤཱཀྱ་དབང་ཕྱུག་དང་གར་མི་ཡོན་ཏན་གཡུང་དྲུང་དང་དར་བྱང་ཆུབ་གསལ་དང་གནས་བརྟན་རྒྱལ་བ་ལ་སོགས་པས་ཞུས་ནས་ནག་ཚོས་བསྒྱུར་བ། བླ་མ་གསེར་གླིང་པས་མཛད་པའི་ཨ་ར་པ་ཙ་ནའི་སྒྲུབ་ཐབས་དང་། བཅོམ་ལྡན་འདས་ཤཱཀྱ་ཐུབ་པའི་སྒྲུབ་ཐབས་དང་། དགེ་བཤེས་སྟོན་པས་ཞུས་ནས་ནག་ཚོས་བསྒྱུར་བ། ཇོ་བོ་ཉིད་ཀྱིས་རྒྱ་གར་གྱི་ནགས་ཀྱི་ནང་དུ་རྨི་ལམ་དུ་ཞལ་གཟིགས་པའི་སྤྱན་རས་གཟིགས་དབང་ཕྱུག་ཞལ་གསུམ་ཕྱག་དྲུག་པའི་སྒྲུབ་ཐབས་དང་ལས་ཀྱི་སྒྲིབ་པ་སྦྱོང་བའི་ཆོ་ག སྨན་བླའི་ཆོ་ག་དང་དེའི་སྒྲུབ་ཐབས། ནོར་བུ་རྒྱས་པའི་གཞལ་མེད་ཁང་གི་ཆོ་ག གཙུག་གཏོར་དྲི་མེད་ཀྱི་ཆོ་ག དེའི་བུམ་པའི་

ཚ་ག རྟེན་འབྲེལ་གྱི་གདམས་ངག རབ་གནས་ཀྱི་ཚ་ག་གདམས་ངག ཨ་མོ་ཀྵ་པ་ཤའི་ཚ་ག་རྣམས། འཁྲོམ་སྟོན་པ་དང་། བང་སྟོན། ཨ་མེས་བྱང་ཆུབ། ཕྱུག་ཁྲི་མཆོག རྫོག་སྟོན། གནས་བརྟན་དད་པ་བརྩོན་འགྲུས་ལ་སོགས་པས་ཞུས་ནས་ནག་ཚོས་བསྒྱུར་བ། སྤྱན་རས་གཟིགས་དབང་ཕྱུག་གིས་ཞུས་པའི་མདོ་དང་། སེམས་ཅན་མགུ་བར་བྱ་བ། ཇོ་བོ་ཉིད་ཀྱིས་མཛད་པའི་སེམས་བསྐྱེད་ཀྱི་ཚ་ག་དང་། ཚུལ་ཁྲིམས་ཀྱི་ལེའུའི་འགྲེལ་པ་སློབ་དཔོན་ཡོན་ཏན་འོད་ཀྱིས་མཛད་པ་རྣམས་དང་། འཁྲོམ་སྟོན་དང་། ཕྱུག་ཁྲི་མཆོག་གིས་ཞུས་ནས་ནག་ཚོས་བསྒྱུར་བ། འཇིག་རྟེན་དབང་ཕྱུག་གི་སྒྲུབ་ཐབས། སློབ་དཔོན་ཀླུ་སྒྲུབ་ཀྱིས་མཛད་པའི་ཁ་སརྤ་ཎི་དང་། ཡི་གེ་དྲུག་པ། སེང་གེ་སྒྲ་བཅས་ཀྱི་སྒྲུབ་ཐབས། སློབ་དཔོན་ཀུན་དགའ་སྙིང་པོས་མཛད་པའི་འཇིག་རྟེན་གསུམ་ལས་རྣམ་པར་རྒྱལ་བའི་སྒྲུབ་ཐབས་དང་། ཨ་མེས་བྱང་ཆུབ་དང་ཕྱུག་ཁྲི་མཆོག་གིས་ཞུས་ནས་ནག་ཚོས་བསྒྱུར་བ། སློབ་དཔོན་ཨནྟ་དེ་བས་(༧༥༠-༨༥༠)མཛད་པའི་འཇིག་རྟེན་དབང་ཕྱུག་སྐྱུ་འཕྲུལ་དྲྭ་བའི་སྒྲུབ་ཐབས་ལ་སོགས་པ་བསམ་གྱིས་མི་ཁྱབ་པ་བསྒྱུར་ཏོ། །དེའི་དུས་སུ་ཇོ་བོ་ལ་ནག་ཚོ་ལོ་ཙཱ་བས་བདག་དགེ་སྦྱོར་ཞིག་བགྱིད་པས་མཆིམས་ཕུར་གཅིག་འགྲོ་བར་ཞུ་ཞུས་པས། ཇོ་བོའི་ཞལ་ནས་ལོ་ཙཱ་དགོས་གསུངས་ནས་མ་གནང་། ཡང་ཡང་ཞུས་པས་གནང་ནས་དེའི་བར་གྱི་ལོ་ཙཱ་དགེ་བཤེས་འཁྲོམ་སྟོན་པ་ལ་གཏད་ནས་ཟླ་བ་གསུམ་བཞུགས། དེའི་དུས་སུ་རོང་པའི་སྟོན་པ་དགེ་བ་དང་། ཉང་རོའི་སྟོན་པ་ཐོག་འབེབས། བསོད་ནམས་ཡེ་ཤེས་ལ་སོགས་པ་སྟོན་ཆེན་མང་དུ་ཕེབས་ཏེ་ཇོ་བོར་ཆོས་ཞུས་པས། དགེ་བཤེས་སྟོན་པས་སློབ་དཔོན་ནག་ཚོ་མྱུར་དུ་བྱོན་འདིར་ལོ་ཙཱ་དགོས་ཞེས་པའི་སྤྱན་འདྲེན་བྱུང་ནས་ནག་ཚོ་ལོ་ཙཱ་བ་བྱོན་ཏེ། སྟོན་པ་དགེ་བས་ཞུས་

ནས་དཔལ་དགྱེས་པ་རྡོ་རྗེའི་སློབ་དཔོན་ཤན་ཏི་པས་མཛད་པའི་ལྷན་ཅིག་སྐྱེས་པའི་རྣལ་འབྱོར་དང་། ཧཱུཾ་ཧྲི་ཏེ་ཏྲ་ཀའི་བདུད་རྩི་འོད་ཀྱི་འགྲེལ་པ་ཇོ་བོ་ཉིད་ཀྱིས་མཛད་པ་དང་། དཔལ་འཁོར་ལོ་སྡོམ་པའི་གཞུང་མང་པོ་དང་། དཔལ་མཧཱ་མ་ཡའི་སྒྲུབ་ཐབས་དང་། སློབ་དཔོན་ཀུ་ཀུ་རི་པ་དང་རྒྱན་པ་མ་དང་ཤན་ཏི་པས་མཛད་པ་ལ་སོགས་པ་བསྒྱུར་ཏོ། །ད་དུང་བཀའ་བསྟན་དུ་ནག་ཚོས་བསྒྱུར་བ་ནི། བཀའ་འགྱུར་ལ་མདོ་མང་སྣར་ལས། མ་ག་དྷ་བཟང་མོའི་རྟོགས་བརྗོད། འཕགས་པ་སྒྲོལ་མ་ཀུ་རུ་ཀུ་ལླེའི་རྟོགས་པ་ལེའུ་ལྔ། དཔལ་ཡེ་ཤེས་རྡོ་རྗེ་ཀུན་ལས་བཏུས་པ་རབ་བྱེད་བཞི་བཅུ་རྩ་གཅིག་པ་སོགས་དང་། བསྟན་འགྱུར་ལས། བདུད་བཏུལ་བ་ལ་བསྟོད་པ། ཆོས་དབྱིངས་བསྟོད་པ། དཔེ་མེད་པར་བསྟོད་པ། འཇིག་རྟེན་ལས་འདས་པར་བསྟོད་པ། སེམས་ཀྱི་རྡོ་རྗེའི་བསྟོད་པ། དོན་དམ་པར་བསྟོད་པ། སྐུ་གསུམ་ལ་བསྟོད་པ། དགེ་བ་རྡོ་རྗེའི་དཀའ་འགྲེལ་རྣལ་འབྱོར་རིན་པོ་ཆེའི་ཕྲེང་བ། དཔལ་འཁོར་ལོ་སྡོམ་པའི་རིམ་པ་ལྔ་པ་བཅས་ཆོས་ཚན་ཆིག་བརྒྱ་ལྔ་བཅུ་ཙམ་བཞུགས་པར་གྲགས་སོ། །

གཉིས་པ། བསྟན་བཅོས་ཁུངས་ཕྱུང་ནས་ཞུས་པའི་ཆེ་བ་དངོས་དང་། ཞར་ལ་ཇོ་བོ་དང་ཇི་ལྟར་ཞལ་གྱིས་ཚུལ་ལོ། །དང་པོ་ནི་མངའ་རིས་སུ་ནག་ཚོས་ཇོ་བོ་བོད་དུ་ལོ་གཅིག་ལས་བཞུགས་སུ་མེད་པས། ཆོས་ཞུ་བ་ཀུན་ཞུས་ཤིག་ཅེས་ལྷ་བཙུན་པ་ལ་སོགས་པར་བསྐུལ་བས། ལྷ་བཙུན་པས་གསོལ་བ་བཏབ་པ་ལྟར། ཇོ་བོ་ནས་ལས་རྒྱུ་འབྲས་དང་སེམས་བསྐྱེད་ལས་བརྩམས་པའི་ཆོས་གཙོ་བོར་བྱང་ཆུབ་ལམ་གྱི་སྒྲོན་མ་དང་། སྤྱན་རས་གཟིགས་འཇིག་རྟེན་དབང་ཕྱུག་གི་སྒྲུབ་ཐབས་སོགས་ཆོས་ཤིན་ཏུ་མང་པོ་གསུངས་པའི་སྐུལ་བ་དང་ཇོ་བོས་ཆོས་གསུང་རིས་སུ་ལོ་ཙཱ་མཛད་པ་བཅས་གནང་སྟེ། ཇོ་བོ

མཉམ་དུ་མངའ་རིས་སུ་རབ་བྱུང་རྣམས་སྡོམ་པ་དང་། སྔགས་པ་རྣམས་དམ་ཚིག །ཁྲིམས་པ་རྣམས་བསྙེན་གནས་བཅས་སུ་བཀོད། སྙེ་ཐང་དུ་ནག་ཚོས་ཁྲུངས་ཕྱུང་ནས་ཇོ་བོ་ཆེན་པོ་ལ་བླ་མ་གསེར་གླིང་པའི་ལུགས་ཀྱི་བསླབ་བཏུས་སྤྱོད་འཇུག་ལ་སོགས་པའི་ཆོས་མང་པོ་ཞུས་པས་ཇོ་བོ་ནས་དབང་པོ་རབ་འབྲིང་རྟུལ་གསུམ་ལ་སོ་སོར་ཕྱེ་ནས་ཆུ་བོའི་གཞུང་ལྟར་བཤད་པ་དང་། ལྗོན་ཤིང་གི་ལོ་འདབ་ལྟར་བཤད་པ་དང་། འཁོར་ལོས་སྒྱུར་བའི་རྒྱལ་པོའི་ལོངས་སྤྱོད་ལྟར་བཤད་པ་སོགས་སྤྱིར་ཇོ་བོའི་ཆོས་ཐམས་ཅད་ནག་ཚོ་ལོ་ཙཱ་བས་ཁྲུངས་ཕྱུང་ནས་ཞུས་པས་བོད་སྟོན་ཐམས་ཅད་ཀྱིས་ཁོང་ལ་བཀའ་དྲིན་ཅན་གྱི་སློབ་དཔོན་ཞེས་བརྗོད།

གཉིས་པ་ནི་སྙེ་ཐང་དུ་དགེ་བཤེས་ནག་ཚོ་ལོ་ཙཱ་བས་ཇོ་བོ་ལ་མཇལ་སྟོན་དུ་སོང་བའི་ཕྱག་ཕུལ་ནས་ཞུས་པ། བདག་མཆིམས་ཕུར་སོ་བསོད་ཅིག་བགྱིད་འདི་ན་ཤར་ནུབ་ལྷོ་བྱང་ཐམས་ཅད་འཚོགས་པས་སོ་མི་བསོད། གཞུང་ཆེན་པོ་བླ་མས་ཀྱང་གསུང་མི་སྤྱོད། བདག་གིས་ཀྱང་མི་ནུས། གདམས་པ་ཚང་ཆུང་གི་ལོ་ཙཱ་འབྲོམ་སྟོན་པས་འོང་བས་བདག་མཆི་བར་ཞུ་ཞུས་པས་མ་གནང་། ཡང་ཞུས་པས་གནང་། དེ་རྗེས་ཟླ་བ་ཁ་ཤས་སོང་རྗེས་ཇོ་བོ་ལ་བསྙུང་གཞི་བྱུང་བས་དགེ་བཤེས་འབྲོམ་སྟོན་པ་ཐུགས་མ་བདེ་ནས་ནག་ཚོ་ལོ་ཙཱ་བ་མཆིམས་ཕུ་ན་བཞུགས་པ་ལ་འཕྲིན་བསྐུར་ཏེ། སློབ་དཔོན་མྱུར་དུ་བྱོན་ཅེས་འཕྲིན་སྤྲིངས་པས་ལོ་ཙཱ་བས་ཟླ་བ་དྲུག་བཞུགས་ནས་སྙེ་ཐང་དུ་བྱོན། སྐབས་དེ་དུས་བལ་ཡུལ་དུ་ན་རོ་པའི་སློབ་མ་པཎྜི་ཏ་ཧཱུྃ་ན་ཀ་ར་ཞེས་པ། བལ་ཡུལ་དུ་བཞུགས་ཡོད་པར་ནག་ཚོས་གསན་ནས། ཇོ་བོའི་སྤྱན་སྔར་བྱོན་ཏེ། སྔོན་བལ་ཡུལ་དུ་ཁྱེད་ཀྱིས་ན་རོ་པའི་སློབ་མ་ཧཱུྃ་ན་ཀ་ར་ཞེས་པ་ལ་འཕགས་པའི་ལུགས་ཀྱི་གདམས་པ

ཡོད་པ་དེ་ཞུ་བ་མ་གྲུབ་གསུངས་པ་དེ་ཐུགས་མ་བསྐྱིལ་ལམ་ཞུས་པས། ཇོ་བོའི་ཞལ་ནས་དེ་དྲན་གསུངས། འོ་ན་པཎྜི་ཏ་དེ་ད་ལྟ་བལ་ཡུལ་ན་བྱོན་འདུག་ཞུས་པས། ཇོ་བོའི་ཞལ་ནས། ཁོ་བོ་རྒས་པས་ཆོས་ཉན་པའི་མཐུ་མེད། ཁྱེད་རང་དེར་ཆོས་ཉན་དུ་སོང་། ང་ཡང་དགའ་ལྡན་དུ་རྗེ་བཙུན་བྱམས་པའི་སྐུ་མདུན་དུ་ཆོས་ཉན་དུ་འགྲོ་དགོས། སྐྱེ་བ་ཐོག་མ་མེད་པ་ནས་གཅིག་པུ་གྲོགས་མེད་པར་འགྲོ་བ་ཡིན་པས་འོ་ཅག་ཀུན་རྟག་ཏུ་འགྲོགས་པ་མ་ཡིན་གྱི། ཁྱོད་ཀུན་ཅི་ནས་ཀུན་བལ་ཡུལ་དུ་ཆོས་ཉན་དུ་སོང་ཞིག་གསུངས་པས་ལོ་ཙཱ་བས་བཤུམས་སོ། །དེ་ནས་ཡང་ནག་ཚོས་བླ་མ་བདག་གིས་འདིར་སྤྱན་དྲངས་ནས་རིག་པའི་ཆོས་ཐམས་ཅད་ཀུན་ཉིད་ཀྱིས་ཁོང་དུ་ཆུད་པར་བྱས་ནས་འགྲོ་བ་འདི་མི་རིགས་སྙམ་པར་གདའ་བས་ད་མི་མཆི་བར་ཞུ་ཞུས་པས། ཇོ་བོའི་ཞལ་ནས་ང་འདིར་ཁྱོད་ཀྱིས་བསྐྱལ། ངའི་ནང་རིག་པའི་ཆོས་ཐམས་ཅད་ཀུན་ཁྱོད་ཀྱིས་ཁོང་དུ་ཆུད་པར་བྱས་ནས། ཁྱོད་འགྲོ་བ་མི་རིགས་མོད་ཀྱི་འོན་ཀུན་ཐེག་པ་ཆེན་པོའི་ཆོས་ལ་བར་ཆད་མང་བས་ཁྱོད་འགྲོ་དགོས། དེའི་བར་དུ་མཆོད་པ་རྒྱུན་མ་ཆད་པ་ཕུལ་ལ་ང་ལ་གསོལ་བ་ཐོབ་གསུངས། དེ་ནས་ལོ་ཙཱ་བས་མཆོད་པ་རྒྱུན་མ་ཆད་པ་བཤམས་ཤིང་གསོལ་བ་བཏབ་པས་ཟླ་བ་གཅིག་ཙམ་ན་བལ་ཡུལ་ནས་ལྷང་བཙུན་དར་མ་བྱང་ཆུབ་དང་ཧི་ག་ཤཱཀྱ་བློ་གྲོས་གཉིས་འོངས་ནས་དེ་གཉིས་སྔོན་བལ་ཡུལ་དུ་མི་མཐོ་བཙུགས་ནས་བཞག་པའི་སློབ་དཔོན་རྒྱལ་རིན་གྱིས་བཏང་བ་ཡིན། དེ་གཉིས་ནས་པཎྜི་ཏ་དེ་ད་ལྟ་བལ་ཡུལ་ན་བཞུགས་པས་མྱུར་དུ་བྱོན། ཁོང་སྐར་རྒྱ་གར་དུ་བྱོན་པར་འདུག་ཟེར། དོན་དེ་ནག་ཚོ་ལོ་ཙཱ་བས་ཇོ་བོ་ལ་ཞུས་པས། ཇོ་བོའི་ཞལ་ནས་ང་ཡང་དགའ་ལྡན་དུ་སོང་ནས་ལྷའི་བུ་དྲི་མ་མེད་པ་ཞེས་བྱ་བར་འགྱུར། ཁྱོད་ཀྱིས་ངའི་གཟུགས་ཤིག

ལེགས་པར་ཚད་དུ་ཕྲིས་རྗེས། ང་དགའ་ལྡན་ནས་ཁུག་སྟེ་རབ་གནས་ལེགས་པར་གྱིས། ང་ལ་རྟག་ཏུ་མཆོད་པ་ཕུལ་ཞིང་གསོལ་བ་ཐོབ། ང་དགའ་ལྡན་ནས་འོང་བ་ཡིན་ནོ། །ད་དུང་ཟླ་བ་གཅིག་གི་བར་དུ་དངོས་སུ་མཆོད་པ་གྱིས་གསུངས། དེ་ནས་ཟླ་བ་ཕྱེད་དང་གཉིས་ཀྱི་བར་དུ་ཉིན་མཚན་དུ་མཆོད་པ་རྒྱུན་མ་ཆད་པར་བཤམས་ནས་བླ་མ་ལ་གསོལ་བ་བཏབ་བོ། །དེའི་དུས་ན་ཇོ་བོའི་སློབ་མ་བོད་སྟོན་པལ་ཆེར་འདུས་ནས་བླ་མ་རྗེ་བཙུན་ཆེན་པོ་ནི་མི་བཞུགས་པ་ལ་ཉེ་བར་སྣང་། བླ་མའི་སྒྲོལ་འཛིན་རིད་རྣམས་ལ་སུས་འོང་ཞེས་གླེང་བའི་དུས་ན་གཞན་སུས་ཀྱང་མི་སྤོབས། ནག་ཚོ་ལོ་ཙཱ་བའི་ཞལ་ནས་ངས་ཀྱང་ཅང་མི་ཤེས་ཏེ། ཆོས་ཐམས་ཅད་ཀྱི་ནང་ན་ཡོན་ཏན་ཆེ་སྐྱེ་ཆུང་སྐྱེ་ཐམས་ཅད་བླ་མ་ལས་སྐྱེ་བར་བཤད་འདུག་པས། བླ་མའི་ཞབས་ཏོག་འབྲོམ་སྟོན་པ་འདྲ་བ་སུས་ཀྱང་མ་གྲུབ། ཇོ་བོའི་སྒྲོལ་འཛིན་པ་འོང་ན་ཁོང་ལ་འོང་གསུངས་པ་ལ། ལོ་ཙཱ་བའི་གསུང་དེ་ལ་ཁུ་སྟོན་མ་མཉེས་ཀྱང་། ཇོ་བོའི་སློབ་མ་གཞན་དག་གིས་དོན་ལ་ལོ་ཙཱ་བའི་གསུང་དེ་ཁོ་ན་ལྟར་ཡིན་གསུངས། དེ་རྗེས་ཇོ་བོ་ནས་ནག་ཚོ་བལ་ཡུལ་དུ་ཆོས་ཉན་དུ་སོང་གསུངས་ཏེ་ནག་ཚོར་འགྲོ་ཆོས་སུ་ཐུན་མོང་མ་ཡིན་པའི་སྤྱན་རས་གཟིགས་ཀྱི་སྒྲུབ་སྐོར་སོགས་སྦས་ཆོས་ཉི་ཤུ་དང་། ལུང་བསྟན་མང་དུ་གནང་སྟེ། ཇོ་བོ་ཉིད་ཀྱི་སྐུ་མཐེ་བོང་ཙམ་སེང་ལྡེང་ལ་ཕྲིས་ཏེ་གཙུར་བཙུག་ནས་དཔུང་པ་ལ་བཏགས། མཉེས་མཉེས་རྒྱ་ཆེར་གནང་། ནག་ཚོས། བླ་མ་དགའ་ལྡན་གྱི་གནས་ནས་བདག་ལ་གཟིགས་སུ་གསོལ། དགའ་ལྡན་གྱི་གནས་ནས་བདག་ལ་བྱིན་གྱིས་བརླབ་ཏུ་གསོལ། ཞེས་གསོལ་བ་བཏབ་སྟེ། མཐའ་མའི་ཞལ་གྱིས་མཛད། དེ་ལྟར་ཇོ་བོ་བོད་དུ་སྤྱན་དྲངས་ཇོ་བོ་དང་མཉམ་བཞུགས་མཛད་པ་ལས་ཐག་རིང་ཕེབས་པར་མི་གནང་བས། ད་རེས་ནི་

ཇོ་བོ་སྟེང་སྟེ། སྐུ་མྱ་ངན་ལས་འདའ་བ་ཉེ་བ་དང་། རང་ཉིད་ཀྱང་ཇོ་བོ་དང་ཞལ་གྱིས་ཏེ་ཐག་རིང་འགྲོ་དགོས་པའི་རྐྱེན་གྱིས་ཐུགས་ཏ་ཅང་སྐྱོ་བའི་ངང་ཇོ་བོ་དང་ཞལ་བྲལ་ཏེ་བལ་པོར་བཞུད། སྐབས་དེར་འབྲོམ་སྟོན་པས་སློ་ཐང་འོར་ནས་གཞུ་འདོམ་ཉི་ཤུ་རྩ་ལྔའི་བར་སྐྱེལ་ཐུང་མཛད་དེ། གཅིག་ལ་གཅིག་གིས་ཕྱག་ལ་འཇུས་ནས་འབྲལ་མི་ཕོད་པའི་ཚོད་ཙམ་དུ་སྙིང་གཏམ་གསུང་སྒྲོས་སུ་གླེང་བ་ན། ནག་ཚོ་ཚུལ་ཁྲིམས་རྒྱལ་བ་ན་རེ། བདག་དུས་དེ་རིང་ཐག་རིང་བལ་བོའི་ཐང་ལ་འགྲོ་བར་ཆས་པ་ལ་སེམས་ལ་ཕན་པའི་འགྲོ་ཆོས་ཤིག་ཞུ་བར་འཚལ་ཏེ། དེ་ཡང་ཚེ་ཕྱི་མའི་དམ་པའི་ཆོས་ཀྱི་ལག་ལེན་རྣམས་བདག་གིས་དེ་ཙམ་གྱིས་གོ །གནས་སྐབས་ཚེ་འདིའི་འགྲོགས་ལུགས་འཇིག་རྟེན་མིའི་མི་ཆོས་ཤིག་སྙིང་ལ་གཟེར་བར་ཞུ། ཞེས་ཞུས་པས་མི་ཆོས་གནད་ཀྱི་ཕྲེང་བ་རྒྱལ་བ་འབྲོམ་གྱིས་ནག་ཚོའི་འགྲོ་ཆོས་སུ་བརྩམས་ཏེ་སྩལ། དེ་ནས་ཡར་བལ་པོར་བྱོན་ནས་པཎྜི་ཏ་ཧཱུྃ་ན་ག་རའི་སྐུ་མདུན་ནས་འཕགས་པའི་ལུགས་ཀྱི་གདམས་པ་ཞུས་ཏེ་ཧཱུྃ་ན་ཨཱ་ཀཱ་ར་དང་། བལ་པོ་ཤཱནྟི་བྷ་དྲ། ནག་པོ་དམ་ཚིག་རྡོ་རྗེ་ལ་སོགས་པ་བསྟེན་ནས་འགྱུར་ཡང་མང་དུ་མཛད་པར་གྲགས།

གསུམ་པ། མཐར་སྒྲུབ་པར་གཞོལ་ནས་སློབ་མ་ཇི་ལྟར་སྐྱོང་བའི་ཚུལ་ལ་གཉིས་ཏེ། མཐར་སྒྲུབ་པར་གཞོལ་བ་དང་། སློབ་མ་ཇི་ལྟར་སྐྱོང་བའི་ཚུལ། དང་པོ་ནི་བལ་ཡུལ་ནས་མངའ་རིས་མང་ཡུལ་གུང་ཐང་ཡང་ཐོག་(སྐྱིད་གྲོང་རྫོང་རྫོང་དཀར་གྲོང་རྡལ་དུ་འདུག །དགོན་པ་དེར་སྔོན་གྱི་ལོ་༡༢༣༣-༡༢༣༨བར་ལོ་བཞི་ཙམ་གྱི་རིང་ཆག་ལོ་ཙཱ་བ་ཆོས་རྗེ་དཔལ་(c.༡༡༩༢-༡༢༨༥)གྱིས་གདན་ས་འཛིན་ཏེ་བཞུགས་པར་གྲགས།)ཏུ་ཕེབས་ནས་ཇོ་བོའི་བཀའ་ལྟར་རས་ཁྲུ་བཅུ་དྲུག་པ་གཅིག་ལ་རི་མོ་མཁན་མཁས་པ་ཀྲིཥྞ་བྱ་བ་རྒྱ་གར་བ་ཞིག་ཡོད་པ་དེ་ལ་རི་མོ་འབྲི་བཅུག་ནས། སྟོད་ལ་ཇོ་བོའི་ཡི་དམ་གྱི་

ལྷ་རྣམས་བྲིས། དེའི་འོག་ན་ཕར་ལ་ཇོ་བོའི་བླ་མ་བཅུ་གཉིས་པོ་བྲིས། དབུས་སུ་བླ་མ་ཇོ་བོ་ཉིད་ཀྱི་སྐུ་ཚད་ཁྲུས་གཞལ་ཏེ་བྲིས། གཡས་གཡོན་གྱི་ཁ་རས་ལ་ཇོ་བོའི་མཛད་པ་རྣམས་དང་། འོག་ན་ཚུར་ཁུ་རྟོག་འབྲོམ་གསུམ་ལ་སོགས་པ་བོད་སྟོན་རྣམས་ཆོས་ཉན་པའི་ཚུལ་དུ་བྲིས། དེའི་མདུན་དུ་ནག་ཚོ་ལོ་ཙཱ་བ་ཉིད་གསོལ་བ་འདེབས་པའི་ཚུལ་དུ་བྲིས། དེའི་རྒྱབ་ལ་ནག་ཚོ་རང་ཉིད་ནས་མཛད་པའི་ཇོ་བོའི་བསྟོད་པ་བརྒྱད་ཅུ་པ་བྲིས། རབ་གནས་མཛད་པའི་ཚེ། བླ་མ་ཉིད་དགའ་ལྡན་ནས་བྱོན་པར་ཞལ་གྱིས་བཞེས་པས། འདི་བླ་མ་ཉིད་དང་ཁྱད་མེད་པ་ཡིན། མངའ་རིས་སྐོར་གསུམ་གྱི་རྟེན་གྱི་ནང་ནས་བྱིན་རླབས་ཆེ་ཤོས་ཡིན་གསུངས། ད་དུང་ཐུགས་རྟེན་དུ་རྒྱ་གར་དང་བལ་ཡུལ་གནས་ས་ཁྱད་འཕགས་ཅན་ནས་བསྣམས་པའི་ས་སྣ་བསྲུས་ནས་བཞེངས་པའི་ལ་མོག་མཆོད་རྟེན་རྣམ་གསུམ་(སྐྱིད་གྲོང་རྫོང་གནས་ཡུལ་ནས་སྤྱི་ལེ་གསུམ་གཡས་གཡོན་ཡོད་འདུག)སོགས་སྐུ་གསུང་ཐུགས་རྟེན་དུ་མ་བཞེངས། དེ་ནས་ཇོ་བོས་ལུང་བསྟན་པ་བཞིན་མང་ཡུལ་གུང་ཐང་འོམ་ཕུག་(ལ་མོག་མཆོད་རྟེན་དང་ཧ་ཅང་ཉེ།)ཏུ་སྒྲུབ་པ་ལ་རྩེ་གཅིག་ཏུ་མཛད་པས། ཇོ་བོ་ཡི་གེ་དྲུག་པ། སྒྲོལ་མ། འཇམ་དཔལ་རྡོ་རྗེ་རྣམས་ཞལ་གཟིགས་ཏེ་ཉམས་རྟོགས་ཁྱད་པར་ཅན་འཁྲུངས་པར་གྲགས། མཐར་རབ་བྱུང་དང་པོའི་ཤིང་འབྲུག་(སྤྱི་ལོ་༡༠༥༨)ལོ་དགུང་ལོ་ལྔ་བཅུ་ང་གསུམ་ལ་སྐུ་གཤེགས། ཁོང་དང་འབྲོམ་སྟོན་པ་སྐུ་གཤེགས་པའི་ལོ་ཁམས་དང་ལོ་ཚིགས་མཉམ་པ་ཡིན།

གཉིས་པ་ནི་ནག་ཚོ་ལོ་ཙཱ་བའི་ཐུན་མོང་མ་ཡིན་པའི་སྲས། རོང་པ་ལག་སོར་བར་གྲགས་པ་དེ་ནི། རང་གི་སྐྱེ་བ་བཅུ་གསུམ་དྲན་པ། མངོན་པར་ཤེས་པ་རྒྱ་ཆེན་པོ་མངའ་བར་གསུངས། རྣ་སྙིང་བཙོམ་ཆུང་དུ་ལག་སོར་དགོན་པ་བཏབ་སྡེ་ཚོགས་བསྡུས་པས། བཀའ་གདམས་སྨད་པར་གྲགས། དགེ་

བཤེས་ལག་སོར་བས་ཇོ་བོའི་གདམས་པ་བཙལ་བའི་ཕྱིར་ཇོ་བོའི་དངོས་སློབ་བརྒྱད། ཉེང་སློབ་གཉིས་ཏེ་བཅུ་ལ་བསྟེན་ནས་ཇོ་བོའི་ཆོས་དང་སྐུ་ཆེ་བའི་ཡོན་ཏན་ཞུས་པས། དངོས་སློབ་རྣམས་གསུང་མཐུན་པར་བྱུང་བ་ལ་ཉེང་སློབ་གཉིས་མ་མཐུན་པ་ལ་བརྟེན་ནས་དགེ་བཤེས་ཕྱག་སོར་བའི་ཐུགས་དགོངས་ལ། ཇོ་བོ་ལོ་བཅུ་དགུ་(བསྟོད་པ་བརྒྱད་ཅུ་པ་ལས། ལོ་ནི་བཅུ་དགུ་བསྟེན་ན་ཡང་། །སྐུ་གསུང་ཐུགས་ཀྱི་འཕྲུལ་བ་ཡི། །ཉིས་པའི་དྲི་མ་མཐོང་རེ་སྐན། །ཞེས་སོ། །ལས་ཆེན་ཆོས་འབྱུང་ལས། བོད་དུ་ལོ་བཅུ་གཉིས་དང་། རྒྱ་གར་དུ་སྟ་རེས་ལོ་གཉིས། ཕྱི་རེས་ལོ་ལྔ་སྟེ་བཅུ་དགུ་བསྟེན། ཅེས་གསུངས།)བསྟེན་པའི་ལོ་ཙཱ་བ་ཆེན་པོ་དེ་གུང་ཐང་ན་ད་དུང་བཞུགས་པར་འདུག །དེ་ལ་རང་གཅིག་ཐུགས་དགོས་སྙམ་ནས། ཡར་གུང་ཐང་དུ་ཕྱིན་པས་ནག་ཚོ་ལོ་ཙཱ་བ་གུང་ཐང་ཡང་ཐོག་ན་བཞུགས་པ་དང་མཇལ་ནས་དང་པོར་གསང་སྔགས་ཀྱི་གདམས་པ་འགའ་ཞུས་ནས་བག་ཕབ། དེ་ནས་ཕྱི་ལོར་ཕ་རོལ་ཏུ་ཕྱིན་པ་སྒྲུབ་པའི་གདམས་པ་ཞིག་ཞུས། ཇོ་བོའི་སྐུ་ཆེ་བའི་ཡོན་ཏན་དང་བོད་དུ་སྤྱན་དྲངས་ལུགས་ཤིག་ཞུ་ཞེས་ཞུ་བ་ཕུལ་བས། ལོ་ཙཱ་བའི་ཞལ་ནས་དེ་ལ་ང་མཁས་པ་ཡིན་ཏེ་ཁྱེད་མིན་པ་ཙད་གཅོད་པ་རང་མ་བྱུང་གསུངས་ནས་ལོ་རྒྱུས་རྒྱས་པར་གསུངས། སྒྲུབ་པའི་གདམས་པ་ཡང་མ་ལུས་པར་གནང་། དེ་ནས་མར་དབུས་སུ་ཕྱིན་ཁར་ཁྱོད་གནས་འདི་ལྟ་བུ་ཞིག་ཏུ་སྒྲུབས་ཤིག་གསུངས་ནས་བཅོམ་ལག་སོར་(ལྷུན་གྲུབ་རྫོང་ཐང་མགོ་ཤང་བཅོམ་མདོ་གྲོང་ཚོའི་ཁོངས་སུ་ཡོད།)དགོན་པའི་ལུང་བསྟན་ཡང་མཛད། སྐྱིལ་ཐུང་མཛད་ནས་འགྲོ་ཆོས་སུ། དལ་འབྱོར་རྟེན་ཅན་གྱི་ཤེས་རབ་ཅན། །ཚེ་འདི་ཇི་ལྟར་བྱས་ཀྱང་ཕྱིད། །བླ་མེད་བྱང་ཆུབ་རྙེད་དཀའ་བས། །འབད་པ་ཆེན་པོས་བྱ་འཚལ་ལོ། །ཞེས་གསུངས། གུང་ཐང་ཡང་ཐོག་ནས་བཅོམ་ཆུང་དུ་ཕྱིན་པའི་ཚེ་ཕོད་མདོ་བས་སྣེ་ལེན་བྱས་ཏེ་མདོ་ཙ་དང་

བསླབ་བཏུས་གསུངས། དེ་ནས་ལག་སོར་དགོན་པར་མཚམས་བཅད་ནས་སྒྲུབ་པ་རྩེ་གཅིག་ཏུ་མཛད་པའི་དུས་སུ་པ་ཚབ་འཕྲང་ཁ་རྗེའི་འབྲུག་པ་སྟུམས་པའི་ཆེད་མཚམས་གྲོལ་ཏེ་འབྲུག་པ་སྟུམ་པའི་ཚེ་ཕོད་མདོར་དགེ་བཤེས་རྨ་ཆོས་བྱང་ཆུབ་རྡོ་རྗེ་དང་མཇལ་བས་དད་ནས། ཞུ་ཤང་མདོར་(ད་ལྟ་ཆུ་ཤུར་རྫོང་ཚལ་སྣ་ཤང་གི་ཁོངས་སུ་གནས།)སྤྱན་དྲངས་ཏེ་ཆོས་བཙུགས། དེའི་དུས་ཀྱི་རྨ་ཆོའི་ཞར་ཆོས་པ་ཆེན་པོ་བཞིས་ཇོ་བོའི་ཆོས་ཞུས་ཏེ་རོང་པའི་བུ་བཞིར་གྲགས་པ་ནི། ཟུལ་ཕུ་བ་བྱ་འདུལ་བརྩོན་འགྲུས་འབར།(c.༡༠༤༢-༡༡༡༨)ཞུ་ལེན་པ་ཤེས་རབ་གྲགས། རོག་ཆིང་ཕུ་བ། དགེ་བཤེས་རྣམ་པར་པ་སྣེ་བཞིས་བཀའ་གདམས་གསན་པས། ལག་སོར་བའི་བུ་བཞིར་གྲགས་སོ། །འདི་ལྟར་དོན་གཉིས་ཀྱིས་ནག་ཚོ་ལོ་ཙྪ་བ་ཚུལ་ཁྲིམས་རྒྱལ་བའི་ཆེ་བའི་ཡོན་ཏན་ཟུར་ཙམ་བརྗོད་ཟིན་པའོ། །

མི་ཆོས་ཀྱི་ཁ་སྐོང་འགྲེལ་པ་མཛད་པ་པོ་ཞང་སྟོན་བསྟན་པ་རྒྱ་མཚོའི་ཆེ་བའི་ཡོན་ཏན།

སྐུ་བལྟམས་པའི་ཚུལ། ཡོན་ཏན་བསྙེས་པའི་ཚུལ། བསླབ་བྱ་འདི་མཛད་པའི་ཚུལ། གདུལ་བྱ་རྗེས་སུ་འཛིན་པའི་ཚུལ། བསྟན་བཅོས་བརྩམས་པའི་ཚུལ། སྐུ་ངན་ལས་འདས་པའི་ཚུལ་ལོ། །

དང་པོ། མདོ་ཁམས་སྨད་ཀྱི་སའི་ཆར་གཏོགས་པ་རྩེ་གཞུང་ཁེབ་ཐི་(ད་ལྟ་མཚོ་སྔོན་ཞིང་ཆེན་རྨ་ལྷོ་ཁུལ་རྩེ་ཁོག་རྫོང་གི་ཁོངས།)ཞེས་བྱ་བའི་ཡུལ་དུ་རབ་བྱུང་བཅུ་བཞི་པའི་ཤིང་བྱ་(སྤྱི་ལོ་༡༨༢༥)ལོར་སྐུ་འཁྲུངས།

གཉིས་པ། ཡོན་ཏན་བསྙེས་པའི་ཚུལ། དགུང་ལོ་བཅུ་གཅིག་པ་ཤིང་ལུག་(སྤྱི་ལོ་༡༨༣༥)ལོར་གདན་ས་ཆེན་པོ་བླ་བྲང་བཀྲ་ཤིས་འཁྱིལ་དུ་ཕེབས། དགུང་ལོ་བཅུ་གསུམ་ལ་བཀྲ་ཤིས་འཁྱིལ་དུ་ཆོས་ཞུགས་མཛད་ནས་གཞུང་ཆེན་

བཀའ་པོད་ལྷར་གསན་བཞེས་མཛད། དགུང་ལོ་བཅོ་ལྔ་པ་ས་ཕག་(སྤྱི་ལོ་༡༤༣༩)ལོར་དཔལ་མང་དཀོན་མཆོག་རྒྱལ་མཚན་གྱི་དྲུང་དུ་བཀའ་ཆོས་གང་མང་གསན། བསྡུས་གྲྭའི་ཚོགས་རྒྱུགས་ཕུལ། བློ་རྟགས། གྲུབ་མཐའ། དོན་བདུན་ཅུ་སོགས་རིམ་པར་ཐུགས་འཛིན་མཛད། དགུང་ལོ་ཉེར་གཅིག་པ་ཤིང་སྤྲེལ་(སྤྱི་ལོ་༡༤༨༥)ལོར་རྗེ་བཙུན་བློ་བཟང་ཐུབ་བསྟན་འཇིགས་མེད་རྒྱ་མཚོའི་དྲུང་དུ་བསྙེན་རྫོགས་ཀྱི་སྡོམ་པ་ཡང་དག་པར་བཞེས། མཚན་བསྟན་པ་རྒྱ་མཚོ་ཞེས་གསོལ། དགུང་ལོ་ཉེར་གཉིས་ལ་དཀའ་བཅུ་གླིང་བསྲེའི་མཚན་གནས་བཞེས། དེ་ནས་བཟུང་འདུལ་བ་ལུང་སྡེ་བཞི་དང་དེའི་དགོངས་འགྲེལ་གྱི་གཞུང་ཆེ་ཕྲ་མཐའ་དག་གསན་སྦྱོང་མཛད་དེ་བསྟན་པའི་མཛེས་རྒྱན་དུ་གྱུར། ལོ་དེའི་དགུན་ཆོས་ལ་ཚོགས་བསགས་རབ་འབྱམས་པའི་མཚན་བཏགས་གནང་། དགུང་ལོ་སུམ་ཅུ་(སྤྱི་ལོ་༡༤༥༨)པར་ཐུའུ་བཀྭན་མཆོག་སྤྲུལ་རིན་པོ་ཆེ་སྐུ་ཕྲེང་ལྔ་པ་བློ་བཟང་དཔལ་ལྡན་ཕྱུག་གི་ཡོངས་འཛིན་དུ་པེ་ཅིང་ལ་ཕེབས། མེ་འབྲུག་(སྤྱི་ལོ་༡༤༥༦)ལོར་ཕྱིར་གདན་སར་ཆིབས་ཁ་བསྒྱུར།

གསུམ་པ། བསླབ་བྱ་ནོར་བུའི་ཕྲེང་བ་འདི་མཛད་པའི་ཚུལ། དགུང་ལོ་སོ་གསུམ་པ་མེ་སྤྲེལ་(སྤྱི་ལོ་༡༤༥༧)ལོར་དགོན་ལུང་(བྱང་གི་དགོན་ཆེན་བཞིའི་ཡ་གྱལ། གནས་ཡུལ་མཚོ་སྔོན་ཞིང་ཆེན་མཚོ་ཤར་གྲོང་ཁྱེར་ཧོར་གྲོང་རྫོང་ཁོངས།)དུ་ཕེབས་ནས་ལོ་གཉིས་རིང་ཟབ་རྒྱས་ཆོས་ཀྱི་འཁོར་ལོ་བསྐོར། དེའི་སྐབས་སུ་བསླབ་བྱ་ནོར་བུའི་ཕྲེང་བ་འདི་ཉེ་གནས་མཐའ་ཡས་རྒྱ་མཚོས་བསྐུལ་བའི་ངོར་འབྲོམ་ཆོས་ཀྱི་རྒྱལ་པོས་མཛད་པའི་མི་ཆོས་གནད་ཀྱི་ཕྲེང་བའི་འགྲེལ་པ་འདི། མདོ་རྒྱན་དང་། ས་རྒྱན་སྦྱོར་ཚུལ་ལ་དཔེ་སྦྱངས། རྒྱ་གར་མཁས་པའི་གཞུང་དང་གུང་ཐང་འཇམ་པའི་དབྱངས་ཀྱི་གསུང་གི་རྗེས་སུ་འབྲང་སྟེ། སྲང་བྱ་དང་བླང་བྱ། སྤྱིར་བཏང་

དང་དམིགས་བསལ། སྤྱི་དང་བྱེ་བྲག །དཔེ་དང་དོན་སོགས་ཁ་བསྐང་སྟེ་བརྩམས། ཞེས་ཞང་སྟོན་རང་ཉིད་ཀྱི་གསུང་འབུམ་དུ་འཁོད།

བཞི་པ། གདུལ་བྱ་རྗེས་སུ་འཛིན་པའི་ཚུལ། དགུང་ལོ་ཞེ་གསུམ་པ་ནས་ལོ་ངོ་བདུན་ཅམ་རིང་ཐུའུ་བཀྭན་མཆོག་སྤྲུལ་རིན་པོ་ཆེར་མཚན་ཉིད་གསན་སྦྱོང་གི་ཞབས་འདེབས་བསྒྲུབས། ལྕགས་རྟ་(སྤྱི་ལོ་༡༨༧༠)ལོར་ཞྭ་དམར་སྤྲུལ་པའི་སྐུ་དགེ་འདུན་བསྟན་འཛིན་རྒྱ་མཚོ་ཆེད་གཉེར་གྱིས་ཕེབས་པའི་ཐུགས་འདུན་ལྟར་བཀའ་ཆོས་མཐའ་ཡས་པ་གནང་། རྗེ་འདི་ཐོས་བསམ་སྒོམ་གསུམ་ཟུང་དུ་འབྲེལ་བའི་ཉམས་བཞེས་ཀྱི་སྒོ་ནས་སྤངས་རྟོགས་ཀྱི་ཡོན་ཏན་རྒྱ་མཚོ་ལྟ་བུའི་གཏེར་དུ་གྱུར་ཅིང་གདུལ་བྱ་རྗེས་སུ་འཛིན་པའི་ཡོན་ཏན་ལ་དབང་སྒྱུར་བའི་སྐྱབས་པ་མཐའ་དབུས་ཀྱི་ཡུལ་གྲུ་ཀུན་ཏུ་ཁྱབ་པར་གྱུར།

ལྔ་པ། བསྟན་བཅོས་བརྩམས་པའི་ཚུལ། དགུང་ལོ་རེ་བརྒྱད་པར་གདན་སར་ཕེབས་ནས་གཞན་དྲིང་མི་འཇོག་པའི་མཁྱེན་རབ་ཀྱི་རྩལ་ལས་ཐོན་པའི་བསྟན་བཅོས་ནི། རྣམ་པར་ཐར་པ་གཟུར་གནས་མཁས་པའི་གཙུག་ནོར། བྱང་ཆུབ་ལམ་གྱི་རིམ་པའི་གདམས་པ་རང་རྒྱུད་སྨྲང་སྨྲོན་འདུལ་བའི་ལྕུགས་ཀྱུ། བླ་མའི་རྣལ་འབྱོར་བརྒྱུད་འདེབས། རྗེ་བཙུན་ན་རོ་མཁའ་སྤྱོད་ཀྱི་སྒྲུབ་ཐབས་བསྡུས་པ། རྗེ་བཙུན་སྒྲོལ་མའི་ལྷ་ཆོས་ཀྱི་ལོ་རྒྱུས་གཡུ་ལོ་བཀོད་པའི་དགའ་ཚལ་སོགས་གསུང་རྩོམ་པོད་འབྲིང་བཞི་ཙམ་མཛད་པ་ཐམས་ཅད་བརྗོད་བྱ་ཟབ་ཅིང་གོ་བདེ་བ། རྗོད་བྱེད་ཀྱི་ཚིག་སྙན་ཞིང་འཇེབས་པ། ཁ་གསལ་ཞིང་དོན་གྱི་གནད་འདུ་བ་ཞིག་ཡིན་པས། མདོ་སྔགས་ཀྱི་བསྟན་པ་མི་ནུབ་པའི་རྒྱལ་མཚན་སྲིད་རྩེའི་བར་དུ་བསྒྲེངས་པའི་བཀའ་དྲིན་གྱིས་ཁྱབ་པར་གྱུར།

དྲུག་པ། མྱ་ངན་ལས་འདས་པའི་ཚུལ་ནི། དགུང་ལོ་དོན་གསུམ་ལ་ཕེབས་

པ་རབ་བྱུང་བཅོ་ལྔ་པའི་མེ་བྱ་(སྤྱི་ལོ་༡༨༩༧)ལོར་སྐུ་གཤེགས་སོ། །དེ་ལྟར་དོན་དྲུག་གིས་ཞང་སྟོན་བསྟན་པ་རྒྱ་མཚོའི་ཆེ་བའི་ཡོན་ཏན་བརྗོད་ཟིན་ཏོ། །

སྨྲས་པ།

རྒྱལ་བ་འབྲོམ་སྟོན་པའི་ཞལ་གྱི་བུམ་བཟང་ལས།
བླ་མའི་རྣམ་ཐར་རྒྱ་མཚོ་ལྟ་བུ་ལས། །
ཕྱོགས་ཤིག་ཙམ་ཡང་བརྗོད་པར་མི་ནུས་ཀྱང་། །
བླ་མ་རྣམས་ལ་དག་སྣང་སྤེལ་བའི་ཕྱིར། །
ཆུ་ཐིགས་ཙམ་ཞིག་བདག་གིས་བསྡེབས་པ་ཡིན། །
དེ་ལ་ནོངས་པར་གྱུར་པ་ཅི་མཆིས་པ། །
རྗེ་བོ་ཡབ་སྲས་བརྒྱུད་པར་བཅས་པ་དང་། །
མངོན་ཤེས་མངའ་བའི་སྐྱེས་མཆོག་འཕགས་རྣམས་དང་། །
རྒྱུ་འབྲས་ཆོས་ལ་ཀུན་ནས་སོ་སོར་བཤགས། །
ཞེས་བར་སྐབས་ཀྱི་ཚིགས་སུ་བཅད་པའོ། །

འགྲེལ་པ་དགོས་ཀྱིས་གཞུང་ཇི་ལྟར་བཀྲི་བའི་རིམ་པ།

བྱང་ཆུབ་སེམས་དཔའི་ནོར་བུའི་ཕྲེང་བའི་འགྲེལ་པ་དང་། མི་ཆོས་གནད་ཀྱི་ཕྲེང་བའི་འགྲེལ་པ་འཇིག་རྟེན་མིག་འབྱེད། འབྲོམ་གྱིས་གསུངས་པའི་བོད་ཀྱི་སྔོད་བཅུད་ཀྱི་འཇིག་རྟེན་རྣམ་གཞག་གི་འགྲེལ་པ་བཅས་རིམ་པ་བཞིན་བཀྲལ་བ་ལ།

བྱང་ཆུབ་སེམས་དཔའི་ནོར་བུའི་ཕྲེང་བའི་འགྲེལ་པ་བཞུགས་སོ། །

བསྟན་པའི་བདག་པོ་སྟོན་པ་བཅོམ་ལྡན་འདས། །
གངས་ཅན་འགྲོ་བའི་མགོན་པོ་སྤྱན་རས་གཟིགས། །
རྒྱལ་བའི་ཡུམ་མཆོག་འཕྲིན་ལས་སྒྲོལ་མ་དང་། །
བར་ཆད་ཀུན་སེལ་ཁྲོ་རྒྱལ་མི་གཡོ་བཅས། །
ལྷག་པའི་ལྷ་མཆོག་བཞི་ལ་གུས་ཕྱག་འཚལ། །
ཇོ་བོ་བཀའ་གདམས་ལྷ་ཆོས་བདུན་ལྡན་གྱི། །
འབྱུང་གནས་བྱང་སེམས་ནོར་བུའི་ཕྲེང་བ་ཡི། །
དགོངས་དོན་རྒྱ་མཚོ་ཇི་བཞིན་མི་ལོངས་ཀྱང་། །
ཆ་ཤིགས་ཙམ་ཞིག་བདག་གིས་དགྲོལ་བར་བགྱི། །

དེ་ལ་འདིར་བཀའ་གདམས་སྤྲུལ་པའི་གླེགས་བམ་གྱི་རྩ་བ། ལྷ་ཆོས་བདུན་གྱི་འབྱུང་གནས། འཁོར་བ་སྟོང་བའི་རྒྱུ། ཐེག་ཆེན་བསྒྲོད་པའི་ཐེམ་སྐས། ཇོ་བོ་ཡབ་སྲས་གཉིས་ཀྱིས་ཐུགས་ཉམས་སུ་བཞེས་པའི་ཐེག་ཆེན་ལམ་གྱི་གཞུང་ཤིང་བྱང་ཆུབ་སེམས་དཔའི་ནོར་བུའི་ཕྲེང་བའི་འགྲེལ་པ་བཤད་པ་ལ་རྩ་བའི་ས་བཅད་གསུམ་སྟེ། སྤྱད་ཀྱི་དོན་དང་། གཞུང་གི་དོན། མཇུག་གི་དོན་ནོ། །

དང་པོ། སྐད་ཀྱི་དོན།

སྐད་ཀྱི་དོན་ལ་མཚན་བཤད་པ་དང་། མཆོད་པར་བརྗོད་པའོ། །དང་པོ་མཚན་བཤད་པ་ནི།

རྩ་བར།

རྒྱ་གར་སྐད་དུ། བོ་དྷི་སཏྭ་མ་ཎི་[①]ཨ་བ་ལི།

བོད་སྐད་དུ། བྱང་ཆུབ་སེམས་དཔའི་ནོར་བུའི་ཕྲེང་བ།

ཞེས་བསྟན་བཅོས་ཀྱི་མཚན་དང་། དེ་ཡང་བོ་དྷི་ནི་བྱང་ཆུབ་དང་། སཏྭ་ནི་སེམས་དཔའ། མ་ཎི་ནི་ནོར་བུ། ཨ་བ་ལི་ནི་ཕྲེང་བའོ། །རྒྱ་གར་གྱི་སྐད་སྨོས་པ་ནི། སྐད་ལ་བག་ཆགས་འཇོག་པ་དང་རྒྱུད་ལ་བྱིན་རླབས་འབྱུང་བ། བསྟན་བཅོས་ཁུངས་བཙུན་པར་བསྟན་པའི་ཆེད་དུའོ། །བོད་སྐད་སྨོས་པ་ནི། ལོ་ཙཱ་བའི་བཀའ་དྲིན་དྲན་ཆེད་ཡིན། གཉིས་ཀ་སྨོས་པ་ནི། སྐད་གཉིས་ཀྱི་རྣམ་དབྱེ་བདེ་བླག་ཏུ་རྟོགས་པའི་ཆེད་དུའོ། །(འདི་ལ་མཚན་གཞན་ཞུ་ལན་ནོར་བུའི་ཕྲེང་བ་དང་། བློ་སྦྱོང་ནོར་བུའི་ཕྲེང་བ་ཡང་ཞུ། དོན་ནི་ཇོ་བོ་དང་ཁུ་རྔོག་འབྲོམ་གསུམ་གྱིས་ཚིག་འདི་རྣམས་ཞུ་ལན་བྱས་ཏེ། བཀའ་གདམས་ཕ་ཆོས་དང་བུ་ཆོས་ཀྱི་ལེའུ་དག་འབྱུང་བས་ཞུ་ལན་དང་འདིས་བློ་སྦྱོང་བའི་རིམ་པ་གཙོ་བོ་བྱས་ཏེ་བསྟན་པས་བློ་སྦྱོང་ཞེས་འདོད་པའོ། །)མཚན་དོན་དངོས་ནི་རྒྱལ་སྲས་བྱང་ཆུབ་སེམས་དཔའ་རྣམས་ཀྱི་འདོད་དོན་ཐམས་ཅད་བདེ་བླག་ཏུ་འཐོབ་བྱེད་ཀྱི་ཐབས་དོར་དུ་མེད་པར་ཉམས་སུ་བླང་བྱའི་བསླབ་བྱ་དག་རྗོད་བྱེད་ཀྱི་ཚིག་གི་སྲད་བུ་ལ་བརྒྱུས་པའི་དགོས་འདོད་འབྱུང་བའི་ནོར་བུ་རིན་པོ་ཆེའི་ཕྲེང་བ་ལྟ་བུ་ནི་འདིར་བཤད་པར་བྱ་བའོ། །

① སྡེ་དགེ་བསྟན་འགྱུར་དབུ་མ། ཁི། (མ་ཧྲུ་)

གཉིས་པ་མཆོད་པར་བརྗོད་པ་ནི།

རྩ་བ་ལས།

ཐུགས་རྗེ་ཆེན་པོ་ལ་ཕྱག་འཚལ་ལོ། །

བླ་མ་རྣམས་ལ་ཕྱག་འཚལ་ལོ། །

དད་པའི་ལྷ་ལ་ཕྱག་འཚལ་ལོ། །[①]

ཞེས་པའི་སྐབས་འདིར་ཡུལ་ཁྱད་པར་ཅན་ཐུགས་རྗེ་ཆེན་པོའམ་སྙིང་རྗེ་ལ་ཕྱག་འཚལ་བ་ནི། གཞུང་འདིའི་བརྗོད་བྱའི་གཙོ་བོ་བྱང་ཆུབ་ཀྱི་སེམས་གང་ལས་འབྱུང་བའི་ནང་གི་རྒྱུའི་གཙོ་བོ་སྙིང་རྗེ་དང་། ཕྱིའི་རྒྱུའི་གཙོ་བོ་ཐེག་པ་ཆེན་པོའི་དགེ་བའི་བཤེས་གཉེན་བླ་མ་གསེར་གླིང་པ་སོགས་ཇོ་བོ་རང་ཉིད་ཀྱི་ཕྱི་ནང་གི་ཐེག་པ་ཆེན་པོའི་སྐྱབས་ལ་ཕྱག་འཚལ་ལོ་སྙེ་གུས་པས་འདུད་པའོ། །དད་པའི་ལྷ་ནི་རྒྱལ་བ་འཁོར་གྱིས་འདམ་ཀ་གནང་བའི་ལྷག་པའི་ལྷ་མཆོག་བཞི་སྟེ། བསྟན་པའི་བདག་པོ་སྟོན་པ་སངས་རྒྱས་བཅོམ་ལྡན་འདས་དང་། ཐུགས་རྗེའི་མངའ་བདག་སྤྱན་རས་གཟིགས། འཕྲིན་ལས་མྱུར་བའི་རྗེ་བཙུན་སྒྲོལ་མ། བར་ཆད་སེལ་བའི་ཁྲོ་བོ་མི་གཡོ་བ་བཅས་ལ་ལུས་ངག་ཡིད་གསུམ་གྱིས་གུས་པའི་འདུད་དེ་སྐྱབས་སུ་འགྲོ་བའི་སྒོ་ནས་ཕྱག་འཚལ་བའོ། །དེ་ལྟར་ཚིག་རྐང་དང་པོ་གཉིས་ཏེ། ཐུགས་རྗེ་ཆེན་པོ་ལ་ཕྱག་འཚལ་ལོ། །བླ་མ་རྣམས་ལ་ཕྱག་འཚལ་ལོ། །ཞེས་པ་ནི་ཕ་ཆོས་ཞུས་ལན་ནོར་བུའི་ཕྲེང་བ་ལས་ཡུལ་ཁྱད་པར་ཅན་ལ་ཕྱག་འཚལ་བའི་རྩ་ཚིག་གམ་མདོར་བསྟན་ཡིན་ཞིང་། རྩ་ཚིག་འདི་གཉིས་ལ་བརྟེན་ནས་ཕ་ཆོས་ལེའུ་དང་པོར་ཡུལ་ཁྱད་པར་ཅན་ལ་ཕྱག་འཚལ་ཚུལ་རྒྱས་པར་བསྟན་ཅིང་། ཚིག་རྐང་གསུམ་པ་དད་པའི་ལྷ་ལ་ཕྱག

① སྣེ་དགེ་བསྟན་འགྱུར་དབུ་མ། ཁི། (དད་པའི་ལྷ་ལ་ཕྱག་འཚལ་ལོ། །བླ་མ་རྣམས་ལ་ཕྱག་འཚལ་ལོ། །)

འཚལ་ལོ་ཞེས་པ་ནི་ཕ་ཆོས་ཞུས་ལན་ནོར་བུའི་ཕྲེང་བ་ལས་རྒྱལ་བ་འབྲོམ་སྟོན་པས་ལྷ་བཞི་(༡ བསྟན་པའི་བདག་པོ་སངས་རྒྱས་བཅོམ་ལྡན་འདས། ༢ ཞི་བའི་ལྷ་ཐམས་ཅད་གཅིག་ཏུ་འདུས་པ་སྤྱན་རས་གཟིགས། ༣ ཁྲོ་བོའི་ལྷ་ཐམས་ཅད་གཅིག་ཏུ་འདུས་པ་མི་གཡོ་བ། ༤ ལྷ་མོ་ཐམས་ཅད་གཅིག་ཏུ་འདུས་པ་རྗེ་བཙུན་སྒྲོལ་མ་བཅས་བཞི་ཡིན།)ལ་ཇི་ལྟར་གདམས་པའི་རྩ་ཚིག་གམ་མདོར་བསྟན་ཡིན་ཞིང་། རྩ་ཚིག་འདི་ལ་བརྟེན་ཏེ། ཕ་ཆོས་ལེའུ་གཉིས་པར་རྒྱལ་བ་འབྲོམ་སྟོན་པས་ལྷ་བཞི་ལ་ཇི་ལྟར་གདམས་ཚུལ་རྒྱས་པར་བསྟན་ཏོ། །

གཉིས་པ། གཞུང་གི་དོན།

གཉིས་པ། གཞུང་གི་དོན་ལ་ས་བཅད་ཉེར་གཅིག་ལས།

དང་པོ། བཀའ་སྡེ་སྣོད་གསུམ་དུ་བདམ་སྟེ་དེ་ལ་ཐོས་བསམ་གྱིས་ཉོན་མོངས་པའི་ཐེ་ཚོམ་སྤང་ཞིང་སྒྲུབ་པར་གཅེས་སུ་འཛིན་པར་གདམས་པ་ནི།

རྩ་བ་ལས།

ཐེ་ཚོམ་ཐམས་ཅད་སྤང་བྱ་ཞིང་[1]། །
སྒྲུབ་[2]ལ་ནན་ཏན་གཅེས་སུ་བྱ། །

ཞེས་ལས་འབྲས་དང་ཚེ་སྔ་ཕྱི་དཀོན་མཆོག་སོགས་ཡོད་མེད་ཀྱི་མཐའ་གཉིས་སུ་དོགས་ཏེ་མངོན་མཐོ་ལྷ་དང་མིའི་གོ་འཕང་དང་། ངེས་ལེགས་ཐར་པ་དང་ཐམས་ཅད་མཁྱེན་པའི་ལམ་བགྲོད་པ་ལ་གེགས་བྱེད་པའི་ཐེ་ཚོམ་ཐམས་ཅད་སྤང་པར་བྱ་བའི་ཆེད་ཐོག་མར་བླ་མ་མཚན་ཉིད་དང་ལྡན་པ་བསྟེན་ནས་ལུང་གི་ཆོས་སྡེ་སྣོད་གསུམ་ལ་ཐོས་བསམ་གྱིས་སྒྲོ་འདོགས་ལེགས་པར་གཅོད་(རྗེ་ཙོང་ཁ་པས་མཛད་པའི་སྨོན་ལམ་ཐོག་མཐའ་མ་ལས། ཇི་ལྟར་ཐོས་པའི་དོན་ལ་རིགས་

① སྡེ་དགེ་བསྟན་འགྱུར་དབུ་མ། ཁི། (རྣམ་སྤྱངས་ཤིང་། །)
② སྡེ་དགེ་ཕ་ཆོས། ཞོལ་ཕ་ཆོས། དགའ་ལྡན་ཕུན་ཚོགས་གླིང་ཕ་ཆོས། (བསྒྲུབ་)

པ་བཞིས། །ཉིན་དང་མཚན་དུ་ཚུལ་བཞིན་རབ་བརྟགས་ནས། །བསམ་བྱའི་གནས་ལ་བསམས་ལས་བྱུང་བ་ཡི། །རྣམ་དཔྱོད་བློ་ཡིས་ཐེ་ཚོམ་ཆོད་པར་ཤོག །ཅེས་གསུངས།)དགོས་ཏེ་དེ་མིན་ན་སངས་རྒྱས་ཀྱི་མན་ངག་ལ་ཐེ་ཚོམ་ཟ་བས་ཀྱང་བྱིན་རླབས་གང་ཡང་མི་འོང་བ་ཆོས་ཉིད་ཡིན་པར་བེའུ་བུམ་ལས་གསུངས་ཏེ། དེ་ཉིད་ལས། དེ་ཡི་མན་ངག་ཐེ་ཚོམ་ཟ་བས། །གང་ལའང་བྱིན་རླབས་མི་འོང་ཆོས་ཉིད། །ཅེས་གསུངས། དེ་ཡང་རྒྱ་ཆེ་བའི་ལམ་གྱི་རིམ་པ་ལ་གོ་དགོས་ཀྱི་ཟབ་མོ་སྟོང་པ་ཉིད་ལ་མ་ཡིན་ཏེ། དབུ་མ་བཞི་བརྒྱ་པ་རབ་བྱེད་བརྒྱད་པ་ལས། བསོད་ནམས་ཆུང་ངུ་ཆོས་འདི་ལ། །ཐེ་ཚོམ་ཟ་བར་ཡང་མི་འགྱུར། །ཐེ་ཚོམ་ཟ་བ་ཙམ་ཞིག་གིས། །སྲིད་པ་ཧྲུལ་པོར་བྱས་པར་འགྱུར། །ཞེས་ཟབ་མོ་སྟོང་པ་ཉིད་ལ་ཐེ་ཚོམ་ཟ་བས་ཀྱང་ཕན་ཡོན་ཆེ་བ་གསུངས། དེས་ན་ལས་འབྲས་དང་དཀོན་མཆོག་སོགས་ལ་ཐེ་ཚོམ་ཟ་བའི་ཐེ་ཚོམ་ཉོན་མོངས་ཅན་སྤང་བྱར་ལྟས་ཏེ། ཐོས་དོན་ཉམས་སུ་ལེན་པ་ལ་སྐྱེས་བུ་གསུམ་གྱིས་བསྡུས་པའི་ཐུན་མོང་བའི་ལམ་དང་གཙོ་བོ་བྱང་ཆུབ་ཀྱི་སེམས་ཐབས་ཤེས་ཟུང་འབྲེལ་གྱིས་སྟན་ཐོག་གཅིག་ཏུ་སྒྲུབ་པ་ལ་བློ་འགྱུར་བ་མེད་པར་སེམས་རྩེ་གཅིག་པའི་ངང་ཉམས་ལེན་ལ་ནན་ཏན་གཅེས་སུ་འཛིན་པར་བྱ་དགོས་སོ། །ཇོ་བོ་རང་ཉིད་ཀྱི་ཕ་ཆོས་ལས། ཆོས་ཇི་ལྟར་ཟབ་ཀྱང་ཉམས་ལེན་གཙོ། །ཞེས་དང་། ཐབས་ཤེས་རབ་ཀྱི་ཆོས་བུའི་སྐབས་འདིར་ཁབ་རྩེ་གཉིས་པ་མི་འཚོལ། སྟན་ཐོག་གཅིག་ཏུ་ཟབ་མོ་མང་པོ་ཧྲིལ་ཏེ་དྲིལ་ནས་ཉམས་སུ་ལེན་པའི་སྐབས་འདིར་བློ་ཐེ་ཚོམ་རྩེ་གཉིས་མི་འཚོལ། ཞེས་དང་། དེ་ཡང་ཐོས་པས་ཐེ་ཚོམ་དང་སྒྲོ་འདོགས་ལེགས་པར་བཅད་ནས་གཙོ་བོ་ཉམས་སུ་ལེན་དགོས་ཏེ། རྗེ་ཙོང་ཁ་པའི་ལམ་རིམ་ཆེན་མོ་ལས། ཐོས་ནས་ཤེས་པར་བྱས་པའི་དགོས་པའང་བྱེད་པ་ཡིན་པས། ཐོས་པའི་དོན་ལ་ནུས་པ་དང་བསྟུན་པའི་

ལག་ལེན་རེ་གནད་དུ་ཆེའོ། །ཞེས་སོགས་གསུངས་སོ། །འདིའི་ཚིག་རྐང་གཉིས་པོ་ནི་འོག་ཏུ་འཆད་རྒྱུའི་ཉམས་ལེན་ཐམས་ཅད་ལ་སྦྱོར་ཆོག་པ་ཡིན་ནོ། །འདི་ནི་ཕ་ཆོས་བུ་ཆོས་ལས་ནོར་བུའི་ཕྲེང་བ་ལས། རྒྱལ་བ་འབྲོམ་གྱིས་བཀའ་སྡེ་སྣོད་གསུམ་ལ་འདམ་ཀ་ཇི་ལྟར་གནང་བའི་རྩ་ཚིག་གམ་མདོར་བསྟན་ཡིན་ཞིང་། རྩ་ཚིག་འདི་ལ་བརྟེན་ནས་ཕ་ཆོས་ལེའུ་གསུམ་པར་རྒྱལ་བ་འབྲོམ་གྱིས་བཀའ་སྡེ་སྣོད་གསུམ་ལ་འདམ་ཀ་ཇི་ལྟར་གནང་ཚུལ་རྒྱས་པར་བསྟན་ཡོད། ཡང་བུ་ཆོས་འབྲོམ་རྒྱལ་བའི་འབྱུང་གནས་ཀྱི་སྐྱེས་རབས་ལས་རྩ་ཚིག་འདི་དྲངས་ཏེ་བྲམ་ཟེའི་ཁྱེའུ་གསལ་བར་ཇི་ལྟར་སྐྱེ་བ་བཞེས་པའི་འབྲོམ་རྒྱལ་བའི་འབྱུང་གནས་ཀྱི་སྐྱེས་རབས་དང་པོ་བསྟན་འདུག །

གཉིས་པ། སྦྱོར་བས་ཇི་ལྟར་འབད་པར་བྱ་བ་ནི།

རྩ་བ་ལས།

གཉིད་རྨུགས་ལེ་ལོ་རབ་སྤང་ཞིང་[①]། །
རྟག་ཏུ་བརྩོན་འགྲུས་འབད་པར་བྱ། །

ཞེས་དགེ་བའི་ལས་ལ་གཞོལ་བ་ལ་བར་དུ་གཅོད་བྱེད་ཀྱི་གཉིད་དང་སེམས་དགེ་བའི་དམིགས་པ་གང་ལ་བཟུང་ཡང་ལུས་སེམས་ལས་སུ་མི་རུང་ཞིང་མི་གསལ་བའི་རྣམ་པ་ཅན་གྱི་རྨུགས་པ་དང་འཇིག་རྟེན་གྱི་བྱ་བ་ངན་པ་ལ་ཞེན་པ་དང་། དགེ་བའི་བྱ་བ་ལ་སྙིང་ལྷུག་པ་དང་། བདག་གིས་དེར་སྒྲུབ་པ་ག་ལ་ནུས་སྙམ་སྟེ་རང་ཉིད་ལ་བརྙས་པའམ་མཐོང་ཆུང་བྱེད་པའི་ལེ་ལོ་བཅས་ལེགས་པར་སྤང་ཞིང་། དུས་རྟག་ཏུ་བརྩོན་འགྲུས་ཆུ་བོ་ཆེན་པོའི་རྒྱུན་བཞིན་ཆད་པ་མེད་པར་འབད་པར་བྱ་དགོས་ཏེ། གཉིད་རྨུགས་ལེ་ལོའི་དབང་དུ་ཤོར་

① སྡེ་དགེ་བསྟན་འགྱུར་དབུ་མ། ཕི། (སྤང་བྱ་ཞིང་།)

ན་དགེ་བའི་བྱ་བ་གང་ཡང་སྒྲུབ་མི་ནུས་པའི་ཕྱིར་ཏེ། མདོ་དྲན་པ་ཉེར་གཞག་ལས། ཉོན་མོངས་རྣམས་ཀྱི་གཞི་གཅིག་ནི། །ལེ་ལོ་ཡིན་ཏེ་གང་ལ་ཡོད། །གང་ལ་ལེ་ལོ་གཅིག་ཡོད་པ། །དེ་ལ་ཆོས་ཀུན་མེད་པ་ཡིན། །ཞེས་དང་ཕ་ཆོས་ལས་ཀྱང་། མཐོ་རིས་ཐར་པ་མ་ལུས་པའི། །འགྲུབ་བྱེད་བརྩོན་འགྲུས་ཆེན་པོ་སྟེ། །གྲོགས་ངན་གཉིད་རྨུགས་རབ་སྤངས་ཤིང་། །ལེ་ལོའི་དབང་དུ་མི་བཏང་འཚལ། །ཞེས་དང་། རྒྱལ་བ་འབྲོམ་གྱིས་འཕྲང་ཁ་བེར་ཆུང་ལ་སྩྲིངས་པའི་འཕྲིན་ཡིག་ལས། འདི་དང་ཕྱི་མ་གཉིས་ཀ་མི་འགྲུབ་ཀྱི། །ཕྱི་མ་གལ་ཆེ་ཆོས་ལ་འབད་པ་བསྐྱེད། །གཉིད་དང་སྙོམས་ལས་དབང་དུ་མི་གཏོང་བར། །སྟོང་པ་སྙིང་རྗེས་ཟིན་པ་རྩེ་གཅིག་སྒོམས། །ཞེས་གདམས་སོ། །ཞུས་ལན་ནོར་བུའི་ཕྲེང་བའི་རྩ་ཚིག་འདི་ཕ་ཆོས་ལས་སྦྱར་བས་ཇི་ལྟར་འབད་པར་བྱ་བའི་རྩ་ཚིག་གམ་མདོར་བསྟན་ཡིན་ཞིང་། རྩ་ཚིག་འདི་ལ་བརྟེན་ནས་ཕ་ཆོས་ལེའུ་བཞི་པར་སྦྱོར་བས་ཇི་ལྟར་འབད་ཚུལ་རྒྱས་པར་བསྟན་ཏོ། །ཡང་བུ་ཆོས་འབྲོམ་རྒྱལ་བའི་འབྱུང་གནས་ཀྱི་སྐྱེས་རབས་བསྟན་པ་ལས་རྩ་ཚིག་འདི་དྲངས་ཏེ་རྒྱལ་བུ་ཆགས་པ་མེད་པར་ཇི་ལྟར་སྐྱེ་བ་བཞེས་པའི་བུ་ཆོས་སྐྱེས་རབས་གཉིས་པ་བསྟན་འདུག །

གསུམ་པ། དབང་པོའི་སྒོ་བསྡམས་ཏེ་སེམས་ཇི་ལྟར་འཛིན་པ་ནི།

རྩ་བར།

དྲན་དང་ཤེས་བཞིན་བག་ཡོད་པས། །
དབང་པོའི་སྒོ་རྣམས་རྟག་ཏུ་བསྲུང་། །
ཉིན་མཚན་དུས་གསུམ་ཡང་དང་ཡང་། །

སེམས་ཀྱི་①རྒྱུད་ལ་བརྟག་པར་བྱ། །

ཞེས་དགེ་བ་དང་སྲུང་སྡོམ། དམ་པའི་ཆོས་བཅས་ལ་དམིགས་ནས་མི་བརྗེད་པའི་རྣམ་པ་ཅན། བྱེད་ལས་སེམས་མི་གཡེང་བར་བྱེད་པའི་ལས་ཅན་གྱི་དྲན་པ་དང་། གལ་སྲིད་གཡེངས་ནའང་དེ་མ་ཐག་ཤེས་པར་བྱེད་མཁན་གྱི་ཤེས་བཞིན་དང་། བླང་དོར་ལ་སེམས་བསྲུང་བའམ་གཟབ་པའི་བག་ཡོད་བཅས་ཀྱིས། ལས་དང་པོ་བ་དག་གི་དབང་པོ་དྲུག་གི་སྒོ་རྣམས་ཆགས་སྡང་གི་ཡུལ་ཡིད་དུ་འོང་བ་དང་མི་འོང་བ་དག་ལས་འབད་པ་ཆེན་པོས་དུས་རྟག་ཏུ་བསྲུང་དགོས། སྲུང་ལུགས་ནི་ཉིན་གྱི་དུས་གསུམ་དང་མཚན་གྱི་དུས་གསུམ་སྟེ་ཉིན་མཚན་དུས་དྲུག་ཏུ་ལུས་ངག་གི་ལས་གང་ལས་འབྱུང་བའི་རྒྱུ་སེམས་ཀྱི་རྒྱུད་དུལ་མ་དུལ་དང་། གཉིད་རྨུགས་ལེ་ལོ་སོགས་ཀྱི་བར་ཆད་ཀྱིས་ཁྱེར་མ་ཁྱེར་དང་། རང་འདོད་ཀྱི་འཁྲི་བ་ཆོད་མ་ཆོད། གཞན་དོན་ཕྱོགས་རེ་བར་སོང་མ་སོང་བཅས་ཡང་དང་ཡང་དུ་བརྟག་ཅིང་དཔྱད་པར་བྱའོ་ཞེས་གདམས་པའོ། །འདི་ནི་ཕ་ཆོས་ཞུས་ལན་ནོར་བུའི་ཕྲེང་བ་ལས། དབང་པོའི་སྒོ་བསྡམས་ཏེ་སེམས་ཇི་ལྟར་འཛིན་པའི་ཙ་ཚིག་གམ་མདོར་བསྟན་ཡིན་ཞིང་། ཙ་ཚིག་འདི་ལ་བརྟེན་ནས་ལེའུ་ལྔ་པར་དབང་པོའི་སྒོ་བསྡམས་ཏེ་སེམས་ཇི་ལྟར་འཛིན་ཚུལ་རྒྱས་པར་བཤད་ཅིང་ཡང་བུ་ཆོས་འཕྲོམ་རྒྱལ་བའི་འབྱུང་གནས་ཀྱི་སྐྱེས་རབས་བསྟན་པ་ལས་ཙ་ཚིག་འདི་དྲངས་ཏེ། རྒྱལ་བུ་ཀུན་ཏུ་དགའ་བར་ཇི་ལྟར་སྐྱེ་བ་བཞེས་པའི་བུ་ཆོས་སྐྱེས་རབས་གསུམ་པ་བསྟན་འདུག །

བཞི་པ། འབྲས་བུ་བྱང་ཆུབ་ཀྱི་སེམས་མ་སྐྱེས་པའི་ལེ་ལན་ཐམས་ཅད་གཅིག་ལ་ཇི་ལྟར་གདའ་བ་བསྟན་ཏེ་དེ་བཟློག་པའི་ཐབས་གཉེན་པོ་གདམས་

① སྡེ་དགེ་བསྟན་འགྱུར་དབུ་མ། ཁི། སྡེ་དགེ་ཕ་ཆོས། (ཀྱིས་)

པ་འདི་ལ་ལྔ།

གཅིག །རང་སྐྱོན་བསྒྲགས་ཏེ་གཞན་སྐྱོན་མི་འཚོལ་བར་གདམས་པ་ནི།

རྩ་བར།

བདག་གི་①ཉེས་པ་བསྒྲག་བྱ་ཞིང་། །

གཞན་གྱི་འཁྲུལ་པ་བཙལ་མི་བྱ། །

ཞེས་རང་ངམ་བདག་གི་ཉེས་པ་དག་གཞན་ལ་སྒྲོག་པ་སྟེ་བཤད་པར་བྱ་ཞིང་། གང་ཟག་གཞན་གྱི་འཁྲུལ་བའམ་ཉེས་པ་བཙལ་བ་སྟེ་གཞན་གྱི་སྐྱོན་(ཁ་རག་པས་མཛད་པའི་བློ་སྦྱོང་ཨང་ཡིག་བདུན་ཅུ་པ་ལས། གཞན་གྱི་སྐྱོན་ལ་མ་རྟོགས་པར། །རང་སྐྱོན་རྟོགས་པ་སྤྱོངས་ཤིག་ཨང་། །ཞེས་གསུངས།)སྨྲིང་བ་དང་བརྟག་པ་སོགས་མི་བྱ་ཞེས་པའོ། །ཕ་ཆོས་ལས། འཁྲོམ་ཉེས་པ་ཟློག་མ་དེ་རྣམས་ཕྱིར་ཕྱུང་། ཉེས་པ་དག་པའི་ཤུལ་དེ་ལེགས་ནའང་ལེགས། མ་ལེགས་ནའང་མ་ལེགས། སེམས་བརྩུན་པའི་སྣང་བ་མཉམ་པོ་ལ་གཞན་ཀུན་བསྟོད་ར་བཏང་བས་དགའ་བར་འདུག་ན་ཐོང་ལ་ཐོང་། ཁྱོད་རང་ལ་ཚོལ་བྱེད་མེད་པའི་ཁོང་གི་འཁྲུལ་བ་མ་བཙལ། ཞེས་གསུངས་སོ། །དེ་ནི་རྒྱལ་སྲས་བྱང་ཆུབ་སེམས་པ་དག་གི་སྤྱོད་པ་ཡིན་གྱི་དེ་ལས་ལྡོག་པའི་གང་ཟག་ཐ་མལ་བ་སོ་སོའི་སྐྱེ་བོ་རང་ག་བའི་བྱ་བ་ནི་གཡོ་སྒྱུ་དང་འཛིག་རྟེན་ཆོས་བརྒྱད་དང་འབྲེལ་བའི་བྱ་བ་ཡིན་པའི་ཕྱིར་རང་སྐྱོན་སྦས་གཞན་སྐྱོན་སྟོག་པ་ལ་དགའོ། །རྩ་ཚིག་འདི་ནི་བུ་ཆོས་འཁྲོམ་རྒྱལ་བའི་འབྱུང་གནས་ཀྱི་སྐྱེས་རབས་བསྟན་པ་ལས། རྒྱལ་བུ་ལྷ་སྐྱེས་སུ་ཇི་ལྟར་སྐྱེ་བ་བཞེས་པའི་སྐྱེས་རབས་བཞི་པ་བསྟན་པའི་རྩ་ཚིག་ཏུ་དྲངས་འདུག །

གཉིས། རང་གི་ཡོན་ཏན་སྦས་ཏེ་གཞན་གྱི་ཡོན་ཏན་སྒྲོག་པར་གདམས

---

① སྣེ་དགེ་པ་ཆོས། (གིས་)

པ་ནི།

རྩ་བར།

བདག་གི་[①]ཡོན་ཏན་སྦ་བྱ་ཞིང་། །

གཞན་གྱི་ཡོན་ཏན་བསྒྲག་པར་བྱ། །[②]

ཞེས་རང་ལ་ཡོན་ཏན་ཇི་ལྟར་ཡོད་ཀྱང་གཞན་ལ་མངོན་ཐབས་དང་ཤེས་ཐབས་གཙོ་བོར་བྱས་ན་ སྔར་ཡོད་ཀྱི་ཡོན་ཏན་སྒྲིབ་པ་དང་ང་རྒྱལ་སྐྱེ་བ། ལོག་འཚོ་སྐྱབ་པ་སོགས་ཀྱི་རྒྱུར་འགྲོ་ཉེན་ཆེ་བས་རང་གི་ཡོན་ཏན་སྦ་བར་བྱ་ཞིང་། གཞན་གྱི་ཡོན་ཏན་བསྒྲག་པར་བྱས་ན་གཞན་ལ་མ་གུས་པ་ལྡོག་སྟེ་གཞན་དགའ་མགུ་སྐྱེས་ཏེ་གདུལ་བྱ་འཁོར་དུ་མ་འདུས་པ་རྣམས་འདུས་པ་དང་། འདུས་པ་རྣམས་སྨིན་པ་དང་སྨིན་པ་རྣམས་གྲོལ་བར་བྱེད་པ་སོགས་ཀྱི་དགོས་པ་ཁྱད་པ་ཅན་ཡོད་ཅིང་། རང་ཅག་སོ་སོའི་སྐྱེ་བོ་རྣམས་ཀྱིས་གཞན་གྱི་ཡོན་ཏན་སྦས་རང་གི་ཡོན་ཏན་བསྒྲགས་པའི་སྤྱོད་ཚུལ་ལས་ལྡོག་པའི་རྒྱལ་སྲས་བྱང་ཆུབ་སེམས་དཔའ་དག་གི་ལག་ལེན་ནོ། །ཕ་ཆོས་ལས། སྦེད་པ་མཉམ་པོ་ལ་རང་གི་ཡོན་ཏན་རྣམས་སྦོས། དགོས་པའི་དུས་སུ་སླེབས་ནས་འོང་བ་ཡིན། སྒྲོགས་པ་མཉམ་པོ་ལ་གཞན་གྱི་ཡོན་ཏན་སྒྲོགས། གཞན་དགའ་ནས་རང་ལ་བརྟེན་ཏེ་སྡིག་མི་གསོག །ཅེས་གསུངས་སོ། །རྩ་ཚིག་འདི་ནི་བུ་ཆོས་འཕྲོས་རྒྱལ་བའི་འབྱུང་གནས་ཀྱི་སྐྱེས་རབས་བསྟན་པ་ལས། རྒྱལ་བུ་དཀོན་མཆོག་འབངས་སུ་ཇི་ལྟར་སྐྱེ་བ་བཞེས་པའི་སྐྱེས་རབས་ལྔ་པ་བསྟན་པའི་རྩ་ཚིག་ཏུ་དྲངས་འདུག །

① སྡེ་དགེ་ཕ་ཆོས། (གིས་)

② སྡེ་དགེ་བསྟན་འགྱུར་དབུ་མ། ཁི། (གཞན་གྱི་ཡོན་ཏན་བསྒྲག་བྱ་ཞིང་། །བདག་གི་ཡོན་ཏན་སྦ་བར་བྱ། །)

གསུམ། འཇིག་རྟེན་ཆོས་བརྒྱད་སྤོང་བར་གདམས་པ་ནི།

རྩ་བར།

རྙེད་དང་བཀུར་སྟི་སྤང་བྱ་ཞིང་། །

ཁྲེ་[1]གྲགས་རྟག་ཏུ་སྤང་པར་བྱ། །[2]

ཞེས་འཇིག་རྟེན་ཆོས་བརྒྱད་(བཤེས་པའི་སྤྲིངས་ཡིག་ལས། འཇིག་རྟེན་མཁྱེན་པ་༡རྙེད་དང་༢མ་རྙེད་དང་། །༣བདེ་དང་༤མི་བདེ་༥སྙན་དང་༦མི་སྙན་དང་། །༧བསྟོད་༨སྨད་ཅེས་བགྱི་འཇིག་རྟེན་ཆོས་བརྒྱད་པོ། །བདག་གི་ཡིད་ཡུལ་མིན་པར་མགོ་སྙོམས་མཛོད། །ཅེས་གསུངས་པ་ལྟར་རོ། །)ཀྱི་རྙེད་པ་སྟེ་རང་ལ་ཚེ་འདིའི་ནོར་ལོངས་སྤྱོད་ཐོབ་གོ་ས་སོགས་རྙེད་པ་བསྒྲུབ་བྱར་བྱས་ནས་དེའི་དབང་གིས་གཞན་གྱིས་བཀུར་སྟི་སྟེ་གུས་བཀུར་དང་བསྙེན་བཀུར་ཞབས་ཏོག་སོགས་ཐོབ་པའམ་ཐོབ་ཐབས་ལ་འབད་ན་ཚེ་ཕྱི་མའི་དོན་ལྟ་ཅི་སྨོས་ཚེ་འདི་ལའང་འཐབ་རྩོད་འཁྲུག་ལོང་ཆགས་སྡང་དུ་མ་སྐྱེ་བའི་རྒྱུར་འགྱུར་བས་དེ་དག་སྤངས་ཏེ་ཁྲེ་གྲགས་ཏེ་ཁེ་དང་གྲགས་པ་གང་ཡོད་གཞན་ལ་གཏོང་བ་དང་གྱོང་དང་ཕམ་ཁ་རང་གིས་ལེན་པའི་རྒྱལ་སྲས་བྱང་ཆུབ་སེམས་དཔའི་སྤྱོད་པ་ཉམས་སུ་ལེན་པར་བྱ་ཞེས་པའི་དོན་ནོ། །ལྷག་པར་བཀའ་གདམས་པ་ཡིན་ན་འཇིག་རྟེན་པའི་ཆོས་ཀྱིས་དབུལ་བར་བྱེད་དགོས་ཏེ། བཀའ་གདམས་གཅེས་བཏུས་ལས། ཕྱི་ཡི་བཀའ་གདམས་འཇིག་རྟེན་ཆོས་ཀྱིས་དབུལ། །ནང་གི་བཀའ་གདམས་བཤད་དང་སྒྲུབ་པས་ཕྱུག །ཅེས་གསུངས། ནོར་བུའི་ཕྲེང་བའི་རྩ་ཚིག་འདི་ནི་བུ་ཆོས་འཕྲུལ་རྒྱལ་བའི་འབྱུང་གནས་ཀྱི་སྐྱེས་རབས་བསྟན་པ

① སྡེ་དགེ་པ་ཆོས། སྡེ་བསྟན་དབུ་མ། ཁི། (ཁིངས་)ཞོལ་པ་ཆོས། བཀྲིས་ལྷུན་པ་ཆོས། (ཁིང་)དཀའ་ལྡན་ཕུན་ཚོགས་གླིང་པ་ཆོས། (ཁིར་)

② སྡེ་དགེ་བསྟན་འགྱུར་དབུ་མ། ཁི། (+བྱམས་དང་སྙིང་རྗེ་བསྒོམ་བྱ་ཞིང་། །བྱང་ཆུབ་སེམས་ནི་བརྟན་པར་བྱ། །མི་དགེ་བཅུ་པོ་སྤང་བྱ་ཞིང་། །རྟག་ཏུ་དད་པ་བརྟན་པར་བྱ། །)

ལས། རྒྱལ་བུ་དད་པ་བརྟན་པར་ཇི་ལྟར་སྐྱེ་བ་བཞེས་པའི་སྐྱེས་རབས་དྲུག་པ་བསྟན་པའི་རྩ་ཚིག་ཏུ་དྲངས་འདུག །

བཞི། འདོད་ཆུང་ཚོག་ཤེས་ཀྱི་རིགས་སུ་གནས་ཏེ་ཐེག་ཆེན་ལ་འཇུག་པར་གདམས་པ་ནི།

རྩ་བར།

འདོད་པ་ཆུང་ཞིང་ཚོག་ཤེས་དང་། །

བྱས་ལ་དྲིན་དུ་གཟོ་[1]བར་བྱ། །

ཞེས་འདོད་པ་ཆུང་བ་ནི། ཟས་གོས་གནས་མལ་ལ་སོགས་པ་བཟང་པོའམ་མང་པོ་ལ་ལྷག་པར་ཆགས་པ་མེད་པས་འདོད་པ་ཆུང་ཞིང་། ཟས་གོས་གནས་མལ་ལ་སོགས་པ་ངན་ངོན་ཙམ་ཉིད་པས་རྟག་ཏུ་ཚོག་ཤེས་པའི་འཕགས་པའི་རིགས་སུ་གནས་ནས། སེམས་ཅན་ཐམས་ཅད་མ་མ་བྱས་པ་མེད་པ་དང་མ་བྱེད་སྐབས་ཀྱང་ད་ལྟའི་མ་འདི་བཞིན་དྲིན་གྱིས་བསྐྱངས་པ་དེར་དྲིན་གཟོ་བ་བཅས་རྒྱུ་འབྲས་མན་ངག་བདུན་གྱི་སྒོ་ནས་བྱང་ཆུབ་ཀྱི་སེམས་རིན་པོ་ཆེ་སྐྱེ་བར་བྱ་བའམ་ཡང་ན་རང་ལ་བཟང་བྱས་ཀྱི་གང་ཟག་ཐམས་ཅད་ལ་བཟང་ལན་ཆོས་ཀྱིས་འཇལ་བར་བྱ་ཞེས་གདམས་པའོ། །ཕ་ཆོས་ལས། སེམས་དེ་ལ་འདོད་པས་ཅི་བྱེད་ཚོག་ཤེས་པ་མཛོད། ཅེས་དང་། ཡང་དེ་ཉིད་ལས། བྱས་པ་ཤེས་ཤིང་དྲིན་གཟོ་ཟེར་ཡང་། བྱམས་སྙིང་རྗེ་ལ་སོགས་པ་ཚད་མེད་བཞི་བསྒོམ་ཞིང་། བྱང་ཆུབ་ཀྱི་སེམས་བརྟན་པར་བྱེད་པ། གོང་ནས་གོང་དུ་འཕེལ་བར་བྱེད་པ། སྔོན་འཇུག་གི་རྒྱ་བར་ནས་ཕ་མ་འགྲོངས་ངོས་ཤེས་པ་ཞིག་ལ་ཚེ་འདིའི་རང་འདོད་སྤངས་ནས་འདོད་པ་ལྟར་སྣང་། ཕ་མ་འདྲིན་འདོད་ཀྱི་

---

[1] བགྲིས་ལྷུན་ཕ་ཆོས། (བཟོ་)

བསམ་པ། དྲིན་ལན་འཇལ་འདོད་ཀྱི་བསམ་པ་བཟང་པོ་དེ་ལྟ་བུ་ཞིག་ལ་ཟེར་བ་ཡིན་གསུངས་སོ། །རྩ་ཚིག་འདི་ནི་བུ་ཆོས་འཕྲོམ་རྒྱལ་བའི་འབྱུང་གནས་ཀྱི་སྐྱེས་རབས་བསྟན་པ་ལས། རྒྱལ་བུ་དད་པ་རབ་ཏུ་བརྟན་པར་ཇི་ལྟར་སྐྱེ་བ་བཞེས་པའི་སྐྱེས་རབས་བདུན་པ་བསྟན་པའི་རྩ་ཚིག་ཏུ་དྲངས་འདུག །

ལྔ། ཐེག་ཆེན་ལ་འཇུག་ནས་བྱམས་སྙིང་རྗེ་རྩ་བ་ཅན་གྱི་སེམས་བསྐྱེད་བརྟན་པར་གདམས་པ་ནི།

རྩ་བར།

བྱམས་དང་སྙིང་རྗེ་བསྒོམ་བྱ་ཞིང་། །

བྱང་ཆུབ་སེམས་ནི་བརྟན་པར་བྱ། །[①]

ཞེས་འདུལ་དཀའ་བའི་སེམས་ཅན་ཐམས་ཅད་ཚེ་རབས་སྔོན་མ་རང་གི་མ་བྱས་ཏེ་དྲིན་གྱིས་བསྐྱངས་སྐྱོང་བ་ཤ་སྟག་ཡིན་པས། སེམས་ཅན་ཐམས་ཅད་ལ་དམིགས་ནས་བདེ་བ་དང་ལྡན་འདོད་ཀྱི་བྱམས་པ་དང་སྡུག་བསྔལ་དང་བྲལ་འདོད་ཀྱི་སྙིང་རྗེ་གཉིས་ཐོག་མཐའ་བར་གསུམ་དུ་བསྒོམས་ཏེ། བྱམས་སྙིང་རྗེ་རྩ་བར་གྱུར་པའི་བྱང་ཆུབ་ཀྱི་སེམས་རིན་པོ་ཆེ་དུས་དང་གནས་སྐབས་ཐམས་ཅད་དུ་འགྱུར་བ་མེད་པར་སེམས་ཅན་ཐམས་ཅད་ཀྱི་ཆེད་དུ་སངས་རྒྱས་ཐོབ་འདོད་ཀྱི་བསམ་པ་བརྟན་པར་བྱའོ། །ཞེས་གདམས་པའོ། །འདིའི་གོང་གི་ཚིག་རྐང་བཅུ་པོ་ནི་ཕ་ཆོས་ལྒྱུས་ལན་ནོར་བུའི་ཕྲེང་བ་ལས། ལེ་ལན་ཐམས་ཅད་གཅིག་ལ་ཇི་ལྟར་གདའ་བའི་རྩ་ཚིག་གམ་མདོར་བསྟན་ཡིན་ཞིང་། རྩ་ཚིག་ཚིག་རྐང་བཅུ་པོ་འདི་ལ་བརྟེན་ནས་ཕ་ཆོས་ལེའུ་དྲུག་པར་ལེ་ལན་ཐམས་

① སྡེ་དགེ་བསྟན་འགྱུར་དབུ་མ། ཕི། (-བྱམས་དང་སྙིང་རྗེ་བསྒོམ་བྱ་ཞིང་། །བྱང་ཆུབ་སེམས་ནི་བརྟན་པར་བྱ། །)

ཅད་གཅིག་ལ་ཇི་ལྟར་གདའ་ཚུལ་རྒྱས་པར་བསྟན་ཏོ། །མཐའ་མའི་ཚིག་རྐང་བྱམས་དང་སྙིང་རྗེ་བསྒོམ་བྱ་ཞིང་། །བྱང་ཆུབ་སེམས་ནི་བརྟན་པར་བྱ། །ཞེས་པ་འདི་ནི་བུ་ཆོས་སུ་འཁྲོམ་རྒྱལ་བའི་འབྱུང་གནས་ཀྱི་སྐྱེས་རབས་བསྟན་པ་ལས། རྒྱལ་བུ་བློ་གྲོས་འཕེལ་དུ་ཇི་ལྟར་སྐྱེ་བ་བཞེས་པའི་སྐྱེས་རབས་བརྒྱད་པ་བསྟན་པའི་རྩ་ཚིག་ཏུ་དྲངས་འདུག །

ལྔ་པ། སྤང་བྱ་ཇི་ལྟར་སྤངས་ནས་དགེ་བ་ལ་འཇུག་པར་གདམས་པ། འདི་ལ་གསུམ།

གཅིག །སྒོ་གསུམ་གྱི་དགེ་སྡིག་ལས་འབྲས་བུ་བདེ་སྡུག་འབྱུང་བའི་ཡིད་ཆེས་ཀྱི་དད་པ་བརྟན་པར་གདམས་པ་ནི།

རྩ་བ་ལས།

མི་དགེ་བཅུ་ནི་སྤང་བྱ་ཞིང་། །
རྟག་ཏུ་དད་པ་བརྟན་པར་བྱ། །[1]

ཞེས་སེམས་བསྐྱེད་པ་དེ་ཡང་སྐྱེས་བུ་ཆུང་འབྲིང་གི་བློ་སྦྱོང་བ་སྔོན་དུ་འགྲོ་དགོས་པས། བཀྲ་མ་ཤིས་པ་དང་སྡུག་བསྔལ་ཐམས་ཅད་ཀྱི་འབྱུང་གནས་ལུས་ངག་ཡིད་གསུམ་གྱི་སྡུག་བསྔལ་བའི་རྒྱུ་མི་དགེ་བ་བཅུ་སྤང་བར་བྱ་ཞིང་། དུས་རྟག་ཏུ་གཡོ་བ་མེད་པར་རྐྱེན་གང་ཕྲད་ཀྱང་བཟློག་ཏུ་མེད་པའི་ལས་འབྲས་ལ་ཡིད་ཆེས་ཀྱི་དད་པ་བརྟན་པོས་(ལམ་གཙོ་ལས། ལས་འབྲས་མི་བསླུ་འཁོར་བའི་སྡུག་བསྔལ་རྣམས། །ཡང་ཡང་བསམ་ན་ཕྱི་མའི་སྣང་ཞེན་ལྡོག །ཅེས་གསུངས་སོ། །)འཁོར་བ་མཐའ་དག་སྡུག་བསྔལ་གྱི་རང་བཞིན་དུ་མཐོང་ནས་ངེས་འབྱུང་སྐྱེས་པར་མཛོད་ཅེས་གདམས་པའོ། །ཕ་ཆོས་ལས། ལོག་པའི་ལམ་ལ་མི་དགེ་བཅུ་པོ་འདི། །ཡང་དག་ལམ་

[1] སྡེ་དགེ་བསྟན་འགྱུར་དབུ་མ། ཁི། (-མི་དགེ་བཅུ་ནི་སྤང་བྱ་ཞིང་། །རྟག་ཏུ་དད་པ་བརྟན་པར་བྱ། །)

ལ་དགེ་བ་བཅུ་པོ་བསྟེན། །དེ་ལའང་ཞེན་ན་འཆིང་བ་ཆེན་པོས་ཏེ། །དེ་ལས་བཟློག་ལ་མཆོག་ལ་དད་པ་བསྐྱེད། །དད་པའང་གང་ལ་གང་ཞིག་དད་པས་སྟོང་། །ཇི་ལྟར་དད་པ་དབུ་མ་ཆེན་པོ་ཡིན། །ཞེས་གསུངས་སོ། །ནོར་བུའི་ཕྲེང་བའི་རྩ་ཚིག་འདི་ནི་བུ་ཆོས་འཁྲུལ་རྒྱལ་བའི་འབྱུང་གནས་ཀྱི་སྐྱེས་རབས་བསྟན་པ་ལས། ཁྱེའུ་དགའ་འཛིན་དུ་ཇི་ལྟར་སྐྱེ་བ་བཞེས་པའི་སྐྱེས་རབས་དགུ་པ་བསྟན་པའི་རྩ་ཚིག་ཏུ་དྲངས་འདུག །

གཉིས། དགེ་རྩ་འཇོམས་བྱེད་ཁོང་ཁྲོ་དང་བག་ཡོད་འཇོམས་བྱེད་ང་རྒྱལ་སྤངས་ཏེ་དམན་ཆ་བླང་བར་གདམས་པ་ནི།

རྩ་བར།

ཁྲོ་དང་ང་རྒྱལ་གཞོམ་བྱ་ཞིང་། །
དམན་པའི་སེམས་དང་ལྡན་པར་བྱ། །

ཞེས་ཀུན་ནས་མནར་སེམས་པའི་གཞི་དགུ་(འདིས་བདག་ལ་གནོད་པ་བྱས་སོ། །བྱེད་དོ། །བྱེད་པར་འགྱུར་རོ་སྙམ་པ་གསུམ། འདིས་བདག་གི་གཉེན་གྱི་ཕྱོགས་ལ་གནོད་པ་བྱས་སོ། །བྱེད་དོ། །བྱེད་པར་འགྱུར་རོ་སྙམ་པ་གསུམ། འདིས་བདག་གི་དགྲའི་ཕྱོགས་ལ་ཕན་བཏགས་སོ། །འདོགས་སོ། །གདགས་པར་འགྱུར་རོ་སྙམ་པ་གསུམ་སྟེ་དགུའོ། །)ཉེ་བར་གནས་པ་ན་ཁོང་ཁྲོ་ཆེར་འཕེལ་ཏེ་ལུས་ཀྱིས་བརྡེགས་པ་སོགས་བྱ་འདོད་པའི་སེམས་ཤིན་ཏུ་འཁྲུགས་པའི་ཁྲོ་བ་དང་། རིགས་དང་གཟུགས་དང་ལོངས་སྤྱོད་ལ་སོགས་པའི་ཡོན་ཏན་ལ་དམིགས་ནས་རང་ལས་ཆུང་བ་བས་བདག་ཆེའོ་སྙམ་ནས་ཁྱད་གསོད་དང་། ནམ་པ་སེམས་ཁེངས་ཤིང་མཐོ་བས་གཞན་ལས་ལྷག་པར་རློམ་པ་སྟེ། བླ་མ་དང་ཡོན་ཏན་ཅན་རྣམས་ལ་འཁྱིང་ཞིང་མ་གུས་པ་སོགས་བྱེད་ལས་ཅན་གྱི་ང་རྒྱལ་དེ་དག་གིས་ཡང་སྲིད་ཕྱི་མ་སྡུག་བསྔལ་སྣ་ཚོགས་འབྱུང་བའི་རྟེན་བྱེད་

པའི་ལས་ཅན་ཡིན་པས་དེ་དག་གཞོམ་པར་བྱ་ཞིང་དུས་རྟག་ཏུ་ཉོན་མོངས་ཀྱི་གཞན་དབང་དུ་སོང་བའི་ང་རྒྱལ་མེད་པར་རང་ཉིད་ཀུན་ལས་དམན་པར་ལྟ་བའི་(བློ་སྦྱོང་ཚིག་བརྒྱད་མ་ལས། གང་དུ་སུ་དང་འགྲོགས་པའི་ཚེ། །བདག་ཉིད་ཀུན་ལས་དམན་བལྟ་ཞིང་། །གཞན་ལ་བསམ་པ་ཐག་པ་ཡིས། །མཆོག་ཏུ་འཛིན་པས་གུས་པར་བསླབ། །ཅེས་གསུངས་སོ། །) སེམས་དང་ལྡན་པའི་སྒོ་ནས་རང་རྒྱུད་ཀྱི་རྟོགས་པའི་ཡོན་ཏན་གོང་འཕེལ་དུ་གཏང་བར་བྱ་ཞེས་པའི་དོན་ནོ། །ཕ་ཆོས་ལས། རྒྱལ་བའི་འབྱུང་གནས་མཁྱེན་ནམ། ཁྲོ་བས་ནི་བསྐལ་པ་དུ་མའི་དགེ་རྩ་འཇོམས། ང་རྒྱལ་གྱིས་ནི་བག་ཡོད་བསྟན་པའི་མྱུ་གུ་འཇོམས། ཞེས་དང་། བཟློག་སྟེ་ཁྲོ་དང་ང་རྒྱལ་བྱ་མི་རིགས། །དེས་ན་ང་རྒྱལ་མེད་པ་དམན་པའི་མཆོག །ཅེས་དང་། རྒྱལ་བ་འབྲོམ་གྱི་འཕྲང་ཁའི་སྙིངས་ཡིག་ལས། འདོད་ཆུང་ཚོག་ཤེས་ང་རྒྱལ་མེད་པ་དང་། །གཞན་དང་འབྲེལ་བསྐྱངས་རང་ལ་ངན་ཤོས་བྱ། །དམན་ས་བཟུང་ན་སྐར་ཡང་གཞན་དག་དང་། །རང་ཡང་ཉོན་མོངས་མི་གསོག་དགེ་སྦྱོར་འཕེལ། །དེས་ན་ཅི་ལའང་ཁེངས་དྲེགས་མི་བྱའོ། །ཞེས་སོགས་གསུངས། ནོར་བུའི་ཕྲེང་བའི་རྩ་ཚིག་འདི་ནི་བུ་ཆོས་འབྲོམ་རྒྱལ་བའི་འབྱུང་གནས་ཀྱི་སྐྱེས་རབས་བསྟན་པ་ལས། དགེ་བསྙེན་བཙུན་པར་ཇི་ལྟར་སྐྱེ་བ་བཞེས་པའི་སྐྱེས་རབས་བཅུ་པའི་རྩ་ཚིག་ཏུ་དྲངས་འདུག །

གསུམ། ཆོས་བྱེད་པ་དག་གིས་ལོག་པའི་འཚོ་བ་སྤངས་ཏེ་ཡང་དག་པའི་དཀའ་ཐུབ་ཀྱིས་འཚོ་བར་འཇུག་པ་གདམས་པ་ནི།

རྩ་བར།

ལོག་པའི་འཚོ་བ་སྤང་བྱ་ཞིང་། །
ཆོས་ཀྱི་འཚོ་བས་འཚོ་བར་བྱ། །

ཞེས་ལོག་པའི་འཚོ་བ་ལྔ་སྟེ། ཚུལ་འཆོས་དང་། ཁ་གསག །གཞོགས་སློང་། ཐོབ་ཀྱིས་འཇལ་བ། རྙེད་པས་རྙེད་པ་འཚོལ་བ་བཅས་སོ། །དེ་དག་གི་ངོ་བོ་ནི་ཚུལ་འཆོས་ཏེ་རང་ལ་ཡོན་ཏན་མེད་ཀྱང་ཡོད་པ་ལྟར་བཅོས་ནས་དད་པས་སྦྱིན་པ་འཚོལ་བ་དང་། ཁ་གསག་ནི་ཕ་རོལ་པོ་ལ་བསྟགས་པ་བརྗོད་པ་སོགས་ངོ་དགས་རྙེད་པ་འཚོལ་བ་དང་། གཞོགས་སློང་སྟེ་གོ་རྒྱུ་བཏང་ནས་ཡོང་ཐབས་བྱེད་པ། ཐོབ་ཀྱིས་འཇལ་བ་ནི་སྦྱིན་བདག་ཆེ་གེ་མོས་བདག་ལ་རྙེད་པ་འདི་ལྟ་བུ་བྱིན་གྱིས་ཁྱོད་ཀྱིས་ཀྱང་དགོས་སོ་ཞེས་ཟེར་ནས་དབང་ཡོད་བཏང་ནས་འཕྲོག་པ་དང་། རྙེད་པས་རྙེད་པ་འཚོལ་བ་སྟེ་ཆུང་ཆུང་ཕར་སྤྲད་ནས་ཆེན་པོ་ཚུར་ཡོང་ཐབས་བྱེད་པ་བཅས་ལྔ་དང་། ད་དུང་རྒྱུ་ནོར་ལ་ཆགས་ནས་གྲོང་ཚོང་བྱེད་པ། ལུས་ངག་སྤྱོད་པ་གླུ་གར་སོགས་ཉོན་མོངས་འཕེལ་བྱེད་ཀྱི་འཚོ་བ་དག་ལོག་འཚོ་ཡིན་པས་དེ་དག་སྤང་བྱ་བྱས་ཤིང་། དེ་སྤོང་བྱེད་ཀྱི་གཉེན་པོར་ཆོས་ཀྱི་འཚོ་བ་སྟེ་ཆོས་གོས་དང་། བསོད་སྙོམས། གནས་མལ་དག་ངན་ངོན་ཙམ་གྱིས་ཆོག་ཤེས་པ། སྤོང་བ་དང་སྒོམ་པ་ལ་དགའ་བ་དང་ཟས་གང་འདྲ་ཞིག་ལོངས་སུ་སྤྱོད་སྐབས་ཀྱང་(སློབ་དཔོན་འཕགས་པ་ཀླུ་སྒྲུབ་ཀྱིས། ཁ་ཟས་སྨན་དང་འདྲ་བར་རིགས་པ་ཡིས། །འདོད་ཆགས་ཞེ་སྡང་མེད་པར་བསྟེན་བགྱི་སྟེ། །རྒྱགས་ཕྱིར་མ་ལགས་བསྙེམས་པའི་ཕྱིར་མ་ལགས། །འཚག་ཕྱིར་མ་ལགས་ལུས་གནས་འབའ་ཞིག་ཕྱིར། །ཞེས་གསུངས།)ཆགས་པ་མེད་པར་ལུས་གནས་པ་ཕོ་ནའི་ཆེད་ཡིན་བསམ་པ་དང་། རབ་བྱུང་ཡིན་ན་བསླབ་གསུམ་རྣམ་དག་གང་ཉུང་རྒྱུད་ལ་ལྡན་པའི་སྒོ་ནས་དད་ཟས་ལ་ལོངས་སྤྱོད་པ་སོགས་ཆོས་ཀྱི་འཚོ་བ་དང་། དེ་དག་ལས་ལྡོག་པ་ལོག་འཚོ་ཡིན་ཏེ། ཁ་ཆེ་པཎ་ཆེན་(c.༡༡༢༧-༡༢༢༥)གྱིས་མཛད་པའི་སྙིང་གཏམ་བཅུ་གསུམ་པ་ལས། ཟས་ལ་སྲེད་པས་གྲོང་ཚོང་བྱེད་པ་རྣམས། །ལོག་འཚོའི་དུག་ཆུ་མ་འཐུང་སྙིང་

གཏམ་ཡིན། །དད་པས་བྱིན་པའི་ཁ་ཟས་འདྲེ་བ་ལ། །བསླབ་གསུམ་རྣམ་དག་གང་ཟུང་ལྡན་པར་འཚལ། །ཞེས་གསུངས་སོ། །འདིའི་གོང་གི་ཞུ་ལན་གྱི་ཚིག་རྐང་དྲུག་པོ་འདི་ནི་ཕ་ཆོས་ཞུས་ལན་ནོར་བུའི་ཕྲེང་བ་ལས། སྤང་བྱ་ཇི་ལྟར་སྤངས་ནས་དགེ་བ་ལ་འཇུག་པའི་རྩ་ཚིག་གམ་མདོར་བསྟན་ཡིན་ཞིང་། རྩ་ཚིག་འདི་དྲུག་ལ་བརྟེན་ཏེ་ཕ་ཆོས་ལེའུ་བདུན་པར་སྤང་བྱ་ཇི་ལྟར་སྤངས་ཚུལ་རྒྱས་པར་བསྟན་འདུག །

དྲུག་པ། འཇིག་རྟེན་འཁོར་བའི་ཟང་ཟིང་ལ་ཆགས་པ་སྤངས་ཏེ་འཕགས་པའི་ཟད་པ་མེད་པའི་ནོར་བླང་བར་གདམས་པ་ནི།

རྩ་བར།

ཟང་ཟིང་ཐམས་ཅད་སྤང་བྱ་ཞིང་[①] །
འཕགས་པའི་ནོར་གྱིས་བརྒྱན་པར་བྱ། །

ཞེས་སྨིང་ནས་ཆོས་དོན་དུ་གཉེར་མཁན་ཞིག་ཡིན་ཕྱིར་ལུས་འཚོ་བའི་རྟེན་དུ་ཟས་གོས་གནས་མལ་ངན་ངོན་ཙམ་ཞིག་ལས། ཁང་ཞིང་སྒོ་ཟོག་ལ་སོགས་པའི་ཟང་ཟིང་གི་ནོར་རྫས་སོགས་ཚེ་འདིའི་རྒྱུ་ནོར་ལོངས་སྤྱོད་ཐམས་ཅད་སྤང་བྱའམ་དོར་བྱར་བྱས་ཏེ། སོ་སྐྱེ་ཕལ་པ་ལས་ཁྱད་དུ་འཕགས་པའི་གང་ཟག་དག་གི་ཉམས་སུ་བླང་བྱའི་ནོར་བདུན་ཏེ་དད་པ་དང་། ཚུལ་ཁྲིམས། ཐོས་པ། གཏོང་བ། ངོ་ཚ་ཤེས་པ། ཁྲེལ་ཡོད་པ། ཤེས་རབ་སྟེ་འཕགས་ནོར་བདུན་པོས་སྒོ་གསུམ་མཛེས་པར་བྱ་དགོས་ཏེ། ཟང་ཟིང་གི་ནོར་དོན་དུ་གཉེར་བ་ནི་ཁེ་ཆུང་ལ་ཉེན་ཆེ་བའི་ཕྱིར་དང་། འཕགས་པའི་ནོར་གྱིས་བླ་ན་མེད་པའི་བདེ་བའི་ལམ་དུ་ཁྲིད་པའི་ཕྱིར་ཞེས་པའོ། །ཕ་ཆོས་ལས། ཟང་ཟིང་

① སྡེ་དགེ་བསྟན་འགྱུར་དབུ་མ། ཁི། (རྣམ་སྤང་ཞིང་། །)

སྒྱུ་མའི་ནོར་ཞེས་པ། །སྙིང་པོ་མེད་ལ་འཕེལ་འགྲིབ་ཆེ། །ཞེས་སོགས་ཟང་ཟིང་གི་ནོར་གྱི་ཉེས་དམིགས་དང་འཕགས་པའི་ནོར་གྱི་ཡོན་ཏན། འཚོ་བ་བསོད་སྙོམས་ལ་རོལ་སྐབས་རྟེན་འཁར་གསིལ་གྱི་འཆང་ལུགས་དང་མཚོན་དོན་བཅས་ཚོགས་བཅད་མང་དུ་གསུངས་པའི་མཐར། འཁྲོམ་གྱི་ཞལ་ནས། ཇོ་བོ་ཆེན་པོ་ལགས། དེ་རིང་བསྟན་བཅོས་ཆེན་པོ་ཞིག་ཐོས། ཟང་ཟིང་སྤྱངས་ནས་ཆེ་འདིའི་འདུན་མར་མ་ཤོར་བར་ནམ་ཞག་གཏན་གྱི་འདུན་མ། འཕགས་པའི་ནོར་བདུན་གྱིས་བྱ་དགོས་པ་ཡིན་ཏེ། ཐམས་ཅད་འཁར་གསིལ་གྱིས་གསལ་བར་བྱས། ཞེས་གསུངས་སོ། །ཚིག་རྐང་འདི་ནི་ཕ་ཆོས་ཞུས་ལན་ནོར་བུའི་ཕྲེང་བ་ལས། འཕགས་པའི་ནོར་དང་འཁར་གསིལ་གྱི་ལེའུ་ཡི་མདོར་བསྟན་ནམ་རྩ་ཚིག་དང་། ཕ་ཆོས་ལེའུ་བརྒྱད་པར་དེ་དག་གི་དོན་རྒྱས་པར་བཤད་དོ། །རྩ་ཚིག་འདི་དང་གོང་གི་ལོག་པའི་འཚོ་བ་སྤང་བྱ་ཞིང་། །ཆོས་ཀྱི་འཚོ་བས་འཚོ་བར་བྱ། །ཞེས་པའི་ཚིག་རྐང་བཞི་ནི་བུ་ཆོས་འཁྲོམ་རྒྱལ་བའི་འབྱུང་གནས་ཀྱི་སྐྱེས་རབས་བསྟན་པ་ལས་རྩ་ཚིག་འདི་བཞི་དྲངས་ཏེ། ཁྱེའུ་ནོར་བུ་བཟང་པོར་ཇི་ལྟར་སྐྱེ་བ་བཞེས་པའི་བུ་ཆོས་སྐྱེས་རབས་བཅུ་གཅིག་པ་བསྟན་འདུག །

བདུན་པ། ལུས་ངག་རྣམ་པར་དག་པ་གདམས་པ། འདི་ལ་གཉིས།

གཅིག །ལུས་རྣམ་པར་དག་པ་གདམས་པ་ནི།

རྩ་བར།

འདུ་འཛི་ཐམས་ཅད་སྤང་བྱ་ཞིང་། །[1]

དགོན་པ་ལ་ནི་གནས་པར་བྱ། །

ཞེས་ཕྱི་ལུས་ཀྱི་འདུ་འཛི་དང་ནང་རྣམ་རྟོག་གི་འདུ་འཛི་ཐམས་ཅད་

① སྣེ་དགེ་བསྟན་འགྱུར་དབུ་མ། ཁི། (རྟག་ཏུ་འདུ་འཛི་སྤང་བྱ་ཞིང་། །)

སྤྱངས་ཤིང་། སྒོ་གསུམ་གྱི་མི་དགེ་བ་དང་ཐེག་དམན་ཡིད་བྱེད་ཀྱིས་དབེན་པའི་དགོན་པ་བྱང་ཆུབ་ཀྱི་སེམས་ཐབས་སྙིང་རྗེ་ཆེན་པོ་ལ་བརྟེན་ཏེ་རང་གཅིག་པུར་ཞི་བདེ་དོན་གཉེར་དང་ལུང་མ་བསྟན་གྱི་ལྟ་བ་དོར་ཏེ་ཐེག་ཆེན་ཉིད་ལ་གནས་པར་བྱ་དགོས་ཏེ། ཕ་ཆོས་ལས། གནས་འདིའི་འདུ་འཛི་རབ་སྤངས་པའི། །མ་དག་རབ་དབེན་དགོན་པ་ཡིན། །ཞེས་དང་། བུ་ཆོས་སྐྱེས་རབས་བཅུ་གཉིས་པ་ལས། འདིའི་ལུགས་ཀྱི་དགོན་པ་ནི་ལུས་དབེན་པ་ལ་མི་བྱེད། གནས་འགོལ་བ་ལ་མི་བྱེད། རྣམ་པ་ནས་རྣམ་པ་ཐམས་ཅད་དུ་ཐེག་པ་ཆེན་པོ་འབའ་ཞིག་གི་གནས་སུ་བཞུགས་ཏེ། ཐེག་དམན་དང་། ལུང་མ་བསྟན་གྱི་སེམས་རྣམ་པ་ཐམས་ཅད་དུ་མི་བྱེད་པའོ། །ཞེས་གསུངས་སོ། །ཚིག་རྐང་འདི་གཉིས་ནི་བུ་ཆོས་འབྲོམ་རྒྱལ་བའི་འབྱུང་གནས་ཀྱི་སྐྱེས་རབས་བསྟན་པ་ལས་རྩ་ཚིག་འདི་དྲངས་ཏེ། ཁྱེའུ་ཟླ་བར་ཇི་ལྟར་སྐྱེ་བ་བཞེས་པའི་བུ་ཆོས་སྐྱེས་རབས་བཅུ་གཉིས་པ་བསྟན་འདུག །

གཉིས། ངག་རྣམ་པར་དག་པར་གདམས་པ་ནི།

རྩ་བར།

འཁྲུལ་བའི་[①]ཚིག་རྣམས་སྤང་བྱ་ཞིང་། །

རྟག་ཏུ་ངག་ནི་བསྲམ་པར་བྱ། །[②]

ཞེས་འཁྲུལ་བའི་ཚིག་སྟེ་(བུ་སྟོན་རིན་ཆེན་(༡༢༩༠-༡༣༦༤)གྲུབ་ཀྱིས། རང་ཉིད་གྲགས་འདོད་ཕ་རོལ་དམའ་དབབ་འདོད། །གཡོ་སྒྱུའི་སྤྱོད་པ་ཚིག་རྩུབ་ངན་སེམས་ཅན། །ངག་འཁྲུལ་སྣ་ཚོགས་སྨྲ་ཞིང་གཞན་རྒྱུད་བསླེག །དེ་ལྟར་སྤྱོད་པ་འདི་ཡང་དམྱལ་བའི་རྒྱུ། །ཞེས་གསུངས།)གཡོ་སྒྱུའི་བསམ་པས་

① སྡེ་དགེ་བསྟན་འགྱུར་དབུ་མ། ཁི། ཞོལ་པ་ཆོས། (པའི་)

② སྡེ་དགེ་བསྟན་འགྱུར་དབུ་མ། ཁི། (ངག་རྣམས་རྟག་ཏུ་བསྲམ་པར་བྱ། །)

རང་ཉིད་གྲགས་འདོད་དང་གཞན་དམའ་དབབ་འདོད་ཀྱིས་དོན་མེད་ཚིག་རྩུབ་ངག་འཁྱལ་བཅས་མི་དགེ་བའི་ངག་ཐམས་ཅད་སྤང་བྱར་བལྟས་ནས་དུས་དང་གནས་སྐབས་ཐམས་ཅད་དུ་དགེ་བ་ལ་བར་དུ་གཅོད་པའི་ངག་མཐའ་དག་བསྡམས་ཏེ་གནས་གང་དུ་བཞུགས། གྲོགས་སུ་དང་འགྲོགས། སྤྱོད་ལམ་ཅི་བྱེད་ཀྱང་ཆོས་ཀྱི་གཏམ་འབའ་ཞིག་ལས་ངག་འཁྱལ་བའི་གཏམ་གང་ཡང་སྨྲ་བར་མི་བྱའོ། །ངག་འཆལ་གྱིས་རང་གི་རྒྱུད་དཀྲུགས་གཞན་གྱི་རྒྱུད་བསྙོགས་ནས་སེམས་དགེ་བའི་ཕྱོགས་སུ་བསྒོལ་བ་ལ་ལས་སུ་མི་རུང་བ་བྱེད་པར་མ་ཟད་ཕྱི་མ་དམྱལ་བའི་རྒྱུ་བྱེད་པའི་ཕྱིར་དུས་རྟག་ཏུ་ངག་འཁྱལ་དེ་དག་ལས་བསྡམ་པར་གདམས་སོ། །ཕ་ཆོས་ལས། འཁྱིལ་ཚིག་རབ་དབེན་དགོན་པ་ཡིན། །ཕྱི་ངག་བསྡམས་ཏེ་ནང་དུ་ཧྲཱིཿགཉིས་མེད་དབྱིངས་སུ་བཞུགས་སུ་གསོལ། །ཞེས་གསུངས་སོ། །ཞུ་ལན་གྱི་རྩ་ཚིག་འདི་ནི་བུ་ཆོས་འཕྲོམ་རྒྱལ་བའི་འབྱུང་གནས་ཀྱི་སྐྱེས་རབས་བསྟན་པ་ལས། ཁྱེའུ་རིན་ཆེན་སྙིང་པོར་ཇི་ལྟར་སྐྱེ་བ་བཞེས་པའི་སྐྱེས་རབས་བཅུ་གསུམ་པ་བསྟན་པའི་རྩ་ཚིག་གོ །རྩ་ཚིག་འདི་དང་གོང་གི་ཚིག་རྐང་འདུ་འཛི་ཐམས་ཅད་སྤང་བྱ་ཞིང་། །དགོན་པ་ལ་ནི་གནས་པར་བྱ། །ཞེས་ཚིག་རྐང་བཞིས་ནི་ཕ་ཆོས་ཞུས་ལན་ནོར་བུའི་ཕྲེང་བ་ལས། རྣམ་པར་དག་པའི་སླུའི་རྩ་ཚིག་གམ་མདོར་བསྟན་ཡིན་ཞིང་། རྩ་ཚིག་འདི་ལ་བརྟེན་ཏེ་ཕ་ཆོས་ལེའུ་དགུ་པར་རྣམ་པར་དག་པའི་སླུ་རྒྱས་པར་བཤད་དོ། །

བརྒྱད་པ། ཡ་རབས་གུས་ལུགས་དང་འདུ་ཤེས་ཕུན་སུམ་ཚོགས་པར་གདམས་པ་ནི།

རྩ་བར།

 བླ་མ་མཁན་པོ་མཐོང་བའི་ཚེ། །

གུས་པར་[①]རིམ་གྲོ་བསྐྱེད་པར་བྱ། །
གང་ཟག་ཆོས་ཀྱི་མིག་ཅན་དང་། །
ལས་དང་པོ་པའི་སེམས་ཅན་ལ། །
སྟོན་པའི་འདུ་ཤེས་བསྐྱེད་[②]པར་བྱ། །
སེམས་ཅན་ཐམས་ཅད་མཐོང་བའི་ཚེ། །
ཕ་མ་བུ་ཚའི་འདུ་ཤེས་བསྐྱེད། །

ཅེས་ལུང་ཁྲིད་མན་ངག་སོགས་གནང་མཁན་གྱི་བླ་མ་དགེ་བའི་བཤེས་གཉེན་དང་། སོ་ཐར་གྱི་སྡོམ་པ་འདོགས་མཁན་གྱི་མཁན་པོ་དག་མཐོང་བའམ་མཇལ་བའི་དུས་ཡིད་དྭངས་པའི་སེམས་ཀྱིས་སངས་རྒྱས་སུ་བལྟས་ནས་མ་གུས་པ་མཐའ་དག་སྤངས་ཏེ། ལུས་ལོངས་སྤྱོད་སོགས་ཀྱི་བསྙེན་བཀུར་ཞབས་ཏོག་རིམ་གྲོ་ཕུན་སུམ་ཚོགས་པ་བསྐྱེད་པར་བྱ་བ་དང་། གཞན་ཡང་གང་ཟག་ཆོས་ཀྱི་མིག་ཅན་ཏེ་འཕགས་པའི་བདེན་པ་བཞི་མངོན་སུམ་དུ་མཐོང་བའི་འཕགས་པའི་གང་ཟག་དང་། ལས་དང་པོ་བ་སོ་སོའི་སྐྱེ་བོ་ཐམས་ཅད་ལ་དམིགས་ནས་སངས་རྒྱས་ཐོབ་པ་ནི་འདི་དག་མེད་ན་མི་འབྱུང་བའི་འབྲེལ་བ་(རྒྱལ་སྲས་ཆེན་པོ་ཞི་བ་ལྷས་ཀྱང་། སེམས་ཅན་རྣམས་དང་རྒྱལ་བ་ལས། །སངས་རྒྱས་ཆོས་འགྲུབ་འདྲ་བ་ལ། །རྒྱལ་ལ་གུས་བྱ་དེ་བཞིན་དུ། །སེམས་ཅན་ལ་མིན་ཅི་ཡི་ཚུལ། །ཞེས་གསུངས།)ཅན་ཡིན་ནོ། །དེའི་ཕྱིར་ན་འདི་དག་ལ་སངས་རྒྱས་གནས་སོ། །ཞེས་སྟོན་པའི་འདུ་ཤེས་བསྒོམས་དགོས་སོ། །ཡང་ན་སེམས་ཅན་ཐམས་ཅད་གང་དང་གང་མཐོང་ཡང་སྐྱེས་པ་རང་ལས་རྒན་པ་རྣམས་ལ་འདི་དག་ནི་བདག་གི་ཕའོ། །བུད་མེད་རྒན་པ་

① སྟེ་དགེ་བསྟན་འགྱུར་དབུ་མ། ཁི། (པས་)
② དགའ་ལྡན་ཕུན་ཚོགས་གླིང་ཕ་ཆོས། (བསྐྱུད་)

རྣམས་ལ་མངོ། །ན་ཚོད་ཆུང་བ་དག་བུ་ཚོའོ། །མཉམ་པ་རྣམས་སྤུན་ཟླ་སོགས་ཀྱི་འདུ་ཤེས་ལན་གཅིག་གཉིས་མ་ཡིན་པར་ཉིན་མཚན་དུས་དྲུག་ཏུ་བསྐྱེད་དེ་སྒོམས་ཞེས་སྐུལ་བའོ། །འདི་ནི་ཕ་ཆོས་ཞུས་ལན་ནོར་བུའི་ཕྲེང་བ་ལས། བཀའ་བསྐྱངས་དང་མཐོང་ཚུལ་ཕུན་སུམ་ཚོགས་པ་བསྟན་པའི་མདོར་བསྟན་ནམ་རྩ་ཚིག་ཡིན་ཞིང་། རྩ་ཚིག་འདི་དག་ལ་བརྟེན་ཏེ་ཕ་ཆོས་ལེའུ་བཅུ་པར་བཀའ་བསྐྱངས་དང་མཐོང་ཚུལ་ཕུན་སུམ་ཚོགས་པ་རྒྱས་པར་བཤད་ཅིང་། ད་དུང་རྩ་ཚིག་འདི་དག་བུ་ཆོས་འཁྲོམ་རྒྱལ་བའི་འབྱུང་གནས་ཀྱི་སྐྱེས་རབས་བསྟན་པ་ལས། ཁྲིའུ་པདྨར་ཇི་ལྟར་སྐྱེ་བ་བཞེས་པའི་སྐྱེས་རབས་བཅུ་བཞི་པ་བསྟན་པའི་རྩ་ཚིག་ཏུ་དྲངས་འདུག །

དགུ་པ། དམ་པ་དང་དམ་པའི་སྤྱོད་པ་ཇི་ལྟར་སྤྱོད་ཚུལ་ལ་གདམས་པ་ནི། རྩ་བར།

སྡིག་པའི་གྲོགས་པོ་སྤང་བྱ་ཞིང་། །
དགེ་བའི་བཤེས་གཉེན་བསྟེན་པར་བྱ། །
སྡང་དང་མི་བདེའི་སེམས་[①]སྤང་ཞིང་། །
གང་དུ་བདེ་བར་འགྲོ་བར་བྱ། །

ཞེས་དགེ་བ་ལ་བར་དུ་གཅོད་པའི་སྡིག་པའི་གྲོགས་པོ་དང་འགྲོགས་པར་སྤང་བྱར་ལྟས་ཏེ་དེའི་གཉེན་པོར་དགེ་བའི་བཤེས་གཉེན་མཚན་ཉིད་ཚང་བ་བསམ་སྦྱོར་གཉིས་ཀྱི་སྒོ་ནས་བསྟེན་པར་བྱ་དགོས་ཏེ། སྔ་མས་ནི་རང་གི་སྒོ་གསུམ་མི་དགེའི་ལས་ལ་སྦྱོར་ཞིང་ཕྱི་མས་ནི་རང་གི་ལེགས་ཚོགས་ཐམས་ཅད་འབྱུང་བའི་གཞི་བྱེད་པའི་ཕྱིར་རོ། །གཞན་ཡང་དགྲ་ལ་སྡང་ཞིང་

① སྡེ་དགེ་བསྟན་འགྱུར་དབུ་མ། ཀི། (ས་)

གཉེན་ལ་བྱམས་པའི་ཆགས་སྡང་ཅན་གྱི་བློ་རང་གཞན་མི་བདེ་བར་སྐྱེ་བྱེད་ཀྱི་སེམས་སྟངས་ཏེ་ཡུལ་དུས་གནས་སྐབས་གང་དུ་ཡང་སྡང་བའི་སེམས་ཞི་སྟེ་འགྲོ་བ་སེམས་ཅན་ཐམས་ཅད་ལ་བདེ་བ་དང་ལྡན་འདོད་ཀྱི་བྱམས་པའི་སེམས་ཀྱིས་མངོན་མཐོ་དང་ངེས་ལེགས་ཀྱི་ཕྱོགས་སུ་འགྲོ་བར་བྱ་ཞེས་པའི་དོན་ནོ། །ཕ་ཆོས་ལས། ཐར་པའི་སྲོག་དང་འབྲེལ་བ་དང་། །ཤན་པ་དེ་ནི་སྡིག་གྲོགས་ཡིན། །དངོས་དང་མཚན་མས་འཆིང་བ་ཡི། །ཐག་པ་དེ་ནི་སྡིག་གྲོགས་ཡིན། །ཞེས་དང་། ཡང་དེ་ཉིད་ལས། ཐར་པའི་ཡོན་ཏན་རབ་སྟོན་ཅིང་། །འཁོར་བའི་ཉེས་དམིགས་རབ་ཏུ་སྟོན། །སྤང་དང་བླང་བྱའི་ཐབས་བསྟན་པ། །དགེ་བའི་བཤེས་གཉེན་ཡིན་པས་བསྟེན། །ཅེས་དང་། མུ་སྟེགས་ལོག་པའི་ལམ་ཞུགས་པ། །སངས་རྒྱས་བསྟན་ལ་རབ་ཏུ་སྡང་། །འཛིན་བྱེད་དགེ་འདུན་རྣམས་ལ་སྡང་། །དེ་འདྲའི་གནས་དེ་མི་བདེའི་གནས། །དེས་ན་མི་བདེའི་སེམས་འབྱུང་བས། །སྡང་དང་མི་བདེའི་སེམས་སྟངས་ལ། །དེ་ཡི་དབེན་པའི་གནས་སུ་འགྲོ། །ཞེས་སོགས་གསུངས་སོ། །ཞུ་ལན་གྱི་ཚ་ཚིག་འདི་ནི་ཕ་ཆོས་ལས། དམ་པ་དང་དམ་པའི་སྤྱོད་པ་ཇི་ལྟར་སྐྱོང་བའི་མདོར་བསྟན་ནམ་ཚ་ཚིག་ཡིན་ཞིང་། ཚ་ཚིག་འདི་དག་ལ་བརྟེན་ནས། ཕ་ཆོས་ལེའུ་བཅུ་གཅིག་པར་དམ་པ་དང་དམ་པའི་སྤྱོད་པ་ཇི་ལྟར་སྐྱོང་ཚུལ་རྒྱས་པར་བཤད་ཅིང་། ཚ་ཚིག་འདི་ཇོ་འབྲོམ་རྣམ་གཉིས་ཐང་པོ་ཆེ་ནས་སྙེ་ཐང་དུ་བྱོན་པའི་དུས་སུ་གསུངས་སོ། །ཚིག་རྐང་དང་པོ་གཉིས་ཏེ། སྡིག་པའི་གྲོགས་པོ་སྤང་བྱ་ཞིང་། །དགེ་བའི་བཤེས་གཉེན་བསྟེན་པར་བྱ། །ཞེས་པ་འདི་ནི་བུ་ཆོས་འབྲོམ་སྟོན་རྒྱལ་བའི་འབྱུང་གནས་ཀྱི་སྐྱེས་རབས་བསྟན་པ་ལས། ཁྱེའུ་འོད་ཟེར་དུ་ཇི་ལྟར་སྐྱེ་བ་བཞེས་པའི་སྐྱེས་རབས་བཅོ་ལྔ་པ་བསྟན་པའི་ཚ་ཚིག་ཏུ་དྲངས་

འདུག །

བཅུ་པ། འདོད་པའི་འདམ་ལས་བརྗེས་བཅངས་ཇི་ལྟར་བྱ་བར་གདམས་པ་ནི།

རྩ་བར།

གང་ལའང་[①]ཆགས་པ་སྤང་བྱ་ཞིང་། །
ཆགས་པ་མེད་པར་གནས་པར་བྱ། །
ཆགས་པས་བདེ་འགྲོའང་[②]མི་ཐོབ་ཅིང་། །
ཐར་པའི་སྲོག་ཀྱང་གཅོད་པར་བྱེད། །

ཅེས་དེ་ལྟར་མངོན་མཐོ་དང་ངེས་ལེགས་ཐོབ་པར་འདོད་པ་ལ་ཚེ་འདིའི་གཉེན་ཉེ་དུ་དང་གཏམ་སྙན་གྲགས། བསྙེན་བཀུར་སོགས་གང་ལའང་ཆགས་པ་སྤང་བྱར་ལྟ་ཞིང་། དམིགས་པ་སེམས་ཅན་ཐམས་ཅད་ལ་ཉེ་རིང་ཆགས་སྡང་མེད་པར་བཏང་སྙོམས་ཀྱིས་བྱམས་པ་ལ་གནས་པར་བྱ་དགོས། དེ་ལྟར་མ་ཡིན་པ་ཚེ་འདིའི་གཉེན་ཉེ་དུ་ཡུལ་ཁང་ཁྱིམ་སོགས་ལ་ཆགས་ན་ཐམས་ཅད་མཁྱེན་པའི་གོ་འཕང་ལྟ་ཅི་སྨོས་ཐར་པའི་སྲོག་ཀྱང་གཅོད་པ་མ་ཟད་བདེ་འགྲོ་ཙམ་ཡང་ཐོབ་མི་ནུས་ཞེས་པའི་དོན་ནོ། །ཕ་ཆོས་ལས། བཟང་པོ་དང་ནི་ངན་པ་དང་། །སྤང་བྱ་དང་ནི་གཉེན་པོ་སྟེ། །གང་ལ་ཆགས་བྱེད་འཆིང་བར་བྱེད། །དེ་བས་གང་ལའང་ཆགས་པ་སྤང་། །ཞེས་དང་། གལ་ཏེ་བཟང་ལ་ཆགས་གྱུར་ན། །ཐར་པའི་སྲོག་དང་འབྲེལ་བར་བྱེད། །གལ་ཏེ་ངན་ལ་ཆགས་གྱུར་ན། །མཐོ་རིས་བདེ་འགྲོའི་སྲོག་དང་འབྲེལ། །ཞེས་གསུངས། འབྲོམ་སྟོན་པའི་ཞང་འཕྲང་

① སྡེ་དགེ་བསྟན་འགྱུར་དབུ་མ། ཁི། (ལ་)
② སྡེ་དགེ་བསྟན་འགྱུར་དབུ་མ། ཁི། (འགྲོ་)

ཁ་ཟེར་ཚུང་གི་སྒྲིངས་ཡིག་ཕྱི་མ་ལས་ཀྱང་། ཆགས་ན་ལྷ་ལ་ཆགས་ཀྱང་མི་གྲོལ་ཏེ། །ཞེན་ན་ཆོས་ལ་ཞེན་ཀྱང་འཆིང་བའི་རྒྱུ། །ཕྱུག་པོ་གསེར་སྲུང་སྟོང་ལ་ཆགས་པ་དང་། །དབུལ་པོ་ཁབ་སྐུད་ཙམ་ལ་ཆགས་པ་གཉིས། །ཐར་བའི་བར་དུ་གཅོད་ལ་ཁྱད་པར་མེད། །ཅེས་གསུངས་པ་ལྟར་ཅི་ལའང་ཞེན་ཆགས་མེད་པར་བྱའོ། །ཞུས་ལན་གྱི་ཚ་ཚིག་འདི་ནི་ཕ་ཆོས་ལས། འདོད་པའི་འདམ་ལས། བརྗེས་བཙངས་(ཆུ་བརྒྱལ་སྐབས་གོས་ལག་པས་བརྗེས་ནས་བཙངས་བའི་དོན་ཏེ། དཔེ་ཆོས་རིན་ཆེན་སྤུངས་པ་ལས། ཨོ་སྐོལ་ཆུ་བརྒྱལ་ཐེངས་གཅིག་ལ། བརྗེས་བཙངས་ལན་གཉིས་མི་འོང་བས། བྱང་ཆུབ་སྒྲུབ་པ་ཆབས་ཅིག་པ་ལ། ལས་དང་པོ་པ་རང་ནས་ཐེག་པ་ཆེན་པོ་ལ་བློ་སྦྱོང་བ་ལ་སློབ་དགོས་གསུངས་སོ། །འདིས་དཔེ་དོན་གཉིས་ཀ་བསྟན་ཏོ། །)ཇི་ལྟར་བྱ་བའི་མདོར་བསྟན་ནས་ཚ་ཚིག་ཡིན་ཞིང་། ཚ་ཚིག་འདི་དག་ལ་བརྟེན་ནས་ཕ་ཆོས་ལེའུ་བཅུ་གཉིས་པར་འདོད་པའི་འདམ་ལས། བརྗེས་བཙངས་ཇི་ལྟར་བྱ་བ་རྒྱས་པར་བསྟན་ཅིང་། ད་དུང་ཚིགས་བཅད་ཤོ་ལོ་ཀ་འདི་དང་གོང་གི་སྣང་དང་མི་བདེའི་སེམས་སྐྱང་ཞིང་། །གང་དུ་བདེ་བར་འགྲོ་བར་བྱ། །ཞེས་པའི་ཚིག་རྐང་འདི་གཉིས་བཅས་ནི་བུ་ཆོས་འཁྲིམ་རྒྱལ་བའི་འབྱུང་གནས་ཀྱི་སྐྱེས་རབས་བསྟན་པ་ལས། ཁྱིའུ་བྱམས་པར་ཇི་ལྟར་སྐྱེ་བ་བཞེས་པའི་སྐྱེས་རབས་བཅུ་དྲུག་པ་བསྟན་པའི་ཚ་ཚིག་ཏུ་དྲངས་འདུག །

བཅུ་གཅིག་པ། བྱ་བ་གང་བརྩམས་ཀྱང་གོ་རིམ་མ་འཁྲུགས་པར་སྔ་མ་མཐར་ཕྱིན་རྗེས་ཕྱི་མར་འཇུག་པའི་རྣམ་ཐར་གཙང་མ་སྐྱོང་བར་གདམས་པ་ནི།

རྩ་བ་ལས།

གང་དུ་བདེ་[1]བའི་ཆོས་མཐོང་བ། །

① སྡེ་དགེ་བསྟན་འགྱུར་དབུ་མ། ཁི། (དགེ་)

དེར་ནི་རྟག་ཏུ་འབད་པར་བྱ། །
ཐོག་མར་①བརྩམས་པ་གང་ཡིན་པ། །
དང་པོར་②དེ་ཉིད་བསྒྲུབ་བྱ་སྟེ③། །
དེ་ལྟ་ན་ནི་ཀུན་ལེགས་བྱས། །
གཞན་དུ་གཉིས་ཀ་འགྲུབ་མི་འགྱུར། །

ཞེས་ཚེ་འདི་ཕྱི་གཉིས་དང་གང་ཟག་རང་གཞན་གཉིས་སོགས་གང་གི་དོན་སྒྲུབ་ན་འབྲས་བུ་བདེ་བ་འབྱུང་བའི་རྒྱུའི་ཆོས་སུ་མཐོང་བ་དེར་དུས་རྟག་ཏུ་འབད་བརྩོན་ལྷོད་པ་མེད་པར་བྱེད་པ་མ་ཟད་དེ་ཡང་རྣམ་གྲོལ་སྒྲུབ་པའི་གང་ཟག་ཅིག་ལ་མཚོན་ན། ཐོག་མར་སྐྱེས་བུ་ཆུང་ངུ་དང་རིམ་འབྱུང་བྱང་སེམས་སོགས་ཐུན་མོང་བའི་ལམ་གང་ཡིན་པ་དེ་ཉིད་དང་པོར་བསྒྲུབ་པར་བྱ་སྟེ། དེ་ནས་རིམ་བཞིན་གསང་སྔགས་རྡོ་རྗེའི་ཐེག་པ་བཅས་ཉམས་སུ་དེ་ལྟར་བླང་ན་ནི་འཐོབ་བྱ་མཐར་ཐུག་ཀུན་མཁྱེན་རྒྱལ་བའི་གོ་འཕང་ལེགས་པར་ཐོབ་པ་བྱ་ནུས་ཀྱི། དེ་ལས་གཞན་དང་པོར་སྐྱེས་བུ་ཆུང་ངུ་དང་རིམ་འབྱུང་བྱང་སེམས་སོགས་ལ་གོ་བ་ཙམ་ཡང་མ་ཆགས་པར་གསང་སྔགས་སོགས་ལ་འཇུག །དེ་ནས་སྐྱེས་བུ་གསུམ་གྱི་ལམ་ལ་འཇུག་ན་ཐོག་མར་བརྩམས་པའི་དོན་འབྲས་བུ་གསང་སྔགས་རྡོ་རྗེའི་ཐེག་པ་དང་མཇུག་ཏུ་བརྩམས་པའི་དོན་རྒྱུ་ཕ་རོལ་ཏུ་ཕྱིན་པའི་ཐེག་པ་གཉིས་ཀ་གང་ཡང་འགྲུབ་པ་མི་འགྱུར་ཞེས་པའི་དོན་ནོ། །ཡང་ན་ཐོག་མར་བརྩམས་པའི་བྱ་བ་གང་ཡིན་པ་དེ་མཐར་ཕྱིན་རྗེས་བྱ་བ་གཞན་བརྩམ་ན་སྔ་ཕྱིའི་བྱ་བ་ཀུན་ལེགས་པར་བྱས་ནུས་པས

① སྡེ་དགེ་བསྟན་འགྱུར་དཔེ་མ། ཕི། (མ་)
② སྡེ་དགེ་བསྟན་འགྱུར་དཔེ་མ། ཕི། (པོ་)
③ དགའ་ལྡན་ཕུན་ཚོགས་གླིང་པ་ཆོས། (ལྟ། །)

བཟང་བ་དང་། དེ་ལས་ལྡོག་ན་བྱ་བ་གཉིས་ཀ་འགྲུབ་པ་མི་འགྱུར་ཞེས་པའི་དོན་དུ་གོ་ན་ཡང་ཆོག་འདུག །ཕ་ཆོས་ལས། གང་དུ་བདེ་བ་མཐོང་བ་དེར། །སྤྲོ་བར་མཛད་དེ་ཞིང་དེར་ཕྱིན། །ཐེ་ཚོམ་སྐྱེས་ན་མི་འགྲུབ་རྒྱུ། །དང་པོར་གང་བསམས་བཟང་མཐར་སྐྱོལ། །དེ་ནས་རིམ་གྱིས་ཐམས་ཅད་འགྲུབ། །གཞན་དུ་གཅིག་ཀྱང་འགྲུབ་མི་འགྱུར། །ཞེས་གསུངས་སོ། །འདི་ནི་ཕ་ཆོས་ཞུས་ལན་ནོར་བུའི་ཕྲེང་བ་ལས། རྣམ་ཐར་གཙང་མ་ཇི་ལྟར་ཞུས་པའི་མདོར་བསྟན་ནས་རྩ་ཚིག་ཡིན་ཞིང་། རྩ་ཚིག་འདི་ལ་བརྟེན་ཏེ་ཕ་ཆོས་ལེའུ་བཅུ་གསུམ་པར་རྣམ་ཐར་གཙང་མ་ཇི་ལྟར་ཞུས་ཚུལ་རྒྱས་པར་བཤད་ཅིང་། ད་དུང་རྩ་ཚིག་འདི་བུ་ཆོས་འཁྲོམ་རྒྱལ་བའི་འབྱུང་གནས་ཀྱི་སྐྱེས་རབས་བསྟན་པ་ལས། རྒྱལ་བུ་སེང་གེའི་སྒྲར་ཇི་ལྟར་སྐྱེ་བ་བཞེས་པའི་སྐྱེས་རབས་བཅུ་བདུན་པ་བསྟན་པའི་རྩ་ཚིག་ཏུ་དྲངས་འདུག །

བཅུ་གཉིས་པ། སྡུག་བསྔལ་གྱི་རྩ་བ་བཅད་དེ་ཕྱིར་རྒོད་མཉམ་པ་ཉིད་དུ་བསྒོམ་པར་གདམས་པ་ནི།

རྩ་བར།

ཧག་ཏུ་སྡིག་དང་དགའ་བྲལ་བས། །[1]
གང་དུ་མཐོ་བའི་སེམས་བྱུང་ཚོ། །
དེ་ཚེ་ང་རྒྱལ་བཅག་བྱ་ཞིང་། །
བླ་མའི་གདམས་ངག་དྲན་པར་བྱ། །
ཞུམ་པའི་སེམས་ནི་བྱུང་བའི་ཚོ། །
སེམས་ཀྱི་གཟེངས་ནི་བསྟོད་པར་བྱ། །

① སྡེ་དགེ་བསྟན་འགྱུར་དབུ་མ། ཁི། (ཧག་ཏུ་སྡིག་ལ་དགའ་བྲལ་བྱ། །)

གཉིས་ཀ་སྟོང་པ་ཉིད་དུ་བསྒོམ། །[1]

ཞེས་ཏིང་ངེ་འཛིན་སྒོམ་པའི་སྐབས་སེམས་ཧ་ཅང་བསྒྲིམས་ཆེ་ན་རྒོད་པའི་ཉེན་ཁ་དང་། ཡང་སེམས་ལྷོད་ཆེ་ན་བྱིང་བའི་ཉེན་ཡོད་པས་བྱིང་རྒོད་མཉམ་པ་ཉིད་དུ་བསྒོམ་དགོས། བཅོམ་ལྡན་འདས་ཀྱིས་དཔེར་པི་ཝང་གི་རྒྱུད་པ་ཧ་ཅང་དམ་མ་དྲགས་ལྷོད་མ་དྲགས་རན་པོ་ཞིག་ཡོད་ན་སྐད་སྙན་པོ་ཡོད་པའི་དཔེ་ལྟར་དགོས་པར་གསུངས་པས་དུས་རྟག་ཏུ་སྡིག་པ་དང་སེམས་ཕྱི་རོལ་ཏུ་འཕྲོ་བའི་དགའ་བའི་དངོས་པོ་དང་བྲལ་བའི་ཏིང་ངེ་འཛིན་གྱིས་རྒོད་པའི་སེམས་འཕང་མཐོན་པོ་གང་དུ་བྱུང་བ་ང་རྒྱལ་དུ་ཤེས་པར་མཛད་ནས་བཅག་པར་བྱ་ཞིང་། དེའི་སྐབས་སུ་ཏིང་ངེ་འཛིན་སྒོམ་པ་ལ་མགོ་བའི་བླ་མའི་གདམས་ངག་དག་མི་བརྗེད་པ་དྲན་པར་བྱས་ཏེ། རྒོད་པ་ནི་འདོད་ཆགས་ཀྱི་ཆར་གཏོགས་ཡིན་པས་དེའི་གཉེན་པོར་མི་རྟག་པ་དང་སྡུག་བསྔལ་གྱི་ཉེས་དམིགས་མཐོང་བའི་བློ་བསྒོམ་དགོས། ཡང་སེམས་བྱིང་ཞིང་ཞུམ་པར་གྱུར་བའི་དུས་སུ་སེམས་ཀྱི་གཟེངས་བསྟོད་དེ་དལ་འབྱོར་དང་། དཀོན་མཆོག་གི་ཡོན་ཏན་མཐོང་བའི་བློ་བསྒོམས་ཏེ་བྱིང་བ་ལྡོག་པའི་ཐབས་བྱ་དགོས། བྱིང་བའམ་ཞུམ་པ་ནི་དམིགས་པའི་འཛིན་སྟངས་འཕངས་དམའ་རུ་སོང་བས་བྱིང་བའམ་ཞུམ་པ་ཞེས་བྱ་བ་ཡིན་པས། སེམས་ཀྱི་དམིགས་པའི་འཛིན་སྟངས་ཀྱི་གཟེངས་བསྟོད་པ་དང་དམིགས་པ་རྒྱ་སྐྱེད་ནས་སྤྲོས་པས་བྱིང་བ་ལྡོག་པ་ཡིན་ནོ། །མདོར་ན་འཕྲོ་རྒོད་ལས་སེམས་བླན་ཏེ་ནང་དུ་དམིགས་པ་ལ་གདགས་ལ་གནས་ཆ་བཅལ། གནས་ཆ་ནམ་བྱུང་རེས་ཀྱིས་བྱིང་ཟོན་ཆེན་པོ་བྱས་ཏེ་གསལ་བའི་ངར་གདོན། དེ་གཉིས་རེས་མོས་སུ་བྱས་ནས་སེམས་གཞན་དུ་མི་

---

[1] སྡེ་དགེ་བསྟན་འགྱུར་དབུ་མ། ཁི། (རྟག་ཏུ་སྟོང་ཉིད་བསྒོམ་པར་བྱ། །)

གཡེང་བའི་ཏིང་ངེ་འཛིན་སྐྱོན་མེད་བསྒྲུབས་ཏེ་དེ་ལ་བརྟེན་ནས་སྒྲུབ་པ་པོ་དང་བསྒྲུབ་བྱ་གཉིས་ཀ་སྣང་སྟོང་གཉིས་ཚོགས་ཀྱི་ལྷག་མཐོང་གིས་བསྡུས་པའི་སྟོང་པ་ཉིད་སྒོམས་ཞེས་བསྐུལ་བའོ། །འདི་ནི་ཕ་ཆོས་ཞུས་ལན་ནོར་བུའི་ཕྲེང་བ་ལས། སྡུག་བསྔལ་གྱི་རྩ་བ་བཅད་དེ་བྱིང་རྒོད་མཉམ་པ་ཉིད་དུ་བསྒོམ་པའི་མདོར་བསྟན་ནམ་རྩ་ཚིག་ཡིན་ཞིང་། རྩ་ཚིག་འདི་ལ་བརྟེན་ནས་ཕ་ཆོས་ལེའུ་བཅུ་བཞི་པར་སྡུག་བསྔལ་གྱི་རྩ་བ་བཅད་དེ་བྱིང་རྒོད་མཉམ་པ་ཉིད་དུ་བསྒོམ་པ་རྒྱས་པར་བཤད་ཅིང་། ད་དུང་རྩ་ཚིག་འདི་བུ་ཆོས་འབྲོམ་རྒྱལ་བའི་འབྱུང་གནས་ཀྱི་སྐྱེས་རབས་བསྟན་པ་ལས། རྒྱལ་བུ་བདེ་མཆོག་ཏུ་ཇི་ལྟར་སྐྱེ་བ་བཞེས་པའི་སྐྱེས་རབས་བཅོ་བརྒྱད་པ་བསྟན་པའི་རྩ་ཚིག་ཏུ་དྲངས་འདུག །

བཅུ་གསུམ་པ། སྣང་སྟོང་ཟུག་སྟོང་གི་ངང་དུ་བློ་ཇི་ལྟར་སྦྱོང་བར་གདམས་པ་ནི།

རྩ་བར།

གང་དུ་ཆགས་སྣང་ཡུལ་བྱུང་ཚེ། །
སྒྱུ་མ་སྤྲུལ་པ་བཞིན་དུ་ལྟ[1]། །
མི་སྙན་ཚིག་རྣམས་ཐོས་པའི་ཚེ། །
བྲག་ཆ་[2]བཞིན་དུ་བལྟ་བར་བྱ། །
ལུས་ལ་གནོད་པ་བྱུང་བའི་ཚེ། །
སྔོན་གྱི་ལས་སུ་བལྟ་བར་བྱ། །

ཞེས་མིག་ལ་སོགས་པའི་བློ་གང་དུ་ཆགས་སྣང་སྐྱེ་བའི་ཡུལ་སྡུག་པ་དང་

① སྡེ་དགེ་བསྟན་འགྱུར་དབུ་མ། ཁི། (བལྟ། །)
② སྡེ་དགེ་བསྟན་འགྱུར་དབུ་མ། ཁི། སྡེ་དགེ་ཕ་ཆོས། (ཅ་)

མི་སྡུག་པ་ཉེ་བར་གནས་པར་བྱུང་བ་དེའི་ཚེ། ཡུལ་དེ་དག་སྣང་ལ་རང་བཞིན་མེད་པར་སྒྱུ་མ་མཁན་གྱིས་སྤྲུལ་གཞི་རྡེའུ་ཤིང་རྟ་གླང་དུ་སྤྲུལ་པ་ལྟར་ཆགས་སྡང་གི་ཡུལ་དེ་དག་ཀྱང་། མ་རིག་པའི་བག་ཆགས་དང་ཚུལ་མིན་ཡིད་བྱེད་ཀྱི་རྣམ་རྟོག་གིས་བསླད་པར་ལྟ་བ་མ་ཟད། རྣ་བ་ལ་ཐོས་པའི་མི་སྙན་པའི་ཚིག་རྣམས་ཀྱང་བྲག་ཆ་བཞིན་བདེན་པར་མེད་པར་ལྟ་བ་དང་། ཚེ་འདིའི་རྣམ་སྨིན་གྱི་ལུས་ཕུང་ལ་མི་འདོད་པའི་ནད་ལ་སོགས་པའི་རྐྱེན་ངན་པའི་གནོད་པ་ཅི་བྱུང་ཡང་སྔོན་གྱི་ལས་སུ་ལྟས་ཏེ། ཡིད་རྨུགས་ནས་མ་བསྡད་པར་ལས་གང་ལས་བྱུང་བའི་རྒྱུ་ཉོན་མོངས་པ་སྤྱོང་བ་ལ་འབད་དགོས་ཏེ། པོ་ཏོ་བའི་ཞལ་ནས། རིགས་དྲུག་གང་དུ་སྐྱེས་པན་ཆད་ན་ཚ་དང་འཆི་བ་ལ་སོགས་པའི་སྡུག་བསྔལ་འབྱུང་བ་ནི་ན་རྒྱུ་ཞིག་ན་བ་ཡིན། འཆི་རྒྱུ་ཞིག་འཆི་བ་ཡིན་གྱི། དེ་ལ་མི་འོས་པ་ཞིག་གློ་བུར་དུ་བྱུང་བ་མིན་འཁོར་བའི་མཚན་ཉིད་དམ་རང་བཞིན་ཡིན། འཁོར་བར་གནས་རིང་ལ་དེ་ལས་མ་འདས། རང་ཅག་དེ་ལ་ཡིད་འབྱུང་ན་སྐྱེ་བ་སྤོང་དགོས། དེ་ལ་རྒྱུ་སྤོང་དགོས་གསུངས་པ་ལྟར་དེ་ལྟར་དུ་འབད་དགོས་སོ། །འདི་ནི་ཕ་ཆོས་ཞུས་ལན་ནོར་བུའི་ཕྲེང་བ་ལས། སྣང་སྟོང་གྲག་སྟོང་གི་ངང་དུ་བློ་ཇི་ལྟར་སྦྱོང་བའི་མདོར་བསྟན་ནམ་རྩ་ཚིག་ཡིན་ཞིང་། རྩ་ཚིག་འདི་ལ་བརྟེན་ནས་ཕ་ཆོས་ལེའུ་བཅོ་ལྔ་པར་སྣང་སྟོང་གྲག་སྟོང་གི་ངང་དུ་བློ་ཇི་ལྟར་སྦྱོང་བའི་ཚུལ་རྒྱས་པར་བཤད་ཅིང་། བུ་ཆོས་འཕྲོམ་རྒྱལ་བའི་འབྱུང་གནས་ཀྱི་སྐྱེས་རབས་བསྟན་པ་ལས། རྩ་ཚིག་འདི་དྲངས་ཏེ་ལྷའི་རྒྱལ་པོར་ཇི་ལྟར་སྐྱེ་བ་བཞེས་པའི་སྐྱེས་རབས་བཅུ་དགུ་པ་བསྟན་འདུག །ཕ་ཆོས་ཀྱི་ཞུས་ལན་འདིའི་ནང་སྒྱུ་མའི་དཔེ་ཏ་ཅང་ལེགས་པོ་ཞིག་གསུངས་འདུག་ཀྱང་ཡི་གེ་མང་བས་འཛིགས་ནས་འདིར་མ་བཀོད།

བཅུ་བཞི་པ། སྤྲས་པའི་བརྟུལ་ཞུགས་ལ་སོགས་པ་ཇི་ལྟར་མཛད་པར་གདམས་པ་ནི།

རྩ་བར།

བས་མཐའ་དགོན་པར་རབ་གནས་ཤིང་། །
རི་དྭགས་[1]ཤི་བའི་རོ་བཞིན་དུ། །
བདག་གིས་བདག་ཉིད་སྦ་བྱ་ཞིང་། །
ཆགས་པ་མེད་པར་གནས་པར་བྱ། །

ཞེས་བས་མཐའ་སྐྱེ་གྲོང་ཟད་པའི་ས་མཐའི་འདུ་འཛི་ཡིས་དབེན་པའི་དགོན་པར་མིའི་གྲལ་ནས་བུད་ཕྱི་གྲལ་དུ་བསྙེགས་ཏེ། ཡོན་ཏན་ཐམས་ཅད་མི་མངོན་པར་བྱས་ཏེ། བག་ཡོད་པར་གནས་པའི་རི་སུལ་དང་། ནགས་གསེབ་དང་། དབེན་པའི་གནས་སུ་རི་དྭགས་ཤི་བའི་རོ་བཞིན་དུ་སྟེ། སུ་ཞིག་གིས་བདག་ཏུ་བཟུང་བ་མེད་པར་ཤི་ནའང་རང་མིན་པས་མ་ཚོར་བར་བདག་གིས་བདག་ཉིད་སྦས། ལུས་སེམས་བདེ་བར་ཏིང་ངེ་འཛིན་དུ་གནས་པར་བྱ་ཞིང་། འདོད་པའི་ཡུལ་དག་ལ་བདེན་སྟོང་སྒྱུ་མ་ལྟ་བུར་བལྟས་ནས་ཐས་དང་། ལོངས་སྤྱོད་གང་ལ་ཡང་ཆགས་པ་མེད་པར་ལུས་སེམས་ཞི་བར་གནས་པར་བྱ། དེ་ལྟར་བྱས་ན་མངོན་པར་ཤེས་པ་ཅན་རྣམས་ལ་གསང་བས་མི་ཐུབ། སྤྱན་མངའ་བ་རྣམས་ལ་སྦས་པས་མི་ཐུབ། རིན་པོ་ཆེའི་གཏེར་ས་འོག་ན་ཡོད་པ་འོད་ནམ་མཁའ་ལ་འཕྲོ། མེ་ཁང་ནང་དུ་སྦས་ཀྱང་། དེའི་གཏན་ཚིགས་སུ་དུ་བ་ཆེན་པོ་སྟེང་ན་འཕྲོ། དེས་ན་དེ་དག་གིས་ནི་ཡོན་ཏན་ཐམས་ཅད་སྒྲིབ་པ་མེད་པར་རྫོགས་ལ་རང་ཉིད་ཀྱང་ལྷ་གྲལ་དུ་ཐོབ་པས་དེའི་དབང་གིས་བསྟོད་བཀུར་བསྔགས་གསུམ་ཆེད་དུ་མ་འབད་ཀྱང་ཕུན་སུམ་ཚོགས་པར་

1 རི་དྭགས་བསྟན་འགྱུར་དཔེ་མ། ཁེ། (རི་དགས་)

འབྱུང་ངོ་། །རྫས་ལོངས་སྤྱོད་དག་ལ་ཆགས་པ་མེད་པར་རང་ལ་དབང་ཡོད་ཚེ་ཡར་དཀོན་མཆོག་ལ་མཆོད་པ་དང་མར་དམན་པ་ལ་སྦྱིན་པ། བར་རང་གི་ཆོས་མཐུན་གྱིས་ལོངས་སྤྱོད་བཅས་བྱེད་དགོས་ཏེ། རྒྱལ་བ་འབྲོམ་(c.༡༠༠༤-༡༠༦༤)གྱི་འཕྲང་ཁའི་སྤྲིངས་ཡིག་ལས། རྫས་དང་ལོངས་སྤྱོད་ཆེ་ཆུང་ཅི་ཡོད་ཀྱང་། །རང་དབང་ཡོད་ཚེ་འཕྲུལ་བསྔོ་འཕྲུལ་སྤྱད་བྱ། །ཁ་ཅིག་ན་རེ་འཆི་ཁར་དགོས་ཟེར་ཏེ། །འཆི་དུས་འབྱུང་བའི་ནད་ཀྱིས་བཏབ་པ་ལ། །ནད་གཡོག་མང་བས་སྟུག་བསྔལ་བགོ་ཐབས་མེད། །གཡོག་མེད་སྡུག་བསྔལ་འགྲོགས་ནས་འཁྱེར་བ་མེད། །དེས་ན་ནད་གཡོག་ཡོད་མེད་གཉིས་ཀ་འདྲ། །ཤི་བའི་རོ་དེ་ཙན་དན་མེར་བསྲེགས་སམ། །ཆུ་བོར་དོར་བསྐུར་བྱ་ཁྱིས་ཟོས་པ་མཉམ། །ཤུལ་དུ་གཏམ་སྙན་གཏམ་ངན་ཅི་བྱུང་ཡང་། །བདག་གི་རྗེས་སུ་འབྲངས་ནས་མི་འོང་སྟེ། །གསོན་ཚེ་དགེ་སྡིག་གཉིས་པོ་གང་བྱས་པའི། །འབྲས་བུ་དེ་ཡི་དུས་སུ་འབྱུང་བར་འགྱུར། །རྣལ་འབྱོར་པ་ཡི་འཆི་ལུགས་རྣམ་པ་གསུམ། །སྦྱིན་པ་ལྷ་བུར་ཤི་བ་རབ་ཡིན་ཏེ། །རི་དྭགས་ལྷ་བུར་ཤི་བ་འབྲིང་ཡིན་ནོ། །རྒྱལ་པོ་ལྷ་བུར་ཤི་བ་ཐ་མ་ཡིན། །དེས་ན་ཤུལ་དུ་ལུས་པ་མེད་པར་བྱ། །ཞེས་གསུངས་སོ། །འདི་ནི་ཕ་ཆོས་ཞུས་ལན་ནོར་བུའི་ཕྲེང་བ་ལས། སྦྱས་པའི་བརྟུལ་ཞུགས་ལ་སོགས་པ་ཇི་ལྟར་མཛད་པའི་མདོར་བསྟན་ནམ་རྩ་ཚིག་ཡིན་ཞིང་། རྩ་ཚིག་འདི་ལ་བརྟེན་ནས་ཕ་ཆོས་ལེའུ་བཅུ་དྲུག་པར་སྦས་པའི་བརྟུལ་ཞུགས་ལ་སོགས་པ་ཇི་ལྟར་མཛད་པ་རྒྱས་པར་བཤད་ཅིང་། ད་དུང་རྩ་ཚིག་འདི་བུ་ཆོས་འབྲོམ་རྒྱལ་བའི་འབྱུང་གནས་ཀྱི་སྐྱེས་རབས་བསྟན་པ་ལས། ཁྱེའུ་དགེ་འདུན་འཕེལ་དུ་ཇི་ལྟར་སྐྱེ་བ་བཞེས་པའི་སྐྱེས་རབས་ཉེ་ཤུ་པ་བསྟན་པའི་རྩ་ཚིག་ཏུ་དྲངས་འདུག །ཕ་ཆོས་ལེའུ་བཅུ་དྲུག་པ་འདིའི་ནང་ར་སྒྲེང་ལུང་བསྟན་ཡོད་ཀྱང་ཡི་གེ་མང་བས་འཛེམ་ནས་འདིར་མ་བཀོད་དོ། །

བཅོ་ལྔ་པ། དམ་བཅའ་མི་འདོར་བ་དང་ཆོས་ལུགས་ཕུན་སུམ་ཚོགས་པར་གདམས་པ་ནི།

རྩ་བར།

ཧག་ཏུ་ཡི་དམ་བརྟན་བྱ་ཞིང་། །
ལེ་ལོ་སློམ་[①]ལས་སེམས་བྱུང་ཚེ། །[②]
དེ་ཚེ་[③]བདག་ལ་ཟབ་བསྒྲང་ཞིང་། །
བརྟུལ་ཞུགས་སྙིང་པོ་དྲན་པར་བྱ། །

ཞེས་གང་ཡིད་ཀྱིས་དམ་བཅའ་བའི་དོན་གྱི་ཁུར་ཇི་ལྟར་ཁྱི་ཡང་གཡོ་བ་མེད་པ་བརྟན་པོར་ཤི་ཡང་གཞན་དུ་འགྱུར་བ་མེད་པར་བྱ་ཞིང་། འགལ་རྐྱེན་ལེ་ལོ་དང་བདེ་འདོད་དང་སྐྱིད་འདོད་ཀྱི་སློམ་ལས་ཀྱི་སེམས་བྱུང་ཚེ་དེ་མ་ཐག་ཤེས་པར་བྱ་སྟེ་དགེ་བཤེས་འབན་གུང་རྒྱལ་(འབན་གུང་རྒྱལ་ཚུལ་ཁྲིམས་རྒྱལ་བ་རབ་ཏུ་བྱུང་ནས་བསོད་སློམས་མཛད་པས། འཚོ་བ་མེད་པ་ལན་མང་དུ་བྱུང་སྐབས་རང་ལ་བསྔོ་བསྒྲང་འདི་ལྟར་མཛད་དེ། དེ་རིང་སང་གི་དབང་བྱར་མེད་པར་གཏན་དུ་འདུག་ཅེས་མ་བྱེད་ཚུལ་ཁྲིམས་རྒྱལ་བ་ཞེས་གསུང་ཚིག་སྨྲས་མཛད། འགྲོ་འདོད་ཅ་ན་རྐང་པ་ཐག་པས་བཅིངས་ཏེ་བཞུགས་སྐད། དེ་ལ་སོགས་པ་མང་ངོ་། །)ལྟར་རང་ཉིད་ལ་མ་འགྲིག་མ་འཐུས་པའི་ཟབ་ཏེ་སྐྱོན་བསྒྲང་ཞིང་། ལུས་ངག་གི་སྤྱོད་ལམ་ངན་པ་བརྟུལ་ཏེ་བཟང་པོའི་སྤྱོད་ལམ་དུ་ཞུགས་པ་ལ་དེ་གང་ལས་འབྱུང་བའི་གཞི་བརྟུལ་ཞུགས་ཀྱི་སྙིང་པོ་མི་མཐུན་ཕྱོགས་ལ་སེམས་སྲུང་དགོས་པར་དྲན་པ་བྱ་ཞེས་གདམས་པའོ། །འདི་ནི་ཕ་ཆོས་ཞུས་ལན་ནོར་བུའི་ཕྲེང་བ་ལས། དམ་བཅའ་མི་འདོར་བ་དང་། ཆོས་ལུགས་ཕུན་སུམ་ཚོགས་པ་བསྟན་པའི་

① སྡེ་དགེ་བསྟན་འགྱུར་དབུ་མ། ཁི། (རྟོག་པའི་)ཞོལ་ཕ་ཆོས། (སློམས་)
② དགའ་ལྡན་ཕུན་ཚོགས་གླིང་ཕ་ཆོས། (ལེ་ལོ་སློམས་ལས་སེམས་བྱུང་ཆེ། །)
③ དགའ་ལྡན་ཕུན་ཚོགས་གླིང་ཕ་ཆོས། (ད་ཆ་)

ཕྲ་ཚོག་ཡིན་ཞིང་། ཕྲ་ཚོག་འདི་ལ་བརྟེན་ཏེ་ཕ་ཆོས་ལེའུ་བཅུ་བདུན་པར་དམ་བཅའ་མི་འདོར་བ་དང་ཆོས་ལུགས་ཕུན་སུམ་ཚོགས་པ་རྒྱས་པར་བཤད་དོ། །

བཅུ་དྲུག་པ། གཞན་གྱི་སེམས་ཇི་ལྟར་བསྲུང་བར་གདམས་པ་ནི།

ཕྲ་བར།

གལ་ཏེ་གཞན་དག་མཐོང་བའི་ཚེ། །
ཞི་དེས་གསོང་པོར་སྨྲ་བ་དང་། །
ཁྲོ་གཉེར་ངོ་ཟུམ①སྤང་བྱ་ཞིང་། །
རྟག་ཏུ་འཛུམ་ཞིང་གནས་པར་བྱ། །
རྒྱུན་དུ་གཞན་དག་མཐོང་བའི་ཚེ། །
སེར་སྣ་མེད་ཅིང་སྦྱིན་ལ་དགའ། །
ཕྲག་དོག་ཐམས་ཅད་སྤང་བར་བྱ། །②
གཞན་གྱི་སེམས་ནི་བསྲུང་བའི་ཕྱིར། །
རྩོད་པ་ཐམས་ཅད་སྤང་བྱ་ཞིང་། །
རྟག་ཏུ་བཟོད་དང་ལྡན་པར་བྱ། །

ཞེས་རང་གཅིག་པུར་འདུ་འཛིས་དབེན་པའི་དགོན་པར་གནས་ཀྱང་གལ་ཏེ་མི་དང་མི་མ་ཡིན་སོགས་གཞན་སུ་འདྲ་ཞིག་མཐོང་བའི་དུས་ཀྱི་ཚེ་ཡིད་ཀྱི་འཇིགས་སྐྲག་དང་གཡོ་སྒྱུའི་སེམས་ཞི་སྟེ། རང་བཞིན་བཟང་པོ་སྙིང་རྗེའི་བསམ་པ་དེས་ཀུན་ནས་བསླངས་ཏེ་ངག་གི་གཏམ་གསོང་པོའམ་དྲང་པོར་སྨྲ་བ་དང་དུས་མཚུངས་ཕ་རོལ་པོས་རང་ལ་གནོད་ཅི་འདྲ་ཞིག་སྐྱེལ་ཡང་ལུས་ཀྱི་རྣམ་འགྱུར་ཁྲོ་གཉེར་ཏེ་ཨམ་གཙིགས་བསྡམས་ཤིང་སྨིན་མ་བསྡུས་པ་དང་། ངོ་

① སྡེ་དགེ་བསྟན་འགྱུར་དཔེ་མ། ཁི། (འཛུམ་)
② སྡེ་དགེ་བསྟན་འགྱུར་དཔེ་མ། ཁི། (རྟག་ཏུ་ཕྲག་དོག་སྤང་བར་བྱ། །)

ཟུམ་སྐེ་ངོ་གདོང་ནག་པོར་གྱུར་བ་སོགས་གཏན་དུ་སྤང་བར་བྱ་ཞིང་། དུས་རྟག་ཏུ་ལྷུན་མེད་ཀྱི་ཞལ་འཛུམ་དང་བཅས་ཏེ་གནས་པར་བྱ། དུས་རྒྱུན་དུ་སེམས་ཅན་གཞན་དག་གང་འདྲ་ཞིག་མཐོང་ཡང་དེས་རང་གི་ཕ་མ་བྱས་ཆེ་དྲིན་གྱིས་བསྐྱངས་སྐྱོང་བས། དེའི་དྲིན་ལན་ཡལ་བར་མི་འདོར་བའི་བློས་སེར་སྣ་མེད་ཅིང་དགའ་སྤྲོ་དང་བཅས་ལུས་ལོངས་སྤྱོད་རྣམས་ཀྱིས་སྐྱལ་བ་མཉམ་པ་དག་ལ་སྦྱིན་པས་ཚིམ་པར་བྱ་བའི་སེམས་བསྐྱེད་དེ་གཏོང་སེམས་ལ་དགའ་བ་དང་། མ་གྱུར་སེམས་ཅན་སུ་ལ་ཡང་རང་རང་གི་ལས་དང་སྨོན་ལམ་གྱི་སྟོབས་ལ་བརྟེན་ཏེ་ཕུན་སུམ་ཚོགས་པ་ཅི་བྱུང་ཡང་མི་བཟོད་པའི་རྣམ་པ་ཅན་གྱི་ཕྲག་དོག་ཐམས་ཅད་སྤང་བར་བྱ་དགོས་ཏེ། དེ་ལྟར་མ་བྱས་ན་དེས་རང་གི་དགེ་རྩ་བཅོམ་སྟེ་ཆགས་སྡང་དུ་མའི་གཞི་བྱེད་པའི་ཕྱིར། ད་དུང་གཞན་ཕ་རོལ་པོའི་སེམས་བསྲུང་བར་བྱ་བའི་ཕྱིར། ཆགས་སྡང་འཐབ་མོའི་རྩོད་པ་ཐམས་ཅད་སྤང་བར་བྱ་ཞིང་། དུས་རྟག་ཏུ་བརྡེགས་ཀྱང་སླར་མི་བརྡེག་གཤེ་ཡང་སླར་མི་གཤེ་བའི་བཟོད་པའི་གོ་ཆ་དང་ལྡན་པར་བྱ་ཞེས་གདམས་སོ། །འདི་ནི་ཕ་ཆོས་ཞུས་ལན་ནོར་བུའི་ཕྲེང་བ་ལས། གཞན་གྱི་སེམས་ཇི་ལྟར་བསྲུང་བའི་མདོར་བསྟན་པའི་རྩ་ཚིག་ཡིན་ཞིང་། རྩ་ཚིག་འདི་ལ་བརྟེན་ཏེ་ཕ་ཆོས་ལེའུ་བཅོ་བརྒྱད་པར་གཞན་གྱི་སེམས་ཇི་ལྟར་བསྲུང་ཚུལ་རྒྱས་པར་བཤད་དོ། །

བཅུ་བདུན་པ། རྟག་ཏུ་གཞན་དོན་བྱེད་པར་གདམས་པ་ནི།

རྩ་བ་ལས།

ངོ་དགའ་མེད་ཅིང་གསར་འགྲོགས་མེད[1]། །
རྟག་ཏུ་ཚུགས[2]ནི་ཐུབ་པར་བྱ། །

---

① དགའ་ལྡན་ཕུན་ཚོགས་གླིང་པ་ཆོས། (མད། །)

② སྡེ་དགེ་བསྟན་འགྱུར་དབུ་མ། ཕི། (ཟུངས་)དགའ་ལྡན་ཕུན་ཚོགས་གླིང་པ་ཆོས། (ཚུགས་)

གཞན་ལ་བརྙས་[1]པ་སྤང་བྱ་ཞིང་། །
གུས་པའི་ཚུལ་གྱིས་གནས་པར་བྱ། །
གཞན་ལ་གདམས་ངག་བྱེད་པའི་ཚེ། །
སྙིང་རྗེ་ཕན་སེམས་ལྡན་པར་བྱ། །

ཞེས་མི་དང་འགྲོགས་སྐབས་གོང་ལ་ངོ་དགའ་དང་འོག་ལ་ཐུབ་ཚོད་མེད་ཅིང་། མཉམ་ལ་གསར་འགྲོགས་སམ་ཨ་གསར་མེད་པར་དུས་རྟག་ཏུ་མི་གཞི་བཟང་པོས་ངོ་ཚ་དང་ཁྲེལ་ཡོད་ཀྱིས་རང་རྒྱུགས་ནི་ཐུབ་པར་བྱ། མ་ཟད་གང་ཟག་གཞན་ལ་རང་གིས་ལེགས་པའི་བྱ་བ་གང་ཞིག་བྱས་ཀྱང་མགུ་བའི་དུས་མེད་ཀྱང་རང་གིས་དེ་ལ་བརྙས་སྨོད་ཀྱི་སེམས་སྐད་ཅིག་ཀྱང་སྐྱེ་བ་སྤང་བར་བྱ་ཞིང་། སྒྱུར་དངོས་མཐུག་གསུམ་གང་གི་དབང་དུ་བྱས་ཀྱང་གུས་པའི་ཚུལ་གྱིས་མི་གཡོ་བར་གནས་པར་བྱ་ཞིང་། གཞན་སྐྱོན་ལྡན་གྱི་གང་ཟག་ལ་གཟུང་འཛིན་གྱི་རྣམ་རྟོག་སེལ་བ་སོགས་ཀྱི་གདམས་ངག་བྱེད་པའི་ཚེ། སྙིང་རྗེས་ཕན་སེམས་དང་ལྡན་པར་བྱ་བ་གལ་ཆེ་སྟེ། དེ་མེད་ན་གཟུང་འཛིན་གྱི་རྣམ་པར་རྟོག་པ་ཤས་ཆེན་པོ་སོགས་ལ་མི་ཕན་པའི་ཕྱིར་ཞེས་པའི་དོན་ནོ། །འདི་ནི་པ་ཆོས་ཞུས་ལན་ནོར་བུའི་ཕྲེང་བ་ལས། རྟག་ཏུ་གཞན་དོན་བྱེད་པའི་མདོར་བསྟན་ནམ་རྩ་ཚིག་ཡིན་ཞིང་། རྩ་ཚིག་འདི་ལ་བརྟེན་ནས་པ་ཆོས་ལེའུ་བཅུ་དགུ་པར་རྟག་ཏུ་གཞན་དོན་བྱེད་པ་རྒྱས་པར་བཤད་ཅིང་། རྩ་ཚིག་འདི་དང་གོང་གི་རྟག་ཏུ་ཡི་དམ་བརྟན་བྱ་ཞིང་། །ལེ་ལོ་སྐྱོམས་པའི་སེམས་བྱུང་ཚེ། །ཞེས་བྱ་བ་ནས། གཞན་ལ་གདམས་ངག་བྱེད་པའི་ཚེ། །སྙིང་རྗེ་ཕན་སེམས་ལྡན་པར་བྱ། །ཞེས་བྱ་བའི་བར་ཚིག་རྐང་ཉི་ཤུ་འདིས་བུ་ཆོས་འཁྲོམ་རྒྱལ་བའི་འབྱུང་

[1] ཞོལ་པ་ཆོས། (བརྙེས་)

གནས་ཀྱི་སྐྱེས་རབས་བསྟན་པ་ལས། ཁྱུའི་ཐེམ་སྐས་བཅུ་གསུམ་པ་སྟེ། བཞེས་གཉེན་པ་སྤྲུལ་པའི་བྱ་སྲོ་ལོང་ཀུན་ཏུ་རྒྱུར་ཇི་ལྟར་སྐྱེ་བ་བཞེས་པའི་སྐྱེས་རབས་ཉི་ཤུ་རྩ་གཅིག་པ་བསྟན་ཡོད།

བཅོ་བརྒྱད་པ། ཆོས་གཞན་ལ་སྐུར་བ་མི་འདེབས་པར་ཟབ་ཆོས་ཉམས་སུ་ལེན་པར་གདམས་པ་ནི།

རྩ་བར།

ཆོས་ལ་སྐུར་[1]བ་མི་འདེབས་ཤིང་། །[2]
གང་མོས་དེ་ལ་འདུན་པ་དང་། །[3]
ཆོས་སྤྱོད་རྣམ་བཅུའི་སྒོ་ནས་ནི། །
ཉིན་མཚན་ཕྱེད་[4]པར་འབད་པར་བྱ། །

ཞེས་ངག་གི་ཉེས་པ་ཤེས་ཤིང་སེམས་ཀྱི་སྐྱོན་དང་བྲལ་བར་བྱས་ཏེ། མདོ་སྔགས་དང་ཐེག་པ་གོང་འོག་གི་ཆོས་གང་ལ་ཡང་རང་གིས་མ་རྟོགས་པ་དང་མི་མོས་པ་རྒྱུ་མཚན་དུ་བྱས་ཏེ་ཕྱོགས་ལྷུང་གིས་སྐུར་བ་མི་འདེབས་ཤིང་། རང་གང་ལ་མོས་པའི་ཆོས་དེ་ལ་དོན་དུ་གཉེར་བའི་འདུན་པ་དང་དེས་དྭངས་པའི་བརྩོན་འགྲུས་ལ་བརྟེན་ནས་ཆོས་སྤྱོད་རྣམ་བཅུ་སྟེ། ལུས་ངག་ཡིད་གསུམ་གྱི་དགེ་བ་བཅུ་ལ་ཉིན་མཚན་ཕྱེད་པ་སྟེ་རྒྱུན་ཆད་མེད་པར་འབད་པར་བྱ་ཞེས་པའོ། །ཕ་ཆོས་ལས། འཇིག་རྟེན་གྱི་ཁམས་འདི་ན། ཆོས་པ་རིགས་མི་འདྲ་བ་དུ་མ་རེ་ལ། ཆོས་ལུགས་ཀྱང་རིགས་མི་འདྲ་བ་དུ་མ་རེ་རེ། དེ་ལ་ལག་ལེན་

① ཞོལ་ཕ་ཆོས། དགའ་ལྡན་ཕུན་ཚོགས་གླིང་ཕ་ཆོས། (བསྐུར་)
② ཞོལ་ཕ་ཆོས། (ཆོས་ལ་སྐུར་པ་གདབ་མི་བྱ། །)
③ སྡེ་དགེ་བསྟན་འགྱུར་དབུ་མ། ཁི། (གང་མོས་འདི་ལ་འདུན་པར་དང་། །)
④ སྡེ་དགེ་བསྟན་འགྱུར་དབུ་མ། ཁི། (མེད་)སྡེ་དགེ་ཕ་ཆོས། ཞོལ་ཕ་ཆོས། དགའ་ལྡན་ཕུན་ཚོགས་གླིང་ཕ་ཆོས། (ཕྱེད་)

ཀྱི་བྱེད་ལུགས་ཀྱང་བསམ་གྱིས་མི་ཁྱབ་པ་རེ་རེ། གཞན་ཕར་བཞག་པའི་བླ་མ་ཅིག་གི་གསུང་ལའང་། སློབ་མ་དུ་ཡོད་པ་དེའི་འདོད་ལུགས་རེ་རེ། ཐམས་ཅད་ཀྱང་། ངེད་ཀྱི་ཆོས་ལུགས་དང་། ཁྱེད་ཀྱི་ཆོས་ལུགས། འགལ་འགལ་འདྲ་བ་མང་པོ་གདའ་བ་ལས། ཇོ་བོ། ཁྱེད་ཀྱིས་ཀུན་མཁྱེན་པས་དེ་རྣམས་ལ་ངེས་པར་གང་ལམ་དུ་འགྲོ་བ་ཡིན། གང་མི་འགྲོ་བ་ཡིན་ཞུས་པས། འབྲོམ། འདི་ཀུན་སངས་རྒྱས་ཀྱི་ཤེས་བྱ་ཡིན། ཆོས་ལུགས་གང་ལའང་སྐུར་བ་མི་འདེབས་པ་དང་། རང་རང་གང་མོས་པ་དེ་ལ་འདུན་པ་དྲག་ཏུ་བྱེད་པ་དང་། རང་གི་ཆོས་ལུགས་དེ་ལ་བླ་མ་མཁས་པའི་གསུང་གིས་སྒྲོ་འདོགས་བཅད། བདེ་བར་གཤེགས་པའི་ལུང་ན་ཅི་འདུག་ལྟ། རང་རེའི་རིག་པས་ཀྱང་ལམ་དུ་གང་འགྲོ་དཔྱད་ནས། ལམ་དུ་འགྲོ་ངེས་ཤེས་པ་དེ་ལ། ཡི་གེ་འབྲི་མཆོད་ལ་སོགས་པའམ། དགེ་བ་བཅུའམ། ཕ་རོལ་ཏུ་ཕྱིན་པ་བཅུའམ།(ཆོས་སྤྱོད་བཅུ་འདི་ལ་ཐུན་མོང་དང་། ཁྱད་པར། མཆོག་བཅས་གསུམ་གྱི་ལུགས་ལས། དང་པོ་ཕ་རོལ་ཏུ་ཕྱིན་པ་བཅུ་སྟེ། ཐུབ་པ་ཆེན་པོའི་ཞལ་ནས། སྦྱིན་པ་ཚུལ་ཁྲིམས་བཟོད་པ་དང་། །བརྩོན་འགྲུས་བསམ་གཏན་ཤེས་རབ་དང་། །ཐབས་དང་སྟོབས་དང་སྨོན་ལམ་དང་། །ཡེ་ཤེས་ཕ་རོལ་ཕྱིན་པ་བཅུ། །གཉིས་པ་ལ་ནི་བསླབ་བྱ་བཅུ་སྟེ། མགོན་པོ་བྱམས་པའི་ཞལ་ནས། ཡི་གེ་འབྲི་མཆོད་སྦྱིན་པ་དང་། །ཉན་དང་ཀློག་དང་ལེན་པ་དང་། །འཆད་དང་ཁ་ཏོན་བྱེད་པ་དང་། །དེ་སེམས་པ་དང་བསྒོམ་པའོ། །སྤྱོད་པ་འདི་བཅུའི་བདག་ཉིད་ནི། །བསོད་ནམས་ཕུང་པོ་དཔག་ཏུ་མེད། །གསུམ་པ་ཐར་ལམ་མམ་འགྲོ་དོན་བཅུ་སྟེ། སྤྱན་རས་གཟིགས་ཀྱི་ཞལ་ནས། རྟེན་གསུམ་བཞེངས་དང་སྲོག་འདོན་ཟམ་པ་འཛུགས། །མཆོད་སྦྱིན་ཁྲུས་དང་བསྐོར་བ་ཚུལ་ཁྲིམས་རྣམས། །འགྲོ་བ་དོན་ལ་བརྩོན་པ་ང་ཡི་སྲས། །ལུས་དེ་བོར་ནས་བདེ་བ་ཅན་དུ་སྐྱེ། །ཞེས་གསུངས་སོ། །)ཡང་ན་འཁོར་བའི་ཉེས་དམིགས་བསམ་པ། མྱ་ངན་ལས་འདས་པའི་ཕན་ཡོན་བསམ་པ། དེའི་བླང་དོར་གྱི་ལག་ལེན། ཡན་ལག་བདུན་པ། དེ་དག་ཐམས་ཅད་ཀྱི་རྗེས་དགེ་

བའི་རྩ་བར་བསྔོ་བ་སྟེ། ཆོས་སྤྱོད་བཅུའམ། དགེ་བ་བཅུ་པོ་དེ་དག་སྐྱེས་བུ་དམ་པ་རྣམས་ཀྱི་སྤྱོད་པ་ཡིན་པས་ཉིན་དང་མཚན་དུ་ཕྱད་པ་སྟེ་རྟག་ཏུ་འབད་པར་བྱའོ། །ཞེས་གསུངས་སོ། །འདི་ནི་ཕ་ཆོས་ཞུས་ལན་ནོར་བུའི་ཕྲེང་བ་ལས། ཆོས་གཞན་ལ་སྐུར་བ་མི་འདེབས་པར་ཟབ་ཆོས་ཉམས་སུ་ལེན་པའི་རྩ་ཚིག་ཡིན་ཞིང་། རྩ་ཚིག་འདི་ལ་བརྟེན་ནས་ཕ་ཆོས་ལེའུ་ཉི་ཤུ་པར་ཆོས་གཞན་ལ་སྐུར་བ་མི་འདེབས་པར་ཟབ་ཆོས་ཉམས་སུ་ལེན་པ་རྒྱས་པར་གསུངས་ཡོད།

བཅུ་དགུ་པ། དགེ་བ་བསྔོ་ཞིང་སྡིག་པ་བཤགས་ཚུལ་ལ་གདམས་པ་ནི།

རྩ་བར།

དུས་གསུམ་དགེ་བ་[1]ཅི་བསགས་པ། །
བླ་མེད་བྱང་ཆུབ་ཆེན་པོར་བསྔོ། །
བསོད་ནམས་སེམས་ཅན་རྣམས་ལ་བདར། །
རྟག་ཏུ་ཡན་ལག་བདུན་པ་ཡི། །
སྨོན་ལམ་ཆེན་པོ་གདབ་པར་བྱ། །
དེ་ལྟར་བྱས་ན་བསོད་ནམས་དང་། །
ཡེ་ཤེས་ཚོགས་གཉིས་རྫོགས་པར་འགྱུར། །[2]
སྒྲིབ་པ་གཉིས་ཀྱང་ཟད་འགྱུར་ཏེ། །[3]
མི་ལུས་ཐོབ་པ་[4]དོན་ཡོད་པས། །

① སྡེ་དགེ་བསྟན་འགྱུར་དཔེ་མ། ཁི། (རྩ་)
② སྡེ་དགེ་བསྟན་འགྱུར་དཔེ་མ། ཁི། (ཚོགས་ཆེན་གཉིས་ཀྱང་རྫོགས་འགྱུར་ཏེ། །)
③ སྡེ་དགེ་བསྟན་འགྱུར་དཔེ་མ། ཁི། (ཟད་པར་འགྱུར། །)
④ སྡེ་དགེ་བསྟན་འགྱུར་དཔེ་མ། ཁི། (པའི་)

བླ་མེད་བྱང་ཆུབ་ཐོབ་པར་འགྱུར། །①

ཞེས་མཇུག་ཏུ་འདས་མ་འོངས་ད་ལྟ་སྟེ་དུས་གསུམ་གྱི་དགེ་བ་དང་ཐ་ན་དུད་འགྲོ་ཞིག་ལ་ཟས་ཁམ་གཅིག་ཙམ་སྦྱིན་པའི་དགེ་བའི་རྩ་བ་ལ་སོགས་པའི་དགེ་རྩ་ཅི་དང་ཅི་བསགས་པ། དེ་དག་མ་གྱུར་སེམས་ཅན་ཐམས་ཅད་ཀྱི་ཆེད་ཐོབ་བྱ་བླ་ན་མེད་པའི་བྱང་ཆུབ་ཆེན་པོ་སངས་རྒྱས་ཐོབ་པར་བྱ་བའི་རྒྱུར་བསྔོ་བ་དང་། སངས་རྒྱས་ཐོབ་པའི་རྒྱུ་བསོད་ནམས་ཀྱི་ཚོགས་ཁམས་གསུམ་གྱི་སེམས་ཅན་རྣམས་ལ་བདར་བ་སྟེ་སྦྱིན་པར་བྱ་བའི་དོན་དུ། དུས་རྟག་ཏུ་མཐུན་རྐྱེན་ཚོགས་བསགས་པ་དང་། འགལ་རྐྱེན་སྡིག་པ་སྦྱང་བ་གཉིས་ཀྱི་གནད་བསྡུས་པ་ཡན་ལག་བདུན་པ་དང་འབྲེལ་བའི་སྒོ་ནས་སྨོན་ལམ་ཆེན་པོ་སྟེ། འཁོར་གསུམ་མི་དམིགས་པས་སེམས་ཅན་གྱི་དོན་དུ་རང་ཉིད་ཀྱི་འདོད་བྱའི་དོན་སངས་རྒྱས་འགྲུབ་པར་བསྔོ་བས་རྒྱས་གདབ་པར་བྱ། དེ་ལྟར་བྱས་ན་སྒྲུབ་ཕྱོགས་ནས་འབྲས་བུ་ཐར་པ་དང་ཐམས་ཅད་མཁྱེན་པ་འཐོབ་བྱེད་ཀྱི་རྒྱུ་བསོད་ནམས་དང་ཡེ་ཤེས་ཀྱི་ཚོགས་གཉིས་རྫོགས་པར་འགྱུར་བ་མ་ཟད་དགག་ཕྱོགས་ནས་དེ་གཉིས་ཐོབ་པ་ལ་བར་དུ་གཅོད་བྱེད་ཀྱི་ཉོན་མོངས་པ་དང་ཤེས་བྱའི་སྒྲིབ་པ་གཉིས་རྩ་བ་ནས་ཟད་པར་འགྱུར་ཏེ། དལ་འབྱོར་གྱི་མི་ལུས་ཐོབ་པ་དོན་ཡོད་པས། རིང་པོར་མི་ཐོགས་པར་བླ་ན་མེད་པའི་བྱང་ཆུབ་སངས་རྒྱས་ཐོབ་པར་འགྱུར་རོ་ཞེས་པའི་དོན་ནོ། །འདི་ནི་ཕ་ཆོས་ བུ་ཆོས་ལས་ནོར་བུའི་ཕྲེང་བ་ལས། བསྔོ་ཞིང་སྡིག་པ་བཤགས་པའི་རྩ་ཚིག་གམ་མདོར་བསྟན་ཡིན་ཞིང་། རྩ་ཚིག་འདི་ལ་བརྟེན་ནས་ཕ་ཆོས་ལེའུ་ཉེར་གཅིག་པར་དགེ་བ་བསྔོ་ཞིང་སྡིག་པ་བཤགས་ཚུལ་རྒྱས་པར་གསུངས་ཡོད།

① སྣེ་དགེ་བསྟན་འགྱུར་དབུ་མ། ཁི། (བླ་མེད་བྱང་ཆུབ་ཐོབ་པར་འགྱུར། །འདི་ནས་ནོར་ཕྲེང་མཇུག་རྫོགས།)

ཉི་ཤུ་པ། ནོར་བུའི་ཕྲེང་བའི་ནོར་བདུན་དུ་བསྡུས་ཏེ་གཉེར་དུ་གཏད་པར་གདམས་པ་ནི།

རྩ་བ་ལས།

དད་པའི་ནོར་དང་ཚུལ་ཁྲིམས་ནོར། །
གཏོང་བའི་ནོར་དང་ཐོས་པའི་ནོར། །①
ཁྲེལ་ཡོད་ངོ་ཚ་ཤེས་པའི་ནོར། །
ཤེས་རབ་ཉིད་ཀྱི་ནོར་བདུན་ཏེ། །
ནོར་གྱི་དམ་པ་འདི་དག་ནི། །
མི་ཟད་པ་ཡི་ནོར་བདུན་ཏེ②། །
མི་མ་ཡིན་ལ་བརྗོད་མི་བྱ། །③

ཞེས་འཕགས་པའི་ནོར་བདུན་གྱིས་སེམས་ཅན་རྣམས་ཆོམ་པར་བྱེད་དགོས། དེ་ཡང་དཀོན་མཆོག་དང་། ལས་འབྲས་ལ་དད་པའི་ནོར་དང་། ཉེས་སྤྱོད་མི་དགེ་བ་བཅུ་སྤོང་བའི་ཚུལ་ཁྲིམས་ཀྱི་ནོར། ལོངས་སྤྱོད་ལ་ཆགས་ཞེན་མེད་པར་གཞན་ལ་སྙིང་ཐག་པ་ནས་གཏོང་བའི་ནོར་དང་། ཆོས་འཇིག་རྟེན་གྱི་རིག་གཞུང་དག་བཤེས་གཉེན་དང་ཆོས་གྲོགས་སོགས་མང་པོ་ལས་ཐོས་པས་ཐོས་པ་ཕུན་སུམ་ཚོགས་པའི་ནོར། གཞན་རྒྱུ་མཚན་དུ་བྱས་ནས་ཉེས་པ་ལ་འཛེམ་པའི་ཁྲེལ་ཡོད་ཀྱི་ནོར། རང་ཉིད་རྒྱུ་མཚན་དུ་བྱས་ནས་ཉེས་སྤྱོད་ལ་འཇུག་པར་འཛེམ་པ་ངོ་ཚ་ཤེས་པའི་ནོར། ཤེས་རབ་ཀྱི་ཡུལ་ཆོས་དང་གང་

① སྡེ་དགེ་བསྟན་འགྱུར་དབུ་མ། ཁི། (-གཏོང་བའི་ནོར་དང་ཐོས་པའི་ནོར། །)

② སྡེ་དགེ་བསྟན་འགྱུར་དབུ་མ། ཁི། (གཏེར་བདུན་དེ། །)

③ སྡེ་དགེ་བསྟན་འགྱུར་དབུ་མ། ཁི། (དད་པའི་ནོར་དང་ཚུལ་ཁྲིམས་ནོར། །-གཏོང་བའི་ནོར་དང་ཐོས་པའི་ནོར། །ཞེས་སོགས་ནོར་བདུན་ནི་གོང་གི །འཕགས་པའི་ནོར་གྱིས་བརྒྱན་པར་བྱ། །ཞེས་པའི་འོག་ཏུ་གསལ།)

ཟག་གི་གནས་ལུགས་དེ་ཁོ་ན་ཉིད་རྟོགས་པའི་ནོར་ཏེ་ནོར་བདུན་པོ་འདི་དག་ནི་ནོར་དམ་པའམ་ནོར་གྱི་མཆོག་སྟེ། ཟང་ཟིང་གི་ནོར་ནི་ཇི་ཙམ་ཡོངས་སུ་སྤྱད་པ་དེ་ཙམ་ཟད་འགྲོ་བ་ལ། འཕགས་ནོར་བདུན་པོ་འདི་དག་ནི་ཇི་ཙམ་ཡོངས་སུ་སྤྱད་པ་དེ་ཙམ་གྱི་ཟད་མི་འགྲོ་བས་མི་ཟད་པའི་འཕགས་ནོར་བདུན་ཏེ། འདི་དག་སྣོད་དུ་མི་རུང་བའི་མི་དང་མི་མ་ཡིན་པའི་འགྲོ་བ་རྣམས་ལ་བརྗོད་པའམ་བསྟན་པར་མི་བྱའོ་ཞེས་བསྟན་སྐྱོང་སྲོལ་མ་བཅུ་གཉིས་ལ་གཉེར་དུ་གཏད་པའོ། །འདི་ནི་ཕ་ཆོས་ཞུས་ལན་ནོར་བུའི་ཕྲེང་བའི་ནོར་བདུན་དུ་བསྡུས་ཏེ་གཉེར་དུ་གཏད་པའི་རྩ་ཚིག་གམ་མདོར་བསྟན་ཡིན་ཞིང་། རྩ་ཚིག་འདི་ལ་བརྟེན་ནས་ཕ་ཆོས་ལེའུ་ཉེར་གཉིས་པ་ནོར་བདུན་དུ་བསྡུས་ཏེ་གཉེར་དུ་གཏད་ཚུལ་རྒྱས་པར་གསུངས་ཡོད། གཉེར་དུ་གཏད་ཚུལ་ནི། ཕ་ཆོས་ལས། གསེར་འཚོ་མ་དང་འོད་འཚོ་མ། །བསྟན་སྐྱོང་མ་དང་ཡིད་འཛིན་མ། །སྟོབས་མོ་ཆེ་དང་དྲག་ཤུལ་ཆེ། །ཁྲག་མདོག་མ་དང་དུད་ཁ་མ། །ཐོགས་མེད་མ་དང་སྟོབས་མོ་ཆེ། །དབང་སྡུད་མ་དང་ལས་འཛོམས་མ། །བཅུ་གཉིས་སྟོབས་ཆེན་བསྟན་སྲུང་ཀུན། །ཁོ་བོའི་བསྟན་པ་མི་སྐྱོང་ན། །ཅི་སྟེ་ཁོ་བོའི་སླད་བཞིན་འབྲང་། །ཞུས་ལན་ངན་ལ་མ་སྤེལ་ཅིག །ནོར་བུ་དགྲ་ལ་མ་སྐྱེལ་ཅིག །ཅེས་གསུངས་སོ། །

ཉེར་གཅིག་པ། བརྟག་པ་གཉིས་སུ་གདམས་པ་ནི།

རྩ་བ་ལས།

མང་པོའི་ནང་དུ་ངག་ལ་བརྟག །

གཅིག་པུར་འདུག་ན་སེམས་ལ་བརྟག །[1]

① སྡེ་དགེ་བསྟན་འགྱུར་དབུ་མ། ཁི། (མང་པོའི་ནང་དུ་ངག་ལ་བརྟག །གཅིག་པུར་འདུག་ན་སེམས་ལ་བརྟག །ཞེས་པའི་ཚིག་རྐང་འདི་གཉིས། ཉིན་མཚན་ཁྱད་པར་འབད་པར་བྱ། །ཞེས་པའི་འོག་ཏུ་གསལ།)

ཅེས་པ་དེ་ཡང་མི་མང་པོ་ཡོད་པའི་ནང་དུ་རང་གི་ངག་གི་སྐད་ཆ་གང་བཤད་ཆོག་པ་དང་གང་བཤད་མི་ཆོག་པ་བརྟག་པ་དང་། རང་ཉིད་གཅིག་པུར་གནས་དབེན་པར་འདུག་པའི་སྐབས་ན་རང་གི་སེམས་དགེ་མི་དགེ་ལུང་མ་བསྟན་གང་གི་ཕྱོགས་སུ་འགྲོ་མི་འགྲོ་བརྟག་དགོས་ཞེས་པའི་དོན་ནོ། །ཕ་ཆོས་ལས། དེ་ལྟར་ཞུས་ལན་དཔག་མེད་ཀྱང་། །བསྡུས་ན་ནོར་བདུན་ཉིད་དུ་གདའ། །དེ་ཡང་བསྡུས་ན་བརྟག་པ་གཉིས། །བརྟག་གཉིས་ལེའུར་རྫོགས་པར་བསྟན། །བརྟག་གཉིས་བསྡུས་ན་འདི་ལྟ་སྟེ། །མང་པོའི་ནང་དུ་ངག་ལ་བརྟག །གཅིག་པུར་འདུག་ན་སེམས་ལ་བརྟག །བཀྲ་ཤིས་གནས་འདིར་ཐམས་ཅད་འདུས། །ཞེས་སོགས་གསུངས། དེ་ཡང་བསྡུས་ན་སེམས་སྦྱོང་བ་གཅིག་པུར་སངས་རྒྱས་ཀྱི་ཆོས་ཐམས་ཅད་བསྡུས་ཏེ། སོ་ཐར་གྱི་མདོ་(སྡེ་དགེ་བཀའ་འགྱུར། འདུལ་བ་རྣམ་པར་འབྱེད་པ། ཅ)ལས། སྡིག་པ་ཐམས་ཅད་མི་བྱ་སྟེ། །དགེ་བ་ཕུན་སུམ་ཚོགས་པར་སྤྱོད། །རང་གི་སེམས་ནི་ཡོངས་སུ་གདུལ། །འདི་ནི་སངས་རྒྱས་བསྟན་པ་ཡིན། །ཞེས་དང་། སྤྱོད་འཇུག་ལས། སེམས་སྲུང་བརྟུལ་ཞུགས་མ་གཏོགས་པ། །བརྟུལ་ཞུགས་མང་པོས་ཅི་ཞིག་བྱ། །ཞེས་གསུངས་པ་ལྟར་རང་གི་སེམས་ལ་བརྟགས་ཏེ་སེམས་སྲུང་རྒྱུ་ནི་བཀའ་གདམས་གླེགས་བམ་གྱི་བཀའ་བབས་ཡིན་ནོ། །འདི་ནི་ཕ་ཆོས་ཞུས་ལན་ནོར་བུའི་ཕྲེང་བ་ལས། བརྟག་པ་གཉིས་ཀྱི་མདོར་བསྟན་ནས་རྩ་ཚིག་ཡིན་ཞིང་། རྩ་ཚིག་འདི་ལ་བརྟེན་ཏེ། ཕ་ཆོས་ལེའུ་ཉེར་གསུམ་པའི་བརྟག་པ་གཉིས་རྒྱས་པར་གསུངས་སོ། །བུ་ཆོས་ལས། ཆོས་ལ་སྐུར་བ་མི་འདེབས་ཤིང་། །གང་མོས་དེ་ལ་འདུན་པ་དང་། །ཞེས་པ་ནས། མང་པོའི་ནང་དུ་ངག་ལ་བརྟག །གཅིག་པུར་འདུག་ན་སེམས་ལ་བརྟག །ཅེས་པའི་བར་འཕྲོས་རྒྱལ་བའི་འབྱུང་གནས་ཀྱི་སྐྱེས་རབས་བསྟན་པ་ལས་ཁུ་ལ་ལེགས་

པར་རྫོགས་པར་བྱས་པའི་རྒྱལ་པོ་སྐབས་སྦྱིན་དུ་ཇི་ལྟར་སྐྱེ་བ་བཞེས་པའི་སྐྱེས་རབས་ཉི་ཤུ་རྩ་གཉིས་པའི་རྩ་ཚིག་ཏུ་དྲངས་ཤིང་དེ་དག་གིས་ཁྱུ་ཆོས་གཉིས་དང་བཅས་བུ་ཆོས་ཉི་ཤུ་རྩ་གཉིས་པའོ། །དེ་ལྟར་ཕ་ཆོས་ལེའུ་ཉེར་གསུམ་དང་བུ་ཆོས་ལེའུ་ཉེར་གཉིས་ཀྱི་རྩ་བ་བྱང་སེམས་ནོར་བུའི་ཕྲེང་བའི་གཞུང་གི་དོན་རྫོགས་སོ། །

གསུམ་པ། མཇུག་གི་དོན།

རྒྱ་གར་གྱི་མཁན་པོ་དཔལ་ལྡན་མར་མེ་མཛད་བཟང་པོ་ཡེ་ཤེས་སྙིང་པོས་མཛད་པ་བྱང་ཆུབ་སེམས་དཔའི་ནོར་བུའི་ཕྲེང་བ་རྫོགས་སོ། །ཞུ་ཆེན་གྱི་ལོ་ཙྪ་བ་ནག་ཚོ་ཚུལ་ཁྲིམས་རྒྱལ་བས་བསྒྱུར་ཅིང་ཞུས་ཏེ་གཏན་ལ་ཕབ་པའོ། །

ཞེས་བྱང་སེམས་ནོར་བུའི་ཕྲེང་བ་འདི་དང་། ཇོ་བོས་བལ་ཡུལ་དུ་མཛད་པའི་མ་ག་དྷའི་རྒྱལ་པོ་ནེ་ཡ་པ་ལ་ལ་སྐུར་བའི་འཕྲིན་ཡིག་དྲི་མ་མེད་པའི་རིན་པོ་ཆེའི་ཕྲེང་བའི་(སྟེ་དགེ་བསྟན་འགྱུར་སྤྲིང་ཡིག །ངེ་།)ཚིག་ཕལ་ཆེར་འདྲ་ཡང་གཅིག་པར་འཛིན་མི་རིགས་པ་ནི། རྒྱལ་མཆོག་བདུན་པ་བསྐལ་བཟང་རྒྱ་མཚོའི་གསུང་འབུམ་དང་པོའི་ཐོབ་ཡིག་རིན་ཆེན་དབང་གི་རྒྱལ་པོའི་དོ་ཤལ་ལས། བྱང་སེམས་ནོར་བུའི་ཕྲེང་བ་དང་། དྲི་མ་མེད་པ་རིན་པོ་ཆེའི་འཕྲིན་ཡིག་གཉིས་ཕལ་ཆེར་གཅིག་པས་དཔེ་སྣ་ཟུར་དུ་མི་འདྲེན་ཞེས་ཆོས་རྗེ་དཔའ་བོས་གསུངས་ཀྱང་། ནོར་བུའི་ཕྲེང་བར་མེད་པའི་ཚིག་མང་པོ་ཞིག་འཕྲིན་ཡིག་དེར་མང་བས་དཔེ་ལུང་གཉིས་ཀ་ཟུར་དུ་ངེས་པར་དགོས་ཞེས་གསུངས་འདུག །ང་དུང་ཐོབ་ཡིག་དེར། བྱང་སེམས་ནོར་བུའི་ཕྲེང་བ། ཇོ་བོ་ཉིད་ཀྱིས་སྒྲ་རང་བསྒྱུར་དུ་མཛད་གསུང་འདུག་ཀྱང་དོན་ནི་ནག་ཚོས་བསྒྱུར་བ་སྟེ་ནོར་

ཕྲེང་གི་ཚིག་ཕལ་ཆེར་ཆ་ཚང་བར་འཕྲིན་ཡིག་དེར་ཡོད་ལ། འཕྲིན་ཡིག་དེ་ནི་ཇོ་བོས་བལ་ཡུལ་དུ་མཛད་དེ་ནག་ཚོས་བསྒྱུར་བ་ཇོ་བོའི་ཆོས་ཆུང་བརྒྱ་རྩ་ལས། གནས་བརྟན་མཁས་པ་ཆེན་པོ་དྷི་པཾ་ཀ་ར་ཤྲཱི་ཛྙཱ་ནས། རྒྱལ་པོ་ནི་རྱ་ཕ་ལ་ལ་བཟྲངས་པ་རྫོགས་སོ། །དུས་དེ་ཉིད་དུ་བླ་མ་དེ་ཉིད་དང་། ལོ་ཙཱ་བ་དགེ་སློང་ཚུལ་ཁྲིམས་རྒྱལ་བས་བསྒྱུར་བ། ཤློ་ཀ་བཞི་བཅུ་པའོ། །ཞེས་གསུངས། བྱང་སེམས་ནོར་བུའི་ཕྲེང་བ་འདིར་(ཤློ་ཀ་ཕྱེད་དང་ཉི་ཤུ་རྩ་དགུའོ། །)མཚན་གཞན་ཞུ་ལན་ནོར་བུའི་ཕྲེང་བ་ཡང་ཟེར། དོན་ནི་ཇོ་བོ་ཡབ་སྲས་བཞིས་(ཡབ་ཇོ་བོ་དང་སྲས་ཁུ་རྔོག་འབྲོམ་གསུམ།)ཕ་ཆོས་དང་། བུ་ཆོས་ཀྱི་ནང་དོན་དག་ཞུ་ལན་མང་དུ་བྱེད་པའི་སྙིང་པོ་ཚིག་གི་ཕྲེང་བར་བརྒྱུས་པས་དེ་ལྟར་བཏགས། དེ་ཡང་ཕ་འབྲོམ་སྟོན་པས་ནོར་བུའི་ཕྲེང་བའི་ཚིག་འདི་དག་བསྡུས་ཚིག་ཏུ་བྱས་ཏེ་ཕ་ཆོས་ལེའུ་ཉི་ཤུ་རྩ་གསུམ་དང་། བུ་ཁུ་རྔོག་གཉིས་ཀྱིས་འབྱེད་ཚིག་ཏུ་བྱས་ཏེ་བུ་ཆོས་ལེའུ་ཉེར་གཉིས་བྱུང་ཡོད། ཕ་ཆོས་དང་བུ་ཆོས་གཉིས་ཀ་ཇོ་བོས་གསུངས་ཤིང་ཞུ་བ་པོ་ཕ་འབྲོམ་གྱིས་ཞུས་པ་ལ་ཕ་ཆོས་དང་། བུ་ཁུ་རྔོག་གཉིས་ཀྱིས་ཞུས་པ་ལ་བུ་ཆོས་སུ་བཏགས་པར་ལས་ཆེན་གྱི་བཀའ་གདམས་ཆོས་འབྱུང་ལས་གསུངས། དེ་ཡང་འབྲོམ་ལ་ཕ་ཞེས་མཚན་བརྗོད་པ་ནི་བཀའ་གདམས་བསྟན་པའི་མེས་པོའམ་སྲོལ་འབྱེད་དང་ཇོ་བོའི་སྐུ་ཚབ་ཡིན་པས་དེ་ལྟར་བརྗོད་པ་དང་། རྔོག་དང་ཁུ་ལ་བུ་ཞེས་པ་ནི་ཇོ་བོའི་སྐུ་ཚབ་མ་ཡིན་པའི་སློབ་མ་དང་བཀའ་གདམས་བསྟན་པའི་སྲོལ་འཛིན་ཡིན་པའི་གནད་ཀྱིས་སོ། །དེ་ལྟར་རྩ་བའི་དོན་གསུམ་གྱིས་བྱང་སེམས་ནོར་བུའི་ཕྲེང་བའི་འགྲེལ་པ་རྫོགས་སོ།། །།

མི་ཆོས་གནད་ཀྱི་ཕྲེང་བའི་འགྲེལ་པ་འཇིག་རྟེན་མིག་འབྱེད།

སྲེབ་ལེགས་ཚིག་གི་སྲད་བུ་ལ་བརྒྱུས་པའི། །
འཇིག་རྟེན་མི་ཡི་སྤྱོད་པ་བཟང་པོའི་ཆོས། །
ཟབ་གནད་གསེར་གྱི་ཕྲེང་བ་རིན་ཆེན་འདི། །
ཡ་རབས་སྐྱེ་བོ་རྣམས་ཀྱི་རྒྱན་གྱི་མཆོག །
དེ་ལྟ་མོད་ཀྱི་རིན་ཆེན་རྒྱན་བཟང་འདི། །
དེང་སྐབས་སྣང་མེད་རྡུལ་གྱིས་རབ་སྦགས་པར། །
དེ་ཉིད་སེལ་ཕྱིར་གོ་སླའི་ཚིག་གི་འགྲེལ། །
ཅུང་ཟད་བགྱི་ལ་བདག་ཡིད་སྤྲོ་བས་བརྟས། །

དེ་ལ་འདིར་མཉམ་མེད་རྗེ་བོ་ཆེན་པོ་དཔལ་ལྡན་ཨ་ཏི་ཤ་ཡི་ཐུགས་སྲས་བཀའ་གདམས་བསྟན་པའི་མེས་པོ་འབྲོམ་སྟོན་ཆོས་ཀྱི་རྒྱལ་པོ་དེ་ཉིད་ཀྱིས་མཛད་པའི་མི་ཆོས་གནད་ཀྱི་ཕྲེང་བའི་ཚིག་དོན་ཅུང་ཟད་བཤད་པ་ལ་གསུམ། བཤད་པ་ལ་འཇུག་པ། བཤད་པ་ཉེ་བར་དགོད་པ། བཤད་པ་མཐར་ཕྱིན་པའི་ཚུལ་དང་གསུམ།

བཤད་པ་ལ་འཇུག་པ།

དང་པོ། བཤད་པར་འཇུག་པ་ལ། བསྟན་བཅོས་འདིའི་མཚན་དོན་བཟུང་

སྟེ་མཚན་དོན་བཤད་པ་དང་། མཆོད་པར་བརྗོད་པ། བསྟན་བཅོས་འདི་ཇི་ལྟར་བརྩམས་པའི་ཚུལ་ལོ། །

དང་པོ་ལ་གཉིས། མཚན་ངོས་བཟུང་བ་ནི། མི་ཆོས་གནད་ཀྱི་ཕྲེང་བ་ཞེས་བྱ་བ་བཞུགས་སོ། །

མཚན་དོན་ནི། དེ་ཡང་འཁྲོམ་གྱིས་ནག་ཚོའི་འགྲོ་ཆོས་སུ་འགྲོ་བ་མིའི་འཚོ་ཐབས་ཀྱི་ཆོས། བཟང་པོའི་སྤྱོད་ཚུལ་གྱི་རྩ་བའི་གནད་འགག་ཆེ་བ་རྣམས་ཀྱི་ངོ་བོ་ཚིག་གི་སྲད་བུ་ལ་བརྒྱུས་པའི་ཕྲེང་བ་ཞུ་ལན་གྱི་ཚུལ་དུ་མཛད་པས་ན་མཚན་དེ་ལྟར་གསོལ་ཏོ། །

གཉིས་པ། མཆོད་པར་བརྗོད་པ་ནི། རྗེ་བཙུན་སྤྱན་རས་གཟིགས་དབང་ཕྱུག་ལ་ཕྱག་འཚལ་ལོ། །ཞེས་བོད་གངས་ཅན་པ་རྣམས་ཀྱི་མེ་ཏོག་གང་ལ་ཕོག་པའི་ལྷག་པའི་ལྷ་སྐལ་འཕགས་པ་སྤྱན་རས་གཟིགས་ལ་མཆོད་པར་བརྗོད་པའོ། །དགོས་པ་ནི། བསོད་ནམས་འཕེལ་བ་དང་བར་ཆད་ཞི་བའི་ཆེད་དུའོ། །

གསུམ་པ་བསྟན་བཅོས་ཇི་ལྟར་བརྩམས་པའི་ཚུལ་ལ་གཉིས། མདོར་བསྟན་པ་དང་། རྒྱས་པར་བཤད་པའོ། །

དང་པོ་ནི། འཁྲོམ་སྟོན་པ་རྒྱལ་བའི་འབྱུང་གནས་ཀྱིས་ཡུལ་སྟོད་མངའ་རིས་གུང་ཐང་དུ་སྐུ་བལྟམས་པའི་བཀའ་དྲིན་ཅན་གྱི་ལོ་ཙྪ་བ་ནག་ཚོ་ཚུལ་ཁྲིམས་རྒྱལ་བ་ལ་བལ་པོར་འགྲོ་ཆོས་སུ་མི་ཆོས་གནད་ཀྱི་ཕྲེང་བ་འདི་གདམས་པའོ། །

གཉིས་པ་རྒྱས་བཤད་ནི། རབ་བྱུང་དང་པོའི་ཆུ་སྦྲུལ་(ཕྱི་ལོ་༡༠༥༣)ལོའི་མཇུག་ཙམ་ལ་བལ་ཡུལ་དུ། ན་རོ་པའི་སློབ་མ་པཎྜི་ཏ་ཛྙ་ན་ཀ་ར་ཞེས་པ་ཧྣ་ཧྣ་ཧྣ་རོས་བལ་པོར་སྤྱན་དྲངས་ནས་བཞུགས་ཡོད་པར་ནག་ཚོས་གསན་ནས། ཇོ་བོའི་

སྤྱན་སྔར་ཕྱིན་ཏེ། སྔོན་བལ་ཡུལ་དུ་ཁྱེད་ཀྱིས་ན་རོ་པའི་སློབ་མ་རྣ་ན་ཀ་ར་ཞེས་པ་ལ་འཕགས་པའི་ལུགས་ཀྱི་གདམས་པ་ཡོད་པ་དེ་ཞུ་བ་མ་གྲུབ་གསུངས་པ་དེ་ཐུགས་མ་བསྐྱེལ་ལམ་ཞུས་པས། ཇོ་བོའི་ཞལ་ནས་དེ་དྲན་གསུངས། འོ་ན་པཎྜི་ཏ་དེ་ད་ལྟ་བལ་ཡུལ་ན་ཕྱིན་འདུག་ཞུས་པས། ཇོ་བོའི་ཞལ་ནས། ཁོ་བོ་རྣམས་པས་ཆོས་ཉན་པའི་མཐུ་མེད། རང་འབོད་པ་ཞིག་འོང་ན་སོང་། འོ་ཅག་དེའི་བར་འགྲོགས་རྗེས། ང་ཡང་ཟླ་བ་བཅུ་ཙམ་ནས་དགའ་ལྡན་དུ་རྗེ་བཙུན་བྱམས་པའི་སྐུ་མདུན་དུ་ཆོས་ཉན་དུ་འགྲོ། ཁྱོད་བལ་པོར་མ་འབོད་བར་ང་ལ་མཆོད་པ་རྒྱུན་མི་ཆད་པ་ཕུལ་ཏེ་གསོལ་བ་ཐོབ་གསུངས། དེ་ནས་ནག་ཚོས་མཆོད་པ་ཟླ་བ་གཅིག་ཕུལ་མཚམས་སུ། སློབ་དཔོན་རྒྱལ་རིན་གྱིས་བཏང་བའི་ལྗང་བཙུན་དར་མ་དང་། ཧེ་ཀ་ཤཱཀྱ་གཉིས་ཕྱིན་ཏེ། རྣ་ན་ཀ་ར་ད་ལྟ་བལ་ཡུལ་ན་བཞུགས་པས་མྱུར་དུ་ཤོག །དེ་མིན་ཁོང་རྒྱ་གར་དུ་ཕྱིན་པར་འདུག་གསུངས་པའི་བརྡ་འཕྲོར་ཏེ། ཇོ་བོ་ལ་ཞུས་པས། ད་དུང་ཟླ་བ་གཅིག་གི་བར་དུ་འདིར་ང་ལ་མཆོད་པ་གྱིས་གསུངས། དེ་ནས་ཟླ་བ་གཅིག་དང་ཕྱེད་ཀྱི་རིང་ཉིན་མཚན་དུ་མཆོད་པ་ཕུལ་ཏེ་གསོལ་བ་བཏབ། དེའི་དུས་སུ་ནག་ཚོ་མྱུར་དུ་བལ་ཡུལ་དུ་མ་འགྲོ་ན་རྣ་ན་ཀ་ར་སླར་རྒྱ་གར་དུ་བཞུད་ཀྱིས་དོགས་པ་དང་། འདིར་ཇོ་བོ་སྐུ་གཤེགས་སུ་དོགས་པའི་སྡུག་བསྔལ་གྱིས་སྐུ་ཤ་ཡང་སྐམ་པར་གྱུར་བས། ཇོ་བོའི་ཞལ་ནས་ད་ཁྱོད་པཎྜི་ཏ་རྣ་ན་ཀ་རའི་སྐུ་མདུན་དུ་ཆོས་ཉན་དུ་སོང་། ང་ཡང་དགའ་ལྡན་དུ་འགྲོ་དགོས་གསུངས་ཏེ། ནག་ཚོར་འགྲོ་ཆོས་སུ་ཐུན་མོང་མ་ཡིན་པའི་སྤྱན་རས་གཟིགས་ཀྱི་སྒྲུབ་སྐོར་སོགས་སྦས་ཆོས་ཉི་ཤུ་དང་། ལུང་བསྟན་མང་དུ་གནང་སྟེ། ཇོ་བོ་ཉིད་ཀྱི་སྐུ་མཐེ་བོང་ཙམ་སེང་ལྡེང་ལ་བྲིས་ཏེ་གཅུར་བཅུག་ནས་དཔུང་པ་ལ་བཏགས། མཉེས་མཉེས་རྒྱ་ཆེར་གནང་། ནག་

ཆོས། བླ་མ་དགའ་ལྡན་གྱི་གནས་ནས་བདག་ལ་གཟིགས་སུ་གསོལ། །དགའ་ལྡན་གྱི་གནས་ནས་བདག་ལ་བྱིན་གྱིས་བརླབ་ཏུ་གསོལ། །ཞེས་གསོལ་བ་བཏབ་སྟེ། མཐའ་མའི་ཞལ་གྱིས་མཛད། དེ་ལྟར་ཇོ་བོ་བོད་དུ་སྤྱན་དྲངས་མཁན་བཀའ་དྲིན་ཅན་གྱི་ནག་ཚོ་ལོ་ཙྪ་བ་མཆོག་གིས་སྦྱིར་ཇོ་བོ་ལོ་བཅུ་དགུ་བསྟེན་ཅིང་། ཇོ་བོ་སྐྱེ་ཐང་དུ་ལོ་དགུ་བཞུགས་སྐབས་ནག་ཚོ་མཆིམས་ཕྱུ་སོགས་སུ་ལོ་གཅིག་ཞལ་བྲལ་བ་མ་གཏོགས་དེ་མིན་ཇོ་བོ་དང་མཉམ་བཞུགས་མཛད་པ་ལས་ཐག་རིང་ཕེབས་པར་མི་གནང་བས། ད་རེས་ནི་ཇོ་བོ་སྐུང་སྟེ། སྐུ་མྱ་ངན་ལས་འདའ་བར་ཉེ་བ་དང་། རང་ཉིད་ཀྱང་ཇོ་བོ་དང་ཞལ་གྱིས་ཏེ་ཐག་རིང་འགྲོ་དགོས་པའི་རྐྱེན་གྱིས། ཐུགས་ཧ་ཅང་སྐྱོ་བའི་ངང་ཇོ་བོ་དང་ཞལ་བྲལ་ཏེ་བལ་པོར་བཞུད། སྐབས་དེར་འབྲོམ་སྟོན་པས་སྐྱེ་ཐང་(ད་ལྟ་ཆུ་ཤུར་རྫོང་ཁོངས་ཀྱི་སྐྱེ་ཐང་སྒྲོལ་མ་ལྷ་ཁང་ཡོད་ས།)འོར་ནས་གཞུ་འདོམ་ཉི་ཤུ་རྩ་ལྔའི་བར་སྐྱེལ་ཕྱུང་མཛད་དེ། གཅིག་ལ་གཅིག་གིས་ཕྱག་ལ་འཇུས་ནས་འབྲལ་མི་ཕོད་པའི་ཚོད་ཙམ་དུ་སྙིང་གཏམ་གསུང་སྒྲོས་སུ་གླེང་བ་ན། གུང་ཐང་བ་ནག་ཚོ་ཚུལ་ཁྲིམས་རྒྱལ་བ་ན་རེ། འབྲོམ་ཁྱེད་སྙིང་གི་པདྨའི་ཟེའུ་འབྲུ་ལ་དུས་རྟག་ཏུ་འདུ་བྲལ་མེད་ཀྱང་། བོད་སྣང་བ་མ་དག་པའམ་གདུལ་བྱ་ཐུན་མོང་བ་རྣམས་ཀྱི་བློ་ངོ་ལ་མཛད་པ་མི་དང་ཧ་ཅང་མཐུན་ཆེས་པར་བསྟན་མོད། འོན་ཀྱང་དེད་གཉིས་ཐུན་མོང་དང་ཐུན་མོང་མ་ཡིན་པ་གང་གི་སྣང་ངོར་ཇོ་བོ་བོད་དུ་སྤྱན་དྲངས་(པོ་ཏོ་བའི་ཞལ་ནས། པའི་བུ་ནི་འགའ་འགའ་ཙམ། མའི་བུ་ནི་ཐམས་ཅད་ཡིན། གསུངས་པ་ལྟར་སྦྱིར་ཇོ་བོ་ལ་བོད་ཀྱི་སློབ་མ་མང་པོ་ཡོད་ཀྱང་བཀའ་དྲིན་ཆེ་ཤོས་ནི་འབྲོམ་དང་ནག་ཚོ་གཉིས་ཡིན།)ནས་ད་ལྟ་བར་ཐུགས་མཐུན་ཞིང་སློབ་བ་ཉེ་བའི་ངང་ཆོས་ཀྱི་བྱ་བ་ལ་ལས་ཐབས་བཟང་པོ་བྱས་པས་མི་འགྱོད། བདག་དུས་དེ་རིང་ཐག་རིང་བལ་པོའི་ཐང་ལ་འགྲོ་བར་ཆས་པ་ལ་སེམས་ལ་ཕན་པའི་འགྲོ་ཆོས་ཤིག་ཞུ་བར་འཚལ་ཏེ། དེ་ཡང་ཚེ་

ཕྱི་མའི་དམ་པའི་ཆོས་ཀྱི་ལག་ལེན་རྣམས་བདག་གིས་དེ་ཙམ་གྱིས་གོ །གནས་སྐབས་ཚེ་འདིའི་འགྲོགས་ལུགས་འཇིག་རྟེན་མིའི་མཐུན་འཇུག་འཕྲུས་བཟླས་མཁན་ཏེ་སྐྱོན་ཡང་ཡང་བརྗོད་མཁན་རྣམས་ཀྱིས་ཀྱང་སྨད་པར་མི་ནུས་པའི་མི་ཆོས་ཤིག་སྙིང་ལ་གཟེར་བར་ཞུ། ཞེས་ཞུས་པ་དང་། འབྲོམ་རྗེས་ཐུགས་བརྩེ་བའི་ཞལ་འཛུམ་པའི་མདངས་དང་བཅས་ནས་དབུ་སྐྲ་ལྕང་ལོ་ཅན་དབུ་རང་གིས་སྤྱུག་སྟེ་རྒྱབ་ཏུ་བསྐྱུར་ནས་འདི་སྐད་གསུངས་སོ། །ཞེས་ཐོག་མར་ཇི་ལྟར་བརྩམས་པའི་ཚུལ་ཟུར་ཙམ་སོ། །

བཤད་པ་ཉེ་བར་དགོད་པ།

གཉིས་པ་བཤད་པ་ཉེ་བར་དགོད་པ་ལ་ས་བཅད་དྲུག །དང་པོ་བསྟན་བཅོས་རྩོམ་པའི་རྒྱུ་མཚན་བར་བསྟན་ཏེ་བཤད་པར་དམ་བཅའ་བ། གཉིས་པ་ལུས་མདོར་བསྟན་ནས་སྟོད་ལྡན་ཉན་པར་བསྐུལ་བ། གསུམ་པ་ཡན་ལག་རྒྱས་པར་བཤད་པ། བཞི་པ་དེ་དག་གི་དོན་བསྡུ་བ། ལྔ་པ་བསླབ་བྱ་ལ་དོ་གལ་བྱེད་དགོས་པར་གདམས་པ། དྲུག་པ་བསྔོ་སྨོན་ནོ། །

བསྟན་བཅོས་རྩོམ་པའི་རྒྱུ་མཚན་བར་བསྟན་ཏེ་བཤད་པར་དམ་བཅའ་བ།

དང་པོ། བསྟན་བཅོས་རྩོམ་པའི་རྒྱུ་མཚན་བར་བསྟན་ཏེ་བཤད་པར་དམ་བཅའ་བ་ནི།

རྩ་བ་ལས།

ཁོ་བོ་[1]བྱང་གི་ཕྱོགས་ནས་[2]གཙོ་བོའི་བུ། །

① མཐོ་སློབ་བཞི་པ། (ཁོ་བོས་)
② དཔེ་སྙིང་། (ཕྱོག་ན་)

ཕོ་བོས་ས་མཐའ་བསྐོར་བས་[①]མི་མཐོང་སྐྱོང་། །
རྣ་[②]གཏམ་མང་དུ་ཐོས་པས་[③]བཤད་པ་ཚོ། །
ཡིན་མིན་མགོ་ལྟག་ཕྱེད་པས་གྲུང་[④]པོར་གྲགས། །

ཞེས་འཁྲོམ་ཕོ་བོ་ནི་སྔང་པ་བོད་ཀྱི་ལྟེ་བའི་གནས་མཆོག་ལྷ་སའི་བྱང་གི་ཕྱོགས་ནས་རིགས་ཉུས་མཐོ་ཞིང་བཟང་སྤྱོད་ཏ་ཅང་ལེགས་ལ། ཀུན་གྱིས་སྤྱི་བོར་བཀུར་བའི་བྱང་ཕྱོགས་ཁ་བ་ཅན་གྱི་གཙོ་བོའི་རིགས་རྒྱུད་སྟོང་གི་རྫེའུ་ལས་འཁྲོམ་རིགས་ཀྱི་བུར་དབུ་ཉུ་བྱང་གནམ་གྱི་བྱེ་མ་ལུང་(འདམ་གཞུང་རྫོང་ཡངས་ཅན་གྲོང་རྡལ་ཟམ་གསར་གྲོང་ཚོ་བྱེ་ལུང་ཉུ་ཁག་གསུམ་པ།)དུ་སྐྱེས། ཆུང་ནས་དྲིན་ཅན་གྱི་མ་ཡུམ་གྲོངས་ཏེ་འཇིག་རྟེན་གྱི་དཀའ་སྡུག་མང་པོ་བརྒྱུད་པའི་ཉམས་མྱོང་ཏན་པོ་ཞིག་ཡིན་ལ། ད་དུང་དེའི་ཐོག་འཁྲོམ་ཕོ་བོས་ནི་སྟོད་མངའ་རིས་ནས་སྨད་མདོ་ཁམས་བར་བོད་ཀྱི་ས་མཐའ་རྣམས་བསྐོར་བས་ཡུལ་དེ་དག་གི་མི་འདྲ་མིན་མཐོང་ཞིང་། མི་འདྲ་མིན་དང་འགྲོགས་ཀྱང་མྱོང་བས་མཐོང་རྒྱ་ཅན་གྱི་མི་ཞིག་དང་། དེ་ཙམ་མ་ཟད་སྔོན་གྱི་མེས་པོ་ཆོས་རྒྱལ་སྲོང་བཙན་གྱི་མི་ཆོས་སོགས་རྒྱ་བོད་ཀྱི་འཇིག་རྟེན་མིའི་ཚུལ་ལུགས་ཀྱི་རྣ་གཏམ་མང་དུ་ཐོས་པས་ཐོས་རྒྱ་ཅན་གྱི་མི་ཞིག་ཀྱང་ཡིན་པས། ངས་ཁྱེད་ལ་མཐོང་ཐོས་མྱོང་གསུམ་ཚང་མ་བཤད་ན་རྣ་བ་ཚ་བའི་རྐྱེན་དུ་འགྱུར་བས། གཙོ་གནད་དག་བཤད་པར་བྱ་ཞེས་མི་ཆོས་འདི་རྩོམ་པའི་རྒྱུ་རང་ལ་མཐོང་ཐོས་མྱོང་གསུམ་ལྡན་སུམ་ཚོགས་པ་དང་། ད་དུང་དེ་དག་གི་དོན་ལ་ཡིན་མིན་མགོ་ལྟག་ཕྱེད་པས་ཏེ་ཡིན་མིན་

① དཔེ་རྙིང་། (སྐོར་བའི་)
② དཔེ་རྙིང་། (གནའ་)
③ དཔེ་རྙིང་། (པའི་)
④ དཔེ་རྙིང་། (རྟགས་འཚོད་པ་དྲུང་)

གྱི་དབྱེ་བ་འབྱེད་ཅིང་མགོ་མཇུག་བར་གསུམ་དུ་བདེན་རྫུན་སོགས་རང་གི་ཤེས་རབ་ཀྱིས་དཔྱད་ཅིང་འཇུག་ལྡོག་བྱེད་ཤེས་པས་འཇིག་རྟེན་མིའི་ནང་བདག་སྐྱོང་པོའམ་གྲུང་པོར་གྲགས།(དཔེ་ཆོས་རིན་ཆེན་སྤུངས་པ་ལས། འབྲོམ་སྟོན་པ་བཞུགས་རིང་ལ་དབུ་རུ་བྱང་ཕྱོགས་སུ། སངས་རྒྱས་ཀྱི་བསྟན་པའི་སྲོལ་བཀའ། རྒྱ་གར་རང་བས་ཀྱང་། ཅི་གྲགས་སུ་འབྱུང་བ་ཡིན་གསུང་། རྒྱལ་མཆོག་ལྔ་པ་(c.༡༦༡༧-༡༦༨༢)ཡིས། གཏིང་དཔལ་རྒྱ་མཚོའི་ནང་གི་ནོར་བུ་བཞིན། །ཁྲིམས་ལྡན་འདུན་སར་གྲུང་བློན་འཕེར་བའི་འོས། །ཞེས་གསུངས།)དེའི་ཕྱིར་ངས་མི་ཆོས་ཀྱི་གནད་རྣམས་ཚིག་གི་ཕྲེང་བར་བསྟན་ཏེ་བཤད་པར་བྱ་ཞེས་བརྩམས་པར་དམ་བཅའ་བའོ། །ཞང་སྟོན་བསྟན་པ་རྒྱ་མཚོ་(c.༡༨༢༥-༡༩༠༧)ཡིས་མཛད་པའི་བསླབ་བྱ་ནོར་བུའི་ཕྲེང་བ་(འདི་མི་ཆོས་ཀྱི་ཁ་སྐོང་འགྲེལ་པ་ཡིན་པས་རྩ་བ་དང་སྦྱར་ནས་ལྟ་དགོས་པ་གསུངས་པས་འོག་ཏུ་རིམ་པ་ལྟར་དགོད་པར་བྱའོ། །)ལས། ཕོ་བོ་ཡབ་རྗེ་བླ་མ་དམ་པའི་སྲས། །གཞུང་ལུགས་མང་དུ་ཐོས་པས་བཤད་པ་ཚོ། །མི་རིགས་སྣ་ཚོགས་འགྲོགས་པས་གོམས་པ་ཆེ། །དེ་ཕྱིར་སྙིང་གི་བུ་ལ་འདི་ལྟར་བཤད། །ཅེས་གསུངས།

ལུས་མདོར་བསྟན་ཏེ་སྟོད་ལྡན་ཉན་པར་བསྐུལ་བ།

གཉིས་པ། ལུས་མདོར་བསྟན་ཏེ་སྟོད་ལྡན་ཉན་པར་བསྐུལ་བ་ལ་གཉིས་ཏེ། ལུས་མདོར་བསྟན་པ། སྟོད་ལྡན་ཉན་པར་བསྐུལ་བའོ། །

དང་པོ། ལུས་མདོར་བསྟན་པ་ནི།

རྩ་བར།

གནས་དང་ཕྱོགས་[①]རྣམས་གང་དུ་འགྲོ་ཡང་རུང་། །
གཞི་དང་གནས་མལ་གང་དུ་བྱེད་ཀྱང་རུང་། །

---

① དཔེ་རྙིང་། (ཕྱོག་)

གྲོགས་དང་འགྲོགས་ལུགས་སུ་ལ་འཚོལ་ཡང་[1]ཉུང་། །
གཞན་དང་བསྟུན་པ་མི་ཆོས་རྩ་བ་ཡིན། །

ཞེས་ས་གནས་དང་ཡུལ་ཕྱོགས་གང་དུ་འགྲོ་ཡང་རུང་། གཞི་གང་དུ་འདུག་པ་དང་གནས་མལ་གང་དུ་བྱེད་ཀྱང་རུང་། གྲོགས་སུ་དང་ཕན་ཚུན་འགྲོགས་ལུགས་སམ་འབྲེལ་བ་བྱེད་སྟངས་གང་ཟག་སུ་ལ་འཚོལ་ཡང་རུང་། གཞན་དང་བསྟུན་པ་གལ་ཆེ་སྟེ། ཁྱབ་ཆུང་ས་ནས་བཤད་ན་གང་ཟག་སྒེར་པ་ཕན་ཚུན་ལུགས་དང་མཐུན་པའི་སྒོ་ནས་བསྟུན་གང་ཐུབ་བྱེད་པ་དང་། ཁྱབ་ཆེ་ས་ནས་བཤད་ན་རང་གི་ལུས་ཀྱི་ཀུན་སྤྱོད། ངག་གི་སྨྲ་བརྗོད། ཡིད་ཀྱི་འཁྲིར་སོ་བཅས་རང་རང་གནས་སའི་ཡུལ་ལུང་དེ་དང་དེའི་སྤྱིའི་ཁྲིམས་དང་། མི་དམངས་ཀྱི་འདོད་བློ། ལུགས་སྲོལ་གོམས་གཤིས། ཆོས་ལུགས་ཀྱི་དད་ཞེན། སྤྱི་ཚོགས་ཀྱི་འཕེལ་རྒྱས་དང་བསྟུན་རྒྱུ་ནི་འཇིག་རྟེན་མི་ཆོས་ཀྱི་རྩ་བ་ཡིན། དེ་དག་དང་བསྟུན་ཤེས་ན་འབྱུང་འགྱུར་རང་ཉིད་འཇིག་རྟེན་ཡ་རབས་ཀྱི་མདུན་གྲལ་དུ་ཚུད་ཅིང་རང་གནས་སའི་སྤྱི་ཚོགས་ཀྱི་གོང་འཕེལ་ལ་ཕན་པ་བསྒྲུབ་ཐུབ། དེ་ལས་ལྡོག་ན་སྟར་ཡོད་ཀྱང་རྩ་མེད་དུ་འགྲོ་རྒྱུའི་ཉེན་ཁ་ཡང་ཡོད། དེར་བརྟེན་རང་རེའི་སྟོན་པ་བཀའ་དྲིན་ཅན་གྱིས་ཀྱང་གདུལ་བྱའི་བློ་དང་བསྟུན་ཏེ་ཆོས་ཀྱི་འཁོར་ལོ་རིམ་པ་གསུམ་དང་། གྲུབ་མཐའ་རྣམ་པ་བཞི། འདུལ་བ་ཉུང་མཐུན་ལ་སོགས་པ་གསུངས་པའང་དེ་ལ་དགོངས་པ་ཡིན་ནམ་སྙམ། སྔོན་གྱི་བོད་ཀྱི་མེས་པོའི་ནང་ནས་ཀྱང་དམངས་ཀྱི་འདོད་བློ་དང་བསྟུན་ཤེས་མཁན་གྱི་ཆོས་རྒྱལ་མེས་དཔོན་རྣམ་གསུམ་གྱི་སྐབས་བོད་ཀྱི་སྤྱི་ཚོགས་འཕེལ་རྒྱས་སོགས་བྱུང་བ་དང་། དེ་ལས་ལྡོག་སྟེ་རྒྱལ་པོ་གླང་དར་

① དཔེ་རྙིང་། (ཀྱང་)

གྱི་སྐབས་དམངས་ཀྱི་འདོད་བློ་དང་མ་མཐུན་པས། བོད་ཀྱི་སྤྱི་ཚོགས་ཉམས་གུད་དུ་སོང་བ་སོགས་སྤྱི་སྐོར་མང་པོའི་ལོ་རྒྱུས་ལ་ཕྱིར་མིག་བལྟས་ན་ཡང་དཔེ་མང་། ད་ལྟའང་རྒྱལ་ཁབ་ཁག་གི་བཙའ་ཁྲིམས་དང་། ཡུལ་སྲོལ་ལམ་ལུགས་གང་གཏན་ལ་འབེབས་ཀྱང་། རྒྱལ་ཁབ་དེའི་རྩ་ཁྲིམས་དང་བསྟུན་རྒྱུ་དང་། རྩ་ཁྲིམས་ནི་རྒྱལ་ཁབ་ཀྱི་འཕེལ་རྒྱས་དང་དམངས་ཀྱི་འདོད་བློ་དང་བསྟུན་ཏེ་བཟོ་བཅོས་བཅས་བྱ་དགོས་ལ། ཆུང་ས་མི་སྒེར་སོ་སོ་ནས་ཀྱང་འགྲོ་འཆག་ཉལ་འདུག་ལུས་ངག་གི་སྤྱོད་ལམ་གང་བྱས་ཏེ་གང་ཟག་སུ་དང་འགྲོགས་ཀྱང་། རང་འདོད་འཐད་འཛིན་མི་བྱེད་པར་ཡུལ་དུས་གནས་སྐབས་ཐམས་ཅད་དུ་འཛིག་རྟེན་ཚུལ་ལུགས་དང་། དམངས་ཀྱི་འདོད་ཕྱོགས། དུས་རབས་ཀྱི་འཕེལ་རྒྱས། བཟང་པོའི་སྤྱོད་ལམ་དང་བསྟུན་ཏེ་རང་གི་ཐུགས་བསམ་མངོན་འགྱུར་བྱ་རྒྱུ་ནི་མི་ཆོས་ཀྱི་རྩ་དོན་དུ་བསྟན་པ་ལས། ཐུགས་བསམ་གང་ཡང་མེད་པའི་སྒོ་ནས་ཐམས་ཅད་གཞན་གྱི་ལད་མོ་དང་། ཚུལ་མིན་དང་འཕྲད་ན་དེ་དང་བསྟུན་ཏེ་ཚུལ་མིན་བྱ་དགོས་པ་སོགས་ཀྱི་དོན་ནི་མ་ཡིན་ཏེ། ཞང་སྟོན་བསྟན་པ་རྒྱ་མཚོས་མཛད་པའི་བསླབ་བྱ་ནོར་བུའི་ཕྲེང་བ་ལས། ཀུན་དང་མཐུན་པ་རྩ་བ་ཡིན་མོད་ཀྱང་། །མཐོང་ཚད་ལད་མོ་བྱས་ན་ཀླད་མེད་ཡིན། །ཆ་ལུགས་ཀུན་དང་བསྟུན་ན་བཟང་མོད་ཀྱང་། །སྟོན་པའི་བཅས་པར་འགལ་ན་སྙིང་རུལ་ཡིན། །ཞེས་གསུངས་སོ། །

གཉིས་པ། སྡོད་ལྡན་ཉན་པར་བསྐུལ་བ་ནི།

རྩ་བ་ལས།

དེ་ཡི་སྙིང་ནས་འདུན་མ་བཤད་ཀྱིས་[1]ཉོན། །[2]

---

① མཐོ་སློབ་བཞི་པ། (བཤད་ཀྱི་)

② དཔེ་རྙིང་། (དེའི་སྙིང་ན་མདུན་མ་བཤད་ཀྱི་ཉོན། །)

བྱ་བྱེད་ཡོངས་ཀྱི་མགོ་ལྟག་ཕྱེ་ཡིས་[1]ཉོན[2]། །
ལྷ་ཞི་ཀླུ་ཞིའི་གདམས་པ་བཤད་ཀྱིས་[3]ཉོན། །
ཆོས་ལ་མི་ཆོས་ཟབ་པ་འདི་ལྟར་ལགས། །

ཞེས་གོང་ཞུས་ལྟར་གཞན་དང་བསྟུན་པ་ནི་མི་ཆོས་ཀྱི་སྤྱིའམ་ཁྱབ་བྱེད་ཀྱི་རྩ་བའི་གཞི་མ་ལྟ་བུར་བྱས་ཏེ། དེ་ཡི་སྟེང་ནས་བྱེ་བྲག་སོ་སོར་བྱ་བ་གང་ཞིག་དོན་དུ་གཉེར་བའི་གནས་སྐབས་དང་། ཚེ་འདིའི་འདུན་མ་ངས་བཤད་ཀྱིས་བློ་གཟུ་བོར་གནས་པའི་སྒོ་ནས་ཉོན་ཅིག །བྱ་བ་དང་བྱེད་པ་ཡོངས་ཀྱི་མགོ་ལྟག་ཕྱེ་ཡིས་ཏེ་ཡིན་མིན་གྱི་དབྱེ་བ་འབྱེད་ཅིང་། འཇིག་རྟེན་གྱི་བྱ་སྤྱོད་ཡོངས་ལ་མགོ་མཇུག་བར་གསུམ་དུ་བརྟགས་ཤིང་དཔྱད་དེ་བཤད་ཀྱི། ལེགས་ཉེས་འབྱེད་པའི་བློ་ཡི་མཐུ་དང་ལྡན་པའི་སྒོ་ནས་ཉོན། སྟེང་ལྷའི་ཕྱུག་བསྡུལ་ཞི་བའི་ཐབས་དང་། འོག་ཀླུའི་ཕྱུག་བསྡུལ་ཞི་བའི་ཐབས་སོགས་མདོར་ན་འཇིག་རྟེན་གསུམ་གྱི་ཚུལ་ལུགས་སྟོན་པའི་གདམས་པ་བཤད་ཀྱི། དོན་གཉེར་གྱི་བརྩོན་འགྲུས་དང་ལྡན་པའི་སྒོ་ནས་ཉོན་ཅིག །ཆོས་ལ་དམ་པའི་ལྷ་ཆོས་དང་། འཇིག་རྟེན་མི་ཆོས་གཉིས་ལས་ཚེ་འདི་བློས་མི་ཐོང་བའི་འཇིག་རྟེན་པ་རྣམས་ལ་ནི། ཟབ་པ་སྟེ་གལ་ཆེ་བ་ནི་འོག་ཏུ་འཆད་འགྱུར་གྱི། ཚེ་འདིའི་མི་ཚེའི་ལྟ་བ་མི་ཆོས་དང་མཐུན་པར་བྱེད་དགོས་པ་འདི་དག་ལགས་པས། བུད་བསྐྱིགས་ཐབ་གསུམ་(མི་གྲལ་ནས་བུད། ཁྱི་གྲལ་བསྐྱིགས། ལྷ་གྲལ་འཐབ།)གྱི་རྣལ་འབྱོར་ལ་བརྩོན་པ་མ་ཡིན་པའི་འཇིག་རྟེན་པ་རྣམས་ངས་གདམས་པའི་མི་ཆོས་འདི། སྟོད་ཀྱི་སྐྱོན་གསུམ་(སྟོད་ཁ་སྦུབ་པ་ལྟ་བུ་དང་། སྟོད་ཞབས་རྫོལ་ལྟ་བུ་དང་། སྟོད་དྲི་མ་ཅན་ལྟ་བུ།)དང་། དྲི་མ་དྲུག །(ང

① མཐོ་སློབ་བཞི་པ། (ཡི་)
② དཔེ་རྙིང་། (གོ་རྟག་ཕྱེད་པའི་ཉོན། །)
③ དཔེ་རྙིང་། (པའི་)མཐོ་སློབ་བཞི་པ། (ཀྱི་)

རྒྱལ་དང་། མ་དད་པ། དོན་གཉེར་མེད་པ། རྣམ་པར་གཡེང་བ། རྨུགས་པ། སེམས་སྐྱོ་བ་བཅས་དྲུག་གོ །) མི་འཛིན་པའི་སྐྱོན་ལྔ་(ཚིག་མི་འཛིན་པ་དང་། དོན་མི་འཛིན་པ་དང་། བརྡ་མ་ཕྲད་པར་འཛིན་པ་དང་། ལོག་པར་འཛིན་པ་དང་། མ་ལུས་པར་མི་འཛིན་པ་བཅས་སོ། །)བཅས་སྤངས་ཏེ། ལེགས་པར་རབ་ཏུ་ཉོན་ལ་ཡིད་ལ་ཟུངས་ཤིག་ཅེས་སྟོན་ལྡན་ཉན་པར་བསྐུལ་བའོ། །

ཡན་ལག་རྒྱས་པར་བཤད་པ།

གསུམ་པ། ཡན་ལག་རྒྱས་པར་བཤད་པ་ལ། རྒྱས་པ་སྤྱི་ཡི་རྣམ་གཞག་དང་། ཕྲ་བ་བྱེ་བྲག་གི་རྣམ་གཞག་གཉིས་ལས། དང་པོ། རྒྱས་པ་སྤྱི་ཡི་རྣམ་གཞག་ལ་དྲུག་སྟེ། བྱ་བྱེད་སྤྱི་ལ་གདམས་པ། རང་འདོད་མ་ཆེ་བ་སྤྱི་སྙོམས་བྱ་དགོས་པར་གདམས་པ། ང་རྒྱལ་བྱ་མི་རིགས་པར་གདམས་པ། ཁྲིད་གསོད་བྱ་མི་རིགས་པར་གདམས་པ། གུས་ལུགས་བྱ་དགོས་པར་གདམས་པ། ཆོས་སྟོན་པའི་ཚུལ་ལ་གདམས་པའོ། །

བྱ་བྱེད་སྤྱི་ལ་གདམས་པ་ནི།

རྩ་བ་ལས།

སུ་ཡི་དོན་དུ་དཀའ་སྤྱད་བྱེད་[①]ན་ཡང་། །
བྱ་ཤེས་[②]ཀོ་ལོང་སྟུག་ཡུས་[③]ཆུང་བར་མཛོད། །

ཅེས་མཛོ་བ་རྒྱལ་པོ་དང་དམའ་བ་སྲུང་པོ་སོགས་གང་ཟག་མཐོ་དམན་སུ་ཡི་དོན་དུ་ལུས་ངག་གི་དཀའ་སྤྱད་གང་བྱེད་ན་ཡང་། གཞན་གྱིས་བཅོལ་བའི་ལས་ཐམས་ཅད་བྱེད་པ་ཙམ་མ་ཡིན་པར། ལས་དང་བྱ་བ་མཐའ་དག་བྱ་ཤེས་ཤིང་ལྷག་བསམ་རྣམ་པར་དག་པའི་སྒོ་ནས་བྱེད་པ་དང་། ཡུལ་གྱི་

① དཔེ་རྙིང་། (བ་བཅད་)
② དཔེ་རྙིང་། (བྱས་ཞེས་)
③ དཔེ་རྙིང་། (ཡུལ་)

གང་ཟག་གིས་རང་ཉིད་ཀྱི་བློ་དང་མ་འཚམ་པའི་མི་འདོད་པའི་རྐྱེན་ཅུང་ཟད་ཀྱིས་སྐྱེར་ལ་ཀོ་ལོང་སྐྱེ་ཁོང་ཁྲོ་བ་དང་། དེས་རྒྱུ་བྱས་ཏེ་གཞན་ནམ་ཕྱི་ལ་སྡུག་ཡུས་(ངོ་བསྟོད་གཉེན་ལ་མ་ཆེ། །སྡུག་ཡུས་འབབས་ལ་མ་འཚོང་། །)བཤད་པ་སོགས་ལས་ལྡོག་སྟེ་སྡུག་ཡུས་ཆུང་བར་མཛོད་ཅེས་གདམས་པའོ། །དེ་ལྟར་མ་ཡིན་ན་གཞན་གྱི་ཆེད་དུ་དཀའ་སྤྱད་བྱས་པ་དག་རྐང་རྗེས་ལག་བསྲུབ་ལྟ་བུར་ཕྱིན་ཏེ་གཞན་ལ་ལས་བྱས་པའི་ངོ་མེད་ཅིང་། རང་ཉིད་སྡུག་གྲོང་དུ་འགྲོ་བས་གཟབ་དགོས་སོ། །བསླབ་བྱ་ནོར་ཕྲེང་ལས། གཞན་དོན་རེམ་པ་ཡ་རབས་ཡིན་མོད་ཀྱང་། །རང་སྡུག་རང་གིས་ཉོས་ན་སྡུག་གྲོང་ཡིན། །ཞེས་གསུངས་སོ། །

ལས་དང་བྱ་བ་ཇི་ལྟར་བྱེད་[1]ན་ཡང་། །
མཛད་སྤྱོད་ཐམས་ཅད་མི་དང་མཐུན་[2]པར་མཛོད། །

ཅེས་འཇིག་རྟེན་ལ་ཕན་པའི་ལས་དང་བྱ་བ་ཇི་ལྟར་བྱེད་ན་ཡང་། མཛད་པ་དང་ལུས་ངག་གི་སྤྱོད་ལམ་ཐམས་ཅད་མི་གཞན་གྱི་བློ་དང་མོས་པ་དང་མཐུན་པར་མཛད་དགོས་ཚུལ་གསུངས། ཡང་ན་ནང་གི་རྟོགས་པ་ལྷ་དང་མཉམ་ན་ཡང་ཕྱིའི་མཛད་སྤྱོད་ཐམས་ཅད་ཐ་མལ་གྱི་མི་སྤྱི་དང་མཐུན་པར་མཛོད་ཅེས་གདམས་པའོ། །ཇོ་བོ་བཀའ་གདམས་པ་རྣམས་ཀྱིས་མངོན་ཤེས་དང་རྫུ་འཕྲུལ་སོགས་གོང་མའི་ཡོན་ཏན་དག་གང་བྱུང་དུ་བཤད་པ་དང་ཕྱིར་མངོན་པ་ལ་དགག་བྱ་ཤིན་ཏུ་ནན་པོ་མཛད། དཔེར་ན་སྟོན་ར་སྒྲེང་དགོན་པ་གོང་དུ་འབྲོམ་སྟོན་པ་ཡབ་སྲས་ཞལ་འཛོམས་ནས་གསུང་གླེང་མཛད་སྐབས། ཉེ་གནས་ཀྱིས་དེ་རིང་བཞེས་རྒྱུ་མེད་ཚུལ་ཞུས་པ་ལ། དཔལ་ལྡན་དགོན་པ་བའི་ཞལ་ནས། ཨ་པོ་ནི། པུ་སྣ་གདོང་ན་(ར་སྒྲེང་དགོན་པའི་འོག་གི་སྤྲིའུ་སྣའི་

① དཔེ་སྙིང་། (བྱས་)
② དཔེ་སྙིང་། (བསྟུན་)

གདོང་ཟེར་བ་དེ་ཡིན།)ཡར་བྱུང་བ་འདི་ཟ་བ་ཡིན་གསུངས། ཡུད་ཙམ་ཞིག་ནས་ཡོན་བདག་ཅིག་གིས་རྩམ་པ་དང་། མར། ཐུད། བག་ལེབ། ཞོ་སོགས་རྟ་རྒྱབ་ཅིག་བཀལ་བྱུང་བས་བསྙེན་བཀུར་བྱས། སྟོན་པས་ཡོན་བཤད་མཛད་ནས་ཡོན་བདག་སོང་རྗེས་སུ་སློམ་ཆེན་པ་ཀུན་ཡོན་ཏན་བག་རེས་སྤྲོས་ནས་ཕྱིན་ཆད་དེ་འདྲ་ཟེར་རྒྱུ་མ་ལགས་གསུངས་ཏེ་བཀའ་ཕབ་མཛད། ཡང་སྐབས་ཤིག་དགེ་བཤེས་འབྲོམ་སྟོན་པ་སྐུ་ཁམས་ཅུང་ཟད་མ་བདེ་བའི་དུས་སུ་རྣལ་འབྱོར་པ་ཆེན་པོ་རྫུ་འཕྲུལ་གྱིས་གསང་ཕུ་ནས་ར་སྒྲེང་དུ་ཕེབས་ཏེ་གཟིམ་ཆུང་གི་རྩིག་པ་ལའང་ཐག་ཐོགས་མེད་པར་ནང་དུ་ཕྱིན་ནས་བསྙུན་འདྲི་མཛད་པར། འབྲོམ་སྟོན་པས། ཁྱོད་ངོ་ཚ་བའི་གནས་དེ་ལ་ཡོན་ཏན་དུ་འཛིན་ནམ་གསུངས་ནས་བཀའ་བཀྱོན་མཛད་པའང་རྫུ་འཕྲུལ་སོགས་དགོས་མེད་དུ་སྟོན་མི་རུང་བར་འདོམས་པ་དག་མ་འོངས་པ་ན་བསླབ་པའི་རྩ་བ་སོ་ཐར་གྱི་ཚུལ་ཁྲིམས་ལ་གནོད་པའི་མིག་ལྟོས་ངན་པ་འབྱུང་བ་དགག་པའི་ཆེད་དུ་ཡིན་ཞེས་ཞྭ་དམར་(༡༨༤༦-༡༩༡༢)ལམ་རིམ་ལས་གསུངས་པར་ལྟར་རོ། །དེ་ལྟར་འབྲོམ་སྟོན་པས་ཇོ་བོ་བཀའ་གདམས་པའི་རྫུ་འཕྲུལ་གྱི་མངོན་ཤེས་དང་། ལྷའི་མིག་གི་མངོན་ཤེས་སོགས་གང་བྱུང་བཤད་མི་ཆོག་པའི་བཀའ་ཕབ་པའང་འདུལ་བའི་བཅས་པ་དང་བསྟུན་ཏེ་དེས་མི་ཆོས་བླ་མ་བདེན་པར་བརྗོད་པའི་ལྟུང་བྱེད་འགོག་སྟེ་དེ་ལ་བརྟེན་ནས་མི་ཆོས་བླ་མའི་ལྟུན་སླ་བ་ཡང་བཟློག་ནུས། དེ་མིན་མངོན་ཤེས་འཕྲུལ་མེད་བཤད་མཁན་གཅིག་ཡོད་ན། རྫུན་མ་བཤད་མཁན་བརྒྱ་ཙམ་བྱུང་སྟེ། མངོན་ཤེས་མེད་མཁན་གྱི་མི་རྣམས་རྫོངས་སུ་བཅུག་ཉེན་ཡོད་ཕྱིར། དེ་ལས་ལྡོག་སྟེ་མངོན་ཤེས་དངོས་གནས་ཤེས་མཁན་གྱིས་མངོན་ཤེས་མ་བཤད་ན། གང་བཤད་མཁན་ནི་རྫུན་མ་ཡིན་པར་རྟོགས་སླ་བས་དེ་ལ་དགོངས

ཏེ། སངས་རྒྱས་ཀྱིས་དགེ་སློང་ལ་མི་ཆོས་བླ་མ་བདེན་པར་བརྗོད་པའི་ལྟུང་བྱེད་ཀྱི་བཅས་པ་མཛད་པའང་མཛད་སྤྱོད་མི་དང་མཐུན་པ་དང་། དྲི་མ་མེད་པའི་བསྟན་པ་རིན་པོ་ཆེ་ཡུན་དུ་གནས་པའི་ཆེད་དུ་ཡིན་ཏེ། སྟོན་པའི་བསྟན་པ་ནི་གྲོལ་བ་དོན་གཉེར་ལ་བདེན་བཞིའི་འཇུག་ལྡོག་གམ་ནང་སེམས་འདུལ་བའི་ཉམས་ལེན་གྱི་རིམ་པ་གཙོ་བོར་སྟོན་པའི་གཞུང་ལུགས་ཤིག་ཡིན་པས་མངོན་ཤེས་དང་རྫུ་འཕྲུལ་སོགས་ཁྱབ་ཆེར་ཕྱིན་ན་དེ་དག་ཕྲན་ཚེགས་རེར་མགོ་འཁོར་ནས་ནང་བསྟན་གྱི་ཁྱད་ཆོས་ངོ་མའི་རོ་བཅུད་སྟོང་བའི་སྐྱལ་བ་ཇེ་རིང་དུ་འགྱུར་འགྲོ་བའི་ཕྱིར་རོ། །(ཧྲའོ་ལིན་དྲུག་རྩལ་དེ་ཐོག་མར་དགོན་པར་སློམ་སྦྱོམ་ཉམས་ལེན་ལ་བར་ཆད་མ་ཡོང་བའི་ཆེད་ཤིང་ནགས་ཁྲོད་ཀྱི་གཅུམ་དྲག་ཅན་གྱི་སྲོག་ཆགས་ཀྱི་གནོད་པ་འགོག་ཆེད་ཕྲན་ཚེགས་ཀྱི་བྱ་བ་ཡིན་ཀྱང་ད་ལྟ་གཙོ་བོ་བྱེད་པ་ལྟ་བུའོ། །)གཞན་དང་མཐུན་པ་དེ་ཡང་བླུན་པོ་ཚུ་སྣ་གར་ཁྲིད་བྱ་མི་རིགས་པ་ནི། བསླབ་བྱ་ནོར་ཕྲེང་ལས། ཀུན་དང་མཐུན་པ་རྩ་བ་ཡིན་མོད་ཀྱང་། །མཐོང་ཚད་ལད་མོ་བྱས་ན་ཀླད་མེད་ཡིན། །སྐད་རིགས་ཐམས་ཅད་ཤེས་ན་བཟང་མོད་ཀྱང་། །རང་གི་ཕ་སྐད་བརྗེད་ན་ངོ་ཚ་ཡིན། །ཞེས་གསུངས་སོ། །

རང་འདོད་མ་ཆེ་བ་སྤྱི་སྙོམས་བྱ་དགོས་པར་གདམས་པ་ནི།

རྩ་བ་ལས།

> རང་ལ་ཡོན་ཏན་ཅི[①]ཙམ་ཡོད་ན་ཡང་། །
>
> གཞན་ལ་ཁྱད་གསོད་བརྙས་པ་ཆུང་བར་མཛོད། །

ཅེས་རང་ལ་ཡོན་ཏན་བཟོ་དང་གསོ་བ་སོགས་རིག་གནས་ཆེ་བ་ལྔ་དང་། སྙན་ངག་དང་སྐར་རྩིས་སོགས་རིག་གནས་ཆུང་བ་ལྔ་སོགས་རིག་གནས་

① དཔེ་རྙིང་། (ཇི་)མཐོ་སློབ་བཞི་པ། (ཇི་)

གང་ལ་ཅི་ཙམ་ཤེས་ཡོད་ན་ཡང་། དེ་དང་དེ་ལ་ཤེས་ཚད་ཞན་པ་དག་ལ་ཁྱད་གསོད་དེ་མཐོང་ཆུང་དང་། དམའ་འབེབས་དང་བརྙས་བཅོས་ཆུང་བར་མཛོད་ཅེས་གདམས་པའོ། །ཡོན་ཏན་ཡོད་ཀྱང་གཞན་ལ་མཐོང་ཆུང་ཁྱད་གསོད་དང་དམའ་འབེབས་བརྙས་བཅོས་བྱེད་པའི་རྐྱེན་དུ་སོང་ན་ལྷ་བདུད་དུ་བབས་པ་དང་། སྨན་དུག་ཏུ་སོང་བའི་དཔེ་ལྟར་རང་གཞན་གང་ལའང་མི་ཕན་པ་མ་ཟད་ད་དུང་ཁོང་ཁྲོ་དང་སྡུག་བསྔལ་སྐྱེར་བྱེད་ཡིན་པས་ཁྱད་གསོད་དང་བརྙས་བཅོས་བྱེད་མི་རིགས་ཤིང་། གཞན་དག་སོ་སོའི་རང་ནུས་ལ་དཔག་པའི་ནུས་པར་གདེང་འཛོག་ཁས་ལེན་དགོས་པར་བསྟན་ཏོ། །ཁྱད་གསོད་དེ་ཡང་ཀུན་སློང་ངན་པས་ཡིན་གྱི་དེ་མིན་བཟང་པོར་བསྟོད་ར་དང་། ངན་པར་དམའ་འབེབས་བྱ་འོས་ཏེ། བསླབ་བྱ་ནོར་ཐེང་ལས། གཞན་ལ་ཁྱད་གསོད་མེད་ན་བཟང་སོད་ཀྱང་། །བཟང་ངན་གང་བྱས་ཁྱད་མེད་གླེན་པ་ཡིན། །ཞེས་གསུངས་སོ། །

རང་ཉིད་ནོར་ལ་ཆགས་ཞེན་[1]ཆེ་ན་ཡང་། །
གཞན་གྱི་ནོར་ལ་ རྐབ་ཤ་ཆུང་བར་མཛོད། །

ཅེས་རང་ཉིད་ཀྱིས་དཀའ་ལས་བརྒྱབ་སྟེ་བསགས་པའམ་ཡང་ན་བསོད་ནམས་ཀྱི་གོ་སྐལ་དུ་ཐོབ་པའི་རྒྱུ་ནོར་ལ་ཆགས་ཞེན་ག་ཚོད་ཆེ་ན་ཡང་འཁྱོར་མེད་ཀྱི་ཞིང་པ་དང་འབྲོག་པས་གསོས་གང་ཟག་གཞན་གྱི་རྒྱུ་ནོར་ལ་རྐབ་ཤ་སྟེ་རྐབ་ཐབ་དང་རྐམ་ཤེད་ཀྱིས་ཁྲལ་བསྡུ་དང་། གཡོ་ཁྲམ་གྱིས་བསྡུ་ལེན་དང་། འཕྲོག་བཅོམ་བཅས་རྐབ་ཤའི་འདོད་རྔམས་ཆུང་བར་མཛོད་ཅེས་སྐུལ་བའོ། །དེ་ཡང་དཔེར་ན། ད་ལྟའང་དཔོན་པོ་ཁག་ཅིག་རྒྱལ་ཁབ་ནས་སྐྱེར་བའི་གླ་ཆ་འདང་ངེས་ཡོད་ཀྱང་ད་དུང་ཡིད་མ་ཚིམ་པར་(འཇིག་རྟེན་ཁ་དཔེར། ཕྱུག་པོ་གསོག་འདོད་ན་ཟས་མི་ཟ། །དབུལ་པོ་འུ་ཐུག་ན་ལས་མི་བྱེད། །རི་བོ་ཟས་ཀྱང་མི་རྒྱགས། །རྒྱ་མཚོ་བཏུང་ཡང་

[1] མཐོ་སློབ་བཞི་པ། (ཞེན་ཆགས་)

མི་ངོམས། །)རྒྱལ་ཁབ་ནས་དབུལ་པོར་གཏོང་བའི་དབུལ་སྐྱོར་དངུལ་དང་དངོས་ཟོག་སོགས་ཕྲོག་ཟ་ཕྲོག་ཉར་དང་། བླ་སྤྲུལ་དང་། དགོན་པ་ཁག་ཅིག་གིས་ཞིང་འབྲོག་མང་ཚོགས་ནས་རང་མོས་ཀྱིས་བླ་སྤྲུལ་དང་། དགོན་པར་ཕུལ་བའི་དད་རྫས་འདང་ངེས་ཡོད་ཀྱང་། ད་དུང་བློ་ཁ་མ་གང་བར་རང་ཉིད་ལས་ཆ་རྐྱེན་ཏ་ཅང་ཞན་པའི་དད་ལྡན་མི་སེར་ལ་དབྱར་དགུན་གཉིས་སུ་ཤ་མར་དང་། སྟོན་ཁར་འབྲུ་རིགས་དང་། དཔྱིད་ཀར་དབྱར་རྩྭ་དགུན་འབུ། དུས་ངེས་མེད་དུ་གྲོང་རྡལ་དང་གྲོང་ཁྱེར་ཁག་ཏུ་དངུལ་སློང་བ་བཅས་བྱེད་པ་ནི་ཡུལ་དུས་དང་མ་འཚམ་སྟེ། སློང་ཡུལ་ལས་སློང་མཁན་མྱུག་པ་དང་། ད་ལྟའི་དུས་རབས་འདིར་འཕྲོར་ལྡན་སྤྱི་དང་སྒེར་མང་པོ་དང་། ལྷག་པར་དུ་ཡེ་ཤུ་དང་ཨི་སི་ལམ་ཆོས་ལུགས་ཚོགས་པ་མང་པོས་ཉམ་ཐག་མི་སེར་ལ་དཔལ་འབྱོར་གྱི་རོགས་སྐྱོར་གང་ནུས་བསྐྱབས་ཏེ་རང་ཉིད་སྤྱི་ཚོགས་ནང་གནས་བབ་དང་། དགོས་མཁོ་ཆེ་ཏུ་གཏོང་བའི་སྐབས། ངེད་ཚོས་དེ་ལས་ལྡོག་པའི་བྱ་བྱེད་སྣ་ཚོགས་བྱེད་ན་སྤྱི་ཚོགས་ལ་ཕན་མེད་དང་། མི་དམངས་ཀྱི་ཁྲུར་པོར་འགྱུར་བའི་ཉེས་པ་འདོགས་ཉེ་བས་དེ་དག་གི་རིགས་ལ་ཡིད་གཟབ་དང་རང་ངོས་སྤྱོད་གཙང་ལ་མཐོང་ཆེན་གནང་དགོས་སོ། །རམ་སྡིང་པ་འབྱུང་གནས་རྡོ་རྗེས་ཀྱང་། བསོད་སྙོམས་དག་ཏུ་མིང་བཏགས་ནས། །རང་གི་ཡོ་བྱད་སྤྲས་ནས་སུ། །དོན་མེད་སྟོང་གསུམ་མ་སྐོར་ཨང་། །ཞེས་དང་། བསླབ་བྱ་ནོར་བུ་ཕྲེང་ལས། ནོར་ལ་ཆགས་ཞེན་མེད་ན་བཟང་མོད་ཀྱང་། །གཅིག་བཟུང་གཉིས་ཤོར་བྱས་ན་སྟོང་ཟད་ཡིན། །ཞེས་གསུངས་སོ། །

རང་ཉིད་ལས་ཐབས་[1]འདུན་མ་མཁས་ན་ཡང་། །

① དཔེ་རྙིང་། (དང་)

སྤྱི་ཡི་ཁྲིམས་ལ་ས་ཚོད་[1]ཆུང་བར་མཛོད། །

ཅེས་རང་ཉིད་དོན་སྒྲུབ་པའི་ལས་ཀའི་ཐབས་ཚུལ་དང་། རང་དོན་དོན་གཉེར་གྱི་འདུན་མ་མཁས་ན་ཡང་། ཆོས་དང་འཇིག་རྟེན་སྤྱི་ཡི་ཁྲིམས་ལ་ས་ཚོད་ཆུང་བ་སྟེ་དབང་ཡོད་རྣམས་ཀྱིས་སྤྱི་ཡི་ཁྲིམས་ལ་རང་ཉིད་ཀྱི་ཁེ་ཕན་ཆེད་གང་འདོད་དུ་བཅོས་བསྒྱུར་བྱེད་པ་དང་ཡོད་ཚད་རང་ཉིད་ཀྱིས་དབང་དུ་བསྒྱུར་འདོད་ཀྱི་རྣམ་སེམས་དང་འགན་འཁྲི་མེད་པ་དག་གིས་ཐེ་གཏོགས་སོགས་ཆུང་བར་མཛོད་ཅེས་གཙོ་བོ་སྐྱེར་སེམས་བྱ་མི་རིགས་པར་གདམས་པའོ། །འདི་ཡང་གལ་ཆེ་སྟེ་དཔེར་ན། རང་གི་ཁེ་ཕན་ཙུང་ཟད་ཅིག་གི་ཆེད་དུ་རྒྱལ་ཁབ་དང་། མི་རིགས། བསྟན་པ་སྤྱི་ཚན་གྱི་ཁེ་ཕན་གཉིས་བརྗེ་བོ་བརྒྱབ་སྟེ་མགོ་བདེ་དྲན་འཕྲུལ་བྱེད་པ་ནི་མཐར་རང་ཉིད་ཕུང་བའི་རྒྱུ་ཡིན་པས། དེ་ནི་རྒྱལ་ཁབ་ཀྱི་སྲིད་ལུགས་(སྤྱི་དོན་དུ་ཏང་འཛུགས། དམངས་དོན་དུ་སྲིད་བསྐྱངས།)འཇིག་རྟེན་སྤྱི་ལུགས་གང་དང་ཡང་མི་མཐུན་ཏེ། འཇིག་རྟེན་གྱི་དཔེར། ལུང་པ་ཆུས་འཁྱེར་ན་རྗེ་ཞིབ་སྐམ་པོར་ལུས་མི་སྲིད། ཟེར་བ་ལྟར་སྤྱི་ལ་ཕན་ན་རང་ལ་ཕན་པ་དང་། སྤྱི་ལ་གནོད་ན་རང་ལ་གནོད་པ་ཆོས་ཉིད་ཡིན་པས་འཕྲུལ་དང་ཕྱུགས་ཀྱི་ཁེ་ཕན་ལ་དགོངས་བཞིན་ཀྱིས་རང་སྤྱི་གཉིས་ཀར་ཕན་པ་ཞིག་བྱ་དགོས་སོ། །བསླབ་བྱ་ནོར་ཕྲེང་ལས། སྤྱི་དོན་རལ་ཆོད་མེད་ན་བཟང་མོད་ཀྱང་། །ཏ་ཙང་སེམས་ཆུང་བྱས་ན་སྐྱུག་ཤོར་ཡིན། །ཞེས་གསུངས་སོ། །

རང་ཉིད་[2]བསགས་པའི་ནོར་རྫས་ཡིན་ན་ཡང་། །

མང་པོའི་གསེབ་ཏུ་ཕྲོག་ནོད་[3]ཆུང་བར་མཛོད། །

---

① དཔེ་རྙིང་། (ཁྲིམ་ལ་རས་སྤྱོད་)

② དཔེ་རྙིང་། (གི་)

③ དཔེ་རྙིང་། (དབུས་སུ་རང་མཐོང་)མཐོ་སློབ་བཞི་པ། (ཕྲོག་ནོར་)

ཅེས་རང་ཉིད་ཀྱིས་དཀའ་བ་སྤྱད་ནས་བསགས་པའི་ནོར་རྫས་ཟས་སྐོམ་གང་ཡིན་ན་ཡང་། མི་མང་པོའི་གསེབ་ཏུ་སྡེ་ནང་དུ་རང་གཅིག་པུར་ལྐོག་ནོད་དེ་ལྐོག་ཟ་ཚུང་བར་མཛོད་ཅེས་ལྐོག་ཟ་ལྐོག་བཏུང་མ་བྱེད་ཅེས་གདམས་པ་ཡིན་ཏེ། དཔེར་ན། རང་དང་མཉམ་དུ་མི་བཞི་ལྔ་ཡོད་ཅིང་དེ་ཐམས་ཅད་ལ་འདང་ངེས་ཀྱི་ཟས་ཤིག་ཡོད་ན་མཉམ་དུ་ལོངས་སུ་སྤྱོད་དགོས་ལ། གལ་སྲིད་འདང་ངེས་ཤིག་མེད་ནའང་མི་གཞན་མཉམ་དུ་ཡོད་སྐབས་ལྐོག་ཏུ་ལོངས་སུ་མ་སྤྱོད་ཅེས་པའོ། །ཡང་ན་རང་ཉིད་ནས་བསགས་པའི་ནོར་རྫས་རིན་ཐང་ཅན་སོགས་རང་ཉིད་ཀྱིས་གང་བྱས་ཀྱང་ཆོག་མོད། འོན་ཀྱང་མི་མང་པོའི་གསེབ་ཏུ་ལྐོག་ནོད་ཚུང་བ་སྡེ་ངོ་གནོང་པ་ལྟ་བུའི་ཆེད་དུ་སྦ་བར་མ་མཛོད། དེ་ལྟར་བྱས་ན་གཞན་ལ་དོགས་པ་འདྲིན་པ་སོགས་ཀྱི་སྐྱོན་ཡོད་པའི་ཕྱིར་རོ། །ཡང་ན་གཞན་ལ་ཆེད་དུ་བསྟན་པར་བྱའམ་ཞེ་ན། དེ་ཡང་མི་རིགས་ཏེ་དཔེར་ན། རྒྱ་ནག་གི་གཏམ་རྒྱུད་ནུབ་ཕྱོགས་སུ་བསྐྱོད་པའི་རྣམ་ཐར་དུ་ཐྲེའུ་ཡིས་ཐང་སན་བླ་མའི་ཆོས་གོས་གཞན་ལ་ངོམ་པས་མཐར་རང་གཞན་གཉིས་ཀ་མི་བདེ་བ་བཟོས་པ་ལྟར་འགྱུར་ཉེ་བས་མི་རིགས་ཏེ། བསླབ་བྱ་ནོར་ཕྲེང་ལས། རང་ལ་བསགས་པའི་ནོར་རྫས་མང་ན་ཡང་། །མང་པོའི་གསེབ་ཏུ་བསྟན་ན་འགོང་འདྲེ་ཡིན། །ཞེས་གསུངས་པས་མདོར་ན་ཆེད་དུ་བསྟན་སྦས་གང་ཡང་མ་བྱས་པར་རང་འབབས་སུ་གཞག་དགོས་པ་བསྟན་ཏོ། །

ང་རྒྱལ་བྱ་མི་རིགས་པར་གདམས་པ་ནི།

རྩ་བ་ལས།

རང་ཉིད་ཀུན་གྱིས①ཚད་མར་ཁུར་ན་ཡང་། །

① ཉིད། (གྱི་)

ངའོ་[1]སྙམ་པའི་ང་རྒྱལ་ཆུང་བར་མཛོད། །

ཅེས་རང་ཉིད་རིགས་རུས་མཐོ་བ་དང་། བློ་སྤྲུལ་ཡིན་པ། རྫུན་མི་སྨྲ་བ། དབང་དང་གྲགས་པ་ཆེ་བ་སོགས་རྒྱུ་མཚན་དུ་བྱས་ཏེ་གང་ཟག་གཞན་ཀུན་གྱིས་ཚད་མར་ཁུར་ན་སྟེ་མི་སླུ་བ་ཡིད་ཆེས་པའི་གནས་སུ་འཛིན་ན་ཡང་། རྒྱུ་མཚན་དེས་རྐྱེན་པས་ངའོ་སྙམ་པའི་གཞན་ལ་མ་གུས་པའི་བྱེད་ལས་ཅན་གྱི་ང་རྒྱལ་དེ་ཆུང་བར་མཛོད་ཅེས་སྐུལ་བའོ། །འདི་ནི་རང་ལ་ཁྱད་དུ་འཕགས་པའི་ཡོན་ཏན་གཞན་མེད་ཀྱང་རིགས་རུས་མཐོ་བ་དང་སྤྲུལ་སྐུ་ཡིན་པ་སོགས་མིང་ལ་བརྟེན་ནས་སྐྱེ་བའི་ང་རྒྱལ་ལ་གདམས་པའོ། །དཔེ་ཆོས་ལས། སྙེ་མ་ཡོང་མ་ས་སྣང་འདྲ། །ཞེས་པར་རིན་ཆེན་སྤུངས་པ་ལས། མི་མཁས་བྱིས་པ་ང་རྒྱལ་ཆེ། སྙེ་མ་ཡོང་མ་མགོ་འཕྱངས་མཐོ། བྱ་བ་ཡིན། མཁས་པ་རྣམས་ཀྱིས་ང་རྒྱལ་སྤང་བྱར་ཤེས་པས། སྣར་ཡང་ང་རྒྱལ་ཆུང་ལ། མི་ཤེས་པ་རྣམས་ཀྱིས་དེ་ཙུག་མ་གོ་བས་ང་རྒྱལ་ཆེ་བ་ཡིན། ཡོན་ཏན་མེད་པའི་མི་དང་འབྲས་བུ་མེད་པའི་ཤིང་གཉིས་རེངས། ཡོན་ཏན་ཅན་གྱི་མི་དང་འབྲས་བུ་ཅན་གྱི་ཤིང་གཉིས་དུད་གསུང་། དེས་ན་འོ་སྐོལ་ཆོས་ལ་ཐོས་པ་བྱས་ཤིང་ང་རྒྱལ་དང་ཚོམ་པ་ཇི་ཆེར་སོང་ན། ཤེས་རབ་ཆུང་བའི་རྟགས་སུ་གསུང་པ་མ་ཟད་ཤེས་རྒྱུ་མེད་པའི་ཁ་ཕོ་དང་། ཡོན་ཏན་མེད་པའི་རང་བསྟོད་སྨྲས་ན། རང་རེ་དམའ་འབེབས་པའི་རྒྱུ་ཡིན་སོགས་གསུངས་སོ། །དེ་ལས་ལྡོག་སྟེ་ཐོས་རྟགས་སུ་ཚུལ་ཁྲིམས་སྲུང་སྟེ་རང་རྒྱུད་ཀྱི་ང་རྒྱལ་དུལ་བས་མགོ་བོ་དམའ་བ་རྣམས་གཏན་དུ་བདེ་བ་དང་ལྡན་ཏེ། གུང་ཐང་བསླབ་བྱ་ལས། ཆོས་མིན་སྤྱོད་པའི་ཐན་སྙེ་མགོ་འཕྱངས་མཐོ། །ལྟོ་སྐྱ་གོས་རྒྱལ་ཐོས་དང་ཚུལ་ཁྲིམས་ཀྱི། །བཙུད་ལྡན་སྙེ་

---

[1] མཐོ་སློབ་བཞི་པ། (ང་འོ་)

མའི་མགོ་བོ་དམའ་ན་ཡང་། །གཏན་གྱི་སྐྱིད་སྡུག་འདྲ་འདྲ་མིན་ནོ་ཨང་། །ཞེས་གསུངས། བསླབ་བྱ་ནོར་ཕྲེང་ལས། ཀུན་ལས་ཁྱད་འཕགས་ཚད་མར་འགྱུར་ན་ཡང་། །ང་རྒྱལ་ཆེ་ན་རང་གཞན་ཕུང་བྱེད་ཡིན། །ཞེས་གསུངས་སོ། །

རང་ཉིད་ཀུན་[1]ལས་ཁྱད་པར་འཕགས་ན་ཡང་། །

ཆེ་བའི་ང་རྒྱལ་ཙུང་ཟད་མེད་པར་མཛོད། །

ཅེས་རང་ཉིད་མིང་དོན་ཀུན་ལས་ཁྱད་པར་དུ་འཕགས་ན་ཡང་། ཆེ་བའི་ང་རྒྱལ་ཏེ་ང་རྒྱལ་ལས་ཀྱང་ང་རྒྱལ་ཏེ་མིང་ཆེ་བ་དེ་དག་ལས་ཀྱང་བདག་མིང་དོན་གཉིས་ལས་ཁྱད་པར་དུ་འཕགས་པའོ་སྙམ་པའི་ཆེ་བའི་ང་རྒྱལ་ཙུང་ཟད་ཀྱང་མེད་པར་མཛོད་ཅེས་སྐུལ་བའོ། །གོང་གི་ཚིག་ཐང་བཞི་པོ་འདིས་མིང་དོན་གང་ལས་སྐྱེ་བའི་ང་རྒྱལ་སྤོང་དགོས་པར་གདམས་ཏེ། ང་རྒྱལ་གྱིས་འཇིག་རྟེན་དང་འཇིག་རྟེན་ལས་འདས་པའི་ཡོན་ཏན་ཀུན་སྐྱེ་བའི་བགེགས་བྱེད་པ་ཡང་རྒྱལ་བ་འབྲོམ་རང་ཉིད་ཀྱི་ཞལ་ནས། ང་རྒྱལ་གྱི་སྒང་བུ་ལ་ཡོན་ཏན་གྱི་ཆུ་མི་འབྱུང་གསུང་བ་དང་། སྤྱན་སྔའི་ཞལ་ནས། སོས་ཀྱི་དུས་ན་རིའི་རྩེ་མོ་གང་མཐོ་བ་ནས་སྔོ་ཕྱུར་གྱིས་འོང་བར་འདུག་གམ་གཤོང་བུ་གང་དམའ་བ་ནས་འོང་ལྟོས་གསུང་བ་དང་། བྱང་ཆུབ་ལམ་རིམ་ཆེན་མོ་ལས་ཀྱང་། ང་རྒྱལ་དང་ཆེ་བའི་ང་རྒྱལ་ཐམས་ཅད་རྣམ་པར་སྤོང་ཞིང་རང་དམའ་བར་འཛིན་པའོ། །ཞེས་དང་། འཇིག་རྟེན་གྱི་ཁ་དཔེར་ཡང་། སྤོབས་པ་བྱས་ན་རྗེས་སུ་ལུས། །སྙོམས་ཆུང་བྱས་ན་ཡར་རྒྱས་འགྲོ། །ཞེས་ཆོས་འཇིག་རྟེན་གཉིས་ཀར་ཡང་ཡང་གདམས་པའི་ང་རྒྱལ་ནི་ཡོན་ཏན་ལྡོག་པ་དང་སྡུག་བསྔལ་འབྱུང་བའི་རྟེན་བྱེད་པའི་ང་རྒྱལ་ཡིན་གྱི། སྤྱོད་འཇུག་ལས། ལས་དང་ཉོན་མོངས་ནུས་པ་

[1] དཔེ་རྙིང་། (གཞན་)

སྟེ། །གསུམ་པོ་དག་ལ་ང་རྒྱལ་བྱ། །ཞེས་པའི་དམ་བཅའ་མཐར་ཕྱིན་པར་འདོད་པས་དགེ་བའི་རྟེན་བྱེད་པའི་སྙིང་སྟོབས་ཀྱི་ང་རྒྱལ་ནི་མ་ཡིན་ནོ། །

ཁྱད་གསོད་བྱ་མི་རིགས་པར་གདམས་པ་ནི།

རྩ་བ་ལས།

རང་ཉིད་དགེ་བའི་བཤེས་[1]སུ་གསོལ་ན་ཡང་། །

མཁས་དམན་ཀུན་ལ་བརྙས་[2]པ་ཆུང་བར་མཛོད། །

ཅེས་རང་ཉིད་གཞན་ལ་བླང་དོར་གྱི་གནས་སྟོན་མཁན་གྱི་དགེ་བའི་བཤེས་སུ་གསོལ་ན་སྟེ་བཤེས་གཉེན་དུ་བཀུར་ན་ཡང་། རང་གི་སློབ་མས་གཙོས་མཁས་དམན་ཀུན་ལ་བསླབ་བྱ་མ་ཤེས་དུས་བརྙས་བཅོས་དང་། འདྲི་སྟངས་ནོར་སྐབས་སོགས་ལ་འཕྱ་སྨོད་མེད་པར་ཐུགས་བརྩེ་བས་མ་རྟོགས་པ་དང་། ལོག་པར་འདྲི་བ་དག་ལ་ཡང་དག་པར་བསླབ་བྱ་སྟོན་གནང་བར་མཛོད་ཅེས་གདམས་པའོ། །དེ་ལྟར་མ་ཡིན་པར་སློབ་མས་གཙོས་མཁས་དམན་ཀུན་ལ་བརྙས་བཅོས་བྱེད་ན་བླ་སློབ་ཀྱི་དམ་ཚིག་ཉམས་པའི་དགྲ་བོའི་འགུགས་བྱེད་ཡིན་ཏེ། བསླབ་བྱ་ནོར་ཕྲེང་ལས། རང་ཉིད་དགེ་བའི་བཤེས་གཉེན་ཡིན་ན་ཡང་། །ཁྱད་གསོད་མང་ན་དགྲ་བོའི་གཡབ་མོ་ཡིན། །ཞེས་གསུངས་སོ། །

རང་གི་གོང་ན་[3]ཆེ་བ་གཞན་མེད་ཀྱང་། །

འོག་ཏུ་[4]ཞུགས་ལ་འཇུག་པ་བདེ་བར་མཛོད། །

ཅེས་ཆེ་ས་རྒྱལ་ཁབ་དང་ཆུང་ས་ཁྱིམ་ཚང་སོགས་སྤྱི་སྒེར་གྱི་ཚོགས་པ་དེ་

---

① དཔེ་རྙིང་། (ཤེས་)

② དཔེ་རྙིང་། (དམན་པ་རྣམས་ལ་སྨས་)

③ དཔེ་རྙིང་། (ལ་)

④ དཔེ་རྙིང་། (དུ་)

དང་དེའི་ནང་རང་གི་གོང་ན་ཆེ་བ་གཞན་མེད་ཀྱང་། རྒྱུན་གྱི་འཚོ་བའི་ཁྲིད་ང་རྒྱལ་ཕྲག་དོག་སོགས་མེད་པར་རང་སེམས་གྱུ་ཡངས་ཤིང་ཞི་བདེའི་ངང་དམན་ས་བཟུང་སྟེ། འོག་ཏུ་ཞུགས་མཁན་མངའ་འབངས་མི་སེར་དང་བཟའ་མི་བུ་ཕྲུག་སོགས་ཚོགས་མི་ཀུན་ལ་འཇུག་པ་སྟེ་ལྟ་སྤྱོད་དང་མཐུན་གཤིབ་བདེ་བར་མཛོད་ཅེས་གདམས་པའོ། །བསླབ་བྱ་ནོར་ཕྲེང་ལས། འོག་མ་བྱམས་པས་བསྐྱངས་ན་བཟང་མོད་ཀྱང་། །འཁོར་ངན་བསྐྱངས་ན་ཁ་མཆུའི་སྣ་འདྲེན་ཡིན། །ཞེས་གསུངས་སོ། །

གུས་ལུགས་བྱ་དགོས་པར་གདམས་པ་ནི།

རྩ་བ་ལས།

གཞན་གྱི་ཚོགས་དཔོན་ཇི་ལྟར་ངན་ན་ཡང་། །
གུས་པའི་ཚུལ་གྱིས་[1]ཕྱག་དང་ཕྱག་ལན་མཛོད། །

ཅེས་རང་ལས་སྐྱེ་པ་ཐ་དད་པའི་གྲུབ་མཐའ་དང་། རྒྱལ་ཁབ། མི་རིགས་དང་ཁྱིམ་ཚང་སོགས་ཀྱི་ཚོགས་དཔོན་བསམ་སྤྱོད་ཇི་ལྟར་ངན་ན་ཡང་། མཐོང་ཆུང་དང་ཕྲག་དོག་གི་བསམ་པ་དོར་ཏེ་ཕན་ཚུན་འཕྲད་སྐབས་འཛིག་རྟེན་གུས་ལུགས་དང་མཐུན་པའི་ཚུལ་གྱིས་ཕར་ཕྱག་བྱ་བ་དང་། ཡང་ན། ཚུར་ལ་ཕྱག་བྱས་ན་དེའི་ཕྱག་ལན་ངེས་པར་བྱེད་པར་མཛོད་ཅེས་གཞན་གྱི་མགོ་གཙོར་གུས་བཀུར་དགོས་པར་གདམས་པའོ། །དེ་ཡང་དཔེར་ན། ད་ལྟ་ཐའི་ལེན་ཊ་སོགས་ཡ་གླིང་ས་ཁུལ་དུ་མི་རྣམས་ཕན་ཚུན་ཐུག་འཕྲད་སྐབས་གུས་ལུགས་སུ་ལག་གཉིས་ཐལ་མོ་སྦྱར་ཏེ་ཕན་ཚུན་འཚམས་འདྲི་བྱེད་པ་ལྟ་བུའང་ཕྱག་དང་ཕྱག་ལན་དུ་གཏོགས། རང་སྐྱེ་མ་ཡིན་པ་རྒྱུ་མཚན་དུ་བྱས་ཏེ། གཞན་

---

[1] དཔེ་རྙིང་། (གུས་པས་ཚུལ་གྱི་)

སྡེའི་ཆོས་དཔོན་སོགས་མི་གཞིས་ཇི་ལྟར་ངན་ན་ཡང་། ཚོགས་པའི་དབུས་སུ་ཕྱག་དང་ཕྱག་ལན་མེད་ན། རང་གི་ཀུན་སྤྱོད་ལ་མི་མཛེས་པ་མ་ཟད། གཞན་གྱི་ཚོགས་མི་རྣམས་ཀྱང་མི་དགའ་བའི་ལས་སུ་འགྲོ་བས། གུས་ཕྱག་བྱ་དགོས། ཁ་ཅིག་དེ་ལྟར་བྱེད་ན་སྐྱབས་འགྲོའི་བསླབ་བྱ་དང་འགལ་འགྲོ་སྙམ་པ་ནི་བསླབ་བྱའི་དོན་མ་གོ་བ་སྟེ། སྐྱབས་འགྲོའི་དགག་པའི་བསླབ་བྱ་ནི་འཇིག་རྟེན་པའི་ལྷ་སོགས་ལ་འཁོར་བའི་སྡུག་བསྔལ་ལས་ཐར་བའི་བློ་ཕུགས་གཏོད་པའི་སྐྱབས་སུ་འགྲོ་བའི་ཕྱག་བྱ་བ་བཀག་སྟེ། རང་ཡང་འཁོར་བའི་བཙོན་རར་བཅིངས་པ་ཡི། །འཇིག་རྟེན་ལྷ་ཡིས་སུ་ཞིག་སྐྱོབ་པར་ནུས། །ཞེས་འཇིག་རྟེན་པའི་ལྷ་ལ་སོགས་པས་འཁོར་བའི་སྡུག་བསྔལ་ལས་སྐྱོབ་མི་ནུས་པས་སྡུག་བསྔལ་ལས་སྐྱོབ་ཕྱིར། ཕྱག་བྱ་བ་བཀག་པ་ལས། སྤྱིར་གུས་ལུགས་ཀྱི་ཕྱག་བྱ་བ་བཀག་པ་མིན་ཏེ། འབྲོམ་རང་ཉིད་ཀྱང་ཁམས་ནས་དབུས་སུ་ཕེབས་སྐབས་ལམ་བར་ནས་རྣ་སྙིང་གི་སྡེ་དཔོན་ཞང་འཕྲང་ཁ་བེར་ཆུང་ལ་ཕྱག་མཛད་པའི་ལོ་རྒྱུས་སོགས་ལས་ཤེས་སོ། །མཉམ་མེད་ཇོ་བོ་ཆེན་པོས་ཀྱང་། གཞན་ལ་བརྙས་པ་སྤང་བྱ་ཞིང་། །གུས་པའི་ཚུལ་གྱིས་གནས་པར་བྱ། །ཞེས་གསུངས་སོ། །དེ་ཡང་མཐའ་གཉིས་སུ་མ་ལྷུང་བར་བྱ་དགོས་ཏེ། བསླབ་བྱ་ནོར་ཕྲེང་ལས། གཞན་གྱི་ཚོགས་དཔོན་བཀུར་བར་འོས་མོད་ཀྱང་། །ཆེ་ཆུང་ཁྱད་མེད་ལུགས་སྲོལ་ཉམས་བྱེད་ཡིན། །ཞེས་གསུངས་སོ། །

རང་དང་མཉམ་པའི་གང་ཟག་སུ་བྱུང་ཡང་། །

མགོ་ཡང་མཐོ་བའི་བཀུར་སྟི་གུས་པར་མཛོད། །[1]

ཅེས་རང་དང་ལོ་ཚོད་དང་ཡོན་ཏན་གནས་བབ་སོགས་གང་ས་ཅི་ཐད་

---

① དཔེ་རྙིང་། (མགོ་གང་མཐོ་བའི་བསྐུར་སྟི་ལྷག་པར་མཛོད། །)

ནས་མཉམ་པའི་གང་ཟག་སུ་བྱུང་ཡང་། འགྲན་སེམས་ཀྱི་བསམ་པ་དོར་ཏེ་རང་ལུས་ཀྱི་མཐོ་ཤོས་མགོ་ཡང་ཅུང་སྨུར་ཙམ་གྱིས་རང་ལས་གཞན་མཐོ་བའི་རྣམ་འགྱུར་གྱི་སྒོ་ནས་བཀུར་སྟི་དང་གུས་ལུགས་མཚོན་པར་མཛོད་ཅེས་གཞན་ལ་གུས་ལུགས་དགོས་པར་གདམས་པའོ། །དེ་ཡང་ཚད་རན་པར་བྱ་དགོས་ཏེ། བསླབ་བྱ་ནོར་ཕྲེང་ལས། རང་དང་མཉམ་ལ་བཀུར་སྟི་བྱེད་དགོས་ཀྱང་། །ཧ་ཅང་མཛེས་མཛེས་མང་ན་སྤྲེའུ་ཡིན། །ཞེས་གསུངས་སོ། །

ཆོས་སྟོན་པའི་ཚུལ་ལ་གདམས་པ་ནི།

རྩ་བ་ལས།

མཛེ་སྲང་ལ་སོགས་སུ་ཡིས་[1]ཆོས་ཞུས་ཀྱང་། །
ཀུན་གྱི་[2]དབུས་སུ་གདམས་ངག་ལྷུག་པར་སྟོན། །

ཞེས་མཛེ་ནད་ཅན་དང་སྲང་པོ་ལ་སོགས་སུ་ཡིས་ཆོས་ཞུས་ཀྱང་། མཐོང་ཆུང་གི་བསམ་པ་དོར་ཏེ་དེ་དག་ཀུན་གྱི་དབུས་སུ་ནད་འགོ་བའི་བག་ཚ་བའི་བསམ་པ་སོགས་དོར་ཏེ་བརྩེ་བའི་བསམ་པས་གདམས་ངག་ལྷུག་པར་སྟོན། མཛེ་ནད་སོགས་འགོ་ནད་ཕོག་པའི་མི་དག་གིས་རང་ལ་རེ་བ་བཅོལ་ཞིང་རང་གིས་ཀྱང་རེ་བ་དག་སྐྲུབ་པའི་འོས་བབ་ཡོད་ཀྱང་དེ་དག་དོར་ན་ཆོས་དང་འཇིག་རྟེན་གང་ལ་ཡང་མི་མཐུན་ཏེ། ལྷ་མེད་སྨྲ་བའི་རྒྱལ་ཁབ་ཁག་གི་དབྱིད་ལ་ལས་རང་ཁོངས་སུ་ཡོད་པའི་ཨེ་ཙིའི་ནད་པ་སོགས་འགོ་ནད་ཅན་གྱི་སར་འཚམས་འདྲི་དང་། སྨན་པ་དག་གིས་ཀྱང་དེ་དག་ལ་སྨན་བཅོས་ལེགས་པར་བྱེད་དགོས་པའི་མངགས་བཅོལ་གནང་བ་བཅས་འཇིག་རྟེན་མི་ཆོས་དང་

① དཔེ་རྙིང་། (ཡི་)
② དཔེ་རྙིང་། (སྐྱེ་བོའི་)

མཐུན་པའི་ཆེད་དུ་རེད། ངག་རྒྱུན་དུ་སྔོན་ར་སྒྲེང་གི་ལུང་པ་ཞིག་ཏུ། མཛོ་ནད་བྱུང་ནས་ལུང་པ་དེར་འགྲོ་འོང་བྱེད་མཁན་སུ་ཡང་མ་བྱུང་བས། མཛོ་ནད་པ་རྣམས་འཚོ་བར་དཀའ་ངལ་ཆེན་པོ་བྱུང་བའི་གནས་ཚུལ་འབྲོམ་གྱིས་མཁྱེན་རྗེས་ཁོང་རང་ཉིད་ལུང་པ་དེར་འཚོ་བའི་རོགས་སྐྱོར་གནང་བར་དངོས་སུ་ཕེབས་ཏེ། མཛོ་ནད་ཅན་རྣམས་དང་འབྲལ་མེད་དུ་མས་བུ་ལ་བསྐྱངས་པ་ལྟར་དྲིན་གྱིས་བསྐྱངས། མཐར་འབྲོམ་རང་ཉིད་མཛོ་ནད་བཞེས་པས། སློབ་མ་རྣམས་ཀྱིས་ཁྱེད་མཛོ་ནད་ཡོད་སར་ཕེབས་ནས་གང་བྱེད་ཞུས་པས། ངེད་ཁ་འདོན་སྐྱབས་འགྲོ་སེམས་བསྐྱེད་ཚད་མེད་བཞི་སོགས་གང་འདོན་ཀྱང་། སེམས་ཅན་ཐམས་ཅད་ཀྱི་ཆེད་དུ་ཞེས་འདོན་འདོན་ཀྱང་། རང་གི་ཉེ་འཁོར་གྱི་སེམས་ཅན་སྡུག་བསྔལ་གྱིས་མནར་བ་ལ་ཕན་འདོགས་ནུས་བཞིན་ཕན་མ་བཏགས་ན་ཁ་འདོན་སྔོན་ནས་ཅི་བྱེད། བདག་ཤི་ཡང་མི་འགྱོད། འགྲོ་བ་མི་སྐྱོབ་ན་སྙིང་རྗེ་བསྒོམས་ཀྱང་ཅི་ལ་ཕན་ཞེས་གསུངས། མཐར་ཁོང་རང་ཉིད་ཀྱང་མཛོ་ནད་བཞེས་ཏེ་དགོངས་པ་རྫོགས་པར་གསུངས་སོ། །མཛོ་ནད་ཀྱིས་སྐུའི་བཀོད་པ་བསྡུས་པ་སྡེ་སྲིད་སངས་རྒྱས་རྒྱ་མཚོ་(c.༡༦༥༣-༡༧༠༥)ཡིས་མཛད་པའི་བཻ་སེར་དུ་གསུངས་ཀྱང་མཛོ་ནད་ཇི་ལྟར་ཕོག་མིན་བླ་མ་ཁག་གི་ཞལ་རྒྱུན་དུ་གསུངས་པ་མ་གཏོགས་བདག་གིས་དེ་སྔོན་གྱི་ལོ་རྒྱུས་དེབ་ཐེར་རྣམས་སུ་འཕོད་པ་མ་མཐོང་། མདོར་ན་ཆོས་གནང་བར་གསོལ་བ་བཏབ་པ་དང་སྣོད་དུ་རུང་ན་འགོ་ནད་ཅན་ཡིན་ཡང་ཆོས་སྟོན་དགོས་པ་དང་། སྣོད་དུ་མི་རུང་བ་དང་གསོལ་བ་མ་བཏབ་པར་རྒྱལ་པོ་སོགས་ལ་ཡང་བཤད་མི་རུང་སྟེ། བསླབ་བྱ་ནོར་ཕྲེང་ལས། དམ་ཆོས་ཀུན་ལ་བཤད་ན་ལེགས་མོད་ཀྱང་། །ཧ་ཅང་མང་ན་སྤྲང་པོའི་མ་ཧེ་ཡིན། །ཞེས་གསུངས་སོ། །

གལ་ཏེ་མཐོ་འཚམ་ཁ་ཚོད་ལྟ་ན་ཡང་། །[①]

ཧ་ཅང་ཕུལ་དུ་ཕྱིན་པས་[②]ལྷག་པར་སྟོན། །

ཞེས་གལ་ཏེ་རང་ལ་མཐོ་འཚམ་སྐྱེ་གནོད་པའི་བསམ་པས་སྐད་ཆ་ཤོད་སྟངས་དང་རྩོད་པ་རྩོད་སྟངས་ཇི་འདུག་གི་ཁ་ཚོད་ལྟ་ན་ཡང་། དེ་ལ་ཁོང་ཁྲོ་བ་མེད་པར་ཕྱི་ལུས་ངག་གི་རྣམ་འགྱུར་དང་ནང་རྟོགས་པའི་ཡོན་ཏན་ཧ་ཅང་ཕུལ་དུ་ཕྱིན་པའི་མཁས་པའི་རྣམ་དཔྱོད་རྩལ་དུ་སྟོན་ཏེ་འཆད་རྩོད་ལྷག་པར་སྟོན་ཅེས་པའོ། །འདི་ནི་རང་ལ་གནོད་པ་དང་བརྙས་བཅོས། དགྲར་འཛིན་བཅས་ཀྱི་བསམ་པས་ཉམས་ཚོད་ལེན་མཁན་བྱུང་ན་དེ་ལ་རང་གིས་ཧ་ཅང་ལེགས་པར་ཕུལ་དུ་བྱུང་བའི་གདམས་ངག་སྟོན་དགོས་པ་དཔེར་ན་སྟོན་གྱི་རྒྱལ་སྲས་ཆེན་པོ་ཞི་བ་ལྷ་དང་། གནས་བརྟན་ལམ་ཆུང་བ་དག་གི་རྣམ་ཐར་ལྟར་བསྐྱང་དགོས་ཞེས་པའི་དོན་ནོ། །ཚིགས་བཅད་ཤོ་ལོ་ཀ་འདིས་ཆོས་བསྟན་ཚུལ་ལ་གདམས་པའོ། །དེ་ཡང་འོས་ཤིང་འཚམ་པར་སྟོན་དགོས་ཏེ། བསླབ་བྱ་ནོར་ཕྲེང་ལས། ཁ་ཚོད་བལྟ་ལ་ལྷག་པར་བཤད་དགོས་ཀྱང་། །ཧ་ཅང་བཤད་ན་རང་མགོ་གཅོག་བྱེད་ཡིན། །ཞེས་གསུངས་སོ། །

ཚིགས་དང་བསྙེན་བཀུར་སོགས་ཀྱིས་མཆོད་འོས་ཀྱང་། །[③]

དེ་ལ་མ་ལྟ་ཀུན་ལ་ཐང་མ་[④]རྡོལ། །[⑤]

ཞེས་སློབ་མའི་ངོས་ནས་ཟང་ཟིང་གི་ཚིགས་དང་ལུས་ངག་གི་བསྙེན་བཀུར་སོགས་ཀྱིས་རང་གི་བླ་མ་ལ་མཆོད་ན་བསོད་ནམས་འཕེལ་བ་དང་། རང་

① དཔེ་རྙིང་། (གལ་སྲི་ཐེ་ཚོམ་ཁ་ཚོད་བལྟ་བ་ལ། །)

② དཔེ་རྙིང་། (ཕུད་དུ་ཕྱིན་པ་)

③ དཔེ་རྙིང་། (ཕྱག་དང་སྙན་བསྒྱུར་ཚིགས་ཀྱི་མཆོད་བྱས་ཀྱང་། །)

④ མཐོ་སློབ་བཞི་པ། (ཐང་མོ་)

⑤ དཔེ་རྙིང་། (དེ་ལ་མ་བལྟ་ཀུན་ལ་ཐད་མར་མཛོད། །)

ལ་གནས་སྐབས་དང་མཐར་ཐུག་གི་དོན་མང་པོ་བསྒྲུབ་ནུས་པས་མཚོད་འོས་ཀྱང་། བླ་མའི་ངོས་ནས་དེ་དག་ལ་མི་ལྟ་བར་རང་ལ་རེ་ལྟོས་འཆའ་བའི་མང་ཚོགས་ཀུན་ལ་བློ་དང་འཚམ་པར་ལེགས་བཤད་ཐང་མར་རྫོལ་བ་སྟེ། ཁ་གསལ་ལ་གོ་བདེ་ཞིང་རྒྱས་པར་སྟོན་དགོས་སོ། །ཞེས་རང་ལ་ཕན་བཏགས་མིན་ལ་མི་ལྟོས་པར་འགྲོ་བ་ལ་བརྩེ་བའི་བསམ་པས་གདམས་ངག་སྟོན་དགོས་སོ་ཞེས་གདམས་པའོ། །དེ་ཡང་བླ་མའི་ངོས་ནས་ཟང་ཟིང་གི་མཆོད་པས་མ་མཉེས་ཤིང་སྒྲུབ་པའི་མཆོད་པས་མཉེས་པ་དང་། སློབ་མའི་ངོས་ནས་ཆོས་ཀྱི་རིན་ཐང་ཤེས་པར་བྱས་ཏེ་རྒྱལ་སྲས་ཐོ་བས་ཚིག་རྐང་རེ་ལ་གསེར་སྲང་སྟོང་ཕྲག་རེ་ཕུལ་ནས་ཆོས་ཞུ་བ་མ་ཟད། རང་གི་ལུས་ཀྱི་ཤ་བཅད་དེ་ཉོ་དགོས་ན་ཡང་ཉོ་བར་རིགས་པ་སྐྱེས་རབས་ལས་གསུངས་པ་ལྟར་བྱ་དགོས་པ་བསྟན་ཏོ། །བསླབ་བྱ་ནོར་ཕྲེང་ལས། ཆོས་ཀྱི་ཡོན་ལ་མི་བལྟ་གལ་ཆེ་ཡང་། །གསེར་ལ་རིན་ཐང་མེད་ན་ས་རྫ་ཡིན། །ཞེས་གསུངས་སོ། །

ངེས་པར་གང་ལ་གསང་བར་①འོས་པ་རྣམས། །

ལྐུགས་②པའི་ཚུལ་གྱིས་ཁ་རོག་③དབེན་སར་བཞུགས། །

ཞེས་ངེས་པར་སུ་གང་ལ་ཡང་གསང་བར་འོས་པ་སྟེ་གསང་ན་རང་གཞན་གཉིས་ཀ་ལ་ཕན་ཞིང་མ་གསང་ན་དམ་ཉམས་སོགས་ཕུང་ཀྲོལ་གྱི་རྒྱུར་འགྱུར་བའི་གནས་གསང་སྔགས་རྣམས་ལ་ལྐུགས་པའི་ཚུལ་ཏེ། མ་ཐོས་མ་མཐོང་བའི་ཚུལ་གྱིས་ཁ་ཞུང་ཙམ་དང་། ཁ་རོག་དབེན་སར་བཞུགས་པ་སྟེ་ཁ་ལ་བདག་པོ་ཡག་པོ་བརྒྱབ་སྟེ་བཞུགས་ཞེས་གསང་སྔགས་སྟོད་དུ་མི་རུང་བ་ལ་སྦྱ་བ་

① དཔེ་རྙིང་། (བ་)
② དཔེ་རྙིང་། (ལྐུག་)
③ དཔེ་རྙིང་། (རོགས་)

གང་བྱུང་བྱ་མི་རུང་བར་གདམས་པའོ། །(འབྲུག་པ་ཀུན་ལེགས་(c.༡༤༥༥-༡༥༢༩)ཀྱིས་ས་སྐྱ་པཎ་ཆེན་ཤཱཀྱ་མཆོག་ལྡན་(c.༡༤༢༨-༡༥༠༧)ལ། པཎ་ཆེན་འགྲོ་བའི་མགོན་དུ་ཕེབས་ལགས་སམ། །དབང་བསྒྱུར་ཆོས་བཤད་མཛད་ལགས་སམ། །དམ་ཉམས་མང་པོ་བསགས་ལགས་སམ། །དམྱལ་བའི་ས་བོན་འདེབས་ལགས་སམ། །ཞེས་གསུངས་པ་ཡང་གནད་འདི་ལྟ་བུ་ལ་དགོངས་པར་མངོན།)དེ་ཡང་སྐྱོད་གང་ཞིག་བཤད་ལ་འོས་པ་དང་གང་ཞིག་ལ་བཤད་མི་འོས་པ་བརྟགས་ནས་བཤད་དགོས་པ་ལས། མ་བརྟག་མ་དཔྱད་པར་སེམས་ནས་གང་དྲན་དང་ཁ་ནས་གང་ཐོན་བཤད་ན་རང་གཞན་གཉིས་ཀ་ཕུང་བྱེད་དུ་འགྱུར་བས། འདི་ལ་དགོངས་ནས་སློན་སྟོན་པ་ཞལ་བཞུགས་སྐབས་གང་ཟག་གི་བདག་ཏུ་མངོན་ཞེན་ཆེ་བའི་ཕྱི་རོལ་པ་ཞིག་གིས་སྟོན་པ་ཐུགས་རྗེ་ཅན་ལ་གང་ཟག་གི་བདག་ཡོད་མེད་དྲིས་པའི་ཚེ་གལ་སྲིད་ཡོད་ཅེས་ལན་བཏབ་ན་(སློབ་དཔོན་དབྱིག་གཉེན་གྱིས་མཛད་པའི་མཛོད་ཀྱི་བཤད་པ་ལས། མེད་ཕྱིར་བཅོམ་ལྡན་འདས་ཀྱིས་སྨྲོག །དེ་ཉིད་གཞན་དུ་མ་གསུངས་སོ། །)བདག་ལྟ་ཆེ་རུ་སོང་ནས་རྟག་མཐར་ལྷུང་ཉེན་ཡོད་པ་དང་། མེད་ཅེས་ལན་བཏབ་ན་(དེ་ཉིད་ལས། དེ་ཚེའི་སྐྱེ་བོ་དེ་འདྲ་དེ། །སྟོང་ཉིད་རྟོགས་པའི་སྐལ་ལྡན་མིན། །)ལས་འབྲས་ཀྱི་རྟེན་གཞི་གཏོར་ནས་ཆད་མཐར་ལྷུང་བའི་ཉེན་ཁ་ཡོད་པས་ལན་གང་ཡང་མ་གསུངས་(དེ་ཉིད་ལས། སྟོན་མཐའ་མངོན་ནམ་ཞུས་པའི་ཚེ། །ཐུབ་པ་ཆེན་པོས་མི་གསུངས་བཞུགས། །)པར་བཞུགས་པ་ལྟ་བུའོ། །འཇིག་རྟེན་གྱི་ཁ་དཔེར་ཡང་། དབྱར་ལྷུགས་དང་། དགུན་ཛཱ། ནམ་ཞག་རྒྱུན་དུ་ཁ་ལ་བདག་པོ་རྒྱོབ། ཅེས་དང་། དེ་ཡང་བདག་པོ་བརྒྱབ་པའི་དགེ་མཚན་ནི། ཁ་ཁ་རོག་བསྡད་ན་ཁ་མཆུ་མེད། །མགོ་ཏུམ་ལ་བཅུག་ན་ལྷགས་པ་མེད། །བདག་པོ་མ་བརྒྱབ་པའི་སྐྱོན་ནི། ནར་ནར་ལྕེ་ལ་བདག་པོ་མ་བརྒྱབ་ན། །རིལ་རིལ་མགོ་ལ་འོ་བརྒྱལ་བཟོས་ཡོང་ངོ་། །ཞེས་པ་སོགས་འཇིག་རྟེན་གྱི་དཔེ་ཡང་མང་ངོ་། །དེ་ཡང་མཐའ་གཉིས་སུ་མ་ལྷུང་

པར་དགོས་ཏེ། དེ་མིན་སྔོན་གྱི་གསང་སྔགས་ཀྱི་དཔེ་ཆ་བཀའ་རྒྱ་མ་མང་པོ་ཞིག་ད་ལྟ་མིང་གི་ལྷག་མ་ཙམ་དུ་གྱུར་ཟིན་པས། བསླབ་བྱ་ནོར་ཕྲེང་ལས། མན་ངག་ཟབ་མོ་གསང་བར་འོས་མོད་ཀྱང་། །ཏ་ཙང་གསང་ན་གདམས་ངག་ཁོང་རུལ་ཡིན། །ཞེས་གསུངས་སོ། །

དེ་ཡང་རགས་[1]པ་སྤྱི་ཡི་རྣམ་གཞག་[2]ཡིན། །

ཞེས་གོང་ཞུས་ཀྱི་དེ་དག་ཚང་མ་ནི་འཇིག་རྟེན་གྱི་སྤྱོད་ཚུལ་རགས་པ་སྤྱི་ཡི་རྣམ་གཞག་ཙམ་ཡིན་ཞེས་རགས་པ་སྤྱིའི་རྣམ་གཞག་བཤད་ཟིན་ཏོ། །བསླབ་བྱ་ནོར་ཕྲེང་ལས། དེ་ཡང་རགས་པ་སྤྱི་ཡི་རྣམ་གཞག་ཡིན། །ཞེས་གསུངས།

གཉིས་པ། ཕྲ་བ་བྱེ་བྲག་གི་རྣམ་གཞག་བཤད་པ་ལ་ས་བཅད་ལྔ། དང་པོ་གཞན་དང་འགྲོགས་ལུགས་སོགས་ཀྱི་སྐྱོན་ཡོན་བཤད་པ་དང་། གཉིས་པ་གཞན་དང་འགྲོགས་ཚུལ་ནོར་བའི་སྐྱོན་སྤོང་བར་གདམས་པ། གསུམ་པ་ཆོས་པ་རྣམས་ཀྱི་བླང་དོར་བྱེད་ཚུལ་ལ་གདམས་པ། བཞི་པ་འགྲོ་འོང་གི་ཡིད་གཟབ་ལ་གདམས་པ། ལྔ་པ་བླང་དོར་གོ་མི་ལྡོག་པར་བྱ་བར་གདམས་པའོ། །

གཞན་དང་འགྲོགས་ལུགས་སོགས་ཀྱི་སྐྱོན་ཡོན་བཤད་པ།

དང་པོ་གཞན་དང་འགྲོགས་ལུགས་སོགས་ཀྱི་སྐྱོན་ཡོན་བཤད་པ་ལ་གཉིས། མཚམས་སྦྱོར་བ་དང་། གཞན་དང་འགྲོགས་ལུགས་སོགས་ཀྱི་སྐྱོན་ཡོན་རིམ་བཞིན་བཤད་པའོ། །

དང་པོ་ནི།

རྩ་བར།

① དཔེ་རྙིང་། (དཀའ་)
② དཔེ་རྙིང་། (བཞག་)

ད་དུང་སྙིང་གཏམ་ལགས་པས་གསན་མཛོད་དང་། །

ཞེས་རགས་པ་སྤྱིའི་རྣམ་གཞག་དེ་ལྟར་ཡིན་པ་མ་ཟད་ད་དུང་ཕྲ་བ་བྱེ་བྲག་གི་སྙིང་གཏམ་ཞུ་རྒྱུ་ལགས་པས་གསན་པར་མཛོད་ཅེས་མཚམས་སྦྱར་བའི་སྒོ་ནས་ཕྲ་བ་བྱེ་བྲག་གི་རྣམ་གཞག་བཤད་ཡུལ་གྱི་སྣོད་ལྡན་ཉན་པར་བསྐུལ་བའོ། །དང་སྒྲ་ནི་སྡུད་འབྱེད་སོགས་ལྔ་ལ་འཇུག་པར་བཤད་པས། འདིར་ནི་འབྱེད་པ་སྟེ་དབྱེ་བ་འབྱེད་པ་ལ་གོ །འདི་ལྟར་འོག་ཏུ་ཡང་འབྱུང་བས་དོན་དེ་ལྟར་དུ་ཤེས་པར་བྱའོ། །

གཉིས་པ། གཞན་དང་འགྲོགས་ལུགས་སོགས་ཀྱི་སྐྱོན་དང་ཡོན་ཏན་བཤད་པ་ནི།

རྩ་བ་ལས།

འགྲོགས་ལུགས་དགྲ་ལ་འཚོལ་[①]དང་ཟབ་པ་ཡིན། །

ཞེས་འགྲོགས་ལུགས་དགྲ་ལ་འཚོལ་བ་སྟེ་དགྲ་དང་མཉམ་དུ་འགྲོགས་དགོས་བྱུང་ཆེ་རྒྱུན་དུ་གཟབ་ནན་དང་། སེམས་ཆུང་། ངོགས་ཟོན་བྱེད་དགོས་པ་བཞིན་ཆ་རྒྱུས་དེ་ཙམ་མེད་པའི་སྐྱེ་བོ་གཞན་དང་འགྲོགས་སྐབས་དགྲ་བོ་དང་འགྲོགས་པ་ལྟར་ཟབ་བརྟིང་དང་གནས་དགོས་ཤིང་། དེ་ལྟར་མཛད་ན་ཇོལ་རྒྱུག་གི་བྱ་བ་མང་པོ་ལ་ནོར་འཁྲུལ་ཡོང་བ་འགོག་པ་ལ་ཕན་པས་གདམས་ངག་དེ་ཟབ་མོ་ཡིན་ནོ་ཞེས་པའོ། །དེ་ཡང་མཐའ་གཉིས་སུ་མ་ལྷུང་བ་བྱ་དགོས་ཏེ། བསླབ་བྱ་ནོར་ཕྲེང་ལས། མངོན་ཤེས་མེད་ཕྱིར་གྲོགས་དང་འགྲོགས་པ་དཀའ། །གཅིག་ལ་ཡིད་མི་ཆེས་ན་འདྲེ་དང་འདྲ། །ཀུན་ལ་བློ་གཏད་བྱས་ན་རང་ཉིད་ཕུང་། །འགྲོགས་ལུགས་དགྲ་ལ་ཚོལ་དང་ཟབ་པ་

① མཐོ་སློབ་བཞི་པ། (ཚོལ་)

ཡིན། །ཞེས་གསུངས་སོ། །

སྙིང་གཏམ་བུ་ལ་གསོང་[1]དང་བརྟན་པ་ཡིན། །

ཞེས་མཛའ་བཤེས་ལ་སོགས་རང་ལ་ཡིད་ཆེས་མཁན་དག་གིས་བཤད་པའི་གསང་བར་འོས་པའི་སྙིང་གཏམ་རྣམས་གཞན་ལ་ལྟ་ཅི་སྨོས། རང་གི་སྙིང་ཉེ་ཤོས་ཀྱི་བུ་ལ་ཡང་མ་བཤད་པར་གསོང་དང་མཛའ་བཤེས་དག་གིས་ཡིད་ཆེས་བརྟན་པ་ཡིན་ཞེས་པའོ། །བསླབ་བྱ་ནོར་ཕྲེང་ལས། གཅེས་པའི་བུ་དང་སྙིང་གི་གྲོགས་ལ་ཡང་། །སྙིང་གཏམ་སྟོན་དུ་མ་བཤད་རེ་ཞིག་གསང་། །ཞེས་གསུངས་སོ། །

ཁ་འདོན་གྱི་བར་བསྐྱིལ་[2]དང་བཙུན་པ་ཡིན། །

ཞེས་ཁ་འདོན་རང་གིས་གོ་ཙམ་གྱིས་གྱི་བར་ལག་ལེན་དུ་བསྐྱིལ་དང་དེས་རང་གི་ངག་གིས་གཞན་གྱི་ཁྲུ་སེམ་དང་། ཉིང་འཛིན་སོགས་ལ་མི་གནོད་པས་ངག་བཙུན་པ་ཡིན་ཞེས་པའོ། །འདི་དེང་སང་ཁ་ཅིག་དགོན་པར་མཆོད་མཇལ་འགྲོ་སྐབས་སྐད་ཆེན་པོས་ཁ་འདོན་འདོན་པ་དང་། མི་ཚོགས་ཆེ་སར་སྐད་ཆ་ཤོད་སྐབས་དང་། ཁ་པར་རྒྱག་དུས་སོགས་མི་གཞན་གྱི་ལྷིང་འཇགས་ལ་བསམ་ཤེས་མེད་པར་སྐད་ཅོར་ཆེན་པོ་རྒྱག་པ་དེའང་འཇིག་རྟེན་སྤྱིའི་གྲུས་ལུགས་དང་མི་མཐུན་པས་ཡིད་གཟབ་གནང་དགོས་པ་བསྟན་པའམ། ཡང་ན་ངག་འཆལ་སོགས་ངག་གི་མི་དགེ་བ་དག་ལས་བསྡམ་ཆེད་སྨྲུང་གནས་ངག་བཅད་ལྟར་མ་ཎི་ལ་སོགས་པའི་ཁ་འདོན་གྱི་བར་བསྐྱིལ་དང་དེས་ངག་འཆལ་ལྐོག་སྨེ་ངག་གི་ཀུན་སྤྱོད་ཞི་ཞིང་དུལ་བའི་ངག་བཙུན་པའི་ཡོན་ཏན་དང་ལྡན་པ་ཡིན་

① མཐོ་སློབ་བཞི་པ། (གསོངས་)

② དཔེ་རྙིང་། (བ་དཀྱིལ་)མཐོ་སློབ་བཞི་པ། (སྐྱིལ་)

ཞེས་པའོ། །བསླབ་བྱ་ནོར་ཕྲེང་ལས། ཧ་ཅང་དགའ་བའི་དུས་དང་ཁྲོས་པའི་དུས། །སེམས་ལ་གང་ཡོད་ཁ་ལ་འཆོར་ཉེན་ཡོད། །དེ་ཕྱིར་དྲན་ཤེས་སྔོན་དུ་བསྐྱེན་བྱས་ནས། །ཁ་འདོན་གྱི་བར་བསྐྱིལ་དང་བཙུན་པ་ཡིན། །ཞེས་གསུངས་སོ། །

མཚང་གཏམ་བར་དུ་གསོང་[①]དང་མཁས་པ་ཡིན། །

ཞེས་པའི་དོན་ནི། ཆེ་ས་རྒྱལ་ཁབ་དང་། མི་རིགས། ཚུང་ས་ཁྲིམ་ཚང་དང་མི་སྒེར་བཅས་ཀྱི་མཚང་གཏམ་སྐྱེ་སྐྱོན་གཏམ་དག་ལུས་ངག་གང་གི་བར་དུ་མ་འཐོན་བར་གསོང་དང་རང་གཞན་ཚང་མའི་བདེ་འཇགས་དང་། ལ་རྒྱ། འཆམ་མཐུན་བཅས་འཕྲུལ་ཕྱུགས་གཉིས་ཀར་བཟང་བས་དེ་ལྟར་གསང་ཤེས་མཁན་དེ་ནི་མཁས་པའམ་རྣམ་དཔྱོད་ཅན་ཡིན་ཞེས་དང་། ཡང་ན། རང་གཞན་གཉིས་ཀྱི་མཚང་གཏམ་སྐྱེ་སྐྱོན་བརྗོད་མཐའ་གཉིས་སུ་མ་ལྷུང་བ་བར་དུ་གསོང་དང་དེ་ལྟར་གཞན་སྐྱོན་གསང་ཤེས་མཁན་དང་། རང་སྐྱོན་བརྗོད་ཤེས་མཁན་གྱི་གང་ཟག་དེ་ནི་མཐའ་གཉིས་སུ་མ་ལྷུང་བའི་དབུས་སམ་བར་དུ་གནས་པའི་མཁས་པ་ཡིན་ཞེས་པའོ། །མཐའ་གཉིས་སུ་མ་ལྷུང་བའི་དབུས་སམ་བར་དུ་གསང་ཚུལ་ནི་འོག་གི་ཚིག་རྐང་གཉིས་ཀྱིས་བསྟན་པ་ཡིན་ནམ་སྙམ། བསླབ་བྱ་ནོར་ཕྲེང་ལས། སྐྱོན་མཚང་ངན་པ་ཁ་ནས་གསང་ན་ཡང་། །འོང་ལོ་རྗེས་ནས་བུད་ན་ངོ་རེ་ཚ། །དེ་ཕྱིར་ལུས་ངག་བྱ་བྱེད་ཀུན་གྱི་སྟེང་། །མཚང་ངན་ཕྱི་ལ་མི་འཆོར་མཁས་པ་ཡིན། །ཞེས་གསུངས་སོ། །

རང་མཚང་རང་གིས་[②]བྲུས་དང་མཁས་[③]པ་ཡིན། །

① མཐོ་སློབ་བཞི་པ། (གསོངས་)
② དཔེ་རྙིང་། (གི་)
③ དཔེ་རྙིང་། (འཁྲིད་)

ཞེས་མཚང་གཏམ་བར་དུ་གསང་ཚུལ་ཇི་ལྟར་ཡིན་ཞེ་ན། རང་མཚང་རང་གིས་བྲུས་པ་སྟེ་རང་སྐྱོན་རང་གིས་སྟོག་དང་ཐ་ཤལ་བ་དག་རང་སྐྱོན་ལག་པས་བཀབ་ནས་གཞན་སྐྱོན་མཇུབ་མོས་སྟོག་མཁན་དང་མི་མཐུན་པས་མཁས་པ་ཡིན་ཞེས་པའོ། །བསླབ་བྱ་ནོར་ཕྲེང་ལས། རང་མཚང་རང་གིས་བྲུས་ན་འཕྲོད་པ་ཡིན། །རང་དཔེ་གཞན་ལ་སྦྱར་ན་ཤིན་ཏུ་འཕྲོད། །གཞན་དཔེ་རང་ལ་སྦྱར་ན་ལྷག་པར་འཕྲོད། །དེ་ཕྱིར་དཔྱད་ནས་བསམ་བློ་གཏོང་བ་གཅེས། །ཞེས་གསུངས་སོ། །

གཞན་མཚང་ལྟོད་ལ་ཞོག①དང་དགེ་བ་ཡིན། །

ཞེས་གཞན་མཚང་ལྟོད་ལ་ཞོག་པ་སྟེ་དམིགས་སུ་བཀར་ཏེ་སྐྱོན་བརྩལ་བ་དང་སྨྲ་བ་གང་ཡང་མ་བྱེད་པར་རང་བབས་སུ་ཞོག་དང་རང་གཞན་གཉིས་ཀར་བཟང་བས་དགེ་བ་ཡིན་ཞེས་པའི་དོན་ནོ། །བསླབ་བྱ་ནོར་ཕྲེང་ལས། གཞན་སྐྱོན་ཕྲག་ནས་གླེང་བ་མི་ངན་ཡིན། །ཤེས་བཞིན་དྲང་པོར་མི་བཤད་བསམ་ངན་ཡིན། །འོན་ཀྱང་སྐྱོན་མཚང་བཤད་ན་ཤེས་མཁན་དགོན། །དེ་ཕྱིར་གཞན་སྐྱོན་གློད་ནས་བཞག་ན་བདེ། །ཞེས་གསུངས་སོ། །

བློ་གཏད་སྙིང་གིས་སྐྱོངས②དང་ངོ་མཚར་ཆེ། །

ཞེས་རང་ལ་བློ་གཏད་མཁན་གྱི་མི་བུ་དག་བསླུ་བའི་སེམས་པ་སྐད་ཅིག་ཀྱང་མེད་པར་དེ་དག་ལ་དཀའ་ངལ་འཕྲད་སྐབས་དེ་རྣམས་ཀྱི་ཆེད་རང་གི་ལུས་སྲོག་ཀྱང་གཏོང་ཕོད་པའི་སྙིང་སྟོབས་ཀྱིས་སྐྱོངས་དང་དེ་ནི་འཇིག་རྟེན་ན་ངོ་མཚར་ཆེ་ཤོས་བློ་གཏད་ཐུབ་པའི་གཉེན་དང་གྲོགས་ཀྱི་མཆོག་ཅེས་པ་དེའོ། །བསླབ་བྱ་ནོར་ཕྲེང་ལས། བློ་གཏད་མི་ལ་གང་ཡག་བཤད་མི་

① དཔེ་རྙིང་། (གློད་ལ་བཞོག་)
② དཔེ་རྙིང་། (བཏད་སྙིང་གིས་སྐྱོང་)

དགོས། །གང་ཞིམ་གང་བཟང་དེ་ལ་སྟེར་མི་དགོས། །གལ་ལ་ཐུག་དུས་སྙིང་སྡུག་ཅི་བྱུང་ཡང་། །བསླུ་མེད་སྙིང་ནས་བསྐྱངས་ན་ངོ་མཚར་ཆེ། །ཞེས་གསུངས་སོ། །

གཞན་དང་འགྲོགས་ཚུལ་ནོར་བའི་སྐྱོན་སྤོང་བར་གདམས་པ།

གཉིས་པ། གཞན་དང་འགྲོགས་ཚུལ་ནོར་བའི་སྐྱོན་སྤོང་བར་གདམས་པ་ལ་བཞི། དང་པོ་གཞན་དང་འགྲོགས་ཚུལ་ནོར་བའི་སྐྱོན་ངོས་བཟུང་བ། གཉིས་པ་སྐྱོན་གྱི་ཉེས་པ། གསུམ་པ་སྐྱོན་གྱི་མི་མཐུན་ཕྱོགས་ཡོན་ཏན་བླང་བར་གདམས་པ། བཞི་པ་སྐྱོན་སྤོང་བར་གདམས་པ་དངོས་སོ། །

དང་པོ་ལ་གཉིས། མཚམས་སྦྱོར་བ་དང་། གཞན་དང་འགྲོགས་ཚུལ་ནོར་བའི་སྐྱོན་ངོས་བཟུང་བ་དངོས་སོ། །དང་པོ་མཚམས་སྦྱོར་བ་ནི།

རྩ་བ་ལས།

སྙིང་གཏམ་ལགས་པས་ད་དུང་གསན་མཛོད་དང་། །

ཞེས་དེ་ལྟར་ད་དུང་གཞན་དང་འགྲོགས་ཚུལ་གྱི་སྙིང་གཏམ་ཞུ་རྒྱུ་ལགས་པས་གསན་པར་མཛོད་ཅེས་མཚམས་སྦྱར་བའི་སྒོ་ནས་རྣམ་གཞག་བཤད་ཡུལ་གྱི་སྟོད་ལྡན་ཉན་པར་བསྐུལ་བའོ། །དང་ནི་སྤུད་འབྱེད་སོགས་ལྔ་ལ་འཇུག་པར་བཤད་པས། འདིར་ནི་འབྱེད་པ་སྡེ་དབྱེ་བ་འབྱེད་པ་ལ་གོའོ། །བསླབ་བྱ་ནོར་ཕྲེང་ལས། སྙིང་གཏམ་ལགས་པས་ད་དུང་གསན་མཛོད་དང་། །ཞེས་གསུངས་སོ། །

གཉིས་པ། གཞན་དང་འགྲོགས་ཚུལ་ནོར་བའི་སྐྱོན་ངོས་བཟུང་བ་དངོས་ནི།

རྩ་བར།

འཕྲད་མ་ཐག་ཏུ་སྙིང་གཏམ་འཆད་པ་མཚང་[①]། །

ཞེས་ཆ་རྒྱུས་མེད་པའི་གང་ཟག་འཕྲད་མ་ཐག་ཏུ་སྟེ་ཐུག་མ་ཐག་ཏུ་སྙིང་གཏམ་མམ་སྙིང་ཉེ་བའི་གཏམ་འཆད་པ་མཚང་ངམ་སྐྱོན་ཡིན་ཞེས་པའོ། །དེ་ཡང་མངོན་ཤེས་མེད་ཕྱིར་ཆ་རྒྱུས་མེད་པའི་མི་ཐུག་མ་ཐག་ཏུ་ངོ་ད་ལྟ་ཤེས་ཀྱང་རྒྱུས་སྔོན་ནས་ཡོད་པ་ལྟར་རང་གི་སྙིང་ཉེ་བའི་སྐད་ཆ་གང་ཡོད་བཤད་ན་རྗེས་སུ་བཀྲ་མ་ཤིས་པ་མང་པོ་ཞིག་བྱུང་དང་འབྱུང་ངེས་པས་འཕྲད་མ་ཐག་ཏུ་སྙིང་གཏམ་བཤད་མི་རིགས་པ་བསྟན་ཏོ། །བསླབ་བྱ་ནོར་ཕྲེང་ལས། མི་རིགས་མི་གཅིག་མོག་མོག་རྟ་སྦྲུ་འདྲ། །བསམ་པ་མི་གཅིག་བལ་བོའི་རས་ཁྲ་འདྲ། །དེ་ཕྱིར་སྔོན་དུ་ཁ་ཚོད་མ་བླངས་པར། །འཕྲད་མ་ཐག་ཏུ་སྙིང་གཏམ་འཆད་པ་མཚང་། །ཞེས་གསུངས་སོ། །

མ་བརྟག་[②]པ་ལ་བློ་གཏད་[③]བྱེད་པ་མཚང་། །

བརྟགས་ནས་འཁྲུལ་ན་ད་དུང་[④]བྱེད་པ་མཚང་། །

ཞེས་མཉམ་གཤིབས་སུ་གནས་ཀྱང་བློ་ཡིས་མ་དཔྱད་མ་བརྟག་པ་ལ་བློ་གཏད་དེ་ཡིད་ཆེས་བྱེད་པ་མཚང་ངམ་སྐྱོན་དང་། རང་གི་བློ་ཡིས་བརྟགས་ཀྱང་བློ་གཏད་ཐུབ་པ་ལྟ་བུ་སྣང་བའི་འཁྲུལ་བ་བྱུང་ནས་དེས་ཐེངས་གཅིག་བསླུས་ཀྱང་། ད་དུང་སྔ་སྲུན་མེད་པར་དེ་ལ་བློ་གཏད་བྱེད་པ་ཡང་སྐྱོན་མཚང་ཆེན་པོ་ཡིན་ནོ་ཞེས་པའོ། །བསླབ་བྱ་ནོར་ཕྲེང་ལས། རང་བཞིན་བཟང་དང་མདོ་མེད་ནོར་ས་ཡོད། །ཤ་ཚ་ཅན་དང་བསམ་ངན་ནོར་ས་ཡོད། །དང་པོར་བཟང་

① དཔེ་རྙིང་། (ཕྲད་མ་ཐགས་དུ་སྙིང་གཏམ་འཆད་པ་ཚངས། །)

② མཐོ་སློབ་བཞི་པ། (བརྟགས་)

③ དཔེ་རྙིང་། (མ་རྟག་པ་ལ་བློ་བཏད་)

④ དཔེ་རྙིང་། (དང་དུ་)མཐོ་སློབ་བཞི་པ། (ད་ཏུང་)

ཀྱང་ཕྱིས་ནས་ངན་པ་ཡོད། །དེ་ཕྱིར་མ་བརྟག་བློ་གཏད་བྱེད་པ་མཚང་། །ཞེས་གསུངས་སོ། །

བག་མེད་མི་ལ་བྱ་བྱེད་འཚོལ་བ་མཚང་། །

ཞེས་ཆེ་ས་མི་ཚེ་དང་ཆུང་ས་ཉིན་དང་ཆུ་ཚོད་གཅིག་གི་རང་གི་ལས་དང་བྱ་བར་འཆར་གཞི་གོ་སྒྲིག་མེད་པར་ལུས་ངག་བག་མེད་ངང་གནས་མཁན་གྱི་མི་ལ་བྱ་བྱེད་ཀྱི་ལས་འཚོལ་བ་ཡང་སྐྱོན་ཡིན་ཏེ། དཔེར་ན། གར་འགྲོ་ཆ་མེད་ཀྱི་ལྟ་ས་བསྟན་ས་མེད་པའི་སྙིད་ལུག་ཅན་གྱི་མི་ཞིག་ལ་དོན་ཆེན་པོ་ཞིག་བྱེད་དུ་བཅུག་ན་དོན་འགྲུབ་རྒྱུ་ལྟ་ཞོག་རང་ཉིད་ཀྱི་དོན་ཆེན་དང་གོ་སྐབས་བརླག་པའི་ཉེན་ཁ་ཡོད་པས། མི་དེ་འདྲའི་རིགས་ལ་བྱ་བྱེད་བཙོལ་མི་རུང་བའམ། ཡང་ན། བྱ་སྤྱོད་བག་མེད་དུ་གནས་པའི་མི་ཞིག་ལ་དཔེར་བྱས་ཏེ་རང་ཉིད་དེའི་རྗེས་སུ་ཆས་ན་སྐྱོན་ཡིན་ཏེ། རང་ཡང་བྱ་སྤྱོད་བག་མེད་དུ་ལོག་པའི་རྒྱུར་འགྱུར་བའི་ཕྱིར་རོ། །ཞེས་དེ་གཉིས་གང་གོ་ཡང་ཆོག་སྙམ། བསླབ་བྱ་ནོར་ཕྲེང་ལས། ཆང་འཐུང་སླུ་ལེན་ཤོ་དང་མིག་མང་རྩེ། །གོ་ཆོད་མཐོང་ཆོད་ཀུན་གྱི་ལད་མོ་བྱེད། །སྣང་བར་གང་དྲན་སྨྲོན་པ་ལྟ་བུ་ཡི། །བག་མེད་མི་ལ་བྱ་བྱེད་འཚོལ་བ་མཚང་། །ཞེས་གསུངས་སོ། །

ཤ་མི་ཚ་ལ་ཕུགས་བསྲི་[①]འཚོལ་བ་མཚང་། །

ཞེས་རང་ལ་ཤ་མི་ཚ་བའི་མི་ལ་ཕུགས་ཀྱི་བྱ་བྱེད་བཙོལ་བ་ཡང་སྐྱོན་ཏེ། དེས་ལྷག་བསམ་རྣམ་དག་གི་སྒོ་ནས་རང་གི་ཕུགས་རེ་མ་བསྒྲུབ་པར་མ་ཟད་དེ་ལས་ལྡོག་སྟེ་རང་བསླུས་ནས་བློ་ཕམ་ཡིད་སྨུག་ཏུ་བཅུག་པ་དང་རང་གི་ཕུགས་འདུན་གྲུབ་པ་ལ་གནོད་བསྐྱལ་བའང་སྲིད་པའི་ཕྱིར། དཔེར་ན་རྗེ་

① དཔེ་རྙིང་། (ཕུག་སྲིས་)མཐོ་སློབ་བཞི་པ། (ཕུགས་སྲི་)

བརྩུན་མི་ལའི་ཡབ་མི་ལ་ཤེས་རབ་རྒྱལ་མཚན་གྱིས་ཨ་ཁུ་དང་ཨ་ནེ་ལ་ཕྱུགས་རེ་བཙོལ་བ་བཞིན་ནོ། །བསླབ་བྱ་ནོར་ཐྲེང་ལས། ཁྱི་ལ་ཤ་རློན་བཙོལ་བ་ལྟ་བུ་ཡི། །ཤ་མི་ཚ་ལ་ཕྱུག་ནོར་བཙོལ་བ་མཚང་། །ཞེས་གསུངས་སོ། །

དད་པ་མེད་ལ་སློབ་མར་བསྟེན་པ་མཚང་། །

ཞེས་བླ་མ་མཚན་ཉིད་དང་ལྡན་པ་ཞིག་ཡིན་ཡང་དད་པ་མེད་པའི་གང་ཟག་ལ་སློབ་མར་བསྟེན་པ་སྟེ་སློབ་མར་བཟུང་ནའང་མཚང་ངམ་སྐྱོན་ཡིན་ཏེ། ཚེ་འདིའི་ལེགས་ཉེས་བླང་དོར་དང་ཕྱི་མ་ཕན་ཆད་ཀྱི་ཆོས་ཟབ་ལ་རྒྱས་པ་མང་དུ་བཤད་ཀྱང་། ནོད་ཀྱི་སྐྱོན་གྱིས་སེམས་ལ་ཚུང་ཟད་ཙམ་ཡང་མི་ཕན་པ་མ་ཟད་ཆོས་ཀྱིས་དྲེད་ནས་མར་གྱི་སྐོགས་དང་ཆུ་རྡོ་བཞིན་དུ་འགྱུར་བའི་ཉེན་ཡོད་པ་མ་ཟད་ཕར་བརྩེ་བས་ཕན་ཧྲི་ཙམ་བཏགས་ཀྱང་། དེའི་ལན་གནོད་པས་འཇལ་སྲིད་པའི་ཕྱིར། བླ་མ་བསྟེན་པའི་དགོས་པ་ནི་བླང་དོར་གྱི་རྣམ་དབྱེ་ཤེས་པའི་ཆེད་དམ་ཡོན་ཏན་སྐྱེ་བ་དང་སྐྱོན་སྤོང་བའི་ཆེད་ཡིན་ལ། དེ་ཐམས་ཅད་ཀྱི་འབྱུང་གནས་ནི་དད་པ（མདོ་དཀོན་མཆོག་ཏ་ལ་ལའི་གཟུངས་ལས་ཀྱང་། དད་པ་སྔོན་འགྲོ་མ་ལྟར་བསྐྱེད་པ་སྟེ། །ཡོན་ཏན་ཐམས་ཅད་བསྲུང་ཞིང་འཕེལ་བར་བྱེད། །ཅེས་གསུངས་སོ། །）ཡིན། དེ་ཡང་དཔེར་ན་རང་གི་དད་པ་ཏ་ཅང་ཆེ་བའི་བླ་མ་ཞིག་གིས་དཔེ་ཆ་ལྟོས་གསུངས་པ་དང་། དད་པ་མེད་པའི་བླ་མ་ཞིག་གིས་དཔེ་ཆ་ལྟོས་གསུངས་པ་དེ་གཉིས་ལ་རྗོད་བྱེད་ཀྱི་ཚིག་གཅིག་ཀྱང་། ནུས་པ་སོ་སོར་ཐོན་པ་ནི་དད་པའི་དབང་གིས་ཡིན་པ་མྱོང་བས་དཔོག་ནུས། དེའི་ཕྱིར། ཆོས་བཅུ་པའི་མདོ་ལས་ཀྱང་། མ་དད་པ་ཡི་མི་དག་ལ། །དཀར་པོའི་ཆོས་རྣམས་མི་སྐྱེ་སྟེ། །ས་བོན་མེ་ཡིས་འཚིག་པ་ལ། །མྱུ་གུ་སྔོན་པོ་ཇི་བཞིན་ནོ། །ཞེས་དང་། སྔོན་ཇོ་བོ་བོད་དུ་བཞུགས་སྐབས་རྒྱལ་བ་འབྲོམ་སྟོན་པས། བོད་ལ་སྒོམ་སྒྲུབ་བྱེད་པ་མང་པོ་

ཡོད་པ་ལ་ཡོན་ཏན་ཁྱད་པར་ཅན་རྙེད་པ་མི་བདོག་ཞུས་པས། ཇོ་བོའི་ཞལ་ནས། ཐེག་ཆེན་གྱི་ཡོན་ཏན་ཆེ་སྐྱེས་ཆུང་སྐྱེས་ཐམས་ཅད་བླ་མ་(འདིའི་སྐབས་ཀྱི་བླ་མ་ནི་བཤེས་གཉེན་ལ་གོ་དགོས།)ལ་བརྟེན་ནས་སྐྱེ་བ་ལ་ཁྱེད་བོད་བླ་མ་ལ་ཐ་མལ་པའི་འདུ་ཤེས་ལས་མེད་ག་ན་སྐྱེ་གསུངས་པ་སོགས་གནད་གཅིག་གོ །གཞན་ཡང་དགེ་བཤེས་པོ་ཏོ་བའི་དཔེ་ཆོས་ལས། བུ་ཆུང་ཁ་ཅན་ཁ་མེད་བཞིན། །ཞེས་པའི་དཔེར། ཨ་མ་གཅིག་ལ་བུ་ཆུང་ཁ་ཅན་གཅིག་དང་ཁ་མེད་གཅིག་གཉིས་མཆེ་མར་སྐྱེས་ན། མ་ལ་བུ་དེ་གཉིས་ལ་ཉེ་རིང་མེད་ཀྱང་གཅིག་ལ་ནུ་ཞོ་སྟེར་ལ། གཅིག་ལ་མ་འབྱུགས་པར་བྱ་བ་ཙམ་ལས། ནུ་ཞོ་སྦྱིན་ས་མེད་པས་མི་སྟེར། དཔེ་དེ་བཞིན་དུ་བླ་མ་མཚན་ཉིད་དང་ལྡན་པ་ལ་ཉེ་རིང་མི་མངའ་ཡང་། སློབ་མ་སྣོད་ལྡན་ལ་གདམས་ངག་གནང་ཞིང་། སྣོད་དང་མི་ལྡན་པ་ལ་ཟང་ཟིང་ཕྲ་མོ་རེ་ཙམ་ལས་གདམས་ངག་ཟབ་མོ་བྱིན་ཡང་ཇོ་མི་ཐོགས་པས་མི་གནང་། དེས་ན་རང་རེའི་ཉེར་ལེན་ལ་རག་ལས་གསུང་། བུ་ཡི་ཁ་ནི་ཟུམ་པ་ལ། །མ་ཡི་ནུ་ཞོ་ཇི་ལྟར་བླུད། །དེ་བཞིན་སེམས་ཅན་ངན་པ་ལ། །སངས་རྒྱས་གཟུགས་བརྙན་མི་འཆར་རོ། །ཞེས་སོ། །བསླབ་བྱ་ནོར་ཕྲེང་ལས། ཐལ་མོ་སྦྱར་ནས་བླ་མར་འཕྱ་བ་ཡི། །དད་པ་མེད་ལ་སློབ་མར་བསྟེན་པ་མཚང་། །ཞེས་གསུངས་སོ། །

སྙིང་རྗེ་མེད་ལ་[1]བླ་མར་ཁུར་བ་མཚང་། །

ཞེས་སློབ་མའི་ངོས་ནས་དད་པ་རྣམ་པར་དག་པ་ཡོད་ཀྱང་བླ་མའི་ངོས་ནས་གཞན་ཕན་གྱི་སྙིང་རྗེ་མེད་པ་ལ་བླ་མར་ཁུར་བ་སྟེ་བླ་མ་བསྟེན་པ་སྐྱོན་ཏེ། དེས་སློབ་མའི་དད་པ་རང་དོན་སྒྲུབ་པའི་ལག་ཆར་འཛིན་ཏེ་རང་གི་ཟང་

[1] དཔེ་རྙིང་། (པ་)

ཟིང་དང་བཀུར་སྟི་དོན་དུ་གཉེར་བ་ལས་སློབ་མའི་སྒྲུབ་པ་ཉམས་ལེན་གནད་དུ་འགྲོ་མིན་སོགས་ལ་དོ་སྣང་སྤྱི་ཙམ་མེད་མཁན་དེ་འདྲ་ལ་བླ་མར་བཀུར་མི་འོས་པའི་ཕྱིར། ཕ་ར་བའི་(c.༡༠༧༠-༡༡༤༡)ཞལ་ནས། སྒྲུབ་པས་མཉེས་ཀྱི་ཟང་ཟིང་ཙུང་ཟད་ཙམ་ལ་ཡང་མི་བལྟ་བ་ཞིག་ལ་བླ་མ་ཟེར་བ་ཡིན། དེ་ལས་ལྡོག་པས་རྣམ་གྲོལ་བསྒྲུབ་པའི་བླ་མ་མི་འོང་གསུང་ངོ་། །ལྷག་པར་གཞན་ཕན་གྱི་ཆོས་ནི་གཙོ་བོ་ཀུན་སློང་སྙིང་རྗེ་ལ་བསྟུན་དགོས་པས་བླ་མའི་ངོས་ནས་ཀུན་སློང་རྣམ་པར་མ་དག་ན་སློབ་མའི་ངོས་ནས་དད་པ་ག་ཚོད་ཡོད་ཀྱང་གཞན་ཕན་གྱི་ཆོས་ཀྱི་འབྲས་བུ་སྨིན་དཀའ་སྟེ། དཔེར་ན་ས་གཞིར། ནས་ས་ཚ་ལུད་དྲོད་གཤེར་ཚོགས་པ་ཚང་ཡང་ནམ་མཁར་ཉི་མ་མེད་ན་མྱུ་གུ་མི་སྐྱིད་པ་ལྟ་བུ་རེད། ཕྱིར་བླ་མའི་མཚན་ཉིད་དུ་ཁྱད་ཆོས་མང་པོ་གསུངས་ཀྱང་དེའི་ནང་ནས་ཐེག་པ་ཆེན་པོའི་བླ་མ་ལ་སྙིང་རྗེ་ངེས་པར་ཚང་དགོས་ཏེ་(མཉམ་མེད་རྗེ་བོ་ཆེན་པོས་ཀྱང་། གཞན་ལ་གདམས་ངག་བྱེད་པའི་ཚེ། །སྙིང་རྗེ་ཕན་སེམས་ལྡན་པར་བྱ། །ཞེས་གསུངས།)དེ་མེད་ན་ཐེག་པ་ཆེན་པོའི་ལམ་གྱི་རྩ་བ་སྙིང་རྗེ་དང་བྱང་ཆུབ་ཀྱི་སེམས་དོན་དུ་གཉེར་མཁན་སློབ་མ་ལ་ཕན་པ་སྒྲུབ་མི་ནུས་པའི་ཕྱིར། པོ་ཏོ་བའི་ཞལ་ནས། བླ་མའི་མཚན་ཉིད་(མདོ་སྡེའི་རྒྱན་ལས། བཤེས་གཉེན་དུལ་བ་ཞི་བ་ཉེར་ཞི་བ། །ཡོན་ཏན་ལྷག་པ་བརྩོན་བཅས་ལུང་གིས་ཕྱུག །དེ་ཉིད་རབ་ཏུ་རྟོགས་པ་སྨྲ་མཁས་ལྡན། །བརྩེ་བའི་བདག་ཉིད་སྐྱོ་བ་སྤངས་ལ་བརྟེན། །ཞེས་བཤེས་གཉེན་ཆོས་བཅུ་དང་ལྡན་པ་ཞིག་ལ་སློབ་མས་བསྟེན་དགོས་པར་གསུངས་སོ། །)བསྟན་པའི་སྐབས་སུ། བསླབ་པ་གསུམ་དང་དེ་ཉིད་རྟོགས་པ་དང་སྙིང་བརྩེ་བ་ལྔ་གཙོ་བོ་ཡིན། ངེད་ཀྱི་སློབ་དཔོན་ཞང་བཙུན་ཀུན་ལ་མང་དུ་ཐོས་པའང་མེད་སྐྱོ་བ་བཟོད་པའང་མེད་པས་སྣ་བོ་དྲིན་དུ་གཅགས་པ་རེ་བྱེད་པའང་མེད་དེ་སྟེ་མ་ལྷ་ཡོད་པས་དྲུང་ན་སུ་ཡོད་པ་ལ་ཕན། གཉེན་སྟོན་ལ་སྨྲ་མཁས་པ་ཡེ་མེད

ཡོན་བཤད་རེ་བྱེད་པའང་འདི་ཀུན་གྱིས་ད་རེས་མི་གོ་སླམ་པ་ལས་མི་ཤེས་ཏེ་ལྷ་པོ་ཡོད་པས་སུ་ཉེ་བ་ལ་ཕན་གསུང་ངོ་། །གཞན་ཡང་ལྡེ་སྒོམ་ཤེས་རབ་རྡོ་རྗེས་མཛད་པའི་དཔེ་ཆོས་རིན་ཆེན་སྤུངས་པ་ལས། འོག་མེད་སྣང་འདྲ་མཆིང་བུ་ལྟར། ཞེས་པའི་འོག་མེད་སྣང་གི་དཔེར། སྣང་འོག་མེད་ཀད་འདོམས་ཀྱི་སྣ་བ་ཉམས་པར་བྱས་པའི་སྣང་པོ་དེ་བ་ཤེ་ལངས་པ་བ་མོ་ཐམས་ཅད་བསྲུངས་ནས། སྣང་གཞན་དང་སྦྱོར་དུ་མི་སྟེར། ཕོ་རང་དང་ཇི་ཙམ་སྦྱར་ཀྱང་བེའུ་མི་ཡོང་། དེ་བཞིན་དུ་བླ་མ་ངན་པ་རེ་དང་འཕྲད་ཙམ་ན། སློབ་མ་སྐལ་ལྡན་ཡོད་ཀྱང་གཞན་སྐྱེས་བུ་དམ་པ་ཀུན་གྱིས་དྲུང་དུ་འགྲོར་མི་སྟེར། ཕོ་རང་གི་དྲུང་དུ་ཇི་ཙམ་བསྡད་ཀྱང་ཡོན་ཏན་ཅི་ཡང་མི་སྐྱེ་བའི་བླ་མ་དེས་མི་ཡོང་གསུང་། བསླབ་བྱ་ནོར་ཕྲེང་ལས། ནོར་དང་གདམས་ངག་བརྗེ་བའི་ཉོ་ཚོང་མཁན། །སྙིང་རྗེ་མེད་པ་བླ་མར་བསྟེན་པ་མཚང་། །ཞེས་གསུངས་སོ། །

ཁྲེལ་གཞུང་མེད་ལ་གྲོགས་པོར་བསྟེན་པ་མཚང་[①]། །

ཞེས་གྲོགས་རྒྱ་མཚན་དུ་བྱས་ནས་ཉེས་སྤྱོད་ལ་འཛེམ་པ་མེད་པར་མ་ཟད་ཕན་པའི་ལན་དུ་གནོད་བྱེད་མཁན་གྱི་ཁྲེལ་གཞུང་མེད་པ་ལ་གྲོགས་པོར་བསྟེན་པ་མཚང་ངམ་སྐྱོན་ཏེ། དེས་རང་ལ་དགོས་མཁོ་དང་ཐབ་གོ་ས། རྒྱུ་དཔལ་འབྱོར་སོགས་ཡོད་ན་མཉམ་དུ་འགྲོགས་ཏེ་བསླུ་ཐབས་བྱེད་པ་དང་། དེ་དག་མེད་ན་ཁ་ཙམ་ཡང་གྲག་པར་དཀའ་བའི་ཕྱིར། ད་དུང་གྲོགས་ངན་པའི་སྐྱོན་དག་རང་ལ་བགོས་ནས་ཁོ་དང་ཁྱད་མེད་དུ་འགྲོ་བས་གཟབ་དགོས། དཔེ་ཆོས་རིན་ཆེན་སྤུངས་པ་ལས། ཕྲུ་བ་ནག་པོ། ཞེས་པའི་དཔེར། ཕྲུ་བ་ནག་པོ་དང་འགྲོགས་ན་ཟོན་ཆེར་བྱས་ཀྱང་ནམ་གོས་ཆ་མེད་པར་ནག་ནོག

---

① དཔེ་རྙིང་། (པ་གྲོགས་སུ་བརྟན་པ་འཚངས། །)

གིས་གོས་ནས་འགྲོ་བ་ལྟར། གྲོགས་ངན་དང་འགྲོགས་ན་ཕོའི་སྤྱོད་པ་བཞིན་མི་བྱ་སླམ་ཡང་གྲོགས་ངན་གྱི་སྤྱོད་པ་གོས་ནས་གཞུག་ཡང་ཕོ་དང་ཁྱད་མེད་དུ་འགྲོ་གསུང་། བསླབ་བྱ་ནོར་ཕྲེང་ལས། ཅི་ཙམ་འབད་ཀྱང་ཕན་ངོ་མི་ཤེས་པའི། །ཁྲེལ་གཞུང་མེད་པ་གྲོགས་པོར་བསྟེན་པ་མཚང་། །ཞེས་གསུངས་སོ། །

མི་ཉན་པ་ལ་ཁ་ཏ་བྱེད་པ་མཚང་། །

ཞེས་ཆོས་དང་འཛིག་རྟེན་གྱི་བསླབ་བྱ་མི་ཉན་པའི་མི་ལ་ཁ་ཏ་བསླབ་བྱ་བྱེད་པ་སྐྱོན་ཏེ། དེས་བསླབ་བྱའི་ཕན་འབྲས་ཐོན་པ་ལས་ལོག་སྟེ་བསླབ་བྱ་རྒྱག་མཁན་དང་བརྒྱབ་ཡུལ་གཉིས་ཞེ་སུན་ཏེ་ལྡོག་ཕྱོགས་ཀྱི་གནས་ཚུལ་བྱུང་སྲིད་པས་ཁ་ཏའི་མཚམས་མ་ནོར་བ་བྱེད་དགོས། དེ་མིན་འཛིག་རྟེན་ཁ་དཔེར། ལབ་མཁན་ཁ་ན་རོགས་དང་། ཉན་མཁན་རྣ་བ་ཚ་རོགས། ཞེས་དང་། ཡང་ན། མི་ཉན་པ་ལ་ཁ་ཏ་བྱེད་པ་ལས། །ཀོ་བ་སྐམ་པོ་ལག་པས་མཉེད་པ་དགའ། །ཞེས་པའི་དཔེ་ལྟ་བུའོ། ། བསླབ་བྱ་ནོར་ཕྲེང་ལས། ནོར་དང་ལུག་ལ་སྐད་ཆ་བཤད་པ་བཞིན། །མི་ཉན་པ་ལ་ཁ་ཏ་བྱེད་པ་མཚང་། །ཞེས་གསུངས་སོ། །

མི་ཤེས་པ་ལ་གྲོས་ཕུགས་འདྲི་①བ་མཚང་། །

ཞེས་ཤེས་བྱའི་གནས་སམ་སྣང་དོར་མི་ཤེས་པ་ལ་བྱ་བྱེད་ཀྱི་གྲོས་ཕུགས་འདྲི་བ་སྐྱོན་ཡིན་ཏེ། དེས་རང་ལ་མགོ་བའི་ཕུགས་བསམ་གྱི་ཤེས་བྱའི་གནས་སྟོན་དཀའ་བ་དང་། གལ་སྲིད་སྟོན་ཀྱང་ལོག་པར་བསྟན་ཏེ་མི་ཚེ་སྡུག་ལ་སྒྱུར་བའི་སྐྱོན་ཡོད་པས་གཟབ་དགོས། དཔེར་ན་ཅི་ཡང་མི་ཤེས་གང་ཡང་མ་བསླབ་པའི་ཟློབ་རྫུ་ཁག་ཅིག་ལ་མི་མང་པོ་ཞིག་གིས་ཚེ་འདིའི་ཕུགས་གྲོས

---

① དཔེ་རྙིང་། (ཕུག་འཚོལ་)

དང་། ཕྱི་མའི་སྐྱེ་བ་འདྲི་བ་ནི་མ་ཤེས་པ་ལ་གྲོས་ཞུགས་འདྲི་བའི་སྐྱོན་ཏེ། དེ་དག་མང་པོ་ཞིག་གིས་མཐོང་བ་མངོན་གྱུར་གྱི་ཡུལ་སུམ་རྟགས་དག་གསུམ་ཡང་ཡག་པོ་མ་ཤེས་པས།(ཚད་མ་རྣམ་འགྲེལ་ལས་ཀྱང་། ཐབས་བྱུང་དེ་རྒྱུ་ལྐོག་གྱུར་པ། །དེ་འཆད་པ་ནི་དཀའ་བ་ཡིན། །ཞེས་གསུངས་སོ། །སྟོན་མདོ་སྨད་དུ་སྤྲུལ་སྐུ་ཞིག་གིས་ཚེ་འདས་ཀྱི་སྐྱེ་གནས་སོགས་མང་པོ་གསུངས་ཀྱང་སུམ་རྟགས་དག་གསུམ་ཡག་པོ་མ་ཤེས་པས། ཡོངས་འཛིན་དེ་དགོངས་པ་ཚོམས་ཏེ། མངོན་གྱུར་བསླབ་ཀྱང་མ་ཤེས། །ལྐོག་གྱུར་ཐམས་ཅད་མཁྱེན་པ། །ཁྱེད་འདྲ་བའི་ཡོངས་འཛིན་བདག་གིས་མི་ཡོང་གསུངས་འདུག་པ་ཤིན་ཏུ་མནད།)དེ་ལས་ཕྲ་བའི་ཅུང་ཟད་ལྐོག་གྱུར་དང་། ཤིན་ཏུ་ལྐོག་གྱུར་ལ་ལྟ་ཅི་སྨོས་སོ། །དཔེ་ཆོས་རིན་ཆེན་སྤུངས་པ་ལས། ཐ་ག་བཞིན། ཞེས་པའི་དཔེར། སྔོན་རྒྱ་གར་ན་ཐ་ག་པ་གཅིག་གིས་ནགས་སུ་ཐགས་ཤིང་གཅོད་དུ་ཕྱིན་པས། ཤིང་གཞོན་པ་ལེགས་པ་མང་པོ་འདུག་པ་ལ་དེ་ཐམས་ཅད་བཅད་དུ་ཕངས་ནས་བཞག་གིན་ཕྱིན་པས། ནགས་ཀྱི་ལྷ་མོ་མཇུག་ནས། ཁྱོད་ལ་དངོས་གྲུབ་ཅིག་བྱིན་གྱིས་ཅི་འདོད་ཟེར་བས། དེར་ཁོ་ཡི་ཟླ་བོ་ལ་དྲི་ཡི་བྱུས་ནས་དྲིས་པས། དེ་ན་རེ་ད་ལྟ་འོ་ཅག་གི་རྐང་ལག་བཞིས་ཐགས་བཏགས་པས་ཀྱང་མང་པོ་ཟིན་ན། རྐང་ལག་བཞི་རྒྱབ་ཕྱོགས་སུ་ཡང་ཡོད་ན་ཐགས་མང་པོ་ཟིན་པས་རྙེད་པ་ཆེར་ཡོང་ཟེར་བས། དེར་ཁོས་ལྷ་མོ་ལ། བདག་གི་རྒྱབ་ཕྱོགས་སུ་ཡང་རྐང་ལག་བཞི་ཞུ་བྱས་པས། དེ་མ་ཐག་བྱུང་སྐད། དེ་གཉིས་ཀྱིས་གྲོང་ཁྱེར་དུ་ཐགས་འཐག་པ་ཡོད་དམ་ཟེར་དུ་ཕྱིན་པས། གྲོང་པ་ཐམས་ཅད་འདི་ལྟས་ངན་ཡིན་ཟེར་ཏེ། ཐགས་འཚོལ་པ་དག་ཨ་ཅང་ཆེ་སྟེ། ཀུན་གྱི་རྡོ་ཆར་བྱས་ལོ། དེའི་ཚེ་ལྷས་ནམ་མཁའ་ལས་ཚིགས་བཅད་བརྗོད་པ། རང་ཡང་མཁས་པར་མ་གྱུར་ལ། །གྲོགས་ཀྱང་བློ་དང་མི་ལྡན་བས། །དེ་དག་མྱུར་དུ་ཕུང་གྱུར་ཏེ། །ནགས་ཀྱི་ཐ་ག་ཇི་བཞིན་ནོ། །ཟེར་སྐད། དེ་བཞིན་དུ་འོ་ཅག་ཀྱང་རང་ལ་འཛོན་ཤེས་

མེད་པའི་སྟེང་དུ། མི་ཤེས་པ་ལ་གྲོས་ཕུགས་འདྲི་བ་ཆེ་འདི་ཕྱི་གཉིས་ཀའི་མདུན་མ་ནོར་ནས་སྐྱོན་དུ་སྣང་བས་གཟབ་པར་འཚལ་ལོ། །བསླབ་བྱ་ནོར་ཕྲེང་ལས། སྔ་ཕྱི་གང་ཡང་འདང་རྒྱུ་མེད་པ་ཡི། །མི་ཤེས་པ་ལ་གྲོས་ཕུགས་འདྲི་བ་མཚང་། །ཞེས་གསུངས་སོ། །

མཚང་དུ་ཤེས་ནས་[①]ད་རུང་མི་འདོར་[②]ན། །
རང་ཉིད་སྐྱོན་[③]པ་ཡིན་པར་ཤེས་པར་བྱ[④]། །

ཞེས་གོང་ཞུས་དེ་དག་སྐྱོན་དུ་ཤེས་ནས་ཀྱང་ད་རུང་མི་སྤོང་ན། རང་ཉིད་སེམས་རྒྱལ་དུ་མི་གནས་པའི་སྐྱོན་པ་ཡིན་པར་ཤེས་པར་བྱ། ཡང་དཔེར་ན། བླ་སྤྲུལ་ཁག་ཅིག་གིས་འགྲོ་བ་མིའི་བཟང་སྤྱོད་དང་། མི་མཐུན་པའི་བྱ་བྱེད་གང་བྱེད་ཐམས་ཅད་བསྟན་པ་དང་མི་རིགས་ལ་གནོད་ཀྱང་ད་དུང་། བླ་མའི་མཛད་པ་མིས་མ་ཤེས། །སེང་གེའི་འཕྱིང་ཚུལ་ཁྲིས་མ་ཤེས། །ཞེས་བླ་མ་སེང་གེ་དང་མི་ཁྱི་ལ་དཔེ་སྦྱར་ཏེ། སྐྱ་མིན་སེར་མིན་གྱི་བླ་སྤྲུལ་མང་པོ་ཞིག་སྐྱེ་འཕེལ་བྱེད་ཅིང་། དེས་བསྟན་པ་སྤྱི་ཚན་ལ་གནོད་པར་ཤེས་ཀྱང་ད་དུང་མུ་མཐུད་དེ་བཀུར་སྟི་རིམ་གྲོ་བྱས་ཏེ་སྐྱིད་ལང་གཏོང་བ་དེ་ལྟ་བུ་ནི་སེམས་རྒྱལ་དུ་མི་གནས་པའི་སྐྱོན་པ་ཡིན་པར་ཤེས་པར་བྱ་དགོས་པའི་དོན་དུ་གོ་ན་ཡང་ཆོག་གམ་སྙམ། བསླབ་བྱ་ནོར་ཕྲེང་ལས། མཚང་དུ་ཤེས་ཀྱང་ད་དུང་མི་འདོར་ན། །རང་ཉིད་སྐྱོན་པ་ཡིན་པར་ཤེས་པར་བྱ། །ཞེས་གསུངས།

གཉིས་པ། སྐྱོན་གྱི་ཉེས་པ་བཤད་པ་ལ་གཉིས། མཚམས་སྦྱོར་བ་དང་།

① དཔེ་རྙིང་། (ཀྱང་)
② དཔེ་རྙིང་། (དོར་)
③ དཔེ་རྙིང་། (སྐྱོན་)
④ དཔེ་རྙིང་། (མཛོད་)

སྐྱོན་གྱི་ཉེས་པ་བཤད་པ་དངོས་སོ། །དང་པོ་ནི།

རྩ་བར།

སྙིང་གཏམ་ལགས་པས་ད་དུང་གསན་མཛོད་དང་། །

ཞེས་སྙིང་གཏམ་ཞུ་རྒྱུ་ལགས་པས་ད་དུང་མུ་མཐུད་དུ་གསན་པར་མཛོད་དང་། ཞེས་གསུངས། བསླབ་བྱ་ནོར་ཕྲེང་ལས། སྙིང་གཏམ་ལགས་པས་ད་དུང་གསན་མཛོད་དང་། །ཞེས་གསུངས་སོ། །

གཉིས་པ། སྐྱོན་གྱི་ཉེས་པ་བཤད་པ་དངོས་ནི།

རྩ་བ་ལས།

བཟའ་བཏུང་ཟ་དུས་[①]ཐམས་ཅད་བཀའ་བློ་[②]བདེ། །

ཞག་གསུམ་འགྲོགས་[③]ནས་རང་མཚང་སྟོན་པ་མང་། །

ཞེས་མཉམ་བཟའ་མཉམ་བཏུང་གི་ཟ་བཏུང་ལོངས་སུ་སྤྱོད་སྐབས་ཐམས་ཅད་བཀའ་བློ་བདེ་བ་སྟེ་སྒྲོ་འདོགས་ཀྱི་སྐད་ཆ་སྨྲན་པ་དང་རང་གི་གང་བཤད་ཁ་ཉན་པའི་ཚུལ་བསྟན་ཅིང་དགོད་སྒྲའི་འཇིག་རྟེན་ཞིག་ཡིན་ཡང་། དོན་དངོས་ཐོག་ཞག་གསུམ་མཉམ་དུ་འགྲོགས་པའམ་ཙུང་ཙམ་སོང་རྗེས་རང་མཚང་ངམ་རང་སྐྱོན་སྟོན་པ་མང་སྟེ། དཔེར་ན། དེང་དུས་མི་མང་པོ་ཞིག་རང་གིས་སྒྲིན་བདག་བྱས་ཏེ་ཟ་ཁང་དུ་འགྲོ་བའི་སྐབས་དང་། ཤ་ཐག་སོགས་རྒྱན་བཙུགས་ནས་རྒྱལ་ཁ་ཐོབ་པའི་ཚེ་རང་གིས་གང་བཤད་སྨན་པའི་ཐོལ་བསྟན་ཏེ་(འཇིག་རྟེན་ཁ་དཔེར། ཟ་དུས་འཇུམ་ཤིག་ཤིག །ལས་དུས་ངོ་རོག་རོག །)རྗེས་སུ་འཕྲང་མཁན་མང་ཡང་། རང་གིས་སྒྲིན་བདག་བྱས་ཏེ་ཟ་ཁང་དུ་མི་འགྲོ་བའི་

① དཔེ་རྙིང་། (བཟའ་རིང་)

② མཐོ་སློབ་བཞི་པ། (སློབ་)

③ དཔེ་རྙིང་། (ལོན་)

དུས་སེར་སྣ་ཆེ་རབས་དང་། ཤོ་སྦག་སོགས་རྒྱན་ཤོར་རབས་དང་བུ་ལོན་ཆེ་རབས་སོགས་རང་སྐྱོན་སྟོན་མཁན་མང་བས། དང་པོ་ནས་དེ་དག་དང་མ་འགྲོགས་ན་རབ་དང་། གལ་སྲིད་མཉམ་དུ་འགྲོགས་དགོས་བྱུང་ན་རང་གིས་འགྲོགས་ཙང་དང་མ་ཙང་ཡང་དག་པར་བརྟག་སྟེ་མཉམ་དུ་འགྲོགས་དགོས་པར་བསྟན་ཏོ། །བསླབ་བྱ་ནོར་ཕྲེང་ལས། ཞག་གསུམ་ལོན་ན་ཨ་ཕ་བསད་ཀྱང་བརྗེད། །ནོར་ཟས་བསྟན་ན་ཨ་མའི་སྐྱེ་ཡང་ལེན། །གལ་ལ་ཐུག་ན་བླ་མའི་དབུ་ཡང་སྐོར། །འདོད་པ་ཡོད་ན་རང་གི་བུ་ཡང་བཙོང་། །ངུས་ངན་མི་ངན་སྲིན་བར་ཉེ་མ་འདྲ། །ཞེས་གསུངས་སོ། །

ཉེ་རིང་ཡོངས་ལ་ལོ་གཅིག་མ་བརྟེན་པར། །
བྱ་བྱེད་བཙོལ་①ན་སྨུར་དུ་ནོངས་པར་འགྱུར། །

ཞེས་རང་གི་ཐག་ཉེའི་ངོ་ཤེས་དང་། ཐག་རིང་གི་ངོ་ཤེས་ཡོངས་ལ་སྤྱི་ཐམས་ཅད་ལ་མ་མཐར་ལོ་གཅིག་ཙམ་མམ་ཡུན་རིང་(རྟ་བཟང་ངན་རྒྱུག་ནས་ཤེས། །མི་བཟང་ངན་འགྲོགས་ནས་ཤེས། །)མ་བརྟེན་པའམ་མ་དཔྱད་པར། འཕྲལ་ཕྱུགས་ཀྱི་རང་གི་བྱ་བྱེད་ཀྱི་ལས་གལ་ཆེན་དག་མངག་བཙོལ་བྱས་ན་དུས་ཡུན་རིང་པོ་མ་འགོར་བར་སྨུར་དུ་ནོངས་པར་ཏེ་བྱས་ཉེས་སུ་འགྱུར་བ་མང་བས། འདས་པར་ཕྱིར་མིག་བལྟས་ཏེ་བསླབ་བྱ་ལེན་རྒྱུ་དང་། མ་འོངས་པར་བརྟགས་ཤིང་དཔྱད་པའི་སྒོ་ནས་འཇུག་དགོས་པ་ལས་ཁྲི་དང་སློ་བ་འཕྲད་པ་ལྟར་བྱ་མི་རིགས་པར་བསྟན་ཏོ། །བསླབ་བྱ་ནོར་ཕྲེང་ལས། ཉེ་རིང་ཡོངས་ལ་ལོ་གཅིག་མ་བརྟེན་པར། །བྱ་བྱེད་འཚོལ་ན་སྨུར་དུ་ནོངས་པར་འགྱུར། །ཞེས་གསུངས་སོ། །

① དཔེ་རྙིང་། (བཙོས་)

རང་ལ་བརྟེན་[①]པའི་མཚང་གཏམ་ངན་པ་འདི། །[②]
གཅིག་གི་སེམས་ལ་ཤར་ན་གཏོར་འགོང་[③]ཡིན། །
གཏམ་དེ་གཉིས་ལ་གྲགས་ན་ཕུང་བྱེད་ཡིན། །
གསུམ་ལ་གྲགས་ན་གཏམ་ངན་ལྷུང་ཁྲེར་ཡིན། །
མི་མངོན་དབྱིངས་སུ་ཡལ་ན་མཁས་པ་ཡིན། །

ཞེས་གོང་དུ་རང་ལ་བརྟེན་པའམ་རང་དང་འབྲེལ་བའི་མཚང་ངན་པ་དང་གཏམ་ངན་པ་འདི་དག་བློ་གཏད་བཅོལ་ས་དང་མཉམ་འགྲོགས་བྱེད་མཁན་སོགས་གང་ཟག་གཅིག་གི་སེམས་ལ་ཤར་བའམ་ཤེས་ན་གཏོར་འགོང་སྟེ། རང་ཉིད་གཏོར་བའམ་བརླག་པའི་འགོང་པོ་སྟེ་འདྲེ་ལྟ་བུ་ཡིན་པ་དང་། གལ་ཏེ་མཚང་ངམ་གཏམ་ངན་པ་དེ་མི་གཉིས་ལ་གྲགས་ན། རིམ་བཞིན་རང་ལ་གནས་བཟོད་མི་བདེ་བ་བཟོ་བ་སོགས་རང་ཕུང་བའི་རྒྱུར་བྱེད་པ་དང་། མཚང་ངམ་གཏམ་ངན་དེ་གང་ཟག་གསུམ་སོགས་དེ་ལས་མང་བ་ལ་གྲགས་ན་གཏམ་ངན་ལྷུང་གིས་ཁྲེར་ཏེ། མགྲོགས་མྱུར་དང་གང་སར་ཁྱབ་སྟེ་མི་མང་པོའི་སེམས་ནང་དུ་རང་ལ་བག་ཆགས་ངན་པ་འཛོག་པ་དང་། རང་ཉིད་ཀུད་པའི་རྩ་བར་འགྱུར་བ་ཡིན་ཏེ། དགེ་བཤེས་པོ་ཏོ་བའི་དཔེ་ཆོས་ལས། ཨ་ཕའི་སྐད་དུ་ཁ་ཆེམས་ལྷུང་། ཞེས་པའི་ཁ་ཆེམས་ལྷུང་ནི། བྱང་དུ་མི་གཅིག་དགྲས་བཟུང་ནས་གསོད་པར་བྱེད་པ་ལ། ཁོ་ཁ་ཆེམས་འདོགས་ཟེར། ཁྱོད་སུ་ལ་འདོགས་བྱས་པས། ཁ་ཆེམས་ལྷུང་ལ་བསྐུར་ཟེར་རོ། །དགྲ་དག་གིས་དེར་ངོ་མཚར་བྱེད་དེ་གཏམ་དེ་སླེང་པས། རྗེས་སུ་ཁོའི་གཉེན་གྱིས་ཐོས་ནས་

① དཔེ་རྙིང་། (ཡོད་)
② མཐོ་སློབ་བཞི་པ། (ཡིན། །)
③ དཔེ་རྙིང་། (ལྟོག་འགོངས་)

དགྲ་ཤ་ལེན་པའི་དཔེ་ལྟར་རོ། །གསང་དགོས་པའི་དོན་ཞིག་ཡིན་ན་གང་ཟག་གཞན་སུ་ཞིག་སེམས་ནང་རང་སྐྱོན་ཐབས་གང་གིས་ཀྱང་མི་མངོན་པར་སྟོང་པའི་དབྱིངས་སུ་ཡལ་ན་མཁས་པ་ཡིན་ནོ་ཞེས་པའོ། །འདི་དག་ད་ལྟའི་དུས་སྐབས་སུ་ཧ་ཅང་གལ་ཆེ་སྟེ། མི་མང་པོ་ཞིག་ལ་ཆབ་སྲིད། དཔལ་འབྱོར། གོ་གནས་སོགས་དགོས་མཁོ་སྣ་ཚོགས་ཀྱིས་དངོས་ཤུགས་བརྒྱུད་གསུམ་ནས་ལྟ་སྒྲུང་བྱེད་མཁན་ཧ་ཅང་མང་བས་གཟབ་དགོས་ཏེ། འཇིག་རྟེན་གྱི་ཁ་དཔེར་ཡང་། ཉིན་མོ་རྐུ་མ་རྒྱུག །རི་མགོ་ཐམས་ཅད་མིག་ཡིན། མཚན་མོ་གྲོས་མ་བྱེད། རྩིག་གསེང་ཐམས་ཅད་ཨམ་ཅོག་ཡིན། ཞེས་ཟེར་བ་ཅིས་ཀྱང་བདེན་ཏེ། ག་ས་གང་དུ་སློག་ཉན་དང་། སློག་ལྟ་བྱེད་ཆས་ཀྱི་འཕྲུལ་ཆས་སྣ་ཚོགས་ཉིན་རེའི་འཚོ་བའི་མཁོ་ཆས་ཁྲོད་དུ་ཁ་འབྲལ་མེད་དུ་གནས་ཏེ། མི་མང་པོ་ཕུང་དང་འཕུང་བཞིན་པས་དེ་ལ་ངེས་པར་གཟབ་དགོས་སོ། །བསླབ་བྱ་ནོར་ཕྲེང་ལས། རང་ལ་བརྟེན་པའི་སྐྱོན་མཚང་ངན་པ་དེ། །གཏམ་ངན་ལྐུང་གིས་ཁྱེར་ན་ཟིན་དུས་མེད། །བརྒྱ་སྟེ་ཁ་ལོག་སྟོང་སྟེ་ངོ་ལོག་ཀྱང་། །ཁྲིལ་མེད་གཅེར་བུར་བུད་ན་ཞབས་འདྲེན་ཟེར། །ཧ་ཅང་མཐོལ་བཤགས་མང་ན་རང་རྒྱུས་འཚེར། །ཞེས་གསུངས་སོ། །

ངག་མཚང་ཐབས་ཀྱིས་[1]ཤེས་ན་གད་མོ་འཚེར། །
དགོས་པ་རང་གིས་[2]བསུས་ན་བདུད་རིགས་དགའ། །
འཕུང་བྱེད་གྲོགས་སུ་བསྒྱུར་ན་མཚང་རེ་ཆེ། །[3]

ཞེས་རང་གི་ངག་གི་མི་དགེ་བ་སོགས་ཁ་ལ་རྟེན་པའི་སྐྱོན་རྣམས་ཆོས་

---

① དཔེ་རྙིང་། (ཀྱི་)
② དཔེ་རྙིང་། (གི་)
③ དཔེ་རྙིང་། (ཕུང་བྱེད་གྲོགས་སུ་བླང་ན་གད་མོ་འཚེར། །)

ཀྱི་གཞུང་ལུགས་དང་། འཇིག་རྟེན་གྱི་དགྲ་གཉེན་བར་གསུམ་གྱི་བསླབ་བྱ་དང་གཞན་གྱི་སྐྱོན་བརྗོད་པ་སོགས་ཐབས་སྣ་ཚོགས་ཀྱིས་རང་གི་ངག་མཚང་ཤེས་ན་རང་ཉིད་ཁྲིལ་དགོད་ཤོར་(རང་སྐྱོན་དྲན་དུས་རང་གད་ཤོར།)དགོས་པ་རང་གིས་བསུས་ན་སྟེ་སྐྱབ་ན་དགེ་བ་ལ་བར་དུ་གཅོད་པའི་བདུད་རིགས་དགའ་བ་མ་ཟད། རང་འཕྱུང་བྱེད་ཀྱི་དགྲ་གྲོགས་སུ་བསྒྱུར་ན་སྐྱོན་མཚང་དེ་བས་རེ་བ་ཆེ་བའི་དེ་ལྟ་བུའི་དགོས་པ་བསུ་མི་ཉུང་བ་བསྟན་ཏོ། །བསླབ་བྱ་ནོར་ཕྲེང་ལས། ངག་མཚང་ཐབས་ཀྱིས་ཤེས་ན་མཁས་པ་ཡིན། །རྣམ་རྟོག་ཅན་ལ་འདྲེ་དགུ་འཕོར་པས་ན། །ངོགས་པ་རང་གིས་བསུས་ན་བདུད་རིགས་དགའ། །ཕྱུང་བྱེད་གྲོགས་སུ་བསྒྱུར་བའི་ཐབས་ཤེས་ན། །དགའ་རབ་དབང་ཕྱུག་གིས་ཀྱང་ཐུབ་པ་དཀའ། །ཞེས་གསུངས་སོ། །

གསུམ་པ། སྐྱོན་གྱི་མི་མཐུན་ཕྱོགས་ཡོན་ཏན་བླངས་པར་གདམས་པ། འདི་ལའང་གཉིས། མཚམས་སྦྱོར་བ་དང་། སྐྱོན་གྱི་མི་མཐུན་ཕྱོགས་ཡོན་ཏན་བླངས་པར་གདམས་པ་དངོས་སོ། །དང་པོ་ནི།

རྩ་བར།

སྙིང་གཏམ་ལགས་པས་ད་དུང་གསན་མཛོད་དང་། །

ཞེས་སྙིང་གཏམ་ཞུ་རྒྱུ་ལགས་པས་ད་དུང་ཡུ་མཐུད་དེ་གསན་པར་མཛོད་ཅེས་ཉན་པར་སྐུལ་བའོ། །

གཉིས་པ། སྐྱོན་གྱི་མི་མཐུན་ཕྱོགས་ཡོན་ཏན་བླངས་པར་གདམས་པ་དངོས་ནི།

རྩ་བ་ལས།

ཟས་ལ་ཞེན་པ་མ་ཆེ་མི་ལ་བྱིན[①]། །
ནོར་ལ་སེར་སྣ་མ་ཆེ་ཆོས་ལ་མཆོད[②]། །

ཅེས་ཁ་ཟས་ལ་ཞེན་ཆགས་ཆེན་པོ་བྱས་ཏེ་རང་གཞན་གང་ལ་ཡང་ལོངས་སུ་སྤྱོད་མ་ཕོད་པར། བམ་རྙིང་རུལ་གསུམ་གྱིས་འཕྲོ་བརླག་མི་གཏོང་བར་མགོ་བའི་མི་ལ་བྱིན་པ་སྟེ་སྟེར་བ་དང་། རྒྱུ་ནོར་ལ་སེར་སྣ་མ་ཆེ་བར་ཆོས་ལ་མཆོད་པ་སྟེ། བསོད་ནམས་ཀྱི་ཞིང་དཀོན་མཆོག་དང་རང་ལ་བཀའ་དྲིན་ཆེ་བའི་དགེ་རྒན། ཕ་མ་སོགས་ལ་ཕུལ་ཅེས་པའོ། །མཉམ་མེད་རྗེ་བོ་ཆེན་པོས་ཀྱང་། རྒྱུན་དུ་གཞན་དག་མཐོང་བའི་ཚེ། །སེར་སྣ་མེད་ཅིང་སྦྱིན་ལ་དགའ། །ཞེས་གསུངས། དེ་ཡང་ཟས་ནོར་ལ་བག་མེད་དུ་སྤྱོད་དགོས་པའི་དོན་ནི་མིན་པར་ཚད་རན་པ་སྟེ་ཡོད་ཚད་བློས་བཏང་སྟེ་བྱ་བྲལ་བ་ལྟ་བུ་མ་ཡིན་པ་དང་། ཧ་ཅང་ཞེན་ཆགས་ཆེ་དྲགས་ན་རང་གིས་ཀྱང་ལོངས་སུ་སྤྱད་མི་ནུས་པར་བསག་བསགས་ནས་དབང་མེད་དུ་གཞན་གྱིས་ལོངས་སུ་སྤྱད་པ་སྦྲང་མའི་སྦྲང་རྩི་ལྟར་མ་ཡིན་པ་ཚད་རན་པར་བྱ་དགོས་ཏེ། དེ་མིན་འཇིག་རྟེན་ཁ་དཔེར། བན་རྒན་ཤི་རྟུས་ སྡ་ན་སྨུ་གེའི་རྒྱུ། ཞེས་དང་། ཕྱུག་པོ་གསོག་འདོད་ན་ཟས་མི་ཟ། །དབུལ་པོ་ཙ་ཐུག་ན་ལས་མི་བྱེད། །ཟེར་བའི་དཔེ་བཞིན་མ་སོང་བར་མཐའ་གཉིས་སུ་མ་ལྷུང་བ་དགོས་སོ། །བསླབ་བྱ་ནོར་ཕྲེང་ལས། ཁྱི་རྒན་རུས་པ་སྐམ་པོ་བསྲུང་བ་བཞིན། །ཟས་ལ་ཞེན་པ་མ་ཆེ་མི་ལ་བྱིན། །ཡི་དྭགས་ཉམ་ཐག་གཏེར་ཁ་བསྲུང་བ་བཞིན། །ནོར་ལ་སེར་སྣ་མ་ཆེ་ཆོས་ལ་ཐོང་། །ཞེས་གསུངས་སོ། །

① དཔེ་རྙིང་། (སྦྱིན། །)
② དཔེ་རྙིང་། (ཕྱུག་མཐོང་། །)

བཞིན་ལ་འགྱུར་ལྡོག་མ་མང་འཛུམ་གྱིས་[①]བསུས། །
དགྲ་ཟུན་བཤའ་རལ་མ་མང་སྒྱི་སློམས་བསྙེན[②]། །

ཅེས་གང་ཟག་གཉིས་རྒྱུ་ནོར་སོགས་ལ་རྩོད་པ་བྱུང་སྐེ་བར་འདུམ་ཐག་གཅོད་མཁན་གྱི་གང་ཟག་འདི་འདྲ་ཞིག་བཙལ་དགོས་ཏེ། ཚིག་ཁ་མཐོ་དམན་ཙམ་གྱིས་བཞིན་རས་ལ་ཁྲོ་གཉེར་སོགས་འགྱུར་ལྡོག་མ་མང་བར་དུས་རྟག་ཏུ་གང་ཟག་ཚང་མར་ཞལ་འཛུམ་གྱིས་བསུས་ཏེ། དགྲ་ཟུན་ཏེ་དགྲ་དང་གཉེན་ལ་བགོ་བཤའ་ལྟ་བ་རལ་པོ་ཞིག་ལས་མེད་ཀྱང་ཆགས་སྡང་མ་མང་བར་སྒྱི་སློམས་བྱས་ཏེ་ཚོད་རན་པ་བགོ་མཁན་ཞིག་བསྙེན་ཅེས་པའོ། །ཡང་ན་བཞིན་རས་ལ་དཀར་ནག་གི་འགྱུར་ལྡོག་མ་མང་བར་མཐོང་ཚད་ཞལ་འཛུམ་གྱིས་བསུས་ནས་དགྲ་ཟུན་ནམ་དགྲ་གཉེན་ལ་ཆགས་སྡང་མ་མང་པར་ཆ་སློམས་སུ་ཞལ་གྱི་འཛུམ་དང་ངག་གི་འཇམ་ཚིག་སྨྲ་བར་བསྙེན་ཅེས་པའོ། །མཉམ་མེད་ཇོ་བོ་ཆེན་པོས་ཀྱང་། གལ་ཏེ་གཞན་དག་མཐོང་བའི་ཚེ། །ཞི་དེས་གསོང་པོར་སྨྲ་བ་དང་། །ཁྲོ་གཉེར་ངོ་ཟུམ་སྤང་བྱ་ཞིང་། །རྟག་ཏུ་འཛུམ་ཞིང་གནས་པར་བྱ། །ཞེས་གསུངས། བསླབ་བྱ་ནོར་ཕྲེང་ལས་ཀྱང་། དབྱར་དུས་སྤྲིན་བར་ཉི་མ་ཇི་བཞིན་དུ། །བཞིན་ལ་འགྱུར་ལྡོག་མ་མང་འཛུམ་གྱིས་བསུས། །རི་རྫེའི་དར་ལྩོག་རླུང་གིས་བསྐྱོད་པ་བཞིན། །དགྲ་ཟུན་གཤག་རལ་མ་མང་སྒྱི་སློམས་བསྙེན། །ཅེས་གསུངས་སོ། །

འཁོར་ལ་བསྟོད་ར་མ་མང་བློ་ཁོག་སྟོམས[③]། །

① དཔེ་རྙིང་། (གྱི་)
② དཔེ་རྙིང་། (བཤགས་རས་མ་མངས་ཕྱི་སློམས་གྱིས། །)མཐོ་སློབ་བཞི་པ། (སྙེན། །)
③ དཔེ་རྙིང་། (མ་ཆེ་བློ་ཁོག་ལྟོས། །)

མྱུར་དུ་སྨྲད་ར་མ་མང་ཐབས་ཀྱིས་སྲོང་[1]། །

ཞེས་ཆེ་ས་རྒྱལ་པོ་དང་ཆུང་ས་གྲྭ་ཤག་གི་དགེ་རྒན་སོགས་སྡེ་ཁྲིད་མི་སྣ་དག་གི་རང་གི་མངའ་འབངས་མི་སེར་དང་དགེ་ཕྲུག་སོགས་ཀྱི་བྱ་བཟང་ལ་སྐྱལ་ལྷུག་གི་ཆེད་བྱ་བཟང་ཆེན་པོ་ཡིན་ན་བསྟོད་དགོས་ཀྱང་དེ་ཡང་མང་མ་དྲགས་པ་དང་། བྱ་བཟང་ཆུང་ཆུང་ཡིན་ན་རང་གི་སེམས་ནང་སྨོམས་ཏེ་གསོག་འཇོག་བྱེད་པ་དང་། དེ་དག་གིས་བྱ་བ་མི་ལེགས་པ་ཆེན་པོ་བྱས་ན་མྱུར་དུ་མ་སྨྲད་པར་དཔྱད་དེ་གཞན་གྱིས་ཁ་ཟེར་བ་དང་། བག་ཆགས་ངན་པ་འཇོག་པ་སོགས་ཀྱི་དགག་བྱ་ཡོད་ན་འཁོར་གྱི་དབུས་སུ་ཡུལ་དུས་དང་འཚམ་པའི་སྨྲད་པ་དང་། ཆད་པ་གཅོད་ཆོག་ཀྱང་རྟག་ཏུ་དེ་དཔེར་དྲངས་ཏེ་སྨྲད་ར་མང་པོ་བྱ་མི་རུང་། མི་ལེགས་པ་ཙུང་ཆུང་བ་དག་སྨྲད་མ་དགོས་པར་བསླབ་བྱ་སོགས་ཀྱི་ཐབས་ཀྱིས་སྲོང་དུ་བཙུག་དགོས་ཏེ། བསྟོད་ར་མང་དྲགས་ན་བསྟོད་ཡུལ་གྱི་གང་ཟག་དེས་བསྟོད་ར་མ་ཁྱག་པ་དང་། གཞན་གྱི་སེམས་ནང་མི་འདོད་པ། མྱུར་དུ་སྨྲད་ར་བྱེད་ན་ཡང་གང་ཟག་དེས་མ་ཁྱག་ནས་སྨྲད་མཁན་གྱི་གང་ཟག་དང་འཐབ་པ་དང་། རང་ཤི་རྒྱག་པ། ཡུལ་ཐོན་པ་སོགས་ཀྱི་དགག་བྱ་ཡོད་པས་དེ་ཡང་ཏ་ཙང་ཐབས་མཁས་པོ་བྱེད་དགོས་པར་བསྟན་ཏོ། །བསླབ་བྱ་ནོར་ཕྲེང་ལས། ད་ལོ་བཟང་ཡང་སང་ཕོད་ངན་པ་ཡོད། །འཁོར་ལ་བསྟོད་ར་མ་སྤྲ་གློ་ཁོག་ལྟོས། །ངན་པ་ཡིན་ཀྱང་བཟང་པོར་འགྱུར་བ་སྲིད། །མྱུར་དུ་སྨྲད་ར་མ་བྱེད་ཐབས་ཀྱིས་སྐྱོངས། །ཞེས་གསུངས་སོ། །

སུ་ལ་ཁས་ལེན་མ་མང་[2]ལག་ལེན་སྐྱོངས[3]། །

① དཔེ་རྙིང་། (མ་གཏང་ཐབ་ཀྱི་སྲོང་། །) མཐོ་སློབ་བཞི་པ། (སྲོངས། །)

② དཔེ་རྙིང་། (ཆེ་)

③ དཔེ་རྙིང་། (སྐྱོང་)

ཞེས་མི་མཐོ་དམན་སུ་ལ་ཡང་ཁས་ལེན་མ་མང་པར་ཁས་ལེན་ཉུང་ཙམ་དང་གང་ཁས་བླངས་པ་དག་ངེས་པར་ལག་ལེན་དུ་སྐྱོངས་ཞེས་སྐུལ་བའོ། །དེ་ལྟར་མ་བྱས་པ་ཁས་ལེན་མང་ལ་ལག་ལེན་ཉུང་ན་མཐོ་དམན་ཀུན་གྱིས་རང་ལ་ཡིད་ཆེས་ཉུང་ལ་ལེ་ལན་མང་བ་སོགས་ཀྱི་སྐྱོན་དང་། དེ་ལས་ལྡོག་སྟེ་ཁས་ལེན་ཉུང་ལ་ལག་ལེན་མང་ན་བྱ་བ་གང་བྱས་གྲུབ་འབྲས་དང་རང་ཉིད་ལ་དམ་པའི་ཡོན་ཏན་དང་ལྡན་ཏེ། མགོན་པོ་ཀླུ་སྒྲུབ་ཀྱིས། དམ་པ་མང་པོ་ཁས་འཆེ་མི་བྱེད་ལ། །གལ་ཏེ་དཀའ་བས་ཁས་ནི་བླངས་གྱུར་ན། །རྡོ་ལ་རི་མོ་བྲིས་པ་ལྟ་བུར་ནི། །ཤི་ཡང་གཞན་དུ་བྱེད་པ་མི་འགྱུར་རོ། །ཞེས་གསུངས་པ་ལྟར་སྐྱེས་བུ་དམ་པར་སློབ་སྦྱོང་གིས་ཁས་ལེན་ཉུང་ཞིང་གང་ཁས་བླངས་པ་དག་ལག་ལེན་ལ་སྐྱོང་རྒྱུར་ཏ་ཅང་དོ་གལ་ཆེ་བར་གདམས་པ་ཡིན་ནོ། །བསླབ་བྱ་ནོར་ཕྲེང་ལས། ཁས་བླངས་སྒྲུབ་པར་མ་ནུས་ངོ་ཚ་ཉོ། །སུ་ལ་ཁས་ལེན་མ་བྱེད་ལག་ལེན་སྐྱོངས། །ཞེས་གསུངས་སོ། །

གང་ལའང་ཉེས་ཁ་མ་འདེབས་གྲོས་ཁ་བསྐྱེད། །[1]

ཅེས་པའི་དོན་ནི། གང་ཟག་གཞན་སུ་གང་ལའང་རྟུས་ཉེས་བྱུང་ཚེ་ཉེས་ཁ་མ་འདེབས་པ་སྟེ་ཉེས་པ་གླེང་བ་པོ་ན་མ་ཡིན་པར་ཉེས་སྐྱོན་གྱི་འབྱུང་རྩ་ལ་གྲོས་ཁ་བསྐྱེད་པ་སྟེ་ཕན་ཚུན་མཛའ་ཞིང་སྙིང་ཉེ་བའི་སྒོ་ནས་གྲོས་མོལ་གྱི་ཁ་ཏ་བསྐྱེད་པའམ་བྱེད་དགོས། དེ་མིན་རང་གི་ཕ་མ་སྤུན་མཆེད་དང་གྲོགས་པོ་གྲོགས་མོ་སོགས་དགྲ་གཉེན་བར་མ་སུ་ལ་ཡང་ཉེས་ཁ་རྒྱང་འདེབས་ན་གཞན་གྱིས་ཀྱང་རང་ལ་དེ་འདྲ་བ་ཉེས་ཁའི་ཟློན་བྱས་ཏེ་བསྟད་པ་ལས་ཡིད་ཆེས་དང་བློ་གཏད་བྱེད་མཁན་ཡོང་མི་སྲིད་པས་དུས་རིང་པོ་མ་འགོར་བར་རང་གྲོགས་

[1] དཔེ་རྙིང་། (ལ་ཉེ་ཁ་མ་འདིངས་ གྲོད་ཁ་བསྐྱེད། །)མཐོ་སློབ་བཞི་པ། (མ་འདིངས་གྲོས་ཁ་སྐྱེད། །)

མེད་གཅིག་པུར་ལུས་པའི་རྐྱེན་དུ་འགྱུར་བས་ཉེས་པ་མཛུབ་འཛུགས་ཀྱིས་སྐྱོན་བརྗོད་དང་ཞི་བའི་ཐོག་ནས་ཞལ་ཏ་པ་བྱེད་པ་གཉིས་འོས་ཤིང་འཚམ་པ་ཞིག་བྱེད་དགོས་པར་བསྟན་ཏོ། །བསླབ་བྱ་ནོར་ཕྲེང་ལས། སེམས་སྡུག་ལྷག་པར་བསྐྱེད་ལ་དགོས་པ་མེད། །གང་ལ་ཉེས་ཁ་མ་འདྲིངས་ཕྲོད་ཁ་བསྐྱེད། །ཅེས་གསུངས་སོ། །

ཉེས་ན་[①]འགྱོད་ཐབ་མ་བྱེད་ཕྱིས་འབྱུང་སྲོམས། །

ཞེས་པ་ནི་གལ་ཏེ་གཞན་གྱི་ཉེས་པ་གླེང་བ་དེ་ཆོས་འཇིག་རྟེན་གང་དང་ཡང་མཐུན་པའི་གནས་ལུགས་ཡིན་ན་སྟོན་བྱས་ཀྱི་ཉེས་པར་འགྱོད་ཐབ་ཏེ་བློ་འགྱོད་དང་སེམས་སྡུག་པོ་ན་བྱས་ཏེ་མ་བསྡད་པར་སྟོན་གྱི་དེ་བསླབ་བྱ་བྱེད་དེ་ཕྱིས་འབྱུང་སྲོམས་དགོས་པའམ། ཡང་ན་རང་ལ་རྟུས་ཉེས་བྱུང་ན་འགྱོད་པ་པོ་ནའི་དབང་དུ་མ་སོང་པར་ཕྱིས་འབྱུང་དེ་འདྲ་ཡོང་བའི་རྒྱུ་ལས་སྲོམས་ཤིག་ཅེས་སྨྲས་བ་ཡིན་ནོ། །

བཞི་པ། སྐྱོན་སྤོངས་བར་གདམས་པ་ལ་གཉིས། མཚམས་སྦྱོར་བ་དང་། སྐྱོན་སྤོངས་བར་གདམས་པ་དངོས་སོ། །དང་པོ་ནི།

རྩ་བར།

སྙིང་གཏམ་ལགས་པས་ད་དུང་གསན་མཛོད་དང་། །

ཞེས་སྙིང་གཏམ་ཞུ་རྒྱུ་ལགས་པས་ད་དུང་སྨ་མཐུད་དུ་གསན་པར་མཛོད་དང་། ཞེས་སྨྲས་བའོ། །བསླབ་བྱ་ནོར་ཕྲེང་ལས། སྙིང་གཏམ་ལགས་པས་ད་དུང་གསན་མཛོད་དང་། །ཞེས་གསུངས་སོ། །

གཉིས་པ། སྐྱོན་སྤོངས་བར་གདམས་པ་དངོས་ནི།

---

① དཔེ་རྙིང་། (ནས་)

རྩ་བ་ལས།

སྡུག་ཁ་དགྲ་ཡི་[1]གཡབ་མོ་ལེགས་པར་ཆོད། །

ཅེས་སྡུག་ཁ་སྟེ་རྫུན་དང་ཕྲ་མ་སོགས་ཉེས་པ་མང་དུ་སྨྲ་བའི་ཁ་ནི། གཞན་གྱི་སེམས་རྒྱུད་དཀྲུགས་ནས་རང་དང་མི་དགའ་བ་མང་དུ་འགྲོ་བས་དགྲ་ཡི་གཡབ་མོའམ་དགྲ་འབོད་མཁན་ལྟ་བུ་ཡིན་པས་དོན་མེད་སྨྲ་བ་མ་མང་བར་ངག་ལེགས་པར་བསྡམས་དགོས་པར་བསྟན་པ་ཡིན་ནོ། །དེ་ཡང་འཇིག་རྟེན་ཁ་དཔེར། ཀླུང་ལ་རྩ་བ་མེད་ཀྱང་ནམ་མཁའ་ཨུར་སྒྲས་གང་། །ཚིག་ལ་མཚོན་ཆ་མེད་ཀྱང་མི་སེམས་ཚལ་བར་གཏོང་། །ཞེས་པའི་དཔེ་ལྟར་རང་གི་ཁ་ལ་བདག་པོ་མེད་པར་ཆགས་སྡང་དང་འོས་འབབ་མེད་པའི་གཞན་སྐྱོན་སྨྲ་ཚོགས་བཤད་ན་དེས་རང་གི་སྔོན་གྱི་གཉེན་ཡང་ད་ལྟ་དགྲར་བཀུག་སྟེ་རང་གཞན་ཚང་མར་བཀྲ་མི་ཤིས་པས་སྡུག་ཁ་ཚུམས་ཤིག་ཅེས་པའི་དོན་ནོ། །མཉམ་མེད་ཇོ་བོ་ཆེན་པོས་ཀྱང་། མང་པོའི་ནང་དུ་ངག་ལ་བརྟག །གཅིག་པུར་འདུག་ན་སེམས་ལ་བརྟག །ཅེས་གསུངས། བསླབ་བྱ་ནོར་ཕྲེང་ལས། ཁ་ངན་ཁ་ལ་ཟེར་བ་ཐོགས་པ་དེ། །དགྲ་བོའི་དམག་སྣ་འདྲེན་པའི་གཡབ་མོ་ཡིན། །དུག་གི་ཁ་ལྷངས་སྤྲོ་བའི་དུག་སྦྲུལ་འདྲ། །དེ་ཕྱིར་ཁ་ལ་ཚོད་ཅིག་ཡོད་པར་མཛོད། །ཅེས་གསུངས་སོ། །

བྱ་མང་བྱུར་གྱི་སྣ་འདྲེན་ལེགས་པར་ཆོད། །

ཅེས་སྐྱེ་དང་མི་མཐུན་པའི་བྱ་བྱེད་ལས་རྒྱུ་མང་པོ་དེ་བྱུར་གྱི་སྣ་འདྲེན་ཏེ་ཁྱིམ་པ་རྣམས་ཁ་མཆུ་དང་། རབ་བྱུང་དག་ལེ་ལོའི་སྣ་འདྲེན་ཡིན་པས་ལེགས་པར་ཆོད་ཅིག་ཅེས་སྐུལ་བའོ། །དེ་ཡང་བྱ་བ་མེད་པར་སྡོད་དགོས་པའི་དོན་མ་ཡིན་པར་རབ་བྱུང་རྣམས་ནི་བཤད་སྒྲུབ་འཁོར་ལོ་གསུམ་གྱི་བྱ་བ་རིམ་པ་

① དཔེ་རྙིང་། (བོའི་)

བཞིན་བྱེད་དགོས་པ་ལས་ཐོས་བསམ་སྒོམ་གསུམ་ལ་གནོད་པའི་དོན་དང་བྱ་བ་དག་དོར་དགོས་ཏེ། སངས་རྒྱས་ཀྱིས་ཀྱང་རབ་བྱུང་རྣམས་དོན་ཉུང་བ་བྱ་བ་ཉུང་བ་ཞེས་གསུངས། ཁྱིམ་པ་རྣམས་ནི་བྱ་བ་མང་བ་སྟེ་བྱ་བ་གཅིག་མ་འགྲུབ་གོང་ནས་བྱ་བ་གཞན་དང་། དེའང་མ་འགྲུབ་གོང་ནས་གཞན་དང་གཞན་རྒྱང་འབད་འབད་མཐར་མ་བརྩམས་པའི་བྱ་བ་གཅིག་རྒྱང་མེད་ལ། བརྩམས་ནས་མཇུག་རྫོགས་པའང་གཅིག་ཀྱང་མེད་པར་མ་ཟད་དེའི་ཚེ་རང་གི་ནུས་ཤུགས་དང་། དངུལ་མང་པོ་བརླགས་པ་དང་། ད་དུང་གྱོད་དང་ཁ་མཆུ་མང་པོ་སྣ་འདྲེན་གྱི་བྱ་མང་དག་སྤྱོངས་ཤིག་ཅེས་སྐྱུལ་བ་ཡིན་ནོ། །དེ་ཡང་མཉམ་མེད་ཇོ་བོ་ཆེན་པོས་ཀྱང་། གང་དུ་བདེ་བའི་ཆོས་མཐོང་བ། །དེར་ནི་རྟག་ཏུ་འབད་པར་བྱ། །ཐོག་མར་བརྩམས་པ་གང་ཡིན་པ། །དང་པོར་དེ་ཉིད་བསྒྲུབ་བྱ་སྟེ། །དེ་ལྟ་ན་ནི་ཀུན་ལེགས་བྱས། །གཞན་དུ་གཉིས་ཀ་འགྲུབ་མི་འགྱུར། །ཞེས་གསུངས། བསླབ་བྱ་ནོར་ཕྲེང་ལས། གང་དྲན་ལག་ཏུ་ལེན་པའི་བྱ་མང་དེ། །ཕུང་འགྱོད་སྣ་དགུ་འདྲེན་པའི་ཕོ་ཉ་ཡིན། །ལུས་སེམས་གཉིས་ཀ་འཕྲད་པའི་སག་བཟར་ཡིན། །དེ་ཕྱིར་བྱེད་རྒྱུ་མ་མང་ལྷོད་ལ་སྡོད། །ཅེས་གསུངས་སོ། །

བློ་མང་འདུན་མའི་[1]དཀྲུག་ཤིང་ལེགས་པར་ཆོད། །

ཅེས་བློ་མང་བ་སྟེ་བློ་འགྱུར་ལྡོག་མང་བ་དེས་རང་གཞན་གྱི་གནས་སྐབས་དང་། མཐར་ཐུག་གི་འདུན་མ་མང་པོ་དཀྲུག་པ་སྟེ་སྐོར་འཁྱོ་བ་མ་ཟད། ལྷག་པར་མགོ་ལ་བསྣད་མཁན་གྱི་འགོ་ཁྲིད་ཡིན་ན། བློ་མང་ནི་སྤྱིའི་འདུན་མའི་འཆར་གཞི་མང་པོ་དཀྲུག་བྱེད་ཀྱི་ཤིང་ལྟ་བུ་ཡིན་པས་བློ་མང་ལེགས་པར་ཆོད་(འཇིག་རྟེན་ཁ་དཔེར་ཡང་། བློ་རྩེ་གཉིས་ཀྱིས་འདོད་དོན་མི་འགྲུབ། །ཁབ་རྩེ་གཉིས་ཀྱིས་འཚེམ་བུ་མི་

① དཔེ་རྙིང་། (མདུན་སའི་)

ཡོད། །ཟེར་བ་ལྟ་བུའོ། །)ཅེས་སྨྲས་པ་བའོ། །དེ་ཡང་སྤྱིར་བློ་མང་པོ་སྦྱོངས་ཞེས་པའི་དོན་ནི་མ་ཡིན་ཏེ། སྐྱེ་སེར་སུ་ཡིན་ཀྱང་བཅུ་ཕྲག་རིག་པའི་གནས་ལ་ཅི་ཙམ་ཐོས་པ་བྱེད་ན་བསམ་པ་དང་ཤེས་པའི་བློ་འཕེལ་ཏེ། ལམ་རིམ་ལས། དེས་ན་ཐོས་པ་ཇི་ཙམ་མང་བ་ཙམ་དུ་དེ་ལས་བྱུང་བའི་ཤེས་རབ་མང་ལ་དེ་མང་བ་ཙམ་དུ་བསམ་པ་མང་བ་དང་། དེ་མང་བ་ཙམ་དུ་དེ་ལས་བྱུང་བའི་ཤེས་རབ་མང་བ་དང་དེ་ཇི་ཙམ་མང་བ་བཞིན་དུ་བསྒོམ་པས་ཉམས་སུ་ལེན་པ་མང་ལ་དེ་མང་ན་སྐྱོན་འགོག་པ་དང་ཡོན་ཏན་བསྒྲུབ་པའི་ཚུལ་མང་བས། ཞེས་གསུངས་པའི་བློ་དེ་འདྲ་ནི་བསྒྲུབ་བྱ་ཡིན་གྱི་དགག་བྱ་ནི་མ་ཡིན་ནོ། །འོ་ན་དགག་བྱའི་བློ་དེ་གང་ཡིན་སྙམ་ན་དེ་ནི་འདིར་གསུངས་པའི་འདུན་མ་དཀྲུག་བྱེད་ཀྱི་བློ་སྟེ། དེ་རིང་གཏན་ལ་འབེབས་པའི་དོན་ཞིག་སང་ཉིན་ཁྲུ་སློག་གཏོང་བྱེད་ཀྱི་སེམས་པ་ཞིག་ལ་གོ་དགོས། དེ་ཡང་དཔེར་ན་དེ་རིང་གྲྭ་བ་འགྲོ་འདོད་ཀྱི་འདུན་མའི་བློས་སང་ཉིན་གྲྭ་བ་བྱས་ཏེ་གནངས་ཉིན་བློ་འགྱུར་ལྡོག་བྱུང་ནས་གྲྭ་ལོག་བརྒྱབ་པ་ལ་སོགས་པའི་དཔེ་དེ་འདྲ་ཏ་ཙང་མང་བས་འདི་ལ་ཡིད་གཟབ་གནང་དགོས་སོ། །བསླབ་བྱ་ནོར་ཕྲེང་ལས། སེམས་ལ་དྲན་རྒྱུ་མང་བའི་བློ་མང་དེ། །འདུན་མ་གཅིག་ལ་མི་ཞོག་དཀྲུག་ཤིང་ཡིན། །ཉིན་པར་སེམས་འཁྲུག་མཚན་མོ་གཉིད་མི་འོང་། །དེ་ཕྱིར་བློ་སྣ་མང་པོ་ཐད་ཀྱིས་ཆོད། །ཅེས་གསུངས་སོ། །

གཞིས་ངན་དགྲ་བོའི་ཚོགས་ས[①]ལེགས་པར་ཆོད། །

ཅེས་རང་གཞིས་ངན་པས་ནི། ཕ་མ་སྤུན་མཆེད་གྲོགས་དགའ་མཛའ་སོགས་འབྲེལ་ཚད་ཐམས་ཅད་དང་མི་མཐུན་པར་བྱས་ཏེ། དགྲའམ་མི་དགའ་བ་

① དཔེ་རྙིང་། (དཔོན་)

མང་དུ་འདུ་སའི་གནས་དགྲ་བོའི་ཚོགས་སའམ་དགྲ་བོ་འགུགས་མཁན་གྱི་རང་གཤིས་ངན་པ་དེ་ལེགས་པར་ཚོད་པ་སྟེ་ཡང་དག་པ་དོར་བའམ་ཡང་ན་རྒྱང་རིང་དགོས་པའི་དོན་ནོ། །དེ་ཡང་རང་གི་རང་གཤིས་ངན་པ་རང་གིས་མཐོང་དཀའ་ཡང་སྒྲུབ་ཕྱོགས་ནས་ཆོས་དང་དགེ་རྒན་ཕ་མ་སོགས་ཀྱི་བསླབ་བྱ་ལ་བརྟེན་པའམ། དགག་ཕྱོགས་ནས་གཞན་གྱི་སྐྱོན་བརྗོད་དང་གནས་བབ་དག་ལ་ལྟ་དགོས་ཏེ། རང་ལ་སྐྱོན་བརྗོད་མང་དུ་དང་། གནས་བབ་ཞན་དུ་སྟེ་སྡར་ངོ་ཤེས་པ་དག་རིམ་བཞིན་འཇའ་ལྟར་ཡལ་ཏེ་ཁ་ཅིག་ད་ལྟ་དགྲ་དང་། སྡར་ངོ་མ་ཤེས་པ་མང་པོ་ཞིག་ནི་ད་ལྟ་རང་གི་བྱ་སྤྱོད་ཅིག་གི་རྐྱེན་བྱས་ཏེ་དགྲ་བོར་ངོ་ཤེས་ནས་ད་ལྟ་ས་ཆ་གང་དུ་སོང་སྟེ་བྱ་བ་ཅི་ཞིག་སྒྲུབ་ཀྱང་རང་ལ་འགལ་རྐྱེན་ལས་མཐུན་རྐྱེན་སྣ་གཅིག་མེད་ན་དེ་དག་ནི་རང་གཤིས་ངན་པའི་རང་སྐྱོན་དུ་རྟོགས་དགོས། གཞན་གྱི་རང་གཤིས་ངན་པ་ནི་དེ་དང་མཉམ་དུ་འགྲོགས་པ་ན་ཆོས་འཇིག་རྟེན་ཀུན་དང་མི་མཐུན་པའི་སྤྱོད་ལམ་ངན་པའི་རྒྱུར་སོང་ན་དེ་ནི་གཞན་གྱི་རང་གཤིས་ངན་པ་ལ་བརྟེན་པའི་རྟགས་ཡིན་པས་དེ་དག་ཡང་དག་པར་ངོས་འཛིན་གྱིས་དགྲ་ཐམས་ཅད་འདུ་སའི་གནས། རང་གཞན་གཉིས་ཀྱི་གཤིས་ངན་དགྲ་བོའི་ཚོགས་ས་མ་ནོར་བ་ཡང་དག་པ་སྤོངས་ཤིག་ཅེས་པའི་དོན་ནོ། །འདི་ནི་ཧ་ཅང་གལ་ཆེ་སྟེ། སྔོན་དགེ་བཤེས་པོ་ཧོ་བས་ཀྱང་མི་གཤིས་དེ་གང་ལས་ཀྱང་གཙོ། དེ་མེད་ན་རང་གཞན་ཚང་མ་འཕུང་པའི་རྒྱུར་འགྲོ་གསུངས་ནས། ཁོང་ནས་སློབ་མ་ཉར་སྐབས་མི་གཤིས་གཙོ་བོ་འདྲི་བ་དང་བརྟག་པ་མཛད་པར་གྲགས། དེ་ལྟར་མ་བྱེད་ན་གཙོ་བོ་རང་གཤིས་ངན་པས་འབངས་ཕྱུག་ལ་སྦྱར་བ་དང་། འཁོར་མི་གཤིས་ངན་པས་གཙོ་བོ་བཀྲགས་པ་བཅས་སྔོན་བྱོན་གཏམ་རྒྱུད་ལས་ཤེས་ནུས་པས་དེ་དག་བསླབ་བྱར་བྱས་ཏེ་མི་

གཉིས་བཟང་པོར་འབད་རྒྱུ་ཧ་ཅང་གལ་ཆེན་དུ་བསྟན་པ་ཡིན་ནོ། །བསླབ་བྱ་ནོར་ཕྲེང་ལས། ཀུན་ཟད་ཅམ་ཡང་མི་བཟོད་གཉིས་ངན་དེ། །ཚེ་འདིར་ལུས་སེམས་གཉིས་ཀའི་སྡུག་བསྔལ་ཡིན། །ཕྱི་མའི་དགེ་རྩ་འཇོམས་པའི་ཐུགས་མ་ཡིན། །དེ་ཕྱིར་ཁོག་ཡངས་རང་བཞིན་བཟང་པོ་མཛོད། །ཅེས་གསུངས་སོ། །

རྣམ་རྟོག་①སྡུག་འདྲེའི་ཕོ་ཁྲིམ་ལེགས་པར་ཆོད། །

ཅེས་ནང་གི་མི་འོས་པའི་ཆགས་སྡང་རྨོངས་གསུམ་གྱི་རྣམ་རྟོག་ཀུ་ཀྱུ་ཅན་ངན་ལ་གྲངས་མང་བ་བསམ་གྱིས་མི་ཁྱབ་པ་དཔེར་ན་སྡུག་འདྲེའི་ཕོ་ཁྲིམ་སྟེ་སྡུག་འདྲེའི་ཁྲིམ་ཚོགས་ལྟ་བུ་དེ་ལེགས་པར་ཆོད་པ་སྟེ་ལེགས་པར་སྤོངས་ཤིག་ཅེས་སྐུལ་བའོ། །དེ་ཡང་རང་ལ་རྐྱེན་ངན་བར་ཆད་ལུ་གུ་རྒྱུད་དུ་བྱུང་བའི་ཚེ་ནང་གི་དུག་གསུམ་གྱི་དབང་གིས་ལས་ངན་པ་བསགས་ནས་དེའི་བག་ཆགས་སྨིན་པ་ཡིན་པ་མ་ཤེས་པར་ཕྱིའི་གདོན་དང་གེགས་ཀྱི་གནོད་པར་བསམ་ནས་མོ་རྩིས་སོགས་བྱས་ཀྱང་། དོན་དངོས་ནི་རྐྱེན་ངན་གྱི་འབྱུང་རྩ་ནང་གི་འདོད་ཆགས་དང་། ཞེ་སྡང་། ཕྲག་དོག །ཚོག་མི་ཤེས་པ་སོགས་མདོར་ན་བློ་ཕྱིན་ཅི་ལོག་པ་དེ་དག་ཡིན་པར་ངོ་ཤེས་པར་བྱས་ནས་དེ་དག་ལ་གཉེན་པོ་བསྟེན་ཅི་ཐུབ་དང་སྤང་བྱས་ཀྱི་སྡིག་པར་འགྱོད་པ། ཕྱིན་ཆད་སྡོག་ལ་འབབ་ཀྱང་མི་བྱེད་སྙམ་པའི་སྒོ་ནས་བཤགས་སྡོམ་བྱས་ན་རྐྱེན་ངན་དག་ཀྱང་ལྡོག་འགྲོ་བ་ནི་རྒྱུ་ལྡོག་ན་འབྲས་བུ་ལོག་འགྲོ་བ་ནི་ལྟོས་གྲུབ་ཀྱི་རིགས་པས་འགྲུབ་པའི་ཕྱིར་རོ། །དེ་ཡང་ཕྱིའི་སྡུག་འདྲེ་དང་གནོད་བྱེད་མང་པོ་ཞིག་ནང་གི་རྣམ་རྟོག་གི་ཕོ་ཉ་དང་དམག་ཚོགས་ཀྱི་སྤྲོས་པ་(འཇིག་རྟེན་ཁ་དཔེར། རྣམ་རྟོག་དགྲ་ཏུ་ལངས་ན། །ཁང་སྟོང་རྒྱན་མས་ཁེངས། །ཞེས་རྒྱན་མས་ཁེངས་པའི་རྒྱན་མ་ནི་རྣམ་རྟོག་ལས་གཞན་ཅི་ཡོད།)ཡིན་པས་དེ་

① དཔེ་རྙིང་། (དོགས་)

དག་གི་རྩ་བ་ནང་གི་རྣམ་རྟོག་ཆགས་སྡང་རྨོངས་གསུམ་ལས་བྱུང་སྟེ། དཔེར་ན་གཞན་གྱི་ཆུང་མ་ལ་ཆགས་པའི་དབང་གིས་དེ་འཕྲོག་སྟེ། དེའི་ཕྱི་གར་སྡང་མིག་གིས་གནོད་འཚེ་སྣ་ཚོགས་བྱས་པས། དེའི་འབྲས་བུར་རང་ལའང་བཀྲ་མ་ཤིས་པ་སྣ་ཚོགས་བྱུང་བ་ཧོར་གུར་དཀར་གྱིས་མི་འོས་པའི་འབྲུག་མོ་འཕྲོག་སྟེ་གེ་སར་ལ་དམག་བྱེད་པ་ལྟ་བུ་དང་། ཡང་རྨོངས་པའི་རྣམ་རྟོག་རྒྱུར་བྱས་ཏེ། དཔེར་ན་རླངས་འཁོར་གཏོང་སྐབས་ཤོར་མི་འོས་པའི་གཉིད་ཤོར་ཏེ། མིག་རབ་རིབ་ཀྱིས་བསླད་དེ་ལམ་མེད་སར་ལམ་དུ་འཁྲུལ་ཏེ་རང་གཞན་ལ་གནོད་པའི་རྐྱེན་སྐྱོན་བྱུང་རྗེས། ལྟ་པ་སྣ་ཚོགས་ལ་བརྟག་པ་ཞུས་ཏེ། དེ་རྣམས་ཁ་ཅིག་གིས་དེ་དག་འདྲེའི་གནོད་པ་དང་། ལམ་མེད་སར་ལམ་མཐོང་བ་ནི་འདྲེས་སྤྲུལ་ཚུལ་སོགས་བརྗོད་དེ། རང་ཡང་དེ་བདེན་པར་མངོན་ཏེ། ལྟ་པ་དེ་དག་གིས་ཇི་ལྟར་བསྒོ་བ་བཞིན་ཉན་ཏེ། གནས་ཚུལ་བྱུང་སའི་ས་ཆ་དེར། དར་ལྕོག་བཙུགས་པ་དང་། གཙོད་རྟུང་བྱེད་པ། སྦྱིན་སྲེག་བླུག་པ་བཅས་བྱེད་པ་ལས། རྩ་བའི་འབྱུང་གཞི་ནང་གི་ཆགས་སྡང་རྨོངས་གསུམ་ལ་ལེ་ལན་འདེད་མཁན་མེད་པ། དེ་དག་རྣམ་རྟོག་སྡུག་འདྲེའི་ཕོ་ཁྲམ་མ་ཆོད་པའི་རྟགས་ཡིན་ནོ། །བསླབ་བྱ་ནོར་ཕྲེང་ལས། ནང་གི་རང་སེམས་དགྲ་རུ་མ་ལྡང་ན། །ཕྱི་ཡི་འདྲེ་གདོན་སུས་ཀྱང་ཐུབ་པར་དཀའ། །དོན་མེད་དོགས་པ་ཟ་བ་ཆེ་འཕྲུལ་ཡིན། །རྣམ་རྟོག་སྡུག་འདྲེའི་ཕུང་ཁྲོལ་ལགས་པས་སྤོང་། །ཞེས་གསུངས་སོ། །

འཁོར་ངན་གཏམ་གྱི་གཞི་མ་ལེགས་པར་ཆོད། །

ཅེས་སྐྱ་སེར་ཀྱི་རྗེ་བོ་རང་གཤིས་བཟང་པོ་གང་འདྲ་ཞིག་ཡིན་ཡང་འཁོར་མི་གཤིས་ངན་པ་ལུས་ངག་མི་བཙུན་པ་ནི་རང་ལ་གྲགས་པ་ངན་པ་སོགས་གཏམ་ངན་གྱི་གཞི་མ་སྟེ་གཞི་རྩ་ཡིན་པས་དེ་ལེགས་པར་ཆོད་པ་སྟེ་ཡང་དག

པར་སྤྱོངས་ཤིག་ཅེས་སྐུལ་བ་ཡིན་ནོ། །དེ་ཡང་སྔོན་སྟོན་པ་བཀའ་དྲིན་ཅན་གྱི་སྐབས་ལྷས་སྦྱིན་གྱིས་དགེ་འདུན་འཁོར་ལོའི་དབྱེན་འབྱེད་པ་དང་། རྒྱལ་པོ་ཁྲི་རལ་པ་ཅན་གྱི་སྐབས་བློན་སྟག་ར་ཅན་དང་། ཅོག་རོ་ལྷ། ལེགས་སྟུག་བཙན་གསུམ་གྱིས་སླང་དར་དང་ཁྲི་རལ་པ་ཅན་གྱི་བར་དབྱེན་དཀྲུག་བྱེད་དེ་ཁྲི་རལ་པ་ཅན་དགྲོངས་པར་གྲགས་པ་ལ་སོགས་པའི་རྐྱེན་མང་པོ་འཁོར་ངན་པས་རང་ལ་གཅེས་པའི་ཐོལ་གྱིས་དབྱེན་གཏམ་སྨྲ་ཚོགས་བྱེད་དེ་རྒྱལ་པོ་དང་བློན་པོ། བླ་མ་དང་སློབ་མ། ཕ་མ་དང་བུ་ཕྲུག །རབ་བྱུང་དང་ཁྱིམ་པ་བཅས་མི་མཐུན་པ་བཟོ་བའི་རྐྱེན་མང་པོ་འཁོར་ངན་པས་བཟོས་པ་སྔོན་གྱི་ལོ་རྒྱུས་དང་ད་ལྟའི་སྤྱི་ཚོགས་ནང་མཐོང་ཐོས་ཡོད་པས་དེ་དག་བསླབ་བྱར་བྱས་ནས་འཁོར་ངན་གཏམ་ངན་གྱི་གཞི་རྩ་སྤྱོངས་ཞེས་གདམས་སོ། །བསླབ་བྱ་ནོར་ཕྲེང་ལས། ཡོན་ཏན་རང་བཞིན་བཟང་པོའི་ཙན་དན་ཤིང་། །འཁོར་ངན་སྦྲུལ་གྱིས་དཀྲིས་ན་འཁོར་མཁན་མེད། །མེ་ཏོག་བཟང་པོ་ཚེར་མས་གཡོག་འདྲ་བའི། །འཁོར་ངན་གཏམ་གྱི་གཞི་མ་ལགས་པས་སྤྱོང་། །ཞེས་གསུངས་སོ། །

གྲོགས་ངན་འཁྱོད་པའི་[①]རྩ་བ་ལེགས་པར་ཆོད། །

ཅེས་ཕན་པའི་ལན་དུ་གནོད་བྱེད་མཁན་གྱི་ཁྲལ་གཞུང་མེད་པའི་གྲོགས་ངན་པས་ནི་(རྟ་པོ་ཚག་གིས་གསོས་ཀྱང་དྲིན་ལན་འཕྲ་གས་འཇལ། ཞེས་པ་ལྟར་རོ། །)ཕྱིས་སུ་སེམས་འཁྱོད་བྱེད་དགོས་པའི་བྱ་སྤྱོད་ངན་པ་ཐམས་ཅད་འབྱུང་བའི་རྩ་བར་ལགས་པས་གྲོགས་ངན་པ་དེ་འདྲ་ལེགས་པར་ཆོད་པ་སྟེ་ལེགས་པར་སྤྱོངས་ཤིག་ཅེས་སྐུལ་བའོ། །གྲོགས་ངན་པ་དང་འགྲོགས་ན་དེའི་སྐྱོན་དག་རང་ལ་འགོས་ཏེ་སྤོང་དཀའ་བས་དང་པོ་ཉིད་ནས་སྐད་ཅིག་ཙམ་ཡང་མ་འགྲོགས་པ་གལ། རྒྱལ་བ་

① དཔེ་རྙིང་། (ཁྱོད་ཀྱིས་)

ཅོང་ཁ་པའི་བདེ་སྨོན་ལས་ཀྱང་། སྡིག་པའི་གྲོགས་པོའི་དབང་དུ་སྐད་ཅིག་ཙམ་ཡང་མི་འགྲོ་བར་ཤོག་ཅིག །ཅེས་སྨོན་ལམ་འདེབས་པ་ཡང་དགག་བྱ་དེ་ལ་དགོངས་པ་ཡིན། གྲོགས་ངན་པའི་སྐྱོན་ནི་འགོ་སླ་ལ་གྲོགས་བཟང་པོའི་ཡོན་ཏན་ནི་འགོ་དཀའ་སྟེ། པོ་ཏོ་བའི་ཞལ་ནས། འོ་སྐོལ་ཕལ་དུ་སློག་ཕྱོགས་སུ་འགྲོ་ཉེན་ཆེ་སྟེ། སློག་ཕྱོགས་སུ་དུད་པས་སྦུར་མ་འབྱུར་འོང་གསེར་སྦྲམ་མི་འབྱུར་བ་བཞིན་དུ། ཞེས་ཡོན་ཏན་མི་འགོ་བར་སྐྱོན་འགོས་ནས་འོང་བ་དཔེར་སྦྱར་ཏེ་གསུངས་པ་ལྟ་བུའོ། །ཨྠི་སློམ་ཤེས་རབ་རྡོ་རྗེས་མཛད་པའི་དཔེ་ཆོས་རིན་ཆེན་སྤུངས་པ་ལས་ཀྱང་། རྒྱལ་བཙུན་སྤུན། ཞེས་པའི་དཔེར། འཕན་ཡུལ་རྒྱལ་གྱི་བཙུན་པ་ཆང་འཐུང་བ་གཅིག་དང་། མི་འཐུང་བའི་སྤུན་གཉིས་ཡོད་པ་ལས་ཆང་འཐུང་བ་དེ་རྣ་སྙིང་དུ་སོང་བས། ཕྱིས་ཡུལ་དུ་ལོག་ཙམ་ན། ཆང་མི་འཐུང་བ་ཅིག་བྱུང་། ཆང་མི་འཐུང་བ་དེ་ལྷ་སར་སོང་བས་ཕྱིས་ཆང་འཐུང་བ་ཅིག་བྱུང་སྐད། དེ་བཞིན་དུ་རང་རེ་ལ་ཆོས་བྱ་བསམ་པ་དང་བསྲུང་སེམས་བག་རེ་ཡོད་ཀྱང་། གྲོགས་ངན་དང་འགྲོགས་ཙམ་ན་ཕོའི་ཤན་གོས་ནས། གཞུག་རང་རེ་ཡང་ཕོ་དང་ཁྱད་མེད་དུ་འགྲོ། གྲོགས་བཟང་པོ་དང་འགྲོགས་ཙམ་ན་རང་ལ་འཕོས་(འཇོན་ཐང་ངམ་ནུས་པ།)མེད་ཀྱང་གྲོགས་བཟང་པོ་དེས་འཕྲིར་དུ་མི་སྟེར་གསུངས་སོ། །འཇིག་རྟེན་གྱི་ཁ་དཔེར་ཡང་། སྐྱེ་རིགས་ཐང་ཤིང་ཡག་པས་དབྱི་མོང་དཀྲུང་ལ་མཉམ། འགྲོ་རིགས་རྨ་བྱ་ངན་པས་གཞུ་གུ་ས་ལ་དུད། ཟེར་བ་ལྟར་རོ། །བསླབ་བྱ་ནོར་ཕྲེང་ལས། ཐྭ་བ་དཀར་ཡང་རི་བོང་གཟུགས་ཀྱིས་སྦགས། །མེ་ཏོག་ལེགས་ཀྱང་དྲི་ངན་འཐུལ་བས་སྦགས། །མཛོ་སྲིལ་གཡང་ལ་ལྷུང་བ་ལྟ་བུ་ཡི། །གྲོགས་ངན་འགྲོད་པའི་རྩ་བ་ལེགས་པས་སྤོང་། །ཞེས་གསུངས་སོ། །

ཡུལ་ངན་སྡུག་[1]གི་འཁོར་བ་ཞིགས་པར་ཆོད། །

ཅེས་ཡུལ་ངན་ཇི་གང་ན་བསྟད་ན་བཟང་པོའི་སྤྱོད་པ་རྣམས་ཉམས་ཤིང་སྤྱོད་ངན་གྱི་རིགས་མཐའ་དག་འཕེལ་སའི་གནས་དེ་སྡུག་གི་འཁོར་བ་ལགས་པས་ཞིགས་པར་ཆོད་པ་སྙི་སྤྲང་བར་བྱ་ཞེས་སྐུལ་བའོ། །དེ་ཡང་སྣོད་ཀྱི་འཛིག་རྟེན་ལ་བརྟེན་པའི་ཡུལ་ངན་ནི། མི་ཆོས་ཀྱི་རང་དབང་མེད་སའི་ཡུལ་ལུང་དང་། དོན་མེད་ཀྱི་འཐབ་རྩོད་ཆེ་བའི་སྤྱི་ཚོགས། དབྱེན་སྦྱོར་གྱི་དཀྲུག་ཤིང་ཆེ་བའི་དགོན་པ་ལྟ་བུ་དག་ཡིན་ལ། གནས་དེ་དག་ན་རིམ་བཞིན་རང་དབང་དང་། འཐབ་རྩོད་ཀྱི་འབྲས་བུ་ཞི་བདེ་ལྷིང་འཇགས་མེད་པར་མི་ཚེ་སྡུག་གིས་ཇོགས་དགོས་པས་སྡུག་གི་འཁོར་བའོ། །དགེ་འདུན་དབྱེན་ནི། ས་ཕྱོགས་དེར་སྡིག་པའི་མེས་འཚིག་ནས་གང་ཟག་གཞན་དེར་སླེབ་པ་ལོ་བཅུ་གཉིས་བྱས་ཀྱང་རྟོགས་པ་མི་སྐྱེ་བ་མ་ཟད་དེའི་ཕྱོགས་ཕན་ཚུན་དུ་གཏོགས་ཚད་ངན་སོང་དུ་ལག་སྙིལ་ནས་འགྲོ། ཞེས་དང་། སྔར་བཀའ་གདམས་པའི་དགེ་བཤེས་གསལ་ཤེས་ཟེར་བ་ཞིག་སྡེ་འབྲུགས་ཀྱི་དབྱེན་བྱས་ནས་ཤི་བས། རྒྱལ་བ་འབྲོམ་སྟོན་པའི་ཞལ་ནས། ངའི་གསལ་ཤེས་ལོ་གསུམ་གྱི་གོང་དུ་ཤི་ན་སྡེ་སྣོད་གསུམ་པ་ཞིག་ཤི་བ་ཡིན་པ་ལ། ལོ་གསུམ་གྱིས་ཤི་བ་འཕྱིས་(སྟོན་གྱི་སྐྱེས་བུ་དམ་པ་རྣམས་ཀྱིས་སྡིག་ཅན་ཚེ་ཐུང་བར་ཤོག་ཅེས་སྨོན་ལམ་བརྒྱབ་པ་ཡང་དོན་འདི་དག་ལ་དགོངས་པར་མངོན།)ཞེས་གསུངས་ཤིང་གསལ་ཤེས་ད་ལྟ་ཡང་དམྱལ་བ་ན་ཡོད་པར་ལམ་རིམ་འཆད་པའི་བླ་མ་རྣམས་ཀྱི་གསུང་རྒྱུན་རྩིས་སྤྲོད་ལྟ་བུ་མཛད་ཅེས་ལམ་རིམ་རྣམ་གྲོལ་ལག་བཅངས་ལས་གསུངས་སོ། །དཔེ་ཆོས་རིན་ཆེན་སྤུངས་པ་ལས། སྦྲུལ་པ་རྨ་ཅན། ཞེས་པའི་དཔེར། སྦྲུལ་པ་རྣམས་ཚང་དུ་འཛུག་ཙམ་ན། སྦྲུལ་པ་ཐམས་

① དཔེ་རྙིང་། (དུག་)

ཅད་ཕུང་པོ་ཅིག་ཏུ་བྱས་ནས་ཉལ་བ་ལ། སྦལ་པ་གཅིག་ལ་རྨ་ཡོད་ན། སྦལ་བ་ཐམས་ཅད་རུལ་བ་ལྟར། འོ་སྐོལ་རབ་ཏུ་བྱུང་བའི་གསེབ་ན་ཚུལ་ཁྲིམས་འཆལ་བ་གཅིག་ཡོད་ན། དེའི་ཉམས་གྲིབ་ཀྱིས་ཐམས་ཅད་ཡོན་ཏན་མི་སྐྱེའི་སྟེང་དུ་ཉེས་དམིགས་མང་པོ་ཡོད་པས་འདི་ལ་བྱོན་ཆེར་དགོས། སྔགས་ཀྱི་དམ་ཚིག་ནི་དེ་བས་ཀྱང་མཐུ་སྟེ། ལུང་པ་གཅིག་གི་ཆུ་ལ་ཡང་མི་བཏུང་བར་བཤད་པ་སོགས་གནད་གཅིག་གོ །བསླབ་བྱ་ནོར་ཕྲེང་ལས། ཉེ་དུ་ངན་པ་ཞབས་མེད་སྡོད་དང་འདྲ། །ཡུལ་ངན་སྟུག་གི་འཁོར་ལོ་ལགས་པས་སྤོང་། །ཞེས་གསུངས་སོ། །

མི་ཆོས་ཀང་པའི་ཐེ་①གུ་ལེགས་པར་ཆོད། །

ཅེས་དམ་པའི་ལྷ་ཆོས་རྣམ་དག་སྒྲུབ་མཁན་ཞིག་ལ་མཚོན་ན་འཛིག་རྟེན་མི་རྣམས་ཀྱི་ཆོས་ཏེ། ཚེ་འདིའི་བདེ་ཐབས་ཙམ་མམ་དགྲ་འདུལ་གཉེན་སྐྱོང་། བསྟོད་བཀུར་སྙན་གྲགས་སྒྲུབ་པ་ནི་རང་ཉིད་འཁོར་བ་ལས་གྲོལ་དུ་མི་འཇུག་མཁན་གྱི་ཀང་པའི་ཐེ་གུའམ་ཀང་སྒྲོག་གི་ཐག་པ་ལྟ་བུ་ཡིན་པས་ལེགས་པར་ཆོད་པ་སྟེ་སྤོངས་ཤིག་ཅེས་པའོ། །ཡང་ན་སྐྱ་སེར་ཐུན་མོང་ལ་འགྲོ་བ་མིའི་རིགས་ཀྱི་ཆབ་དཔལ་རིག་གསུམ་གོང་འཕེལ་དུ་འགྲོ་བ་ལ་ཕྱི་རོལ་གྱི་སྤྱི་ཚོགས་ལ་རྒྱུས་ལོན་དང་གོམས་འདྲིས་ཟབ་མོ་བྱས་ཏེ་གོང་འཕེལ་དུ་འགྲོ་དགོས་ཀྱང་། མི་ཆོས་ཏེ་རང་གི་ཕ་མ་སྤུན་མཆེད་དང་གཉེན་ཉེ་དུ་སོགས་ལ་ཞེན་ཅིང་ཆགས་ནས་དེའི་ཆེད་དུ་བྱ་བ་ཅག་ཅིག་ཁོ་ན་ལ་མགོ་འཁོར་ན། རང་ཉིད་ཚད་ལྡན་གྱི་ཤེས་རིག་སློབ་སྦྱོང་དང་འཚོ་བ་དངོས་ཀྱི་ཉམས་མྱོང་ཇི་བཞིན་འབྱུང་དཀའ་བས་ན། དཔེར་ན་རང་གི་ཀང་པ་ཐེ་གུའམ་ལྕགས་སྒྲོག་གིས་བཅིངས་

---

① དཔེ་རྙིང་། (ཐིག་)

ན་གཞན་དུ་བསྒྲོད་མི་ནུས་པ་ལྷ་བུ་མི་ཆོས་ཀྱི་བྱ་བ་ཉག་ཉོག་ལ་མགོ་འཁོར་བ་ནི་རང་གི་ལུས་ངག་ཡིད་གསུམ་གྱི་རྩལ་གོང་འཕེལ་དུ་འགྲོ་བ་ལ་གནོད་པ་ཆེ་བ་ཡིན་པས་ལེགས་པར་ཆོད་པ་སྟེ་སྤོངས་ཤིག་ཅེས་པའོ། །དཔེར་ན། འཇིག་རྟེན་ཁ་དཔེར། ཕོ་རབ་ཚར་ས་གཞན་ཡུལ། ཞེས་པ་ལྟ་བུའོ། །བསླབ་བྱ་ནོར་ཕྲེང་ལས། ངས་ཐུབ་ངས་ཤེས་སྣ་མེད་གཡོག་པོ་ཡིན། །མི་ཆོས་རྐང་བའི་ཐེ་གུ་ལགས་པས་སྤོང་། །ཞེས་གསུངས་སོ། །

གསུམ་པ། ཆོས་པ་རྣམས་ཀྱི་སླང་དོར་བྱེད་ཚུལ་ལ་གདམས་པ་ལ་གཉིས། མཚམས་སྦྱོར་བ་དང་། ཆོས་པ་རྣམས་ཀྱི་སླང་དོར་བྱེད་ཚུལ་ལ་གདམས་པ་དངོས་སོ། །དང་པོ་ནི།

རྩ་བར།

སྙིང་གཏམ་ལགས་པས་ད་དུང་གསན་མཛོད་དང་། །

ཞེས་སྙིང་གཏམ་ཞུ་རྒྱུ་ལགས་པས་ད་དུང་མུ་མཐུད་དུ་གསན་པར་མཛོད་དང་ཞེས་སྐུལ་བའོ། །བསླབ་བྱ་ནོར་འཕྲེང་ལས། སྙིང་གཏམ་ལགས་པས་ད་དུང་གསན་མཛོད་དང་། །ཞེས་གསུངས།

ཆོས་པ་རྣམས་ཀྱི་སླང་དོར་བྱེད་ཚུལ་ལ་གདམས་པ།

གཉིས་པ། ཆོས་པ་རྣམས་ཀྱི་སླང་དོར་བྱེད་ཚུལ་ལ་གདམས་པ་དངོས་ནི།

རྩ་བ་ལས།

དུས་ངན་སྙིགས་མ་ལྔ་བརྡ་བདོ་①བའི་དུས། །
ཆོས་པ་ཡོངས་ཀྱི་བགེགས་འདྲེ་②ཆགས་སྡང་གནོད། །

---

① དཔེ་རྙིང་། (ལྔ་པོ་བལྟ་)
② དཔེ་རྙིང་། (ཡོང་ཀྱི་དགའ་འདྲེར་)

གང་དུ་ཕྱིན་ཀྱང་①ཆགས་སྡང་ཆུང་བར་མཛོད། །

ཅེས་དུས་དང་། ཚེ་དང་། ཉོན་མོངས། སེམས་ཅན། ལྟ་བ་ངན་པ་བཅས་སྙིགས་མ་ལྔ་ཏུ་བདོ་བ་སྟེ་དར་བའི་དུས་སུ། ཆོས་བྱེད་པ་ཡོངས་ཀྱི་གདོན་བགེགས་ཀྱི་འདྲེ་རང་ཕྱོགས་ལ་ཆགས་པ་དང་། གཞན་ཕྱོགས་ལ་སྡང་བའི་ནད་ཀྱི་གནོད་པ་ཆེ་བས་ས་ཆ་གང་དུ་ཕྱིན་ཀྱང་དེ་ལྟ་བུའི་ཆགས་སྡང་ཆུང་བར་མཛོད་ཅེས་པའོ། །དེ་ཡང་རང་ཕྱོགས་ཀྱི་ལྟ་བ་ལ་ཆགས་ཏེ་གཞུང་ལུགས་ལ་ཐོས་བསམ་དང་། སྤྱོད་པ་ལ་ཆགས་ཏེ་རང་ཉུས་ཀྱིས་གཞན་ཕན་རོགས་སྐྱོར་སོགས་གང་ཡང་མེད་པར་གཞན་གྱི་གཞུང་ལུགས་ཀྱི་ལྟ་བ་བཟང་པོ་སྤེལ་བ་ལ་བགེགས་དང་། གཞན་ཕན་རོགས་སྐྱོར་གྱི་སྤྱོད་བཟང་བསྒྲུབ་པ་ལ་གནོད་བྱེད་ཀྱི་ཆགས་སྡང་དེ་འདྲ་ཡུལ་དུས་གནས་སྐབས་གང་དུ་ཕྱིན་ཀྱང་མེད་པར་མཛོད་ཅེས་སླུལ་བའོ། །ཁ་ཅིག་ནི་རང་གི་གཞུང་ལུགས་ལ་ཐོས་བསམ་མི་དམན་པར་བྱས་ཡོད་ཀྱང་དེ་ང་རྒྱལ་སྐྱེ་བའི་རྒྱུ་དང་གཞན་སེམས་དཀྲུག་པའི་ལག་ཆར་བྱས་ཏེ་རང་ངོས་ནས་བསྟན་པ་དང་མི་རིགས་ལ་ཕན་པའི་བྱ་བཞག་སྣ་གཅིག་སྒྲུབ་རྒྱུ་མེད་པར་གཞན་གྱིས་དེ་ལ་དེ་མཐུན་གྱི་བྱ་བཞག་སྒྲུབ་པ་ལ་ཆགས་སྡང་གིས་དངོས་བརྒྱུད་ཅི་རིགས་ལ་དགག་རྒྱག་དང་བཀག་འགོག་སོགས་བྱེད་པ་དེ་ཡང་མི་རིགས་པར་གདམས་སོ། །དེ་ཡང་རྒྱལ་བ་དགེ་འདུན་གྲུབ་(c.༡༣༩༡-༡༤༧༤)ཀྱིས་མཛད་པའི་ཤར་གངས་རི་མ་ལས། ལར་ད་ལྟ་གངས་རིའི་ཁྲོད་འདི་ན། །རང་བསྟན་པ་འཛིན་པར་ཁས་ལེན་ཅིང་། །གཞན་བསྟན་འཛིན་དགྲ་བོའི་དྭངས་མར་འཛིན། །ཚུལ་འདི་ལ་སྐྱོ་བ་གཉིང་ནས་སྐྱེས། །ཞེས་གསུངས་པ་ལྟར་རོ། །བསླབ་བྱ་ནོར་ཕྲེང་ལས། ཆགས་སྡང་ཆེ་ན་

① དཔེ་རྙིང་། (འགྲོ་ཡང་)

རྫུ་སྒྱུ་མེ་ཤོར་འདྲ། །དུས་ངན་སྙིགས་མའི་ནག་ཕྱོགས་རླུང་གིས་བསྐྱོད། །ཆོས་པ་ཡོངས་ཀྱི་སྐབ་འདྲེར་ཆགས་སྡང་གཉོད། །གང་དུ་ཕྱིན་ཀྱང་ཆགས་སྡང་ཆུང་བར་མཛོད། །ཅེས་གསུངས་སོ། །

ཇི་ལྟར་བགྲེས་ཀྱང་དམན་ཆ་[①]བླང་བར་འཚལ། །

ཞེས་བྱ་བ་ཆེ་ཆུང་དང་ལེགས་ཉེས་ཇི་ལྟར་བགྲེས་ཀྱང་ང་རྒྱལ་དང་རང་འདོད་དོར་ཏེ་རང་ཉིད་ཀུན་ལས་དམན་ཆ་བླང་བར་འཚལ་ཞེས་པ་དེ་ལྟར་བྱེད་དགོས་པར་སྐུལ་བའི་ཚིག་གོ །དམན་ཆ་བླང་ཞེས་པའང་སེམས་ཞུམ་ནས་བསྡད་པ་དང་ཀུན་གྱིས་བརྙས་བཅོས་སྤྱོད་དགོས་པའི་དོན་མ་ཡིན་གྱི། རང་རྒྱུད་ལ་ཡོན་ཏན་སྐྱེ་བའི་གེགས་བྱེད་ཀྱི་ང་རྒྱལ་སྐྱེ་བར་འགོག་དགོས་པའི་དོན་ནོ། །དེ་ཡང་རང་ཉིད་གཞན་ལས་ཁྱད་དུ་འཕགས་པར་རློམ་པའི་བློ་ཤུགས་དྲག་ན་གཞན་གྱི་ཡོན་ཏན་མཐོང་མི་ཐུབ་ལ། དེ་མ་མཐོང་ན་དེའི་ཡོན་ཏན་བླང་བའི་གོ་སྐབས་མེད་པས་སོ། །མདོར་ན་དམན་ཆ་བླང་ན་རང་ལ་ཡོན་ཏན་སྐྱེ་བ་དང་། གཞན་གྱི་གནས་ཚུལ་རྟོགས་པ་སོགས་ཀྱི་དགེ་མཚན་ཡོད་དེ། དཔེར་ན། དམངས་ཀྱི་གནས་ཚུལ་ངོ་ལྐོག་མེད་པར་བདེ་བླག་ཏུ་རྟོགས་ཆེད་སྔོན་གྱི་རྒྱལ་པོ་ཁག་ཅིག་དམན་ཆ་བླང་སྟེ་མི་སེར་དཀྱུས་མའི་ཆས་སྤྲས་ཏེ་སྐྱོལ་བས། མངའ་འབངས་ཀྱི་གནས་ཚུལ་རྟོགས་པ་ལྟ་བུའོ། །གཞུང་འདིའི་གོང་འོག་ཀུན་ཏུ་ང་རྒྱལ་བྱ་མི་རིགས་པ་དང་དམན་ཆ་བླང་བ་གདམས་པ་ནི་འབྲོམ་རང་ཉིད་དེ་ལ་གནས་ཏེ་གཞན་ལ་གདམས་པ་སྟེ། དཔེར་ན། འབྲོམ་ལན་པ་སྤྱིལ་བུར་སྤྱན་དྲངས་དུས། ལམ་དུ་སྡིགས་པ་ཞིག་དང་འཕྲད་པས། ཁ་ཆང་དྲི་ཆེལ་ལེ་བྱས་ནས་ཁོ་ན་རེ། དགེ་བསྙེན་འདི་ཡ་ཚད་ཁུར་ཐེར་ནས་ལྷམ་ཁྲིས་ཤིག་

① དཔེ་རྙིང་། (བྱས་ཀྱང་དམན་པ་)

དང་གལ་ཏ་བསྐུར་བས། བགྱིའོ་གསུངས་ནས་ཁུར་བྱོན་པས། སྤྲེལ་བུ་བའི་དགེ་འདུན་རྣམས་ཀྱིས་བསུ་བའི་སེར་སྦྲེངས་བྱས་པ་སྣང་པས་མཐོང་བས། འདི་ཅི་ཡིན་ཟེར་བ་ལ། ཁོ་བོ་ལ་བསུ་བ་བྱེད་པའི་ཞད་དུ་གདའ་གསུངས་པས། ཁོ་ཁ་སྐྱེངས་ཏེ་བྲོས་པ་ལ་སོགས་པའི་གཏམ་རྒྱུད་གཞན་ཡང་མང་ངོ་། །དེ་ཡང་བསྟོད་པ་ལས། སྙིང་སྟོབས་ལྡན་ཀྱང་ཤིན་ཏུ་དུལ་གྱུར་ཅིང་། །ཤེས་རབ་དང་ལྡན་ཁེངས་པའི་དྲི་མས་དབེན། །ཐུགས་ཟབ་སྐྱེ་བོ་ཀུན་གྱིས་རྟོགས་དཀའ་བའི། །མཚོ་ཆེན་མི་ཡི་གཟུགས་ལ་ཕྱག་འཚལ་ལོ། །ཞེས་གསུངས། །བསླབ་བྱ་ནོར་ཕྲེང་ལས། དམའ་སར་བསྡད་ན་མཐོ་སར་སླེབ་པར་འགྱུར། །ཇི་ལྟར་བགྱིས་ཀྱང་དམན་ཆ་བླངས་པར་འཚལ། །ཞེས་གསུངས་སོ། །

འགྲོ་འོང་གི་ཡིད་གཟབ་ལ་གདམས་པ་ནི།

བཞི་པ། འགྲོ་འོང་གི་ཡིད་གཟབ་ལ་གདམས་པ་ནི།

རྩ་བ་ལས།

ཐག་རིང་བལ་པོའི་ཐང་ནི་ཚད་པ་ཆེ། །[①]

ཁ་སྐོམ་བཏུང་བའི་[②]ཚོགས་ལ་གཟབ་པར་འཚལ། །

ཞེས་བོད་དང་རྒྱང་ཐག་རིང་བའི་བལ་པོའི་གྲོང་ནི་ཚད་པ་ཆེ་བས། ཁ་སྐོམ་སེལ་བའི་བཏུང་བའི་རིགས་རྙེད་ཚད་ལོངས་སུ་མི་སྤྱོད་པར་འཐུང་རུང་དང་མི་རུང་རྟོག་དཔྱོད་བྱ་བ་ལ་ཡིད་གཟབ་གནང་བར་འཚལ་ཞེས་རང་གི་ཆོས་གྲོགས་དམ་པ་ནག་ཚོ་ལ་ཐུགས་བརྩེ་བས་བསླབ་བྱའི་ཚུལ་དུ་གདམས་པའོ། །བལ་པོའི་ཡུལ་ནི་སྐབས་དེ་དུས་ཀྱི་དཔེ་ཙམ་ཡིན་གྱི། དོན་ནི་མི་མང་པོ་ཞིག་གྲོང་ཁྱེར་ཁག་ཏུ་སློབ་སྦྱོང་དང་། ལས་ཀར་འགྲོ་སྐབས་བཟའ་བཏུང་

① དཔེ་རྙིང་། (ལི་ཡུལ་བལ་པོའི་ཡུལ་ནི་ཚད་པ་ཚ། །)

② དཔེ་རྙིང་། (བསྟུང་གི་)

གི་རིགས་ལ་ཡིད་གཟབ་བྱེད་དགོས་ཏེ། མི་ངན་གཡོ་སྒྱུ་ཅན་མང་པོས་རྒྱུན་དུ་སྤྱོད་མགོ་ཆེ་བའི་བཟའ་བཏུང་གི་རིགས་ལ་དྲན་ཚོར་ཉམས་པའི་སྨན་སྦྱར་ཏེ། དེ་དག་རིན་གོང་དམའ་པོའི་ཐོག་ཚོང་བ་དང་སྟེར་བའི་ཐབས་ལ་བརྟེན་ཏེ་གནོད་འཚེ་བྱེད་མཁན་མཐོང་ཐོས་བྱུང་བ་དག་བསླབ་བྱར་བྱས་ནས་ཡིད་གཟབ་གནང་དགོས་པ་དང་། ཕྱིར་བཟོ་གྲྭ་ཁག་ནས་ཐོན་སྐྱེད་བྱེད་པའི་བཏུང་བྱའི་རིགས་ཀྱིས་ཀྱང་ལུས་པོའི་བདེ་ཐང་ལ་གནོད་པར་ཆེད་ལས་མཁས་པའི་གསུང་དང་རང་གི་མྱོང་བ་གཉིས་ལ་བརྟགས་ནས་བླང་དོར་བྱེད་པ་དང་། ལྷག་པར་རབ་བྱུང་བས་དེར་ལེགས་པར་མ་བརྟགས་ན་ཆང་སོགས་མྱོས་པར་འགྱུར་བའི་རིགས་བཏུང་ན་ལྟུང་བྱེད་འབྱུང་ཉེ་བས་ངེས་པར་ཡིད་གཟབ་བྱེད་དགོས་པ་ཡང་གོ་ནུས་སོ། །

ལ་སྟོད་ལྷོ་ཡི་ཕྱོགས་ནི་དགྲ་འཛིགས་ཆེ། །

ཞི་སྡང་ངན་སྡུགས་ཚོགས་ལ་གཟབ་པར་འཚལ། །

ཞེས་དུས་རབས་བཅུ་གཅིག་སྐབས་གཙང་གི་ལ་སྟོད་ལྷོ་(དིང་རི་དང་གཉའ་ནང་རྒྱུད།)ཡི་ཕྱོགས་ནི་ཆོམ་རྐུན་གྱི་དགྲ་འཛིགས་ཆེ་སྟེ། གཙང་སྨྱོན་ཧེ་རུ་ཀ་(c.༡༤༥༢-༡༥༠༧)ཡིས་མཛད་པའི་རྗེ་བཙུན་མི་ལ་རས་པ་(c.༡༠༤༠-༡༡༢༣)ཡི་རྣམ་ཐར་ལས། ཁྱེད་དིང་རི་ཕྱོགས་སུ་ཕྱིན་ནས་ཀྱང་། །རོ་སྙོམས་ལྟོམ་བུ་མཛད་དགོངས་པ། །ཡུལ་དེ་ན་ཡོན་ཏན་ཅང་མ་མཆིས། །གནམ་ཁ་ཞེང་ཅན་གྱི་དིང་རི་དེ། །མི་དགེ་སེམས་ཡུངས་དཀར་བས་ཀྱང་ཆུང་། །ལག་པ་ལྷ་ཁང་སྒོ་བས་དམ། །རྩམ་པ་རིན་ཆེན་གསེར་བས་དཀོན། །དུས་བརྒྱ་ལ་རྙེད་ཀྱང་ནད་ཁམས་འབྲུག །དེ་མུ་གེ་ལྡོངས་ཀྱི་གྲོང་ཁྱེར་ཡིན། །མཉའ་ནང་ཕྱོགས་སུ་འགྲོན་པ་ལའང་། །ལ་ཐོང་ལ་སྟོན་མོ་འཛིགས་པ་ཆེ། །མི་སེར་ཧྲག་པའི་འགྲིམ་ས་ཡིན། །མཛོ་པོ་

མཚན་འགྲོས་བྱེད་པའི་ས། །སྐྱུང་ས་བགྲངས་ན་ཟད་པ་མེད། །གྲོགས་བརྒྱ་བརྒྱ་མེད་པར་ལམ་མི་བགྲོད། །གོམ་གསུམ་ཙམ་ལའང་སྣ་བོ་དགོས། །ཡུལ་གཉའ་ནང་ལུང་ནག་སྐད་པ་དེ། །བལ་བོད་གཉིས་ཀྱི་སོ་མཚམས་ཡིན། །ཞེས་སོགས་གསུངས། དེ་དག་ན་བརྟན་སེམས་ཀྱི་དབང་གིས་གཞན་ལ་ངན་སྟགས་སོགས་མ་རབས་ཐ་ཤལ་གྱི་ཐབས་ངན་སྤྱད་དེ་གཞན་གྱི་རྒྱུ་ནོར་ལོངས་སྤྱོད་འཕྲོག་པར་བྱེད་པས་རྐུན་ཇག་གི་ཚོགས་ལ་གཟབ་པར་འཚལ་ཞེས་རྒྱལ་བ་འབྲོམ་གྱིས་ནག་ཚེར་གདམས་པ་འདི་བསླབ་བྱ་བྱས་ཏེ་ཕྱི་ལ་འགྲོ་སྐབས་རྐུན་ཇག་གི་འཇིགས་པ་ལ་གཟབ་དགོས། དེ་དག་གིས་རང་གི་ལུས་དང་ལོངས་སྤྱོད་ལ་འདོད་ཞེན་ཆགས་གྱིས་ངན་སྟགས་ཀྱི་སྒོ་ནས་མཐུ་གཏོང་བ་དང་རྒྱུ་ནོར་བཙན་གྱིས་འཕྲོགས་པ་དང་འཇབ་བུས་རྐུ་བ་སོགས་བྱས་ཏེ་རང་གི་ཐོག་མའི་དམིགས་འབེན་སྒྲུབ་ཏུ་མི་འཇུག་པ་མ་ཟད། ཚེ་གང་གཞན་ཡུལ་དུ་ཐན་བྱས་ཏེ་སྡོད་དགོས་པ་དེ་འདྲ་བྱུང་སྲིད་པས་དེ་དག་ལ་ཡིད་གཟབ་ཞུ་ཞེས་པའོ། །ད་ལྟ་ནི་གཡོ་སྒྱུའི་རྫས་སྦྱོར་དང་འཕྲུལ་ཆས་ཀྱི་དགྲ་འཇིགས་ཏ་ཙང་ཆེ་བ་མཐོང་ཐོས་མྱོང་གསུམ་ཡོད་པས་སྤྱོད་ལམ་གང་ཞིག་བྱེད་ཀྱང་གཟབ་དགོས་སོ། །

ཉང་ཤབ་བྱང་གི་ཕྱོགས་ནི་སྣེ་མཚུ་མང་[①]། །

ཡོང་གཏམ་ཚིག་གི་ཚོགས་ལ་གཟབ་པར་འཚལ། །

ཞེས་གཙང་གི་ཉང་ཤབ་བྱང་(རྒྱལ་རྩེ་དང་ས་སྐྱའི་རྒྱུད།)གི་ཕྱོགས་ནི་སྣེ་མཚུའམ་ཁ་མཆུ་མང་བས། དོན་མེད་ཡོང་གཏམ་གྱི་ཚིག་སྨྲ་བ་ཉུང་ཙམ་དང་། དོན་ཡོད་པའི་ཚིག་ཡིན་ཡང་གཞན་ལ་ཕོག་ཐུག་འོང་བའི་ཚིག་གི་ཚོགས་ལ་གཟབ་པར་འཚལ་ཞེས་ཁ་མཆུ་མང་སའི་ཡུལ་དུ་ཡོང་མའི་གཏམ་སྟེ། བརྗོད་བྱ་མེད་

① དཔེ་རྙིང་། (ཉ་ཤན་གཙང་གི་ཕྱོགས་ནི་སྣ་མཆུ་མང་། །)

པའི་རྫོང་བྱེད་དང་དོན་མེད་པའི་བྲེ་མོའི་གཏམ་སོགས་བྱས་ཏེ་གཞན་ལ་ཉེས་མེད་ཉེས་འདོགས་དང་། མཐོ་འཚམས་པའི་བསམ་པས་གླེང་ཕྱོགས་ངན་པ་བཟོ་བ་བཅས་མཐོང་ཆོས་སུ་ཡོད་པས་དེ་དག་ལ་གཟབ་དགོས་པར་བསྟན། ད་ལྟའང་ཚོང་པ་ཁག་ཅིག་རང་གིས་ལག་གཉིས་ལ་བརྟེན་ཏེ་ཚོང་ཡག་པོ་ཡོད་པའི་སྐབས་སུ། དེ་ལ་ཕྲག་དོག་ཅན་འགའ་ཞིག་གིས་དོན་མེད་པའི་གླེང་ཕྱོགས་ངན་པ་བཟོས་ནས་གང་སར་བསྒྲགས་པས་མི་མང་པོ་ཞིག་དོན་དེ་ཇི་བཞིན་མ་མཐོང་བར་གླེང་ཕྱོགས་ངན་པའི་རྗེས་སུ་འབྲངས་ནས་ཡོང་གཏམ་སྣ་ཚོགས་སྨྲ་སྟེ་དེ་དག་གི་ཚོང་ཟོག་ཉོ་ཚོང་བྱེད་པར་འཛེམ་དོགས་བྱེད་པ་བཅས་མཐོང་ཐོས་སུ་ཡོད་པར་དག་བསླབ་བྱ་བྱེད་པ་དང་ཆབས་ཅིག་རང་ཉིད་ནས་ཀྱང་མཐོང་ཐོས་ཚང་མར་ཡིད་འཇོག་མེད་པར་གང་བྱུང་དུ་བཤད་ན་ཡོང་གཏམ་སྨྲ་མཁན་དུ་འགྱུར་ཏེ་དོན་མེད་ཀྱི་ཀྱོད་དང་ཁ་མཆུའི་ཆག་སྒོ་སོགས་ཡོང་ཉེ་བས་དེ་དག་གི་རིགས་ལ་གཟབ་དགོས་པར་བསྟན་ཏོ། །

སྤུར་རྒྱལ་བོད་ཀྱི་ཡུལ་[①]ནི་ཁྲིལ་གཞུང་ངན། །
ཡིད་འབྱུང་ཁོང་ཁྲོའི་ཚོགས་ལ་གཟབ་པར་འཚལ། །

ཞེས་སྤུར་རྒྱལ་(གནའ་དུས་བོད་ཀྱི་སྤྱི་མིང་།)བོད་ཀྱི་ཡུལ་ནི་ཁྲིལ་གཞུང་ངན་པས། ཡིད་འབྱུང་སྟེ་ཡིད་སྐྱོ་ཁོང་ཁྲོའི་ཡུལ་ལ་ཡིད་གཟབ་གནང་བར་འཚལ་ཞེས་བོད་ཀྱི་ཡུལ་ནི་སྐབས་དེ་དུས་ཀྱི་དཔེ་ཙམ་ཡིན་གྱི་དོན་ནི་གཞན་རྒྱུ་མཚན་དུ་བྱས་ཏེ་ཁྲིལ་གྱི་དོགས་པས་ཉེས་པ་ལ་འཛེམ་པ་མེད་པར་ལུས་ངག་གི་སྤྱོད་ལམ་ངན་པ་ལ་གཟབ་དགོས་པ་བསྟན། རྒྱུ་མཚན། ཁྲིལ་གཞུང་ངན་པ་ནི་རང་གཞན་གཉིས་ཀར་སྡུག་བསྔལ་སྐྱེར་བའི་རྒྱུ་ཡིན་ཏེ། རང་ཁྲིལ་གཞུང་ངན་པས་

① དཔེ་རྙིང་། (དབུ་བརྒྱན་བོད་ཀྱི་ཕྱོགས་)

གཞན་ཡིད་སུན་ཏེ་འཁྲུག་པ་དང་ཁོང་ཁྲོ་སྐྱེར་ལ། གཞན་ཁྲེལ་གཞུང་ངན་པས་རང་ཡིད་སུན་ཏེ་འཁྲུག་པ་དང་ཁོང་ཁྲོ་སྤྲིན་པས་དེ་དག་གི་གནས་རྒྱུའི་ཚོགས་ཁྲེལ་གཞུང་ངན་པར་ཡིད་གཟབ་གནང་དགོས་པར་བསྟན་ཏོ། །དཔེ་ཆོས་རིན་ཆེན་སྤུངས་པ་ལས། གཞན་ཡང་མིང་ཆོས་པར་བཏགས་པའི་ཁྲེལ་མེད་ཀྱི་རིགས་ཚན་ཅིག །ཁ་ལ་བཟའ་བཏུང་ཐོགས། སྙིང་ཕུགས་ནོར་ལ་ཐེབས། མིག་རྩ་མི་ཚངས་པར་སྤྱོད་པ་ལ་བསྒྲིམ་པ་འདི་རྣམས་ཨ་ཁ་སྐྱུག་རེ་བྲོ་གསུངས་པ་སོགས་སོ། །

དེང་དུས་[①]སྐྱེ་བོའི་ཚོགས་ནི་གསར་འགྲོགས་ཆེ། །
བསླུ་བྲིད་འཁོར་གྱི་ཚོགས་ལ་གཟབ་པར་འཚལ། །

ཞེས་མི་ཆོས་འདི་རྩོམ་པའི་སྐབས་དེ་དུས་སྐྱེ་བོའི་ཚོགས་ནི་ངོ་དགའ་དང་གསར་འགྲོགས་ཆེ་བས། ཁ་ཡག་མགོ་སྐོར་བསླུ་བྲིད་བྱེད་མཁན་གྱི་འཁོར་གྱི་ཚོགས་ལ་གཟབ་པར་འཚལ་ཞེས་པ་ནི་ད་ལྟའི་དུས་རབས་ཉེར་གཅིག་སྐབས་སུ་ཡང་ཏ་ཙང་འཚམ་སྟེ་ལོ་ཆུང་མང་པོ་གསར་འགྲོགས་ཨ་གསར་ལ་དགའ་ཞིང་སྤྱི་ཚོགས་ཀྱི་ཉམས་མྱོང་ཞན་པས། ཁ་ཡག་བསླུ་བྲིད་མཁན་གྱིས་མགོ་སྐོར་གཏོང་བདེ་བས། དུས་དང་དུས་སུ་མི་བོར་བའི་འཚོལ་བཙ་དང་། རྒྱུ་ནོར་ཁ་བསླུས་ཤོར་བ་བཅས་མཐོང་ཐོས་མྱོང་གསུམ་ཡོད་པ་དེ་དག་མང་པོ་ཞིག་གསར་གྲོགས་ཨ་གསར་ལས་(འཛིག་རྟེན་ཁ་དཔེར། ཨ་གསར་རྟ་ལས་མགྱོགས། །མཇུག་མ་ལུག་ལས་ཐུང་། །)བྱུང་བས་དེ་དག་བསླབ་བྱ་བྱེད་དེ་ཨ་གསར་མགོ་སྐོར་བསླུ་བྲིད་རིགས་ལ་གཟབ་དགོས་པར་བསྟན་ཏོ། །མཉམ་མེད་རྗེ་བོ་ཆེན་པོས་ཀྱང་། ངོ་དགའ་མེད་ཅིང་གསར་འགྲོགས་མེད། །རྟག་ཏུ་ཚུགས་ནི་ཐུབ་པར་བྱ། །ཞེས་

① དཔེ་རྙིང་། (དུས་ངན་)

དང་། འཇིག་རྟེན་ཁ་དཔེར་ཡང་། ཨ་གསར་སྤྲིན་མའི་མེ་ལྕེ་དེ། །འབར་སྐབས་ཧྲོ་རུང་འབར་ཡུན་ཐུང་། །ཞེས་པ་དག་གནད་གཅིག་གོ །བསླབ་བྱ་ནོར་ཕྲེང་ལས། དེང་དུས་སྐྱེ་བོའི་ཚོགས་རྣམས་གསར་འགྲོགས་ཆེ། །བློ་འགའ་ལོ་འགའ་ལོན་ནས་གཟབ་པར་འཚལ། །སྒྱུར་སྒྱུར་ཞུམ་ཞུམ་བྱེད་ཚད་ཆོས་པ་མིན། །ཆོས་མིན་ཆོས་པར་རྫུ་ལ་གཟབ་པར་འཚལ། །གང་འཛམ་གང་ལེགས་བཤད་ཚད་བསམ་དཀར་མིན། །ཁ་འཇམ་ཁོང་རྩུབ་ཕྱོགས་ལ་གཟབ་པར་འཚལ། །སྙིན་མཚང་བྲུས་ནས་བཤད་པ་བསམ་དཀར་རྟགས། །རང་གི་ཁོང་ཁྲོའི་ཕྱོགས་ལ་གཟབ་པར་འཚལ། །ངས་ཐུབ་ངས་ཤེས་ཟེར་ལ་བློ་གཏད་མེད། །བསླུ་བྲིད་མགོ་སྐོར་ཕྱོགས་ལ་གཟབ་པར་འཚལ། །འདིར་ཕྱོན་འདིར་བཞུགས་ཟེར་བ་བཀུར་སྟི་མིན། །རང་མཉམ་གྲལ་མཉམ་ཕྱོགས་ལ་གཟབ་པར་འཚལ། །གང་བཟང་གང་ཆེ་སྟེར་བ་ཕན་སེམས་མིན། །ཁ་ལན་སྙིན་པའི་ཕྱོགས་ལ་གཟབ་པར་འཚལ། །ཉམ་ཐག་སྐད་ངན་འདོན་ཀྱང་ངེས་པ་མེད། །འགོ་བོ་ལག་ཟེད་ཕྱོགས་ལ་གཟབ་པར་འཚལ། །ཞེས་གསུངས་སོ། །

 གླང་དོར་གོ་མི་ལོག་པར་བྱ་བར་གདམས་པ།

ལྔ་པ། གླང་དོར་གོ་མི་ལོག་པར་བྱ་བར་གདམས་པ་ལ་གཉིས། མཚམས་སྦྱོར་བ་དང་། གླང་དོར་གོ་མི་ལོག་པར་བྱ་བར་གདམས་པ་དངོས་སོ། །དང་པོ་ནི།

རྩ་བར།

སྙིང་གཏམ་ལགས་པས་ད་དུང་གསན་མཛོད་དང་། །

ཞེས་སྙིང་གཏམ་ཞུ་རྒྱུ་ལགས་པས་ད་དུང་གསན་པར་མཛོད་དང་ཞེས་སྨྲས་བའོ། །

གཉིས་པ། བླང་དོར་གོ་མི་ལོག་པར་བྱ་བར་གདམས་པ་དངོས་ནི།

རྩ་བ་ལས།

ཡི་དམ་ལྷ་ལ་རེ་ལྟོས་[①]མ་ཤོར་བར། །

ངུས་ངན་མི་ལ་རེ་ལྟོས་[②]ཆུང་བར་མཛོད། །

ཅེས་ཡི་དམ་སྟེ་ཡིད་ཀྱི་དམ་ཚིག་ཅན་གྱི་ལྷག་པའི་ལྷ་ལ་རེ་ལྟོས་སམ་བློ་གཏད་མ་ཤོར་བ་བྱེད་དགོས་པ་ལས། ངུས་ངན་མི་སྟེ་ཉེས་རང་གིས་བྱས་ནས་ཁག་གཞན་ལ་འགེལ་མཁན་དང་། ལེགས་གཞན་གྱིས་བྱས་ཀྱང་རྒྱལ་ཁ་རང་ལ་འདོད་མཁན་གྱི་མི་དག་ལ་དོན་ཆེན་པོའི་བྱ་བ་རེ་ལྟོས་མ་བྱེད་ཅེས་པའོ། །དེ་ཡང་བོད་ནི་ཆོས་ལྡན་གྱི་ཡུལ་ཡིན་པས་སྐབས་འདིར་འཛིག་རྟེན་མི་ཆོས་ཀྱང་དམ་པའི་ལྷ་ཆོས་དང་མཐུན་པར་ལྷག་པའི་ལྷ་ཡི་དམ་ནི་རང་ཉིད་འཇིགས་པ་ཐམས་ཅད་ལས་བྲལ། གཞན་འཇིགས་པ་ལས་སྐྱོལ་བའི་ཐབས་ལ་མཁས། ཀུན་ལ་ཐུགས་རྗེ་ཆེན་པོ་ཉེ་རིང་མེད་པར་འཇུག །ཕན་བཏགས་མ་བཏགས་ཐམས་ཅད་ཀྱི་དོན་མཛད་པས་རེ་ལྟོས་བྱ་འོས་ལ། དེ་ལས་ལོག་པའི་གོང་ཞུས་ཀྱི་ངུས་ངན་གྱི་མི་དང་ལྷ་ངན་ལ་རེ་ལྟོས་བྱ་འོས་པའི་མཐུན་རྐྱེན་གཅིག་ཀྱང་མ་ཚང་བ་མ་ཟད་འགལ་རྐྱེན་དང་ཁོང་ཁྲོ་ངུ་མ་སྐྱེ་བའི་གནས་ཡིན་པས་དང་པོ་ནས་དེ་འདྲའི་རིགས་ལ་རེ་ལྟོས་མ་བྱེད་ཅེས་གདམས་པའོ། །

འཁྲུགས་པའི་མི་ལ་ཁྲེལ་གཞུང་མ་ཆུང་[③]བར། །

ལེགས་ཉེས་གང་ལ་བཤད་གཞུང་[④]ཉུང་བར་མཛོད། །

---

① དཔེ་རྙིང་། (བལྟོས་)

② དཔེ་རྙིང་། (བལྟོས་)

③ དཔེ་རྙིང་། (ངན་)

④ དཔེ་རྙིང་། (ལའང་བཤད་བྱུང་)

ཅེས་དུས་རྒྱུན་མཉམ་དུ་འགྲོགས་བཞིན་པའི་མི་ལ་ཁྲེལ་གཞུང་མ་ཆུང་བ་སྟེ་བཟང་ལན་ངན་གྱིས་མི་འཇལ་བར་མ་ཟད་རྒྱུན་དུ་འགྲོགས་བཞིན་པའི་གྲོགས་ཀྱི་ལེགས་ཉེས་ཀྱི་བྱ་བ་གང་བྱས་ཐམས་ཅད་ལ་རྒྱུན་དུ་འགྲིག་མི་འགྲིག་གི་བཤད་པ་ཞུང་བར་མཛོད་ཅེས་གདམས་སོ། །ཕ་ཆོས་ལས་ཀྱང་། གཞུང་འགྲོགས་ཀྱི་དུས་ཁྲེལ་གཞུང་མ་ཆུང་། །ཕྱི་འགྲོགས་ཀྱི་དུས་སུ་ཕྱི་ཐག་མ་ཐུང་། །ཞེས་གསུངས། དེ་ཡང་ང་ཚོར་ངེས་པར་དུ་ཡོད་དགོས་པ་ཞིག་ནི་རང་ཉིད་འཚོ་སའི་ཉེ་འཁོར་གྱི་ཁོར་ཡུག་དེ་དགོད་སྒྲས་ཁེངས་ཤིང་འཆམ་མཐུན་གྱི་ཁོར་ཡུག་ཅིག་ཡིན་དགོས། དེ་འདྲའི་ཁོར་ཡུག་དེ་དངུལ་དང་དབང་ཆས་ཉོ་མི་ཐུབ་ལ། གཞན་གྱིས་ཚུར་སྟེར་མཁན་ཀྱང་དེ་བས་མེད། མ་ཟད་ཁ་འཛམ་ཚིག་སྙན་དང་གཅིག་གིས་གཅིག་ལ་དོགས་ཟོན་དང་ཕྱི་ཚུལ་གྱི་དགའ་མདོག་ཉེ་མདོག་གི་ཁྲོད་དུ་དེ་འདྲའི་ཁོར་ཡུག་དེ་ཡོད་མི་སྲིད། འོ་ན་དེ་འདྲའི་ཁོར་ཡུག་དེ་ཇི་ལྟར་སྒྲུབ་དགོས་སམ་ཞེ་ན། རང་གི་འགྲོ་རོགས་དང་། འདུག་རོགས། ལས་རོགས་རྣམས་ཁོ་རང་ཚོའི་ངོས་ནས་ཇི་འདྲ་ཞིག་ཡིན་ཡང་རང་གི་ངོས་ནས་ལྷག་བསམ་རྣམ་དག་གིས་གཅིག་ཕན་གཅིག་རོགས་བྱ་དགོས་ལ། དེ་དག་ལ་རྒྱབ་མདུན་ངོ་ལྐོག་མེད་པར་དྲང་པོ་དྲང་བཞག་གི་སྒོ་ནས་མཉམ་གཤིབས་བྱ་དགོས། དཔེ་གཞན་ཡང་ཡོད་དེ། དེ་རིང་རང་དང་མཉམ་དུ་འགྲོགས་པའི་རབ་བྱུང་ཞིག་གིས་འདུལ་བའི་བཅས་པ་དང་། ཕ་མའི་བསླབ་བྱ། རྒྱལ་ཁབ་ཀྱི་ཁྲིམས་ལུགས་དང་འགལ་བའི་བྱ་བ་ཞིག་བྱས་ཡོད་ན་བཤད་འོས་སའི་དེའི་དགེ་རྒན་སོགས་ལ་མ་བཤད་པར་བཤད་མི་འོས་པའི་དེའི་སྐྱོན་ཁབ་བཞིན་འཚོལ་མཁན་གྱི་དགྲ་ལ་བཤད་དེ་རང་ལ་ཁེ་ཕན་ཐོབ་ཐབས་དང་ཉེས་པ་དག་ཐབས་བྱེད་པ་དེ་འདྲ་ཁྲེལ་མེད་ཀྱི་བྱ་བ་ཡིན་པས་དེ་འདྲ་བྱེད་མི་རིགས་པར་

གདམས་པའོ། །

དཀར་པོའི་ཆོས་ལ་ཕྱི་བཤོལ་མ་འདིངས་པར། །
དམ་པའི་ཆོས་ལ་སྦྱོར་བ་ཐོབ་པར་མཛོད། །

ཅེས་འབྲས་བུ་རྣམ་པར་དཀར་བའི་ཆོས་བསླབ་པ་གསུམ་ལ་ཕྱི་བཤོལ་གྱི་ལེ་ལོ་མ་འདིངས་པ་སྟེ། ལེ་ལོའི་གཞན་དབང་དུ་མ་སོང་བར་ལམ་བསླབ་པ་གསུམ་གྱི་སྦྱོར་བའམ་སྒོ་འབྱེད་སྐྱེས་བུ་དམ་པའི་གསུང་ཆོས་སྡེ་སྣོད་གསུམ་ལ་ཐོས་བསམ་གྱིས་སྦྱོར་བ་བརྩོན་འགྲུས་ཐོབ་པར་མཛོད་ཅེས་གདམས་པའོ། །དེ་ཡང་རང་འབྲས་རྣམ་དཀར་གྱི་ཆོས་ཀྱི་བྱ་བ་གང་ཞིག་བྱས་ཀྱང་ཕྱི་བཤོལ་གྱི་ལེ་ལོ་སོགས་ལེ་ལོ་གསུམ་པོ་གང་གིས་ཀྱང་གཞན་དབང་དུ་མ་སོང་བར་བརྩོན་འགྲུས་བསྐྱེད་དགོས་ཏེ། དབུ་མ་འཇུག་པ་ལས། ཡོན་ཏན་མ་ལུས་བརྩོན་འགྲུས་རྗེས་འགྲོ་ཞིང་། །ཞེས་གསུངས། བརྩོན་འགྲུས་མེད་ན་ལེ་ལོའི་དབང་དུ་སོང་ནས་དཀར་ཆོས་ཀུན་ཕོངས་པར་འགྱུར་བས། དྲན་པ་ཉེར་གཞག་གི་མདོ་ལས། ཉོན་མོངས་རྣམས་ཀྱི་གཞི་གཅིག་ནི། །ལེ་ལོ་ཡིན་ཏེ་གང་ལ་ཡོད། །གང་ལ་ལེ་ལོ་གཅིག་ཡོད་པ། །དེ་ལ་ཆོས་ཀུན་མེད་པ་ཡིན། །ཞེས་གསུངས། གནས་སྐབས་དང་མཐར་ཐུག་གི་སྐྱེས་བུའི་དོན་ཐམས་ཅད་ལས་ཉམས་པར་འགྱུར་བས་དེའི་ཕྱིར་དམ་པའི་ཆོས་ལ་ཕྱི་བཤོལ་གྱི་ལེ་ལོ་སྤངས་པའི་ཐབས་སུ་ལུས་ཐོབ་པ་འདི་མྱུར་དུ་འཇིག་པ། ཤི་བའི་འོག་ཏུ་ངན་འགྲོར་ལྟུང་བ། སླར་ཡང་རྙེད་བཟང་པོ་འདི་རྙེད་དཀའ་བ་གསུམ་བསྒོམས་ནས་ཕྱི་བཤོལ་གྱི་ལེ་ལོ་འགོག་སྟེ་དམ་པའི་ཆོས་ནི་འདི་ཕྱི་དགའ་བ་མཐའ་ཡས་པ་འབྱུང་བའི་རྒྱུ་ཡིན་པ་དང་། དོན་མེད་པའི་ཅལ་ཅོལ་སྨྲ་བ་དང་རྩོད་པ་སོགས་ཀྱི་རྣམ་གཡེང་རྣམས་འདིའི་དོན་ཆེན་པོ་ཉམས་པར་བྱེད་པ་དང་། ཕྱི་མར་དོན་མ་ཡིན་པ་སྡུག་

བསྐལ་དུ་མ་བསྐྱེད་པའི་གནས་སུ་མཐོང་ནས་བསྒོམས་ལ་ལེ་ལོ་དག་དགག་པར་བྱ་སྟེ། དགའ་བའི་རྒྱུ་ནི་མཐའ་ཡས་པའི། །དམ་ཆོས་དགའ་བའི་མཆོག་སྤངས་ནས། །སྡུག་བསྔལ་རྒྱུ་ནི་རྣམ་གཡེང་དང་། །རྐོད་སོགས་ལ་ཁྱོད་ཅི་ཕྱིར་དགའ། །ཞེས་སྤྱོད་འཇུག་དང་ལམ་རིམ་ལས་གསུངས་པ་ལྟར་ཉམས་སུ་ལེན་པར་བྱའོ། །བསླབ་བྱ་ནོར་ཕྲེང་ལས། འཕྲལ་དུ་མིག་གིས་མཐོང་རྒྱུ་མ་བྱུང་ཙང་། །དཀར་པོ་དགེ་བའི་ལས་ཀྱི་མཐའ་འདི་བཟང་། །ནག་ཕྱོགས་དམུ་རྐོད་མགོ་འཕང་མཐོ་ན་ཡང་། །ལས་འབྲས་མི་བསླུ་ནམ་ཕུག་རྒུད་དེ་འོང་། །ཞེས་གསུངས་སོ། །

འདུན་མ་ཡོངས་ལ་སྐྱིད་འདོད་མ་ཆེ་བར། །①
བླ་མའི་ཕྱོགས་སུ་སྨོ་གསུམ་གུས་པ་②མཛོད། །

ཅེས་གཏན་གྱི་འདུན་མ་ཐར་པ་དང་ཐམས་ཅད་མཁྱེན་པའི་གོ་འཕང་ཡོངས་སུ་རྫོགས་པར་ཐོབ་པ་ལ་འདོད་ཡོན་ལ་ཅི་དགར་སྤྱོད་པའི་སྐྱིད་འདོད་མ་ཆེ་བར། ལུང་རྟོགས་ཀྱི་ཡོན་ཏན་ཐམས་ཅད་གང་ལས་འབྱུང་སའི་གཞི་བླ་མའི་ཕྱོགས་སུ་སྒོ་གསུམ་གུས་པས་འདུད་དེ་བསྙེན་པར་མཛོད་ཅེས་གདམས་པའོ། །ཡང་ན་རང་གི་བསམ་འདུན་དང་རང་ཉིད་སྐྱིད་འདོད་གཙོ་བོ་མ་བྱས་པར་སྒོ་གསུམ་བླ་མའི་ཕྱོགས་ལ་འབུལ་དགོས་པ་བསྟན་པ་གོ་ནའང་ཆོག་སྙམ། དེ་ཡང་རྒྱལ་བ་འབྲོམ་གྱིས་རང་གི་བསམ་འདུན་དང་རང་ཉིད་སྐྱིད་འདོད་གཙོ་བོ་མ་བྱེད་པར་བླ་མ་སེ་བཙུན་ལ་ལོ་ཉི་ཤུར་བསྟེན་ཏེ། བླ་མའི་ཞབས་ཏོག་འཕྱུག་པ་མེད་པར་ཚུལ་བཞིན་དུ་སྒྲུབ་པའི་ཆེད་ཁོང་སེ་བཙུན་སྐུ

① དཔེ་སྙིང་། (མདུན་མ་ཡོང་ལ་རེ་དགོས་མ་ཤོར་བ། །)
② དཔེ་སྙིང་། (ལ་སྒོ་གསུམ་གུས་པར་)

མདུན་ནས་དགེ་སློང་མ་སྒྲུབ་པར་དགེ་བསྙེན་དུ་བཞུགས། དེ་ཡང་ཁོང་དགེ་སློང་གི་བཅས་པ་དང་མ་མཐུན་པའི་ནང་ལས་དང་ཕྱི་ལས་མང་པོ་བྱ་དགོས་པ་དཔེར་ན། སྐྱིད་པར་མདའ་གྱི་མདུང་གསུམ་བཏགས་ནས་ཕྱིའི་རྟ་ཕྱུགས་རྣམས་ལ་ཉིན་གྱི་བྱ་ར་དང་མཚན་གྱི་མེལ་ཚེ། ནང་གི་རྩམ་པ་འཐག་པ་ཡན་ཆོད་ཕྱི་ནང་བར་གསུམ་གྱི་ལས་ཀ་ཚང་མ་མཛད་དགོས་པས་སོ། །མདོར་ན་བླ་མ་ལ་སྒོ་གསུམ་གུས་པས། རྟག་ཏུ་ཏྟ་དང་རྐང་བཏང་མ་བཏང་གི་ཁྱད་ལས་གཞན་མེད། ཅེས་ཆོས་འབྱུང་ཁག་ལས་གསལ། དེ་ནས་མངའ་རིས་སུ་ཇོ་བོ་མཇལ་བ་ནས་བཟུང་སྟེ། ཇོ་བོར་ལུས་ལོངས་སྤྱོད་ཐམས་ཅད་ཀྱི་ཞབས་ཏོག་གང་ནུས་ཀྱིས་དགོངས་པ་མ་རྫོགས་བར་ཇོ་བོ་དང་འབྲལ་མེད་དུ་བསྟེན། ཇོ་བོས་ཀྱང་ཡོན་ཏན་བུམ་པ་གང་བྱོའི་ཚུལ་དུ་གནང་སྟེ་སྐུ་ཚབ་ཏུ་མངའ་གསོལ་ནས་བསྟན་འགྲོར་ཕན་པ་རྒྱ་ཆེན་པོ་སྒྲུབ་ནུས་པ་ཡང་བླ་མའི་ཕྱོགས་ལ་སྒོ་གསུམ་གུས་པ་མཛད་པའི་འབྲས་བུ་ཡིན་པས་འདི་ཁོང་གི་རྫོང་ཐོག་གི་བསླབ་བྱ་ཡིན། མདོར་ན་མཚན་ཉིད་དང་ལྡན་པའི་རྩ་བའི་བླ་མ་ལ་མ་གུས་པ་དང་སྐྱོན་རྟོག་གི་བློ་སྣ་མཐའ་དག་སྤངས་ནས་ལུས་ངག་ཡིད་གསུམ་གྱི་སྒོ་ནས་གུས་པས་བསྟེན་པར་མཛོད་ཅེས་གདམས་པའོ། །ཡང་ན་སོ་སོའི་ཕུགས་འདུན་གང་སྒྲུབ་འདོད་ཀྱང་འགལ་རྐྱེན་སྣོམས་ལས་ཀྱི་ལེ་ལོའི་དབང་དུ་མ་སོང་བར་རང་ཉིད་ནས་སྦྱོར་བ་བརྩོན་འགྲུས་གཙོ་བོར་བྱས་ཏེ་ཕུགས་འདུན་དེའི་ལམ་སྟོན་མཁན་གྱི་དགེ་བའི་བཤེས་གཉེན་དེར་ལུས་ངག་ཡིད་གསུམ་གྱིས་བསྟེན་ཏེ་རང་ཉིད་ཀྱིས་འདུན་མ་སྒྲུབ་དགོས་པ་ལས་བླ་མའམ་དགེ་རྒན་གྱིས་རང་གར་ཁྱེད་ཀྱི་འདུན་མ་སྟེར་མི་ཐུབ་ཅེས་པའོ། །བསླབ་བྱ་ནོར་ཕྲེང་ལས། ལག་པས་བདེ་བ་ཅན་ལ་འཕེན་མཁན་མེད། །རྐང་བས་བཟུང་ནས་དམྱལ་བར་འཕེན་

མཁན་མེད། །རང་གི་སྐྱིད་སྡུག་རང་གི་ལག་ན་ཡོད། །རང་གིས་རང་ཉིད་མི་བསླུ་ཤིན་ཏུ་གཅེས། །ཞེས་གསུངས་སོ། །

དེ་དག་གི་དོན་བསྡུ་བ།

བཞི་པ། དེ་དག་གི་དོན་བསྡུ་བ་ནི།

རྩ་བ་ལས།

མདོར་ན་མཐོ་བ་ཐམས་ཅད་ཞྭ་བཞིན་ཁུར[①]། །[②]
དམའ་བ་རལ་གྲིའི་སོ་བཞིན་ཀུན་ནས་སྐྱོངས། །[③]
མཉམ་པ་རྫོས་དོར་བཞིན་དུ་དགའ་བར་འགྲོགས། །[④]

ཞེས་མདོར་ན་རང་ལས་ཡོན་ཏན་མཐོ་བ་ཐམས་ཅད་དང་། ཅེ་སྤྲག་ཁྲིམ་པ་རྣམས་ལོ་མཐོ་བ་དང་རབ་བྱུང་རྣམས་བསླབ་པ་མཐོ་བ་དག་མགོའི་ཞྭ་བཞིན་སྤྱི་གཙུག་(འཛིག་རྟེན་གྱི་ཁ་དཔེར། གྲྭ་པ་བསླབ་གྲལ། ཁྲིམ་པ་རྒན་གྲལ།)ཏུ་ཁུར་བ་དང་། རང་ལས་དམའ་བ་རྣམས་རལ་གྲིའི་སོ་མཐོ་དམའ་མེད་པར་ཀུན་ནས་སྙོམ་པ་བཞིན་ཆགས་སྡང་ཕྱོགས་རིས་མེད་པར་སྙོ་ཀུན་ནས་བྱམས་ཀྱིས་སྐྱོང་བ་དང་། རང་དང་མཉམ་པ་དག་ཞིང་གི་རྫོས་ཕྱུགས་དོར་བཞིན་དུ་ཕན་ཚུན་འགྲན་སེམས་མེད་པར་སྐྱིད་སྡུག་མཉམ་སྤྱོད་གི་ཐོག་ནས་དགའ་བར་འགྲོགས་དགོས། ཞེས་མཐོ་དམའ་བར་གསུམ་ལ་དགག་ཕྱོགས་ནས་མཐོ་བ་ལ་ཕྲག་དོག་དང་། དམའ་བ་ལ་མཐོང་ཆུང་། མཉམ་པ་ལ་ཕན་མེད་ཀྱི་འགྲན་སེམས་དོར་ཏེ། སྒྲུབ་ཕྱོགས་ནས་རྒན་བཀུར་གཞོན་གཅེས་དང་། མཉམ་པ་

① མཐོ་སློབ་བཞི་པ། (བཀུར། །)
② དཔེ་རྙིང་། (མདོར་ན་མཐོ་བ་ཞྭ་བཞིན་ཁུར་བར་མཛོད། །)
③ དཔེ་རྙིང་། (དམན་པ་རྣམས་ནི་བུ་བཞིན་སྐྱོང་བར་མཛོད། །)
④ དཔེ་རྙིང་། (མཉམ་པོ་རྫོན་དོར་བཞིན་དུ་ཐད་དཀར་འགྲོགས། །)

མཐུན་འགྲོགས་ཀྱིས་ཚང་མ་ཞི་མཐུན་མཉམ་གནས་ཀྱི་སྤྱི་ཚོགས་ཤིག་བསྐྲུན་དགོས་ཞེས་པའོ། །བསླབ་བྱ་ནོར་ཕྲེང་ལས། མཐོ་སར་བཞག་ཀྱང་འོག་ཏུ་ལྟུང་ཉེན་ཡོད། །དམའ་སར་བསྡད་ཀྱང་གོང་དུ་འཚོར་བ་ཡོད། །སྐྱིད་པོ་ཚོད་མ་ཐུབ་ན་ཐ་མ་སྡུག །འོ་ཟངས་ཁ་ལེབ་བརྒྱབ་ན་འཕོ་འདོད་ཡིན། །རྒྱུད་ཀྱང་རང་ཉིད་བཟང་ན་སྐྱིད་དེ་འོང་། །ཟླ་བ་མར་ངོའི་རྗེས་ན་ཡར་ངོ་ཡོད། །མཐོ་ལ་ཕྲག་དོག་མ་བྱེད་སྤྱི་བོས་བཀུར། །དམན་ལ་ཁྱད་གསོད་མ་བྱེད་བྱམས་པས་སྐྱོངས། །མཉམ་ལ་གྲལ་རྩོད་མ་བྱེད་མཉམ་པར་འགྲོགས། །ཞེས་གསུངས་སོ། །

བྱ་བ་གང་ལའང་རང་འདོད་ཆུང་བར་མཛོད། །

འདུན་[1]མ་ཡོངས་ལ་སྤྱི་སློམས་ཆེ་བར་མཛོད། །

ཅེས་བྱ་བ་དང་བྱེད་པ་གང་ལའང་རང་གི་རང་འདོད་གཙོར་བཟུང་གིས་ཨུ་ཚུགས་མི་བྱ་བར་ཉམས་མྱོང་ཡོད་པའི་ཤ་ཚ་ཅན་ལ་གྲོས་སམ་བློ་འདྲི་བྱེད་པ་དང་གཞན་གྱི་ལེགས་ཆ་བླངས་དགོས་པ་ལས་རང་འདོད་ཆུང་བ་སྟེ་རང་འདོད་འབབ་ཞིག་མ་བྱེད་ཅེས་དང་། ས་སྐྱ་ལེགས་བཤད་ལས། བློ་ལྡན་བྱ་བ་ཅུང་ཟད་ཀྱང་། །རྒྱུན་དུ་གྲོས་ཀྱིས་བསྒྲུབ་པར་བྱ། །གྲུབ་པར་གྱུར་ན་ལྟ་ཅི་སྨོས། །མ་གྲུབ་ན་ཡང་མཛེས་པའི་རྒྱུ། །ཞེས་དང་དེ་ཡང་གནས་སྐབས་དང་མཐར་ཐུག་གི་འདུན་མའི་བྱ་བྱེད་གང་བསྒྲུབ་དགོས་ཀྱང་དུས་རབས་ཀྱི་འགྱུར་ལྡོག་དང་། སྤྱི་ཚོགས་ཀྱི་སྒྲིག་གཞི། རྒྱལ་ཁབ་ཀྱི་ཁྲིམས་ལུགས་སོགས་ཡོངས་ལ་མཐའ་གཉིས་བྲལ་བའི་སྤྱི་སློམས་ཆེ་བར་མཛོད་ཅེས་གདམས་པའོ། །དཔེར་ན། ཁ་ཅིག་ནི་རྒྱལ་ཁྲིམས་དང་། དུས་རབས་ཀྱི་འགྱུར་ལྡོག །སྤྱི་ཚོགས་ཀྱི་སྒྲིག་གཞི་དག་དང་མི་མཐུན་དོགས་ནས་རང་གི་བསྒྲུབ་འདོད་པའི་བྱ་བ་གང་

---

[1] དཔེ་རྙིང་། (མདུན་)

ཡང་སྐྱབ་མ་ཕོད་པར་མི་ཚེ་སྟོང་ཟད་དུ་སྟོད་པ་དང་། ཡང་ཁ་ཅིག་ནི་རང་འདོད་ཆེ་དྲགས་ཏེ་རང་གིས་བསྒྲུབ་འདོད་ན་རྒྱལ་ཁྲིམས་སོགས་གང་ལ་ཡང་མ་བསྟུན་པར་བྱ་བ་སྒྲུབ་སྐབས་མགོ་བརྩམས་ཏེ་མཇུག་མ་རྫོགས་གོང་དུ་རང་ཉིད་འཕུང་ཞིང་བྱ་བཞག་བརླག་སྟེ་སྟོད་དགོས་པ་དེ་དག་ཐམས་ཅད་ཀྱི་སྐྱོམས་མ་བྱེད་པས་ལན་འདུག་པས། དེའི་ཕྱིར་བྱ་བྱེད་ཡོངས་ལ་སྒྲི་སྐྱོམས་ཆེ་བར་མཛོད་ཅེས་གདམས་པའོ། །མདོར་ན་བྱ་བ་གང་ཡིན་རང་འདོད་རྐྱང་པ་དང་གཞན་ངོ་ཁོ་ནའི་ཆེད་དུ་མ་ཡིན་པ་ཚད་རན་པོ་བྱེད་དགོས་པའི་དོན་ནོ། །བསླབ་བྱ་ནོར་ཕྲེང་ལས། བསླབ་བྱ་བཤད་ན་སུས་ཀྱང་ཤེས་མོད་ཀྱང་། །དགོས་དོན་ལག་ལེན་བྱེད་པ་ཉིན་སྐར་ཙམ། །གཞན་ལ་མགོ་སྐོར་ཐུབ་པ་གཡོ་སྒྱུ་ཡོན། །ཀུན་ལ་སྙིག་རྒྱུ་མེད་པ་དཔའ་བོ་ཡིན། །དཔྱད་ན་དོན་དག་ཤེས་པ་གསལ་པོ་ཡིན། །བཤད་ན་ངོ་མཚར་ཆེ་བ་ཁ་གསལ་ཡིན། །རྒྱུན་དུ་རང་དོན་འབད་པ་མགོ་ཉག་ཡིན། །དེ་དག་རྣམས་ལ་མཁས་པ་ཟེར་བ་མིན། །གཞན་ལ་གཡོ་སྒྱུས་མགོ་སྐོར་ཐུབ་ན་ཡང་། །ཉིན་གཅིག་ལེ་ལན་རང་ལ་འཁོར་ནས་ཡོང་། །སྙིག་རྒྱུ་མེད་པ་དཔའ་བོ་ལོས་ཡིན་ཀྱང་། །ཚམ་ཚོམ་མེད་པ་བྱེ་ལེབ་མེ་ལྕེ་འདྲ། །གཞན་དོན་དཔྱད་ན་གསལ་པོ་ཡིན་ན་ཡང་། །མར་མེ་རང་རྟར་གསལ་བ་ཤིན་ཏུ་དཀའ། །རང་དོན་འབྱུག་པ་མེད་ན་མཁས་པ་ཡིན། །ལེགས་ཉེས་དཔྱད་ནས་ཤེས་ན་མཁས་པ་ཡིན། །ཞེས་གསུངས་སོ། །

བསླབ་བྱར་དོ་གལ་བྱེད་དགོས་པར་གདམས་པ།

ལྔ་པ། བསླབ་བྱར་དོ་གལ་བྱེད་དགོས་པར་གདམས་པ་ནི།

རྩ་བ་ལས།

འདི་ལྟར་ཁྱོད་ལ་བསླབ་བྱ་གདམས་པ་འདི[1]། །
བྱིའུ་སྒོ[2]ངའི་འདུ་ཤེས་མ་ཤོར་བར[3]། །
ལེགས་བཤད་འདི་དག་ལཆྭའི་ཡི་གེར་བཀོད[4]། །

ཅེས་འབྲོམ་ངས་འདི་ལྟར་ཁྱོད་ལ་འཇིག་རྟེན་མི་ཆོས་ཀྱི་བསླབ་བྱ་གདམས་པ་གནད་ཀྱི་ཐྲེང་བ་འདི། དཔེ་བྱིའུ་ཨ་མས་བྱིའུ་སྒོ་ང་ལས་མ་ཐོན་བར་སྒོ་ངར་རྩ་ཆེའི་འདུ་ཤེས་མ་ཤོར་བ་ལྟར་ནག་ཚོ་ཁྱེད་ཀྱིས་ཀྱང་འགྲོ་འཆག་ཉལ་འདུག་ཅི་ཞིག་བྱེད་ཀྱང་བསླབ་བྱ་འདིའི་དོ་གལ་ལམ་རྩ་ཆེའི་འདུ་ཤེས་མ་ཤོར་བར། མི་ཆོས་ཀྱི་ལེགས་བཤད་འདི་དག་རྒྱ་གར་གྱི་ལཆྭའི་ཡི་གེར་བཀོད་དེ་ལེགས་བཤད་འདིའི་འོད་སྣང་རྒྱ་བོད་གཉིས་སུ་ཁྱབ་པར་བྱེད་ཅེས་གདམས་པ་ཡིན་ནོ། །ཡང་ན་འབྲོམ་ངས་ཁྱེད་ལ་གདམས་པའི་ཚེ་འདིའི་བསླབ་བྱ་འདི་དཔེ་བྱིའུ་སྒོ་ང་ལས་སྐྱེས་ཚར་རྗེས་སྒོང་ལྤགས་ལ་རྩ་ཆེའི་འདུ་ཤེས་ཡེ་ནས་མེད་པ་ལྟར་མ་ཤོར་བའམ་མ་སོང་བར་ནག་ཚོ་ཁྱེད་ཚེ་འདི་ཕྱི་གཉིས་ཀྱི་དོན་བསྒྲུབས་ཟིན་ཀྱང་འདི་ལ་རྩ་ཆེའི་འདུ་ཤེས་མ་ཤོར་བར་ཕྱི་རབས་པའི་སེམས་ཅན་ལས་དང་པོ་བ་སོགས་ལ་ཕན་པར་བྱ་བའི་ཕྱིར་ལེགས་བཤད་བསླབ་བྱ་འདི་མི་ནུབ་རྒྱུན་འཛིན་གྱི་ཆེད་ཡི་གེར་བཀོད་ཅེས་པའོ། །དཔེ་ཆོས་རིན་ཆེན་སྤུངས་པ་ལས། བྱ་ཆུང་བྱེ་ཕྲུག་མ་ལ་རག་ཅེས་པའི་དཔེར། བྱ་ཆུང་སྐྱེས་མ་ཐག་དེ་དང་། བྱིའུ་ཕྲུག་སྒོ་ང་ནས་ཐོན་མ་ཐག་དེ་ལ་ཅིའི་འཕོས་ཀྱང་མེད་པ། ཆུ་བུར་དང་འདྲ་བ་དེ། ནར་ཕྱིན་པར་བྱེད་པ་ལ། བྱེད་དགུ་ཐམས་ཅད་མ་ལ་རག་ལུས་པས། མ་དང་དར་ཅིག་འབྲལ་ཐབས་མེད། གསུངས་པ་ལྟར། དཔེ་དེ་བཞིན་དུ་ལས་དང་པོ་བ་ཆོས་

① དཔེ་རྙིང་། (རྣམས། །)
② དཔེ་རྙིང་། (སྒོང་)
③ དཔེ་རྙིང་། (བ། །)
④ དཔེ་རྙིང་། (ལན་ཚྭའི་ཡི་གེར་བྲིས། །)

ཕྱོགས་ཀྱི་གོ་བཟ་ཅི་ཡང་མེད་པ་དེའི་ཡོན་ཏན་གོང་ནས་གོང་དུ་རྫོགས་པར་བྱེད་པ་ལ། བྱེད་དགུ་ཐམས་ཅད་བླ་མའི་བསླབ་བྱ་ལ་རག་ལས་པས། སེམས་ལ་བརྟན་པ་མ་ཐོབ་བར་དུ་བླ་མའམ་ཉམས་མྱོང་ཅན་གྱི་བསླབ་བྱ་དང་དར་ཅིག་འབྲལ་ཐབས་མེད་པས། རང་གིས་བསླབ་བྱ་ལ་ནན་ཏན་བྱེད་པ་མ་ཟད་གཞན་ལ་ཡང་ཕན་པའི་ཆེད་ཡི་གེར་བཀོད་དགོས་པའི་དོན་ལ་འགྲེལ་ན་ཡང་ཚིག་སླམ་མོ། །བསླབ་བྱ་ནོར་ཕྲེང་ལས། ཕན་པར་སྨྲ་བ་བླ་མ་ཡིན་ཡང་དགོན། །དེ་ལ་ཉན་པ་བུ་ཚ་ཡིན་ཡང་དགོན། །བསླབ་བྱ་ཞུ་བ་མང་ཡང་སློབ་པ་དགོན། །དམ་ཆོས་བཤད་པ་མང་ཡང་སྒྲུབ་པ་དགོན། །ཞེས་གསུངས་སོ། །

དབེན་པའི་གནས་སུ་ལྷུད་མོ་ཆེ་བར་ལྷོས[1]། །
ཡུན་དུ་བསྲིངས་ན་ཤིན་ཏུ་འཕྲོད་པར་གདའ། །[2]

ཞེས་ཟང་ཟིང་གི་འདུ་འཛིས་དབེན་པའི་རི་ཁྲོད་ཀྱི་གནས་སུ་ཕེབས་ཏེ་སྙིང་གཏམ་འདིའི་ཚིག་གི་སྦྱོར་བ་དང་། དོན་གྱི་འགངས་སོགས་ལ་ལྷུད་མོ་ཆེ་བར་ལྷོས་དང་། འབྲོམ་ངས་གདམས་པའི་མི་ཆོས་ཀྱི་བསླབ་བྱ་འདི་དུས་ཡུན་དུ་བསྲིངས་ནས་བལྟས་ན་ཤིན་ཏུ་བདེན་པ་དང་། འཇིག་རྟེན་པ་སུས་ཉམས་སུ་བླང་ན་ཤིན་ཏུ་འཕྲོད་པར་གདའ་ཞེས་པའོ། །དེ་ཡང་ཚིག་རྐང་དང་པོས་ཇོ་བོས་ནག་ཚོ་ལ་དབེན་གནས་སུ་ཕེབས་དགོས་པའི་བཀའ་གནང་ཡོད་པ་དང་། ལྷུད་མོ་ཆེ་བ་ལྷོས་ཞེས་གདམས་པ་ནི་འཇིག་རྟེན་གྱི་བྱ་བར་ལྷུད་མོ་ཆེ་བ་ལྟ་བ་ལ་རང་ཉིད་འཇིག་རྟེན་གྱི་བྱ་བ་ལས་བྲལ་ཏེ་ལྷུད་མོ་བལྟས་ན། ལྷུད་མོ་ཆེ་བ་མཐོང་ཐུབ་པས་སོ། །དཔེར་ན་གློས་གར་འཁྲབ་མཁན་ལས་ལྷུད་མོ་ལྟ་མཁན་གྱིས་ལྷུད་མོ་ཆེ་བ་མཐོང་བ་ལྟ་བུ་རེད། ཚིག་རྐང་གཉིས་པས་གོང་

① དཔེ་རྙིང་། (ལྟས་མོ་ཆེ་བར་མཛོད། །)
② དཔེ་རྙིང་། (ཡུན་དུ་སྲིང་ནས་སེམས་ལ་ཕན་པར་འགྱུར། །)

ཞུས་ཀྱི་ནང་དོན་ཚང་མ་ནི་འཁྲོམ་རང་ཉིད་ཀྱིས་མཐོང་ཆོས་དང་། སྤྱོད་བ་གཙོ་བོར་བྱེད་དེ་བྲིས་པར་དཔོག་ཐུབ་བོ། །བསླབ་བྱ་ནོར་ཕྲེང་ལས། ཚིག་གི་བཟང་ངན་ཙམ་གྱིས་ཕན་ཐོགས་མེད། །ཡུན་དུ་དཔྱད་ན་ཤིན་ཏུ་ཕན་པ་ཡོད། །ཆུང་དུའི་དུས་ནས་རྩལ་བཞིན་བསྟེན་པའི་བུ། །ཕ་རྒན་སྙིང་གི་གཏམ་འདི་སེམས་ལ་ཚོངས། །ཕྱིན་ཆད་འདི་འདྲ་ཐ་བས་ཚོར་རྒྱུ་མེད། །ཡོད་ཙང་སྙིང་གཏམ་ཡིན་མིན་ཤེས་པར་དཀའ། །ཆ་རྒྱུས་ཡོད་མེད་གང་དུ་བསྟད་ཀྱང་ཙང་། །གཏམ་འདི་སྙིང་ལ་ཚོངས་ཤིག་ཕ་ཡི་བུ། །ཞེས་གསུངས་སོ། །

བསྔོ་བ་དང་སྨོན་ལམ།

དྲུག་པ་བསྔོ་སྨོན་ནི།

རྩ་བ་ལས།

འདི་ནས་བཟུང་སྟེ་སྐྱེ་བ་[1]ཐམས་ཅད་དུ། །
འཕྲིན་ལས་མཉམ་དུ་འགྲོ་བའི་འདྲེན་བྱེད་ཅིང་། །[2]
ཀུན་ཏུ་བཟང་པོའི་སྨོན་ལམ་ཇི་ལྟ་བ། །
དགའ་[3]བའི་སྨོན་ལམ་གཅིག་ཏུ་གདབ་པར་བགྱི[4]། །

ཞེས་སྐུ་ཚེ་འདི་ནས་བཟུང་སྟེ་སྐུའི་སྐྱེ་བ་ཕྱི་མ་དང་ཕྱི་མ་ཐམས་ཅད་དུ་ཁྱེ་ཅག་གཉིས་ཀྱི་མཛད་པ་དང་འཕྲིན་ལས་མཉམ་དུ་འགྲོགས་ཏེ་མ་གྱུར་འགྲོ་བའི་འདྲེན་བྱེད་རྣམ་མཁྱེན་རྒྱལ་བའི་གོ་འཕང་ཐོབ་ཅིང་གཞོན་ནུ་ནོར་བཟང་ལ་འཕགས་པ་ཀུན་ཏུ་བཟང་པོས་གསུངས་པའི་སྨོན་ལམ་ལྟར། རང་གཞན་གྱི་

① དཔེ་རྙིང་། (བཟུངས་སྟེ་ཚེ་རབ་)
② དཔེ་རྙིང་། (འཕྲིས་བཟང་པོར་འགྲོ་བ་འདྲེན་མཛད་ཅིང་། །)
③ དཔེ་རྙིང་། (དགེ་)
④ དཔེ་རྙིང་། (གྱིས)

དུས་གསུམ་དུ་བསགས་དང་གསོག་འགྱུར་གྱི་དགེ་བ་རྣམས་ཀུན་ཏུ་བཟང་པོའི་སྤྱོད་པ་ལྟར་འགྱུར་བའི་ཕྱིར་བསླབ་བྱ་འདི་འཆད་ཉན་གྱི་དགེ་རྩ་རྣམས་དཀའ་དང་སྦྲོ་གསུམ་གྱི་སྒོ་ནས་འགྲོ་བ་ལ་ཕན་པའི་ཆེད་དུ་སངས་རྒྱས་ཀྱི་གོ་འཕང་ཐོབ་པའི་རྒྱུར་བསྔོ་བ་དང་སྨོན་ལམ་མཉམ་གཅིག་ཏུ་གདབ་པར་བགྱི། །ཞེས་མཉམ་དུ་སྨོན་ལམ་གྱིས་རྒྱས་བཏབ་པའོ། །ཞེས་འཇམ་སྟོན་པ་རྒྱལ་བའི་འབྱུང་གནས་ཀྱིས་གསུངས་སོ། །བསླབ་བྱ་ནོར་བུའི་ཕྲེང་བ་ལས། དེ་ཡང་སྤྱན་རས་གཟིགས་དབང་འཇམ་ཆོས་ཀྱི་རྒྱལ་པོས་མཛད་པའི་མི་ཆོས་གནད་ཀྱི་ཕྲེང་བའི་འགྲེལ་པ་འདི་རྩ་བ་ནི་ཤིན་ཏུ་གོ་སླ་བས་ཚིག་འགྲེལ་མི་དགོས་སྐབས། མདོ་རྒྱུད་དང་། ས་རྒྱན་སྤྱོར་ཚུལ་ལ་དཔེ་བླངས། རྒྱ་གར་མཁས་པའི་གཞུང་དང་གངས་ཐང་འཇམ་པའི་དབྱངས་ཀྱི་གསུང་གི་རྗེས་སུ་འབྲང་སྟེ། སྤང་བྱ་དང་བླང་བྱ། སྤྱིར་བཏང་དང་དམིགས་བསལ། སྤྱི་དང་བྱེ་བྲག །དཔེ་དང་དོན་སོགས་ཁ་བསྐང་སྟེ་བྲིས་པ་ཡིན་པས་རྩ་བ་དང་སྦྱར་ནས་བལྟ་དགོས་སོ། །ཞེས་གསུངས་འདུག་པས། འདིར་རྩ་བ་དང་སྦྱར་ཏེ་བཀོད་པའོ། །མ་ཟད་ནོར་ཕྲེང་འདི་ལྗོངས་དང་ཞིང་ཆེན་ལྔའི་མཉམ་སྒྲིལ་བསླབ་གཞི། འགན་བབས་སློབ་གསོའི་(སྐད་ཡིག)ལོ་རིམ་བདུན་པའི་སྨད་ཆའི་ནང་དུ་ཡང་བཀོད་པས་དེར་གོ་བ་ལོན་པའི་གྲོགས་ཀྱང་བྱེད་ནུས་པ་སེམས།

ང་ བཤད་པ་མཐར་ཕྱིན་པའི་ཚུལ།

མཇུག་ཏུ་བཤད་པ་མཐར་ཕྱིན་པའི་ཚུལ་ནི། ནག་ཚོ་ཤིན་ཏུ་དགྱེས་ཏེ་ལན་དུ།

རྩ་བ་ལས།

བཀའ་དྲིན་ཆེའོ་ངོ་མཚར་རྒྱ་མཚོའི་དཔལ། །
ཐུགས་ལ་བཏགས་སོ་ནོར་བུ་རིན་ཆེན་གླིང་། །
སེམས་ལ་ཕན་ནོ་ལེགས་པར་སྦྱར་བའི་གསུང་། །
ཉམས་སུ་བླང་ན་ཡུན་དུ་འཕྲོད་པར་གདའ། །
བུང་བའི་ཚོགས་ལ་མེ་ཏོག་རོ་མཆོག་ཞིམ། །
རྒྱ་མཚོའི་ནང་ན་ཀུནྡ་བསིལ་ངད་ལྡན། །
མཁྱེན་བརྩེའི་གླིང་ན་གསུང་གི་བདུད་རྩི་མངར། །
གངས་རིའི་ཁྲོད་ན་ཁྱོད་ཀྱི་ཆར་རྒྱུན་བསིལ། །

ཞེས་བཀའ་དྲིན་ཆེའོ་ངོ་མཚར་སྙིང་རྗེའི་གཏིང་མཐའ་དཔོག་པར་དཀའ་བའི་འབྲོམ་སྟོན་རྒྱ་མཚོའི་དཔལ། བསླབ་གསུམ་གྱི་ནོར་བུ་རིན་ཆེན་ཚོགས་ཀྱིས་ཐུགས་རྒྱུད་ཡོངས་སུ་གཏམས་པའི་འབྲོམ་སྟོན་ཁྱེད་ཀྱིས་བདག་ལ་ཐུགས་བརྩེ་བ་ཆེན་པོས་ཡོངས་སུ་བཏགས་ཏེ། དཔེ་འཇིག་རྟེན་གྱི་དོན་མཐའ་དག་སྒྲུབ་པའི་ཡིད་བཞིན་གྱི་ནོར་བུ་རིན་པོ་ཆེའི་གླིང་དུ་ཁྲིད་པ་ལྟར། ཚེ་འདིའི་འཇིག་རྟེན་མིའི་མཐུན་འཇུག་བདེ་བླག་ཏུ་འཇུག་པའི་ཐབས་སྟོན་པ། ནག་ཚོ་བདག་གི་སེམས་ལ་ཕན་ནོ། །མ་ཟད་བརྗོད་དོན་ཟབ་ཅིང་རྗོད་བྱེད་ཀྱི་ཚིག་དག་བརྗོད་བྱའི་དོན་གྱིས་གནད་ལ་ལེགས་པར་སྦྱར་བས་གོ་སླ་བའི་གསུང་ངམ་གཞུང་འདི་ཉིད་འཇིག་རྟེན་པ་སུས་ཉམས་སུ་བླང་ནས་ཡུན་དུ་སྲིང་ན་གཏན་དུ་འཕྲོད་པའམ་ཕན་པར་གདའོ། །དེ་ཡང་དཔེར་ན་གཡུ་སྦྲང་བུང་བའི་ཚོགས་ལ་མེ་ཏོག་གི་རོ་ནི་མཆོག་ཏུ་ཞིམ་པ་དང་། རྒྱ་མཚོའི་ནང་ན་ཀུནྡའི་བསིལ་ངད་ལྡན་པ་ལྟར། སངས་རྒྱས་ཀྱི་མཁྱེན་བརྩེའི་གླིང་ན་གདུལ་བྱ་ལ་གསུང་གི་བདུད་རྩིའི་རོ་མངར་བ་བཞིན། གངས་རིའི་ཁྲོད་ན་འཕགས་མཆོག་སྤྱན་རས་

གཟིགས་མིའི་གཟུགས་སུ་བྱོན་པ་འབྲོམ་སྟོན་པ་ཁྱོད་ཀྱི་གསུང་གི་ཆར་རྒྱུན་གྱིས་ཉོན་མོངས་པའི་ཚ་གདུང་རབ་ཏུ་བསིལ། ཞེས་ནག་ཆོས་དོན་དང་མཐུན་པའི་བསླབ་བྱའི་ཁྱད་འཕགས་ཀྱི་ཡོན་ཏན་བརྗོད་པ་ཡིན་ནོ། །

ནག་ཚོ་དང་ཇོ་འབྲོམ་གྱི་ཞུ་ལན་འཕྲོ།

འོག་གི་ཇོ་བོ་ཡབ་སྲས་གསུམ་གྱི་ཞུ་ལན་འདི་དག་གོ་སླ་བ་དང་། ཧ་ཅང་མང་བས་སྐབས་དོན་པོར་བར་བསམ་སྟེ། འགྲེལ་པ་མེད་པར་རྩ་ཚིག་དག་སྤབས་གཅིག་ཏུ་བཀོད་པ་ནི། གོང་གི་ནག་ཚོའི་ལན་གྱི་མཇུག་མཐུད་ཀྱི་འཕྲོ།

ནག་ཚོས། གང་ཞིག་གང་ལ་སློབ་པར་བྱེད་པ་དཀོན། །དེ་བས་དེ་ལ་ཉན་པར་བྱེད་པ་དཀོན། །དེ་རིང་དཀོན་མཆོག་ནོར་བུའི་ཕྲེང་བ་རྙེད། །ད་ནི་མགོ་ལ་བླངས་ཏེ་ཐོད་དུ་བཅིངས། །སྟོན་ཚད་བོད་ནི་མུན་པའི་སྣག་ཏུམ་འདྲ། །དེང་སང་དུས་ན་ཟླ་རྐོད་ཕུང་པོ་འདྲ། །བསམ་གྱིན་ཁོ་བོ་བོད་ལ་བཀའ་དྲིན་ཆེ། །ཁྱོད་གསུང་མ་ཐོན་ཟག་པ་འཕེལ་ཡང་སྲིད། །སྟོན་ཚད་བོད་ནི་ཁྱོལ་སོང་གདོལ་བའི་གླིང་། །དེང་སང་དུས་ན་འཕགས་པའི་ལྷུམ་ར་འདྲ། །ཁོ་བོ་དགའ་བ་སྐྱེད་པའི་སྙིང་ཏུས་ཅན། །བསླུས་ན་རང་གཞན་འཕུང་བར་མི་འགྱུར་རམ། །ད་ནི་གོང་མ་སྤྱི་བོས་བླང་བར་བགྱི། །འོག་མ་ཐམས་ཅད་བུ་བཞིན་སྐྱོངས་བར་བགྱི། །མཉམ་པ་ཡོངས་ལ་འགྲོགས་ཤེས་ཆེ་བར་བགྱི། །སློབ་བརྗོད་ཉུང་ལ་ཚིག་ཟུར་ཆུང་བར་བགྱི། །བྱ་བྱེད་སྐྱུངས་ལ་སྒྲུབ་པ་འཕེལ་བར་བགྱི། །ཕྱི་ནང་ཡོངས་ལ་མགོ་ལྟག་ཕྱེ་བར་བགྱི། །སྐྱེ་བོ་ཡོངས་ལ་ཕན་སེམས་ཆེ་བར་བགྱི། །ཉེ་རིང་ཡོངས་ལ་རེ་ལྟོས་ཆུང་བར་བགྱི། །ལོངས་སྤྱོད་དག་ལ་ཆགས་ཞེན་ཆུང་བར་བགྱི། །ཕ་ཡུལ་དག་ལ་སྡུག་ཞེན་ཆུང་བར་བགྱི། །དགྲ་

ཟུན་གཉིས་ལ་ཉེ་རིང་ཆུང་བར་བགྱི། །མཛེ་སྲུང་དག་ལ་རྣམ་རྟོག་ཆུང་བར་བགྱི། །བསླབ་པ་གསུམ་ལ་ནན་ཏན་ཆེ་བར་བགྱི། །མདོར་ན་ཁྱོད་ཀྱི་གསུང་རྣམས་ཇི་སྙེད་པ། །ནོར་བུ་རིན་ཆེན་ལགས་པས་སེམས་ལ་འཆང་། །ཁྱེད་ཀྱི་ཐུགས་རྗེའི་དཔུང་ཚོགས་མ་འཁྲུགས་པར། །བྱང་གི་ཕྱོགས་འདིར་བསྟན་པ་རྒྱས་མཛད་ཅིང་། །འཕགས་པའི་ཚོགས་རྣམས་རྒྱ་ཆེར་སྤེལ་མཛད་པའི། །མཐའ་འཁོབ་གནས་འདིར་བསྟན་པ་རྒྱས་པར་མཛོད། །གངས་རིའི་ཕྲུག་འདིར་ཆོས་གྲྭ་རྒྱ་བསྐྱེད་ལ། །བསླབ་པ་གསུམ་གྱི་གཡོས་དང་མ་བྲལ་བར། །སྐྱེས་བུ་གསུམ་གྱི་དགའ་སྟོན་ཆེན་པོ་ཡིས། །རང་གི་གདུལ་བྱ་ཤིན་ཏུ་ཚིམ་པར་མཛོད། །ཤིང་ཕུང་མེད་ན་བྱ་ཚོགས་མི་འདུ་ལྟར། །ཆུ་གཅིག་མེད་ན་ཆུ་བྱ་མི་ལྡིང་ཞིང་། །གཞི་གཅིག་མེད་ན་གདུལ་བྱ་འདུལ་དཀའ་བས། །ལུང་བསྟན་བརྟེན་པའི་གནས་གཅིག་བཞེངས་པར་མཛོད། །བདག་ཀྱང་ཕྱོགས་རིས་གང་ན་འདུག་ཀྱང་རུང་། །ཐུགས་རྗེའི་སྤྱན་གྱིས་ངེས་པར་གཟིགས་པ་དང་། །འཕྲིན་ལས་ཆེན་པོས་ངེས་པར་བསྐྱབ་ཏུ་གསོལ། །ཇོ་བོའི་དྲུང་དུ་དཀའ་སྤྱད་ཅི་ཙམ་བྱས། །ལྷ་བཙུན་སྤྱན་སྔར་བཞུགས་པར་འོས་ན་ཡང་། །ཁྱེད་ཀྱི་ལས་འཕྲོ་བསོད་ནམས་མ་ཐུབ་པས། །ལུང་བསྟན་བཞིན་དུ་ཡབ་སྲས་མཇལ་བ་ཡིན། །བདག་ཀྱང་ཇོ་བོ་ཆེན་པོ་བཞུགས་ཀྱི་བར། །ཕྱག་ཕྱིར་འབྲང་ཞིང་སྡོད་པ་འོས་ན་ཡང་། །ས་བདག་ཁྱོད་ལ་མཆོད་ཡོན་འཕྲོད་པས་ན། །འགྲོ་འམ་འདུག་ཀྱང་སེམས་ཁུར་ཆུང་བ་ཡིན། །ཁྱེད་རང་གསུང་བཞིན་ཚེ་རབས་ཐམས་ཅད་དུ། །ཁྱེད་དང་ལྷན་ཅིག་འགྲོ་བ་མང་པོ་ལ། །དམ་པའི་ཆོས་ཀྱི་དགའ་སྟོན་འགྱེད་པ་དང་། །བར་ཆད་མེད་པར་དགེ་མཐར་ཕྱིན་པར་ཤོག །ཇོ་རྗེ་ལྷ་བུར་སྐུ་ཚེ་བརྟན་པ་དང་། །ནག་པོའི་ཕྱོགས་ཀྱིས་བསྐྱུར་དུ་མི་བཏུབ་པར། །འགྲོ་བའི་དོན་དུ་འདའ་གྲོངས་མི་

མངའ་བར། །སྐུ་ཁམས་བཟང་པོ་རྟག་པར་མཛད་པར་ཞུ། །ཞེས་གསུངས་ཏེ། ཕྱི་ཕྱུག་ཞབས་ལ་གཏུགས་ནས། འབྲོམ་ལ་འཁྲིད་བའི་ཚུལ་དུ་ཡང་ཡང་དུ་ཕྱི་མིག་མཛད་ཅིང་བཞུད་སྐད།

དེ་ནས་འབྲོམ་སླར་ལོག་ནས་ཇོ་བོའི་དྲུང་དུ་འོང་བ་ན། ཇོ་བོ་ཞལ་འཛུམ་པའི་མདངས་ཕྱུང་ནས། འབྲོམ་ལ་དྲི་བ་མཛད་པ། ཤེས་རབ་མིག་ལྡན་སྐད་གཉིས་སྨྲ་བ་ཡི། །ལྕེ་བདེ་དོན་གསལ་སྒྲ་དང་སྡེབ་སྦྱོར་མཁས། །དག་པའི་སྣང་བ་དགའ་བ་རྒྱས་པ་ན། །སེམས་ཉིད་འཕྲོད་པའི་གཏམ་གྱིས་དཀྱིལ་ལགས་སམ། །ཚུལ་ཁྲིམས་རྒྱལ་བས་དཀའ་བ་བརྒྱ་ཕྲག་སྤྱད། །རྒྱ་གར་ཡུལ་ནས་ཁོ་བོ་གདན་དྲངས་ནས། །ཁྱེད་ཀྱི་བཞེད་པ་བསྒྲུབ་ནས་སོང་ལགས་སམ། །ང་དང་འབྲལ་བརྟག་མེད་པའི་སྐྱེས་བུ་དེ། །ཚིམ་པ་མེད་པར་དམ་ཆོས་བླང་བའི་ཕྱིར། །ཐག་རིང་བལ་པོའི་ཐང་ལ་རྒྱུགས་པ་ན། །བརྩེ་བས་ཁོ་བོར་འཁྲིད་བ་མི་གདའ་འམ། །དེ་རིང་ཁོ་བོ་འབྱུང་བ་འཁྲུགས་པ་ལ། །གློ་བུར་ལམ་ལ་གོམ་པ་ཆས་པའི་ཚེ། །བོད་ཀྱི་ཁ་རྒོད་མང་པོ་ཁ་བསྟུར་ཏེ། །དྲིན་ཅན་མི་དེ་སྐྱོད་ཅིང་མི་གདའ་འམ། །ཁོ་བོ་རྒྱལ་པོས་བོས་པའི་པཎ་ཆེན་ཡིན། །རྒྱལ་པོའི་ཁབ་ཀྱི་གཙུག་ལག་ཁང་བཟང་དེར། །ཆོས་ཀྱི་འཁོར་ལོ་བསྐོར་ནས་སྟོད་རིགས་ནའང་། །ཁྱེད་ཀྱི་རྗེས་སུ་འབྲངས་པས་ཚིམ་ལགས་སམ། །ད་ནི་གུང་ཐང་པ་དེ་ཡར་ལ་སོང་། །ཨ་མེས་དམ་པ་རྒྱ་གར་ཡུལ་དུ་ཆས། །ཁུ་རྗོག་ལ་སོགས་ཆེ་བས་རང་སར་སྐྱོངས། །ཁྱོད་ཀྱི་དྲུང་ན་ཁོ་བོ་གོང་ཉིད་ཙམ། །ཡིན་མིན་ཐམས་ཅད་མགོ་ལྟག་བྱེད་པའི་དུས། །སྙིང་པོ་ཐམས་ཅད་གཅིག་ཏུ་འདྲིལ་བའི་དུས། །ཐོས་བསམ་སྒོམ་གསུམ་གཅིག་ཏུ་སྤྲུགས་པའི་དུས། །འབྲོམ་རྗེ་ཐུབ་པའི་བསྟན་པ་ལྷ་སྟོང་གནས། །འོན་ཀྱང་བོད་དུ་ཆོས་སྤྱོད་ཇི་ལྟར་དར། །བདག་གིས་བསྟན་

པ་སྐྱོང་བྱེད་བྱས་པ་ཡིན། །ད་ནི་གཞི་བཞེངས་ལེགས་པར་ཚར་བ་ཡིན། །ཆོས་འདི་ལེགས་པར་སྐྱོངས་ཤིག་རྒྱལ་བའི་འཁོར། །མཐའ་རྒྱ་བྱང་ནས་སྐྱོངས་ཤིག་སྙིང་སྟོབས་ཅན། །ཕོ་ཧུས་རྣམ་ཐར་བཟུང་ཞིག་ཁྲིལ་གཞུང་ཅན། །ཕ་གཅིག་བུ་གཅིག་ཡིན་ནོ་སྙིང་ལ་སོམས། །གུང་ཐང་པ་དེས་བླ་མ་གཉིས་པ་འཚོལ། །འཁོར་རྗེ་ཁྱོད་ནི་ཕོ་བོ་གཅིག་པུ་སེམས། །སྤྲུལ་གྱི་ཤུན་པ་བརྗེས་ཀྱང་སྤྲུལ་མ་བརྗེ། །ཕོ་བོ་འཆི་ཚུལ་བསྟན་ཡང་ཨ་ཏི་ཤས། །བདག་གི་བསྟན་པ་འདི་ནི་ཁྱོད་ལ་གཏད། །ལོ་སྐོར་གཅིག་གི་བར་དུ་བྱང་ཕྱོགས་སུ། །ཆོས་ཀྱི་ཆར་བ་ཕབས་ལ་གཞན་དོན་མཛོད། །དེ་ནས་ཁྱོད་ཀྱི་ཡོན་ཏན་མ་ལུས་པ། །གང་ཟག་གཅིག་གིས་བླངས་པར་མི་ནུས་པས། །ལས་ཆེན་བརྒྱད་ཙུར་བགོས་ལ་མཐའ་རྒྱ་བསྐྱེད། །གཙོ་བོ་སྤྲུལ་བའི་སྐུ་མཆེད་གསུམ་པོ་ལ། །གཞུང་དང་མན་ངག་ཐུན་མོང་གསུམ་བྱིན་ལ། །ལྷག་པར་མེད་པར་རང་གི་གདན་ས་གཏོད། །གནས་ཀྱི་གདན་སར་ཨ་མེས་དམ་པ་བསྐོས། །དེ་ནས་ཞེན་ཅིང་ཆགས་པ་མ་བྱེད་པར། །དགའ་ལྡན་གནས་སུ་ཕོ་བོའི་དྲུང་དུ་ཤོག །དེ་ནས་ཟླ་བ་ཆེན་པོ་གནམ་བཀྲ་བར། །གསང་སྔགས་རྡོ་རྗེ་ཐེག་པ་གླུར་ལེན་ཅིང་། །སྣང་སྟོང་སྒྱུ་མའི་སྣང་བ་གར་དུ་སྟེ། །མཐའ་རྒྱ་སྤྲོས་པའི་དབྱིངས་དེ་བྲོ་ཧུ་བརྟུང་། །ཨེ་མ་ཧོ། ང་ནི་གང་ལྟར་བྱས་ཀྱང་སླ་བ་ཡིན། །ད་ནས་ཇི་ལྟར་བྱས་ཀྱང་བདེ་བ་ཡིན། །གདུལ་བྱའི་གནས་རྣམས་ལེགས་པར་ཐུལ་བ་ཡིན། །རེ་ཞིག་བྱམས་པའི་དྲུང་དུ་འགྲོ་བ་ཡིན། །དཔོན་སློབ་རྟེན་འབྲེལ་འགྲིག་གོ་ཡ་མཚན་ཆེ། །དེ་རིང་ཡ་མཚན་མཐོང་བའི་གླུ་དབྱངས་འདི། །གནད་དུ་ཕོག་པའི་དུས་སུ་བླངས་པ་ཡིན། །བདེ་འམ་ལེགས་སམ་རྗེ་བཙུན་རྒྱལ་བའི་འཁོར། །ཞེས་གསུངས་སོ། །

དེ་ནས་འཁོར་གྱིས་གསོལ་བ། ཚེ་རབས་མང་པོར་ཚོགས་གཉིས་རྫོགས་

པའི་ཕྱོ། །དེང་སང་དུས་ན་འབྲས་བུ་བརྗོད་བའི་ཕྱོ། །ཐུགས་རྗེ་ཆེན་པོ་ཀུན་ལ་སྙོམས་པའི་ཕྱོ། །འཕྲིན་ལས་ཆེན་པོ་ཀུན་ལ་འཇུག་པའི་ཕྱོ། །ཕ་ཅིག་འགྲན་ཟླ་བྲལ་བ་ཆོས་ཀྱི་རྗེ། །གུང་ཐང་པ་ལ་བདག་གིས་སྐྱིལ་ཐུང་བྱས། །འཇིག་རྟེན་མི་དང་མཐུན་པའི་ལེགས་བཤད་བསྟན། །ཡ་མཚན་སེམས་ལ་འཕྲོད་པའི་གླིང་མོ་བྱུང་། །མ་དང་འབྲལ་ཐབས་མེད་པའི་བུ་མོ་བཞིན། །ག་ཤེད་ཐག་རིང་ཁྱིམ་ལ་འགྲོ་དུས་ན། །མ་བུ་སོ་སོར་འཁྱིང་ནས་འབྲལ་བ་བཞིན། །བསླབ་བྱ་རང་སར་བྱེད་ཅིང་སྐྱོངས་པ་ལྟར། །དེང་སང་བདག་ཅག་འབྲལ་སླགས་མེད་ན་ཡང་། །གུང་ཐང་པ་ནི་ཕོ་བོ་འབབ་ཞིག་སེམས། །ངེས་པར་འཁྱིང་ནའང་འཕྲིན་ལས་སྐྱིལ་དུ་ཐལ། །འཕྲིན་ལས་ཅན་དེ་བོད་ལ་སྤྱི་སྙོམས་ཆེ། །ཕྱོགས་རིས་མེད་ཀྱང་མངའ་རིས་ཕྱོགས་སུ་ཐལ། །བཀའ་དྲིན་ཅན་དེས་ལྷག་པར་འབྲོམ་ལ་བསྟེ། །ཤིན་ཏུ་མཐུན་པ་དེ་རིང་བྲལ་ཏེ་ཐལ། །བོད་ཀྱི་དགེ་བཤེས་ཚངས་པ་ལྟ་བུ་རྣམས། །ཁ་རྒོད་འཕྱོ་བས་ཙུང་ཟད་གཤེས་ཏེ་གདའ། །བོད་ཀྱི་སེམས་ཅན་ཁྲིལ་གཞུང་ཆུང་བ་རྣམས། །བཀའ་དྲིན་ཆེན་པོ་གཤེགས་ལ་འཁྲིང་བ་ཤུང་། །དེ་རིང་འབྲོམ་རྗེས་ཤེས་པ་མ་སླེང་འདྲ། །ཡུ་མོ་ཤེའུ་སྟོར་བཞིན་དུ་ནག་ཚོ་དྲན། །འདབ་ཆགས་སྒོང་སྟོར་བཞིན་དུ་ནག་ཚོ་དྲན། །ཉ་མོ་ཆུ་བྲལ་བཞིན་དུ་ནག་ཚོ་དྲན། །ཤ་ཕོ་ཉ་ཕོག་བཞིན་དུ་ཡིད་མ་ཆེས། །ཆུང་མ་ཁྱོ་བྲལ་བཞིན་དུ་སྣང་མ་འཕྱོ། །ཉི་ཟླ་གཟས་བཟུང་བཞིན་དུ་ཉམས་མ་དགའ། །རྗེ་བཙུན་དེ་སྐད་བྱ་བ་ཅི་ལ་གསུངས། །ལྷ་དང་འདྲ་བའི་གུང་ཐང་པ་དེ་གཤེགས། །མིག་དང་འདྲ་བའི་བློ་གྲོས་ཅན་དེ་བཞུགས། །མ་དུས་མིག་ལས་མཆི་མ་ཡུངས་འབྲུ་ཙམ། །བདག་ཅག་བྱམས་དང་སྨྱུན་རས་གཟིགས་དབང་ལྟར། །འགྲོ་མགོན་ཁྱོད་ཀྱི་གཡས་གཡོན་རྟེན་བྱེད་ཅིང་། །དེ་རིང་ཕ་གཅིག་བུ་གཅིག་ཤུལ་དུ་

ལུས། །ཨ་མེས་ཆོས་རྒྱལ་གློན་པོ་བྱེས་སུ་ཐལ། །ད་ནི་སྣང་ཁལ་བེའུ་ལ་འགྲོ་གསུངས། །བོད་ཀྱི་ཆོས་པ་ཤིན་ཏུ་གདུག་རྩུབ་ཆེ། །གངས་རིའི་ཁྲོད་ནི་ཤིན་ཏུ་རོང་ཁོང་དོག །ནག་པོ་བདུད་ཀྱི་རིགས་ནི་སྤྲུལ་པ་མང་། །བར་ཆད་ལས་ཀྱི་གཤིན་རྗེ་གློ་བུར་ཚ། །རྒྱུས་མེད་བར་དོའི་འཕྲང་ནི་ཤུལ་ཐག་རིང་། །ལས་འབྲས་ཞིབ་མོ་རྣམས་ནི་འཐུལ་སྙིང་འདོད། །གཉེན་པོ་ཆུང་བ་རྣམས་ནི་སྤྱིན་སྙིང་འདོད། །ག་ཤེད་གཅིག་ཏུ་ཤེས་པ་འཕྱོ་ཞིང་གདའ། །འདུས་པའི་ཐ་མ་འདི་ལྟར་འབྲལ་བ་ན། །འདུས་བྱས་དུ་མ་སྙིང་པོ་ཅི་ཞིག་ཡོད། །བསགས་པའི་ནོར་ལ་སྐོ་ཕུགས་ཅི་ཞིག་ཡོད། །ཁ་ཅམ་ཚིག་ལ་མི་ཚེ་ཕྱིད་པས་འཕུང་། །ཐུབ་མཆོག་བལྟམས་ནས་བརྒྱད་ཅུའི་དུས་ལ་གཤེགས། །ཀླུ་སྒྲུབ་སྙིང་པོ་དྲུག་བརྒྱ་བཞེས་ནས་འདས། །ཟླ་བ་གྲགས་པ་བཞི་བརྒྱའི་དུས་ནས་ཡལ། །རིག་པའི་ཁུ་བྱུག་སུམ་བརྒྱའི་དུས་ལ་བཞུད། །རྡོ་རྗེ་སྐུ་ཡང་ཡར་ལ་བགྲེས་ནས་གདའ། །བསྟུངས་པའི་ཚུལ་བསྟན་རྗེ་ལ་ཡོངས་མ་མགུ། །འཁོར་ལོ་བསྒྱུར་རྒྱལ་ལྷ་དུས་བདག་འདྲ་ལ། །ཆོས་ཀྱི་རྒྱལ་སྲིད་བསྟན་པ་གཏོད་པ་མཚང་། །འོན་ཀྱང་ལས་དང་རྟེན་འབྲེལ་མ་འཆུགས་པར། །ཆོས་རྒྱལ་ཁྲོད་ཀྱི་བྱིན་རླབས་སྙིང་ལ་བཞུགས། །ད་ནི་གངས་རིའི་སྲིན་པོའི་ནགས་ཁྲོད་དུ། །ཁོ་བོ་ཤེལ་གྱི་བྱེའུ་ཆུང་རྒྱུ་བ་ལ། །ཤ་དང་ཁྲག་མེད་པར་ནི་མ་མཆིས་པར། །ལོ་སྐོར་གཅིག་གི་བར་དུ་ཕ་རྗེས་སྐྱོངས། །དེ་ནས་རིགས་གསུམ་མགོན་པོ་མངའ་གསོལ་བའི། །བུ་གསུམ་སྙིང་གི་ཐིག་ལེར་བསྐྱེད་བྱས་ནས། །བརྒྱུད་པ་གསུམ་གྱི་བཀའ་སྲོལ་མ་ཆད་པར། །འཕྲིན་ལས་དམ་པ་ཕྱོགས་བཅུར་འཕེལ་བར་བྱ། །ཆོས་རྒྱལ་གདན་ས་ཨ་མེས་ཆེ་ལ་གཏད། །བསྟན་པའི་རྒྱལ་མཚན་ཡུན་དུ་བསྲིངས་པ་དང་། །བྱེ་བྲག་ལས་ཆེན་བརྒྱད་ཅུར་བགོས་བྱས་ལ། །བསྟན་པ་བྱང་གི་ཕྱོགས་སུ་དར་བར་བྱ། །ཁྱེད་

དང་གསེར་གླིང་པ་ཡི་ནང་རྟེན་ལ། །འཇམ་དཔལ་དཔའ་བོའི་རྡོ་རྗེའི་ཕྲ་བཏབ་ཏེ། །གསུང་རབ་དྲི་མེད་རྒྱ་མཚོའི་ཚོགས་རྣམས་དང་། །འཕགས་པ་སྐུ་མཆེད་གསུམ་པོ་ལ་སོགས་རྣམས། །རྭ་སྒྲེང་གཙུག་ལག་ཁང་དུ་བཞེངས་པར་བྱ། །དེ་ནས་མི་འཕྲེང་བྱ་བ་ཚར་བ་དང་། །མགོན་པོ་ཁྱེད་ཀྱི་དྲུང་ན་ཐོགས་མེད་རྒྱུ། །གསང་བ་འདུས་པའི་དགའ་སྟོན་རྒྱ་ཆེར་སྤེལ། །སླར་ཡང་འཕོངས་པ་རྣམས་ལ་བརྩེ་བའི་ཕྱིར། །མ་དག་གདུལ་བྱ་ཡང་དག་འདུ་བ་ཡི། །ཀུན་ཏུ་བཟང་པོ་སྨོན་ལམ་ཡང་དག་འདེབས། །ཞེས་གསུངས་སོ། །འདི་མཐོང་ཐོས་པའི་སྐྱེ་བོ་རྣམས། །བླ་མེད་བྱང་ཆུབ་མྱུར་ཐོབ་ཤོག །མགོན་པོ་ཡབ་སྲས་མཆེད་གསུམ་གྱིས། །ཞུས་ལེན་ཞལ་གདམས་སུ་གསུངས་པའོ། །ཞེས་མི་ཆོས་ཀྱིས་གཙོས་ཇོ་འབྲོམ་ནག་ཚོ་རྣམ་གསུམ་གྱི་ཞུས་ལན་ཞལ་གདམས་རྫོགས་སོ། །

མི་ཆོས་ཀྱི་བརྩམས་ཆོས་འདི་ནི་གཞན་དང་མི་འདྲ་བ་ཞིག་ཡིན་ཏེ། བོད་ཀྱི་སྔོན་བྱུང་སྐྱེས་བུ་དམ་པའི་གསུང་ཕལ་མོ་ཆེ་ནི་དམ་པའི་ལྷ་ཆོས་སྐོར་གྱི་བརྩམས་ཆོས་རྐྱང་ལས་འཇིག་རྟེན་མི་ཆོས་སྐོར་གྱི་བསྟན་བཅོས་ཏ་ཙང་དཀོན་པར་སྣང་། དེ་བས་ཀྱང་ཇོ་བོ་བཀའ་གདམས་པ་ནི་མི་གྲལ་ནས་བུད་དེ་ཁྲི་གྲལ་བསྡེགས་ཤིང་ལྷ་གྲལ་ཐོབ་པ་ལ་བརྩོན་མཁན་ཞིག་གིས་འཇིག་རྟེན་མི་ཆོས་དང་མཐུན་པའི་བརྩམས་ཆོས་གསེར་ལྟར་དཀོན་ན་ཡང་། བཀའ་གདམས་བསྟན་པའི་མེས་པོ་འབྲོམ་ཆོས་ཀྱི་རྒྱལ་པོ་དེ་ཉིད་ཀྱིས་སྐུ་ཚེ་གང་བོར་རང་གིས་རྒྱུད་སྦྱོང་བའི་མི་ཚེའི་ཉམས་མྱོང་དག་བརྗོད་བདེ་བའི་ཚིག་གི་ལམ་ནས་གསུངས་པའི་སྔོན་ཐོན་མེས་པོའི་བསླབ་བྱ་གལ་ཆེན་ཞིག་ཡིན་པས་ལྗོངས་དང་ཞིང་ཆེན་ལྔའི་མཉམ་སྦྲེལ་བསླབ་གཞི་མཐོ་སློབ་སྐད་ཡིག་དེབ་བཞི་པ་དང་དེའི་ཁ་སྐོང་གི་འགྲེལ་པ་བསླབ་བྱ་ནོར་བུའི་ཕྲེང་བ་ཡང་ལོ་དགུའི་འགན་བབས་སློབ་གསོའི་

ལོ་རིམ་བདུན་པའི་སྐད་ཆའི་ནང་དུ་བཀོད་འདུག་ཀྱང་། འདིར་འགྲེལ་པ་ཞིག་མེད་རྐྱེན་སློབ་གྲྭ་ཆུང་འབྲིང་གི་སློབ་མས་གཙོས་མི་མང་པོ་ཞིག་གིས་གོ་དཀའ་བས་དེར་ཆེད་དུ་དམིགས་ཏེ་རང་ཉིད་ནས་འདིར་འགྲེལ་པ་ཞིག་བྱས་ཏེ་ལས་དང་པོ་བ་དག་ལ་ཕན་པར་རེ་བ་ནི་འདི་བརྩམས་པའི་དགོས་པ་ཉག་གཅིག་དེ་ཡིན།

སྨྲས་པ།

ཕན་པའི་སེམས་ཀྱིས་བསླབ་བྱ་གནང་མཁན་དཀོན། །
བསྟན་ཀྱང་ཉམས་སུ་ལེན་མཁན་དེ་བས་དཀོན། །
དེ་ལྟ་མོད་ཀྱང་མི་ཆོས་བསླབ་བྱའི་འགྲེལ། །
རང་ཉིད་བཟང་པོའི་སྤྱོད་ལ་གོམས་ཕྱིར་བྲིས། །

ཞེས་བོད་རབ་བྱུང་༡༧ལྕགས་བྱི་སྟོན་ཟླའི་ཚེས་ཉི་ཤུ(ཕྱི་ལོ་༢༠༢༠-༧-༡༠)ལ་འབྲོམ་སྟོན་རྒྱལ་བའི་འབྱུང་གནས་དགོངས་པ་རྫོགས་ཏེ་མི་ལོ་ཧྲིལ་པོ་༡༥༨འཁོར་བའི་དུས་མཆོད་ཉིན་ར་སྒྲེང་དགོན་པ་གོང་གི་རང་ཤག་ཏུ་གཟིམ་འོག་སྤྱིལ་མིང་འཛིན་པ་བསྟན་འཛིན་ཡེ་ཤེས་ཀྱིས་རྫོགས་པར་སྦྱར་བའོ། །

༄༅། །འབྲོམ་གྱིས་གསུངས་པའི་བོད་ཀྱི་སྣོད་བཅུད་འཛིག་རྟེན་རྣམ་གཞག་གི་འགྲེལ་པ།

འདི་ལ་རྩ་བའི་ས་བཅད་གཉིས་ཏེ། མདོར་བསྟན་པ་དང་།

རྒྱས་པར་བཤད་པའོ། །

དང་པོ་མདོར་བསྟན་པ་ནི།

ཨོཾ་སྭསྟི། མཐོ་ལྡིང་གསེར་གྱི་ལྷ་ཁང་དུ། །
རྒྱལ་པོ་ས་ཡི་སང་ག་ཡིས། །
འབྲོམ་སྟོན་རྒྱལ་བའི་འབྱུང་གནས་ལ། །
བོད་ཀྱི་གནས་ཚུལ་འདི་ཞུས་སོ། །

ཨོཾ་སྭསྟི། ཞེས་པ་ནི་རྒྱ་གར་སྐད་དུ། བདེ་ལེགས་སུ་གྱུར་ཅིག་ཅེས་པའི་དོན་ནོ། །མཐོ་ལྡིང་གསེར་གྱི་ལྷ་ཁང་དུ། །ཞེས་པའི་བོད་ཀྱི་རྣམ་གཞག་འདི་ཞུ་ལེན་གནང་སའི་གནས་མཐོ་ལྡིང་གསེར་གྱི་ལྷ་ཁང་ད་ལྟ་མངའ་རིས་ས་ཁུལ་རྩ་མདའ་རྫོང་དུ་ཡོད། རྒྱལ་པོ་ས་ཡི་སང་ག་ཡི། །ཞེས་པའི་ཞུ་བ་པོ་རྗོ་བོ་མཉམ་དུ་ཕེབས་པའི་རྒྱ་གར་ནུབ་ཕྱོགས་ཀྱི་རྒྱལ་པོ་ཞིག་ཡིན་པར་འབྲོམ་ཉིད་ཀྱིས་མཛད་པའི་ལམ་ཡིག་ཆོས་ཀྱི་འབྱུང་གནས་ལས་གསལ། འབྲོམ་སྟོན་རྒྱལ་བའི་འབྱུང་གནས་ལ། །ཞེས་བཀའ་འདྲི་ཞུ་སའི་ཡུལ་འབྲོམ་སྟོན་རྒྱལ་བའི་འབྱུང་གནས་ལ་བོད་ཀྱི་གནས་ཚུལ་འདི་ཞུས་སོ། །ཞེས་པའི་ཞུ་རྒྱུའི་དོན་

བཅས་བསྟན་ཏོ། །

གཉིས་པ་རྒྱས་བཤད་ནི།

བོད་ཀྱི་སྐྱབས་གནས་ས་ཡི་བདག །
ཐོགས་མེད་ལྡན་པའི་བློ་གྲོས་ཅན། །
འབྲོམ་རྗེ་དམ་པ་ཚུར་གསོན་དང་། །

ཞེས་ཚིག་རྐང་གསུམ་པོ་འདིས་ནི་རྒྱལ་བ་འབྲོམ་སྟོན་པའི་མཁྱེན་པའི་ཡོན་ཏན་བརྗོད་པའི་སྒོ་ནས་བོད་ཀྱི་རྣམ་གཞག་ཞུ་བས་གསན་པར་སྐུལ་བའོ། །

རྒྱལ་པོ་ས་ཡི་སང་ག་ང་། །
རྒྱ་གར་རི་ཐང་ཡངས་པོ་ནས། །
བོད་ཡུལ་རི་སུལ་ཆེན་པོ་འདིར། །
ཨ་ཏི་ཤ་ཡི་རྗེས་འབྲངས་ནས། །

ཞེས་ཚིགས་བཅད་འདི་དག་གིས་འབྲོམ་སྟོན་མཆོག་ལ་བོད་ཀྱི་གནས་ཚུལ་ཞུ་ཆེད་ཐོག་མར་རྒྱལ་པོ་ས་ཡི་སང་ག་རང་ཉིད་ཀྱི་བྱུང་བ་མདོ་ཙམ་བརྗོད་པའོ། །དེ་ཡང་ལམ་ཡིག་ཆོས་ཀྱི་འབྱུང་གནས་ལས། རྒྱལ་པོ་ཆེན་པོ་སའི་སང་ག་ཞེས་བྱ་བ་རྒྱ་གར་ནུབ་ཕྱོགས་ཕྱིལ་པོའི་བདག་པོ། དྲག་ཤུལ་ཆེ་ལ་གཟི་བརྗིད་རྒྱས་པ། རིག་པའི་ངར་གཏུམ་ལ་དད་གཞི་ཆེ་བ། འཇིག་རྟེན་དབང་དུ་སྡུད་པའི་མཐུ་སྟོབས་ཅན། རྒྱལ་སྲིད་མཆིལ་མའི་ཐལ་བ་བཞིན་དུ་སྤངས་ནས། ཨ་ཏི་ཤའི་ཐུགས་དམ་ཟབ་མོ་ལ་བསྐུལ་བའི་རྐྱེན་མཛད་དུ་བྱོན་པ། དེ་ལ་རྒྱལ་པོའི་རྒྱལ་པོས་ཀྱང་འོག་ཏུ་འཇུག་ཅིང་འདུད་པ། ཞེས་གསུངས།

བདག་གི་ཡུལ་ལ་མཁས་ན་ཡང་། །
རྒྱུས་མེད་ཡུལ་འདིར་མགོ་བོ་འཐོམ། །

དེ་ཕྱིར་བོད་ཀྱི་ཡུལ་འདི་ན། །
ཡུལ་གྱི་ས་དཔྱད་དུ་ཅུ་སྲིད། །

ཅེས་ཚིགས་བཅད་འདིས་ནི་བོད་ཀྱི་རྣམ་གཞག་ཞུ་དགོས་པའི་རྒྱུ་མཚན་དང་ཞུ་རྒྱུའི་བརྗོད་བྱ་བཅས་བསྟན་ཏོ། །

དེ་ལ་འཕྲོས་ཀྱིས་ལན་གསུངས་པ། །
ས་བདག་རྒྱལ་པོ་ང་ལ་ཉོན། །
སྤྱི་མིང་ཁ་བ་ཅན་ལྗོངས་ན། །
སྒོས་མིང་དབུས་གཙང་ཁམས་གསུམ་ཟེར། །

ཞེས་ཚིགས་བཅད་འདིས་ནི་འཕྲོས་ཀྱིས་ཞུ་ལན་བོད་ཀྱི་སྟོད་བཅུད་ཀྱི་འཛིག་རྟེན་གཉིས་ལས་དང་པོ་སྣོད་ཀྱི་འཛིག་རྟེན་གྱི་སྤྱི་མིང་ཁ་བ་ཅན་དང་སྒོས་མིང་སྟེ་བྱེ་བྲག་དབུས་གཙང་ཁམས་གསུམ་ཡོད་པ་བསྟན་ཏོ། །དེར་ཐམས་ཅད་བསྡུའམ་ཞེ་ན་མ་ཡིན་ཏེ་ད་དུང་།

རྔགས་གོང་ཡོང་པོ་ཉང་དང་བཞི། །
མཐའ་འཁོབ་བྱང་ཐང་འབྲོག་དང་ལྔ། །
ཡུལ་གྱི་ས་དཔྱད་བརྒྱད་དུ་གནས། །

ཞེས་གོང་གི་གསུམ་ཐོག་ལྔ་སྣོན་པའི་ཡ་གྱལ་རྔགས་ནི། ད་ལྟ་བོད་རང་སྐྱོང་ལྗོངས་རྒྱ་ཚ་རྫོང་དང་། སླང་རྫོང་དེ་གཉིས་ཀྱི་ཁྲབ་ཁོངས་ས་ཆ་ཁག་དང་། གོང་ཡོང་ཉང་གསུམ་ནི། ཉང་ཆུའི་སྟོད་སྨད་བར་གསུམ་གྱི་ཡུལ་ལུང་ཁག་གསུམ་སྟེ། ཉང་ཆུའི་སྟོད་རྒྱུད་ནས་གོང་པོ་རྒྱ་མདའ་བར་ལ་ཉང་པོ་དང་། རྒྱ་མདའ་ནས་ཞོ་ཁའི་རྒྱུད་ནས་འབབ་པའི་ཆུ་ལ་ཐུག་གི་བར་ཡོང་པོ། ཉང་ཆུ་དང་ཞོ་ཁའི་ཆུ་ཆེན་འདྲེས་མཚམས་ནས་གོང་སྨད་རྩེ་ལྷ་སྒང་བར་

ལ་གོང་པོ་བཅས་ད་ལྟའི་ཉིང་ཁྲི་གྲོང་ཁྱེར་ཁོངས་ཀྱི་ས་ཆ་ཁག་དང་དེའི་ཐོག་མཐའ་འཁོབ་བྱང་ཐང་འབྲོག་ནི། བཙན་པོའི་སྐབས་དབུས་གཙང་རུ་བཞིའི་ཐོག་ཏུ་བཙུགས་པའི་རུ་ཆེན་ལྔ་པ་སུམ་པའི་རུ། ད་ལྟ་ནག་ཆུ་ས་ཁུལ་དུ་ཡོད་པའི་འབྲོག་ས་དག་ཡིན་འདུག །དེ་ལྟར་ཡུལ་གྱི་ས་དཔྱད་བརྒྱད་དུ་གནས་པ་ནི་གོང་གི་དྭགས་ཀོང་ཡོང་ཉང་བཞིའི་ཐོག་བྱང་རུ་སུམ་པ་དང་དབུས་གཙང་ཁམས་གསུམ་བསྟན་པའི་བོད་ཡུལ་གྱི་ས་དཔྱད་བརྒྱད་དུ་གནས་པ་བསྟན་པའོ། །

མངའ་རིས་ལ་ཡང་རྣམ་པ་གསུམ། །

ཞེས་པའི་ཡང་སྐྲས་བོད་ན་དབུས་གཙང་ཁམས་གསུམ་ཡོད་པ་མ་ཟད་ཡ་གྱལ་མངའ་རིས་ལ་ཡང་གསུམ་སྟེ། སྐྱིད་ལྡེ་ཉི་མ་མགོན་གྱིས་བུ་གསུམ་ལ་ས་ཆ་ཁག་གསུམ་བགོས་པའི་དཔལ་གྱི་མགོན་གྱི་མར་ཡུལ་དང་། བཀྲ་ཤིས་མགོན་གྱི་གུ་གེ་སྤུ་རངས། ལྡེ་གཙུག་མགོན་གྱི་མང་ཡུལ་ཟངས་དཀར་བཅས་མངའ་རིས་སྐོར་གསུམ་ཡོད་ཅེས་པའོ། །ཡང་དབུས་གཙང་གཉིས་ཀྱི་ཡ་གྱལ་གཙང་ལ་ས་དཔྱད་དུ་ཡོད་ཅེ་ན།

གཙང་ལ་གཡས་རུ་གཡོན་རུ་གཉིས། །
ཟུར་དང་འབྲི་ཚལ་ལྷོ་མོན་གསུམ། །
སྲད་དང་རུ་མཚམས་ཁུ་ཡུག་ཤངས། །
ལ་ཕྲན་ལུང་ཕྲན་ཉིས་བརྒྱ་གསུམ། །

ཞེས་ཚིགས་བཅད་འདིས་གཙང་ལ་ཤངས་ཀྱི་གཞོང་པ་ཚལ་ལྟེ་བ་བྱེད་པའི་གཡས་རུ་དང་གཡོན་རུ་གཉིས་ཁྱབ་བྱེད་དུ་བྱས་ཏེ། དེའི་ཁྱབ་བྱར་ཟར་དང་འབྲི་ཚལ་(ཁ་སྐད་དུ་འབྲི་ཚམས་ཟེར།)གཉིས་ད་ལྟའི་སྙེང་སྐྱེས་ཕྱོགས་ཀྱི་ས་ཆ་

དང་། སྨ་མོན་ནི་གྲོ་མོ། སྲད་ནི་ས་སྐྱ། ཏུ་མཚམས་ནི་སྐེ་མོ། ཞ་ཡུག་དང་ཤངས་ནི་རྣམ་གླིང་བཅས་ས་དཔྱད་བདུན་དང་དེ་དག་སྟོད་སྨད་བར་དུ་ལ་ཕྲན་དང་ལུང་ཕྲན་མང་པོ་ཡོད་པར་བསྟན་ཏོ། །དབུས་གཙང་གཉིས་ཀྱི་ཡ་གྱལ་དབུས་ལ་ས་དཔྱད་དུ་ཡོད་ཅེ་ན།

དབུས་ན་དབུ་རུ་གཡོ་རུ་གཉིས། །

དབུ་རུ་ལ་ཡང་སྨ་བྱང་གཉིས། །

སྨ་ན་འཕན་ཡུལ་སྟོད་ལུང་གཉིས། །

བྱང་ན་ཞོལ་དང་མལ་གྲོ་གཉིས། །

ཞེས་དབུས་གཙང་ཁམས་གསུམ་གྱི་ཡ་གྱལ་དབུས་ལ་རུ་གཉིས་ཏེ་དབུ་རུ་དང་གཡོ་རུ་གཉིས་ལས་གཡོ་རུ་ནི་གོང་དུ་ཞུས་པའི་ད་ལྟའི་གོང་པོ་དང་སྨ་ཁའི་དྭགས་པོ་ཕྱོགས་དང་། དབུ་རུ་ལ་སྨ་བྱང་གཉིས་ལས་སྨ་ནི་འཕན་པོ་དང་སྟོད་ལུང་གཉིས། དབུ་རུ་བྱང་ནི་འཕན་པོའི་བྱང་ཕྱོགས་སུ་ཡོད་པའི་རྭ་སྒྲེང་། ཞོལ་རོང་གཙང་པོའི་འགྲམ་རྒྱུད་ཀྱི་འབྲི་གུང་དང་མལ་གྲོ་གཉིས་བཅས་ས་དཔྱད་བཞི་པོ་དེ་དག་ནི་ད་ལྟ་ལྷུན་གྲུབ་དང་། མལ་གྲོ་གུང་དཀར་ཏེ་རྫོང་གཉིས་དང་། སྟག་རྩེ་དང་སྟོད་ལུང་སྡེ་ཚུས་གཉིས་སུ་གནས་ཡོད། དབུས་གཙང་ཁམས་གསུམ་ལ་ལུང་པ་དུ་ཡོད་ཅེ་ན།

ལུང་ཕྲན་ཆེན་པོ་ཉིས་བརྒྱ་གསུམ། །

སྟོད་སྨད་ཆ་ལ་སྟོང་ཕྲག་བཞི། །

ཁམས་ཀྱི་ཆ་ལ་ཉིས་བརྒྱ་བཅུ། །

ཞེས་དབུས་དང་གཙང་གི་ཕྱོགས་ལ་ལུང་ཆེན་དང་ལུང་ཕྲན་ཉིས་བརྒྱ་གསུམ་དང་སྟོད་མངའ་རིས་ནས་སྨད་མདོ་ཁམས་བར་ལུང་ཕྲན་ཆེན་པོ་སྟོང་

ཕྲག་བཞི་དང་དེའི་ནང་ནས་དབུས་གཙང་ཁམས་གསུམ་གྱི་ཡ་གྱལ་ཁམས་ཀྱི་ས་ཆར་ལུང་ཕྲན་ཆེན་པོ་ཉིས་བརྒྱ་བཅུ་ཡོད་པར་གསུངས། བོད་ཡོངས་ལ་རི་ལུང་ཐང་ཆུ་སོགས་ག་ཚོད་ཡོད་ཅེ་ན།

མདོར་ན་གངས་རིའི་ཁྲོད་འདི་ན། །
ལུང་ཆེན་སྟོང་དང་ལྔ་བརྒྱ་ཡོད། །
ལུང་སུལ་ཁྲི་དང་ཉིས་སྟོང་ཡོད། །
རི་བོ་ཁྲི་ཕྲག་བཞི་བཅུ་ཡོད། །
རི་ཕྲན་འབུམ་ཚོ་ཉི་ཤུ་ལྔ། །
ཐང་ཆེན་སྟོང་དང་དྲུག་ཅུ་བདུན། །
ཐང་ཕྲན་འབུམ་ཕྲག་བཅུ་བདུན་ཡོད། །
ཆུ་བོ་ཆེན་པོ་བཞི་རུ་གནས། །
ཆུ་ཕྲན་འབུམ་ཚོ་སུམ་ཅུ་ལྔ། །
ཆུ་མིག་འབུམ་ཕྲག་བཞི་བཅུ་དྲུག །
བྲག་རི་ཁྲི་ཕྲག་དགུ་རུ་གནས། །
ལམ་འཕྲང་ཁྲི་ཕྲག་བཅུ་དགུ་སྟེ། །
བོད་ཡུལ་ཁྱོན་ནི་དེ་ཙམ་ཞིག །

ཅེས་བོད་ཡོངས་སུ་ལུང་ཆེན་དང་ལུང་སུལ། རི་ཆེན་དང་རི་ཆུང་། ཐང་ཆེན་དང་ཐང་ཆུང་། ཆུ་མིག་དང་བྲག་རི། ལམ་ཆེན་དང་ལམ་འཕྲང་བཅས་བོད་ཀྱི་སྣོད་ཀྱི་བཀོད་པ་བསྟན་ཏོ། །

ས་ཡི་སང་ག་ཆེས་མཚར་ནས། །
འབྲོམ་ལ་སྣར་ཡང་འདི་ཞུས་པ། །

ཞེས་རྒྱལ་པོ་ས་ཡི་སང་གས་འཁོར་གྱི་མཁྱེན་རྒྱ་ལ་ཆེས་ངོ་མཚར་ནས་སླར་ཡང་བཅུད་ཀྱི་འཇིག་རྟེན་གྱི་རྣམ་གཞག་འདི་འདྲི་བ་སྟེ།

བོད་ལ་ཤིང་སྒོ་དུ་ཞིག་ཡོད། །
འབྲོག་ན་སྦྲ་ཁྱིམ་དུ་ཞིག་གནས། །
སྡེ་དགོན་ལྷ་ཁང་གྲངས་ལ་དུ། །
མིག་ཅན་ཁྱོད་ཀྱིས་བསྟན་དུ་གསོལ། །

ཞེས་ བོད་ ན་ ཤིང་ སྒོ་ སྟེ་ སྡོད་ ཁང་ གཏན་ སྡོད་ ཅན་ གྱི་ ཞིང་ ཁྱིམ་ དང་། ཕྱུགས་འཚོ་སྟེ་གནས་སྤོ་ཞིང་འགྲོ་བའི་འབྲོག་ཁྱིམ་ག་ཚོད་ཡོད་མེད་དང་། ད་དུང་ཁྱིམ་སྤྱངས་ཏེ་རབ་ཏུ་བྱུང་བའི་སྡེ་བཞུགས་སའི་ལྷ་ཁང་དང་དགོན་པ་དུ་ཡོད་བཅས་བློ་གྲོས་རབ་ཏུ་ཡངས་པའི་མིག་ཅན་འཁོར་ཁྱེད་ཀྱིས་བདག་ལ་བསྟན་དུ་གསོལ་ཞེས་ཞུས་པའོ། །

འཁོར་རྗེས་དེ་ལ་ལན་གསུངས་པ། །
ཤིང་སྒོ་འབུམ་ཚོ་ལྔ་སྟོང་ཡོད། །
སྦྲ་ཁྱིམ་འབུམ་ཕྲག་ཉི་ཤུ་བཞི། །
སྡེ་དགོན་ལྔ་བཅུ་རྩ་ལྔ་ཡོད། །

ཅེས་ཚིག་རྐང་བཞི་པོ་འདིས་སྡོད་ཁང་ཅན་གྱི་དུད་ཁྱིམ་འབུམ་ལྔ་དང་སྟོང་གཅིག་དང་། གནས་སྤོ་ཞིང་འགྲོ་བའི་དུད་ཁྱིམ་ས་ཡ་གཉིས་དང་འབུམ་བཞི། དགོན་སྡེ་ལྔ་བཅུ་ང་ལྔ་བཅས་བསྡོམས་སྡེ་དགོན་དང་དུད་ཁྱིམ་ས་ཡ་གཉིས་དང་དགུ་འབུམ་ཁྲི་མེད་གཅིག་སྟོང་བརྒྱ་མེད་ལྔ་བཅུ་ང་ལྔ་(༢༡༠༧༠༥༥) ཡོད་གསུངས།

ས་ཡི་སང་ག་ཡ་མཚན་ནས། །
སླར་ཡང་ཞིབ་ཏུ་འདི་ཞུས་སོ། །
བོད་ཀྱི་མི་ལ་སྐྱེས་པ་དུ། །
ཟ་མ་བུད་མེད་ཇི་ཙམ་ཞིག །
དེ་དག་ཀུན་ལས་ཆོས་མཛད་དུ། །
ཆོས་བྱེད་ཀུན་ལས་ཡར་འགྲོ་དུ། །

ཞེས་དུད་ཁྱིམ་དེ་དག་ཏུ་སྟོད་མཁན་གྱི་མི་འབོར་དུ་ཡོད་དྲིས་པར།

འཕྲོམ་རྗེས་དེ་ལ་ལན་གསུངས་པ། །
བོད་ན་སྐྱེས་པ་བྱེ་བ་གསུམ། །
ཟ་མ་བུད་མེད་བྱེ་བ་བཞི། །
ཆོས་ལ་སྤྱོད་པ་ཁྲི་ཕྲག་བཞི། །
ཡར་འགྲོའི་ཆོས་པ་བཞི་བརྒྱ་སྟེ། །
ས་ཡི་བདག་པོ་ཚུར་གསོན་དང་། །
ངོ་བོའི་ལས་ཀྱི་མེ་ལོང་ལ། །
ལས་ཀྱི་གཟུགས་བརྙན་སྣ་ཚོགས་འཆར། །
འབྲུལ་པ་མངའ་བ་རྗེ་ལ་བཤགས། །
ས་བདག་ཐུགས་དགོངས་རྫོགས་པར་མཛོད། །

ཅེས་སྐབས་དེ་དུས་བོད་ལ་སྐྱེས་པ་བྱེ་བ་གསུམ་སྟེ་ཁྲི་གསུམ་སྟོང་དང་། ཟ་མ་བུད་མེད་བྱེ་བ་བཞི་སྟེ་ཁྲི་བཞི་སྟོང་དང་རབ་བྱུང་ཁྲི་བཞི་བཅས་བསྡོམས་(༧༠༠༨༠༠༠༠)བྱེ་བ་བདུན་དང་ས་མེད་འབུམ་མེད་བཞི་ཁྲི་ཡོད་ཅེས་བོད་

ཀྱི་རྣམ་གཞག་གསུངས་སོ། །རྒྱལ་བ་འབྲོམ་གྱིས་དེ་སྐད་གསུངས་པས། སྐབས་དེ་དུས་བོད་ལ་མདོ་སྟོད་མདོ་སྨད་གཉིས་དང་དབུས་གཙང་བཅས་གསུམ་དུ་ཕྱེ་ནས་མདོ་སྟོད་ནི་བར་ཁམས་པ་རྣམས་དང་། མདོ་སྨད་ནི་ཨ་མདོའི་ཡུལ་ལ་བྱེད་དོ། །དབུས་གཙང་ནི་གཙང་དང་ལྷ་སའི་ཕྱོགས་དང་དེའི་ཐོག་དྭགས་པོ་ཀོང་པོ་ལོང་བོ་ཉང་དང་བཞི། མཐའ་འཁོབ་བྱང་ཐང་འབྲོག་སྟོན་པས་ལྔ་བཅས་བརྒྱད་དུ་འབྱེད་སྲོལ་ཡོད་འདུག །དབུས་གཙང་རུ་བཞི་ནི། དབུས་ཀྱི་རུ་གཉིས་ནི་དབུ་རུ་སྐྱིད་ཤོད་ཕྱོགས་དང་། གཡོ་རུ་རམ་ཤོད་ལྷོ་ཁ་དང་ཀོང་པོའི་ཕྱོགས་ལ་བྱེད་དོ། །གཙང་གི་རུ་གཉིས་ནི་རུ་ལག་ཤབ་འཕྱེད་ཀྱི་ཕྱོགས་དང་། གཡས་རུ་ཉང་ཆུ་གཞུང་ལ་ཟེར་རོ། །ཡང་སྟོད་མངའ་རིས་སྐོར་གསུམ། བར་དབུས་གཙང་རུ་བཞི། སྨད་མདོ་ཁམས་སྒང་དྲུག་ལ་ཟེར་རོ། །དེ་རྗེས་ས་སྐྱའི་དུས་རབས་སྐབས་སུ་དབུས་གཙང་རུ་བཞི་ལ་ཁྲི་སྐོར་བཅུ་གསུམ་དང་དེ་དག་གི་དུད་ཁྱིམ་གྱི་གྲངས་ནི་གཤམ་གསལ་ཏེ། གཙང་གི་ཕྱོགས་སུ། [༡]ལ་སྟོད་ལྷོ་པའི་དུད་ཀྱི་གྲངས། །སྟོང་དང་དགུ་བརྒྱ་དགུ་བཅུ་ཡིན། ། [༢]ལ་སྟོད་བྱང་པ་ཉིས་སྟོང་དང་། །སུམ་སྟོང་ཉག་གསུམ་བྱེད་པ་ཡོད། ། [༣]ཞ་ལུ་ཁྲི་སྐོར་སུམ་སྟོང་དང་། །བརྒྱད་བརྒྱ་དགུ་བཅུ་རྩ་གཉིས་ཡོད། ། [༤]བྱང་འབྲོག་ཁྲི་སྐོར་ཁྲུད་ཆོས་དང་། ། [༥]ཡར་འབྲོག་ཁྲི་སྐོར་ཁྲུད་ཆོས་ལ། །ལེབ་ནི་བཅུ་དྲུག་ཟེར་བ་ཡོད། །ཧོར་དུད་ཕྱེད་དང་བརྒྱད་བརྒྱའོ། །དབུས་ཀྱི་ཕྱོགས་ལ། [༦]འབྲི་དང་[༧]བོད་འབྲོག་གཉིས་པོ་ལ། །སུམ་སྟོང་སུམ་བརྒྱ་དྲུག་བརྒྱ་ཡོད། ། [༨]ཚལ་པར་སུམ་སྟོང་བདུན་བརྒྱ་ཡིན། ། [༩]ཕག་པོ་གྲུ་པར་ཉིས་སྟོང་དང་། །བཞི་བརྒྱ་སུམ་ཅུ་རྩ་བརྒྱད་དོ། ། [༡༠]གཡའ་བཟང་པ་ལ་སུམ་སྟོང་དང་། ། [༡༡]རྒྱ་མ་བ་

དང་[༡༢]བྱ་ཡུལ་བ། །ལྔ་སྟོང་དགུ་བརྒྱ་ཕྱེད་ཕྱེད་ཡིན། །[༡༣]སྟག་ལུང་པ་ལ་ལྔ་བརྒྱ་དང་། །དེ་སྙིང་ལྷོ་འབྲུག་ལ་སོགས་པའི། །ཁ་འཐོར་སྟོང་དང་བཞི་བརྒྱ་ཡོད། །ཅེས་སོགས་འབྱུང་། དེ་རྗེས་བོད་རབ་བྱུང་དྲུག་པའི་ཤིང་ཏ་(སྤྱི་ལོ་༡༣༥༨)ལོར་ཕག་གྲུས་སྲིད་དབང་འགོ་བཙུགས་ནས་བོད་ཁྲི་སྐོར་བཅུ་གསུམ་མེད་པར་བཟོས་ཏེ་དེའི་ཚབ་རྫོང་གཞིས་བཅུ་གསུམ་བཙུགས་པ་ནི་ཁག་སོ་སོ། [༡]རྩེད་ཐང་སྣེ་གདོང་རྫོང་། [༢]འཕྱོངས་རྒྱས་ཕྱིང་བར་སྟག་རྩེའི་རྫོང་། [༣]འོལ་དགའ་སྟག་རྩེའི་རྫོང་། ཟངས་རི་རྫོང་། [༤]དབུས་སྟོད་བྱི་རི་སྟག་རྩེ་རྫོང་།(སྟག་རྩེ་ཆུས།) [༥]བྲག་དཀར་གསང་སྔགས་བདེ་ཆེན་རྫོང་། [༦]འཕན་ཡུལ་ལྷུན་གྲུབ་རྫོང་། [༧]གཞིས་ཁ་སྣེའུ་རྫོང་། [༨]སྲིད་ཤོད་སྨད་ཡར་རྒྱབ་གོང་དཀར་རྫོང་། [༩]ཆུ་ཤུར་རྫོང་། [༡༠]ཡར་འབྲོག་དཔལ་སྡེའི་རྫོང་། [༡༡]རིན་སྤུངས་རྫོང་། [༡༢]ཉང་སྟོད་རྒྱལ་མཁར་སྟག་རྩེའི་རྫོང་། [༡༣]ཉང་སྟོད་པ་རྣམ་ལྷུན་གྲུབ་རྫོང་བཅས་མཁར་རྫོང་བཅུ་གསུམ་བཙུགས་ཏེ་རིམ་བཞིན་རྫོང་གཞིས་ཀྱི་ལམ་ལུགས་འཕེལ་རྒྱས་སུ་སོང་ངོ་། །གོང་གི་འདི་དག་ནི་༢༠༢༠ལོར་བོད་ལྗོངས་བོད་ཡིག་དཔེ་རྙིང་དཔེ་སྐྲུན་ཁང་གིས་བརྩོན་པའི་གངས་ཅན་རིག་མཛོད་དེབ་ཉེར་གཅིག་པ་བློང་རྡོལ་ངག་དབང་བློ་བཟང་གི་གསུང་འབུམ་སྨད་ཆ་ལ་གཞི་བཅོལ་བ་ཡིན། ད་ལྟ་སྟོད་མངའ་རིས་ཚུད་པའི་དབུས་གཙང་ཁམས་ཀྱི་སྲིད་འཛིན་ལྗོངས་གཅིག་སྟེ་བོད་རང་སྐྱོང་ལྗོངས་དང་། དེའི་ཁོངས་སུ་གྲོང་ཁྱེར་དྲུག་དང་ས་ཁུལ་གཅིག་སྟེ། [༡]ལྷ་ས་གྲོང་ཁྱེར་དང་། [༢]གཞིས་ཀ་རྩེ་གྲོང་ཁྱེར། [༣]ཆབ་མདོ་གྲོང་ཁྱེར། [༤]ཉིང་ཁྲི་གྲོང་ཁྱེར། [༥]ལྷོ་ཁ་གྲོང་ཁྱེར། [༦]ནག་ཆུ་གྲོང་ཁྱེར་བཅས་དྲུག་དང་། མངའ་རིས་ས་ཁུལ་བཅས་གྲོང་ཁྱེར་དྲུག་དང་ས་ཁུལ་གཅིག་གི་ཁོངས་སུ་རྫོང་ཆུས་བསྡོམས་

པའི་བདུན་ཙུ་ལྷག་ཙམ་དང་མི་འབོར་ཁྲི་སུམ་བརྒྱ་ལྔ་བཅུ་གཡས་གཡོན་ཡོད་འདུག་གོ །དེ་དག་གིས་བོད་ཀྱི་སྔོད་བཅུད་འཇིག་རྟེན་གྱི་རྣམ་གཞག་བཤད་ཟིན་ཏོ། །

ཞེས་བོད་རབ་བྱུང་བཅུ་བདུན་པའི་ལྕགས་བྱི་དབྱུག་གུ་ཟླ་བའི་ཚེས་བཅོ་བརྒྱད་(༢༠༢༠-༡༡-༣)ཉིན་བྱང་རྣ་སྙིང་རྒྱལ་བའི་དབེན་གནས་ཀྱི་རྣམ་འགྱུར་རྣམ་བཞིའི་བཞུགས་གནས་དགོན་པ་གོང་གི་རང་ཤག་ནས་གཟིམ་འོག་སྤྲུལ་མིང་འཛིན་པ་བསྟན་འཛིན་ཡེ་ཤེས་ཀྱིས་སྦྱར་བའོ། །

菩萨宝鬘及人道要鬘释

森珠·丹增益西著

克珠群佩译注

菩萨宝鬘及人道要鬘释文

至尊阿底峡及仲敦巴大师，

贡唐格西[1]祥敦[2]顶礼，

在家道德规范要鬘释，

为利自他愚人而撰写。

造论者简介

《菩萨·宝鬘论》作者阿底侠简介、《人道·要鬘》作者仲敦巴简介、《菩萨·宝鬘论》等阿底侠著作的译者和《人道·要鬘》的劝请者纳措译师简介、《人道·要鬘》补充释作者祥敦·丹巴加措简介 。

《菩萨·宝鬘论》作者阿底侠简介

阿底峡尊者的功德要从三个方面介绍：在家情况；趋向解脱道的情况；莅临西藏弘法利生的情况。

一、东印度萨霍尔国[3]有二十五万户，王宫金幢位于国中。此地国王名善吉祥，王妃叫吉祥光明。夫妇俩生了三个儿子，叫吉祥藏、月亮

---

[1] 纳措译师催陈杰瓦。

[2] 祥敦·丹巴加错。

[3] 古印度东部一小国地名，在今孟加拉地区。

藏、莲花藏。吉祥藏娶五个妻子，共生九个儿子，大儿子出家后成为一名学者，叫班智达达纳室利；小儿子莲花藏趋向解脱，成为一名获得成就的比丘，最后在西藏去世；二儿子月亮藏就是阿底峡尊者，据说出生不久就登上宝座，亲见至尊度母，其父母也见到了莲花。当时的萨霍尔王国非常富裕，但是，尊者不沉湎于五妙欲，而是勤修六十四种技艺，并学习工艺学、医药学、声明学、因明学等知识，直到21岁。之后，前往黑山中的寺院，在热乎拉古巴达班杂尔上师尊前学习大乘密法。如此，先后参拜诸多学者和成就者为师[①]，在学修各方面有了提高。跟随阿瓦堵底巴上师12年。以上是在家学修情况。

二、趋向解脱的情况从三个方面叙述：在何寺出家；听闻佛法的师承，以及圆满智者、尊者、成就者功德情况；来西藏前在何处饶益他人的情况。

（一）在嘛迪毗哈热寺，从佛智大师之清净传人堪布西拉热西达出家。系声闻四根本部[②]分成的声闻十八部[③]之大众部[④]。

（二）关于学习大小乘教法的师承。共乘的师承有佛陀、文殊、佛

[①] 孜达日战胜怨敌、菩提贤、明智杜鹃、阿杜德巴、罗睺罗古巴达杂等系阿底峡尊者出家前的上师。

[②] 声闻根本四部：释迦牟尼佛示寂后，印度小乘佛教先后分裂而成的四根本宗派或部派：说一切有部、大众部、上座部和正量部。

[③] 声闻十八部：从声闻根本四部分成的十八部。谓说一切有部分为七部，大众部分为五部，上座部分为三部，正量部分为三部。

[④] 大众部：小乘佛教根本四部之一。佛灭后小乘佛教分成十八部时，有多数僧众共同合成一派，名大众部。此派以巴利语诵经；以婆罗门迦叶所传弟子为亲教师；所著袓衣七至二十三幅，绣有吉祥结；比丘之名，以“智”或“密”字结尾；主张我与蕴异、顿见圣谛、证世第一法仍可退失及诸根部取外境等。

智、燃灯贤、受笔者、嘎纳巴、甲纳室利米扎到阿底峡尊者。般若师承有见清净中观派和行清净唯识派两派，其中中观派师承有龙树论师、月称论师、明智杜鹃、大阿瓦堵底巴、小阿瓦堵底巴到阿底峡尊者；唯识派又有两个师承，一是佛陀、弥勒、无著、世亲、圣解脱军、别解脱军、圣军、律军、遍照贤、狮子贤、宝贤、金洲到阿底峡尊者；二是佛陀、文殊、先达底巴、艾拉达日、勇金刚、金洲到阿底峡尊者。发心方面师承有：佛陀、弥勒、阿桑噶、拔苏本度、姿那嘎热、摩诃姑苏里、小姑苏里、达摩给迪到阿底峡尊者。密乘师承方面有总密乘师承和别密乘师承。一是总密乘师承：龙树论师、圣天、嘛迪杂拉、德拉佐给、载迪拉、门久室利拔扎、菩提拔扎、鲜迪瓦到阿底峡尊者；二是别密乘师承。密集师承有三：一是恩扎菩提王、龙女瑜伽母、大婆罗门萨惹哈、纳噶组纳、赞扎给迪、比亚米智、组益巴达、喜金刚、土掩足、鲜迪瓦到阿底峡尊者；二是密集不定圣派师承：龙树大师、月称、毗达郭给拉、小姑苏里到阿底峡尊者；三世密集文殊金刚智足派师承：佛智、莲花生、恩扎菩提王、雷门嘎热、游戏金刚、土掩足、鲜迪瓦到阿底峡尊者。母续师承有鲁益巴、档给巴、达日巴、婆罗门孜达日到阿底峡尊者。事瑜二续的师承有布达甲纳、布达古嘿、大姑萨鲁、小姑萨鲁到阿底峡尊者。大威德师承有嘎玛拉米扎、大黑足到阿底峡尊者。密咒和般若两方面的师承有那噶组纳、圣天、赞扎给迪、迪拉佐给、毗达郭给拉、甲纳菩提、曼组室利帕拉、热纳阿嘎热、鲜迪瓦到阿底峡尊者。成就者二派师承：一是曼组室利帕拉、鲜迪瓦到阿底峡尊者；二是阿杂尔亚、嘛哈班杂巴尼、白玛瓦、恩扎菩提王、雷门嘎热夫人、甲纳菩提、组益巴达、班杂菩提、曼组室利班杂、鲜迪瓦到阿底峡尊者。加持二派师承有：一是班杂达日、扎甲帕拉、甲纳斯迪、仲毗瓦到阿底峡尊者；二是阿杂尔亚、布达拔岭达、布达甲纳、布达鲜迪、布达古亚、大小姑萨鲁到阿底峡尊者。教派师承有曼组室利、阿瓦堵迪瓦、迪邦嘎热、释迦米扎、日沃帕拉、班杂达给、化缘比丘足、杜鹃足、土掩足、热纳阿嘎热、鲜迪瓦到阿底峡尊者。各种教授二师承：一是阿亚娜噶组纳、赞扎给迪、毗达郭给拉、阿瓦堵迪巴、金洲到阿底峡尊者；二是阿阇梨龙树、圣天、月称、迪拉玉给、智慧菩提到阿底峡尊者。

阿底峡尊者的根本上师有金洲、阿瓦布迪巴、仲毗瓦、甲纳室利米扎、婆罗门孜达日、大黑足、小姑萨鲁、达玛热给达、热呼拉古巴达班杂、那若巴、拔岭阿杂亚大师、上师化缘、明智杜鹃、堵达热纳布、班智达米钦布、语自在称、大智者马圣、热纳给迪、大威德瑜伽师、阿瓦堵迪巴、具神通者等。为参拜这些上师，阿底峡尊者不顾性命，前往印度中部、东部、南部、西部，以及克什米尔、乌仗那(在今阿富汗)、金洲(在今印度尼西亚)、铜洲、林洲等地，并令尊师欢喜。阿底峡尊者曾对众弟子说："你们不用艰辛就能听闻正法，实在很值得庆幸，我为了寻找上师曾三度横跨大海。"另外，阿底峡尊者在梦境或现实中从自性瑜伽母和本尊等尊前听闻佛法，恐冗不赘。如此，拜师学习诸藏教法，并得以精熟，成为一名精通五明的学者。曾辩论战胜了撑十三个伞、撑八个伞、撑五个伞的外道师，并使之加入佛教。能为各部佛教徒解疑释难。

关于阿底峡尊者的圣人功德。阿底峡尊者遵守小乘佛教、大乘佛教、密教等戒律，并使融会贯通，互不矛盾。曾亲见吉祥喜金刚、至尊度母、三重三昧耶、吉祥胜乐轮等本尊以及世间神大自在天的面。按照密咒续，阿底峡尊者已经获得稳固的生起次第；按照般若理论，亲自从化身听闻佛法，心生菩提心宝，获得加行道智，被称为“燃灯智”，其功德广大如虚空，我等难以窥探。

（三）来西藏之前，阿底峡尊者被推举为印度超岩寺首座，成为五十七位班智达之顶饰，成为众人求法释疑的大班智达，成为阿罗汉热纳阿嘎热和国王尼亚巴拉的应供师，主持十八座寺院。

三、关于饶益西藏佛教将讲三个方面，即来西藏的原因、西藏如何迎请尊者、饶益他人的情况。

（一）来西藏的原因有二，一是西藏佛教的兴衰情况，二是当时西藏佛教的状况。

1. 关于西藏佛教兴衰，据传，最先，西藏高原没有人类，由夜叉统治，称为“黑魔堡”夜叉领地。之后由龙族统治，称为“呼老九洲”龙族领地。之后由魔鬼和罗刹统治，称为“非天领地”。之后由观世音菩萨的化身玛桑九姓[①]统治，称为“玛桑领地”。之后，状如池沼的上部阿里三围，由动物和野兽占领；宛似田畴的下部朵康三岗，由禽鸟和大象占领；形如沟渠的中部卫藏四茹，由猕猴和岩魔女占领。关于观世音菩萨的化身猕猴娶了岩魔女后如何西藏出现人类的情况参见别处，在此不赘。之后由四十二小邦和五十二邦统治，称为“八索卡”[②]。最后由聂赤赞普的儿子布杰赞普统治，称为“悉补野吐蕃地方”。从聂赤赞普

① 玛桑九姓：参见《东噶藏学大辞典》第1592页。

② 八索卡：参见《东噶藏学大辞典》第2061页。

后的七代赞普之间没有出现佛法。止贡赞普时期改变了苯教，据称是预示佛法诞生。之后的十六代赞普期间没有出现佛法。在拉托托日年赞时期天降“玄秘神物”，正法肇始，但是无人分辨是佛还是苯，空中声音预言说“你以后的第五代，将有知晓这些物品意义的国王出世。”预示松赞干布(569？-642)的出世。五代赞普后诞生了化身赞普松赞干布，兴建了大昭寺等诸多寺庙，迎请两尊释迦牟尼佛像，翻译诸多佛经，但是没有出家人。之后三代后出现的化身赞普赤松德赞，兴建了桑耶等许多寺院，翻译了大量佛经，迎请了大亲教师静命(725-790)和莲花生大师等班智达，出现了“预试七人”[①]，不久又有五百人出家，广弘佛法。两代赞普后化身赞普赤热巴坚(806-841)出世，厘定佛教术语，修建乌香多、白当巴拉康等寺院。此后其兄弟朗达玛(809-842)心中入魔，大肆灭佛，拉隆·白吉多吉刺杀朗达玛后逃亡内地五台山。当时，在曲沃日[②]修行的藏绕赛、约格琼、玛释迦牟尼三人将有关戒律方面的经典驮在骡子背上，经阿里到新疆，再到多麦地区，遇见了菩萨化身喇钦·贡巴绕赛，他们同二位汉僧一起剃度贡巴绕赛，给他传授戒律。他们长期住在丹迪寺，摄徒弘法。当拉贡·益西雍仲、努·索西、仲星·拉坚三人出家并在朵康地区剃度很多出家人时，从卫藏地区来六个人，其中卫地有拔尊·益西洛珠、热西·次程杰瓦、鲁梅·西绕次程、整·益西宁布四人，藏地有洛顿·多吉旺秋、聪尊·益西僧格。六人在朵康出家受戒后

[①] 预试七人：吐蕃赞普赤松德赞时，为观察藏人能否守持出家戒律，命试从静命论师依说一切有部出家的七人。

[②] 曲沃日：西藏自治区贡嘎县境内一山名。相传在山上有泉一百零八处而得名。唐东杰布在此山下雅鲁藏布江上造铁桥后，山名改称贾桑曲沃日。南岸有寺，名贾桑寺。

返回卫藏，在卫藏地区建寺摄徒弘法，形成拔措、热措、鲁梅、整措、洛措、聪措等戒律师承，史称“卫藏六人”，培养了很多僧人，修建了许多寺院。

2. 关于当时西藏佛教的状况。虽然有众多继承戒律传承的出家人，但是不识大小乘教法，不能正确实践佛法。当时从天竺又来了名为红阿阇梨和绿裙班智达等以传法为名行污秽行，贪图享受。当时阿里和卫藏地区的佛教非常混乱，一类人信奉戒律而轻毁密法；另一类人却尊崇密法，轻视戒律。这就是阿底峡尊者前来西藏的原因。

（二）西藏如何迎请阿底峡尊者的情况分三个方面叙述：哪位人王做主、哪位使者迎请、途中利他事业。

关于哪位人王做主。赞普赤热巴坚后的第六代阿里拉喇嘛·益西沃在《文殊根本续》和《无垢天女续》等中有授记，他为了迎请阿底峡尊者历经艰辛，但是所派使者和所携带的黄金都有去无回。最后他亲自去征收黄金，被葛逻禄国所俘，死在葛逻禄国的监狱中。此后，拉喇嘛·强久沃为了实现益西沃的遗愿，继续发起迎请阿底峡尊者的活动。

关于哪位使者前往迎请。当时，刚从印度学经回来的那措译师次程杰瓦受拉喇嘛·强久沃命，携带黄金，与五名仆从一起前往印度迎请阿底峡尊者。在印度，那措译师见到了在这里学经的译师甲·尊珠僧格，得到了尊珠僧格的帮助。他们一起前往直嘎玛拉希拉寺，将整块金子放在曼札中间，将碎金散放在曼札周围呈给阿底峡尊者，请求阿底峡尊者以慈悲为怀前往西藏弘法利生。阿底峡尊者说：“这位西藏国王为了迎请我历经艰辛，还派遣使者携带黄金前来迎接，我愧对他。但是我需要观察，所以先收回黄金吧。”是夜，阿底峡尊者请示度母：“我到西藏对佛教有利否？能否满足藏王菩萨的心愿？我本人的生命有无障碍？”度母授记说：“你去南方，那里有人给你授记。”于是，翌日阿底峡尊者前往南方，在城中庙中献上曼札进行祈祷，此时出现了一位发辫盘旋在地上的瑜伽女。阿底峡尊者向瑜伽女祈祷，瑜伽女授记说：“你不顾性命前往西藏，对佛教十分有利，也能满足菩萨王的心愿。尤其是能遇见一位居士，他能帮助你完成大业。如果你不去西藏，你的世寿为九十五岁，如果去西藏，你的世寿为七十三岁。”当时，阿底峡尊者就想：“只要对佛教有利对西藏有利，寿数减少又有何妨。”阿底峡尊者跟那措译师说：“我需要交代和托付，你有空等吗？”那措译师说：“有。”阿底峡尊者说：“那你这段时间在此学修吧。”尊者自己着手办理诸事：让老学员毕业，让新学员开始学习，将尊者主持的十八座寺院的事宜也做了托付。为了掩人耳目，尊者往返于金刚座，若不如此，印度人不会让尊者前往西藏。但是，还是被热纳阿嘎热长老识破了，他对那措译师说：“译师你不是来学习的，是迎请阿底峡尊者的。尊者也愿往西藏。我可以允许，但是你答应三年后一定要让尊者返回印度。”

关于途中饶益他人的情况。阿底峡尊者对那措译师说：“把黄金带上。”将把黄金分成四份，一份供养给金刚座，一份供养给直嘎玛拉希拉的僧众，一份供养给至尊的诸上师，一份交给尼亚巴拉王，委托他供养给至尊的其他上师。向热纳阿嘎热进行托付交代诸事。在来藏的途中，遇到边境地区的一位信佛大臣准备修建寺院，尊者主持破土仪式。调伏十五位外道师。来到尼泊尔，用途中所得资财，修建了汤毗哈热寺。来到西藏阿里，住锡于布让托林寺。

（三）在西藏饶益众生的事业分五个方面叙述：如何传授经教；如何摄受徒弟；在藏时间；最后在何处圆寂；当时的种种尊称。

1. 关于阿底峡尊者在藏传法情况。阿底峡尊者住锡在阿里布让托林寺，拉喇嘛·强久沃请求尊者道："请给藏土传授因果教法，请撰写一部总摄一切经论的论典，请传授密集十九尊修法。"他还向阿底峡尊者详细禀告了藏区持邪见的情况。阿底峡尊者说："在种种教法中，因果法最深奥。"传授了许多因果方面的教法。为了对治邪见，阿底峡尊者撰写了《菩提道炬论》，讲授了道次第教授，向拉喇嘛传授了密集灌顶及其主尊修法。另外，阿底峡尊者未开光的所依给予开光，建立回向仪轨，制定了在家修行者每月行顶礼、守斋戒；出家人守戒律、修发心；密咒行者求灌顶、守誓言的规制。总之，令佛教走上正轨，消除藏土有关佛教方面的各种疑惑。

阿底峡尊者在布让呆了一年，按照印度长老热纳阿嘎热嘱咐准备返回印度时，遇见仲敦巴大师。仲敦巴大师邀请阿底峡尊者前往卫藏地区传法，先后在藏地年措耐（在今康玛县）、拉堆（在今康玛县）、定日县和昂仁县，卫地的桑耶、唐波切（在今琼结县）、文吉如拉康、斯甲毗、大昭寺、耶巴、兰巴基布(在今林周县江热乡)、聂唐等处讲经说法，为有缘教徒讲授佛教经论和教授，未成熟者令成熟，未解脱者令解脱。

2. 关于摄受徒弟。建立法缘者甚多，主要的大弟子在阿里有拉喇嘛·强久沃、译师仁青桑布(958-1054)、译师甲·尊珠僧格、译师纳措·次程杰瓦、译师格瓦洛珠(997-1070)、译师释迦洛珠、大小嘎敦二师、大禅师勋努次程、金匠长老等；在上部藏地有译师楞米、译师卓弥(993-1050)；在下部藏地有噶尔格瓦、译师桂·库巴；卫地有约·曲吉迥乃、约妥白、曾卡巴、榜敦·乃康萨普巴、祥尊·耶巴瓦、嘎瓦·释迦旺久、瑜伽师恰赤巧、甲·吉热瓦、拉尊·博迪热杂等；在康区有格西·恰达敦巴、大瑜伽师(1015-1078)、瑜伽自在师班典贡巴瓦(1016-1082)、强巴洛珠等。与阿底峡尊者自己能媲美的大弟子是卫地的库、俄、仲三位（库·尊珠雍仲、俄·雷贝西绕、仲·杰威迥乃）。这些弟子又传出难以计数的徒子徒孙。

3. 关于在藏时间。阿底峡尊者六十一岁时，共在藏传法授徒十二年。《来钦教法源流》说十三年。①

4. 关于何处圆寂，于藏历木马年（公元1054年）九月十八日在聂唐（在今曲水县卓玛拉康）圆寂，享年七十三岁，最后往生兜率宫弥勒佛尊前。

5. 关于阿底峡尊者的各种尊称，最初在阿里着重讲授因果法，被称为“因果师”；后在卫藏地区专讲发心和菩提心的功德，被称为“菩提心佛教徒”；在聂唐主讲皈依功德，被称为“传皈依者”。

以上简要介绍了《菩提萨埵·宝鬘论》作者阿底峡尊者的主要事迹。

《人道·要鬘》作者仲敦巴简介

仲敦巴大师的情况要从五个方面进行叙述：出生地、依止赛尊师、

① 《来钦教法源流》认为是十三年。

从康区来到阿里、依止阿底峡尊者、根据阿底峡尊者命令修建热振寺护持徒众。

一、出生地

（一）种姓

西藏有商贾种姓和奴隶种姓，仲敦巴大师属于商贾种姓。商贾种姓又分董氏和东氏两个，仲敦巴大师属于东氏。东氏族有四王八奴，四王是宗、推嘎、聂尼推崇、党拉让巴；八奴为主、朗卓、布度、囊、萨惹、苏惹、让、亚瓦。仲敦巴大师属于宗王族。此族有四父：党度达、党苏卓、党卡仲、党党玛乌。仲敦巴大师属于仲。仲昂达布切白有三子：党米党藏、唐巴杂热玛多、努楚努巴。

（二）氏族

仲敦巴大师的氏族名为仲。

（三）父母

父名仲杰古鲜，据说精通苯教；母名库沃萨兰。

（四）名字

仲敦巴大师的名字叫主扎。

（五）出生地

于木龙(公元1004)年出生在吉玛龙[①]地方，在家乡呆到十四岁。后母亲去世，父亲再娶妻子，他与后母不睦，十五岁时与父亲一起来到秀尼木(在今尼木县续迈乡安岗村贵热寺)，在一位叫雍觉赛的密咒师处学习文字两年。

① 在今当雄县羊八井乡新村吉龙三队。

二、依止赛尊

赛尊·旺久勋努是仲·益西坚参的弟子，他谙熟诸多经论，拥有修证功德，具有自他相换菩提心。他定居在康区玉唐[①]，他想前往印度，到尼泊尔时，他知道印度也没有比自己有学问的，又担忧寿命有障碍，于是返回西藏，在尼木秀遇见了仲敦巴大师。格西仲敦巴大师对赛尊产生敬信，就请求做随从。赛尊说："如果现在跟随我，人家会说赛尊偷人了，明年来吧。"来年仲敦巴大师到十七岁时，跟随商队来到康区，在玉唐拜见赛尊，并受居士戒[②]，聆听了许多经藏，被称为"聪慧的仲氏佛教师"。库(1011-1075)和俄也是赛尊的弟子，被称为"库俄仲三师。"其中，仲敦巴大师特别敬仰上师，心智广大如海，身体魁梧，力气巨大。他管理赛尊内外一切财产，服侍赛尊，令赛尊非常欢喜，对他疼爱有加，将所有教法传授给他。当时，来了一位叫声刺[③]的班智达，他做赛尊的应供上师，给仲敦巴大师教翻译，另外传授了许多诀窍。仲敦巴大师说："声刺上师对我有大恩，后来遇见阿底峡尊者时我不用从头学习翻译。"

仲敦巴大师在赛尊尊前呆了二十年。由于赛尊有神通，知道仲敦巴大师跟随阿底峡尊者对佛教大有裨益，就问仲敦巴大师："你不去卫地拜见师父吗？"当时仲敦巴大师就听说了阿里地区来了一位智慧广大的班智达阿底峡，他说："我前往卫地的途中如果遇见阿底峡尊者我就向他求法。"赛尊说："应该如此。"赛尊送给仲敦巴大师一马驮佛经以

[①] 指今四川省甘孜州石渠县洛须镇。

[②] 在一些教法源流中说从祥·纳囊多吉受居士戒。

[③] 弥迪甲纳给迪，意译正念智慧称。是《口剑论》的作者。

及途中所需物资，送仲敦巴大师返回卫地。

三、从康区返回

从康区返回卫地，行至索曲卡，在一间房里传出声响，仲敦巴大师前去，发现祥·昌卡白琼披着盛装大氅，在举办决断仪轨。祥·昌卡白琼说："你好像是学经过来的，你顶礼我吧。"格西仲敦巴大师迅疾行顶礼。此夜仲敦巴大师住在此处。祥·昌卡白琼精通密咒和对法，谈很多有关内容。他是个决巴派修行人，跟仲敦巴大师讨论了很多佛法，对仲敦巴大师产生敬信，问："在康区有位叫仲敦巴的大师，是你吗？"仲敦巴大师说："是我。"祥·昌卡白琼立马站起来，请仲敦巴大师坐到上面铺仲丝卡垫的厚垫上，将自己坐骑的缰绳交给仲敦巴大师，迅速向仲敦巴大师顶礼，请求仲敦巴大师原谅刚才接受顶礼，原谅交流讨论。然后说："现在请善知识做我的应供上师吧！我有一块叫热振的好地方，请到那里去修建寺院。"仲敦巴大师说："你是个调解纠纷的头目，我不能做你的应供上师。"经祥·昌卡白琼反复恳请，仲敦巴大师最后说："那现在你去把旁多的碉堡改成神殿，去调解夏伞和楷伞、香斯和多达之间的纠纷。都办好了我就做你的应供上师。"祥·昌卡白琼办好了诸事，仲敦巴大师也答应做他的应供上师，他们结伴来到热振地方，考察建寺地，在若彤古尔讲法数日。当时，仲敦巴大师再次听到有关阿底峡尊者在阿里传法的消息，心中十分向往，就说："现在我要去阿里拜谒阿底峡尊者，以后再修建寺院。"为旁多举办破土仪式后前往彭域，参拜帕央·贡松旺久坚参、嘎瓦·释迦旺久、祥纳囊·多吉旺久(976-1060)等，向他们顶礼，与嘎瓦·释迦旺久相约：如果阿底峡尊者接受邀请到卫藏来弘法，就由仲敦巴大师写信告诉他，由他约请卫藏各地方头人，共同迎请阿底峡尊者到卫藏弘法。仲敦巴大师以心胸宽广著称，都认为如果在朗达玛时期，他可以胜任首席大臣。此后仲敦巴大师来到家乡，看望父亲。此后向北前行，遇到岩石山路，难以前行。此时，白哈王骑着骡子前来，说："请从这边走。"指出一条小道，又说："愿你健康！纳囊和续布之间发生了纠纷，我要去调解。"说完就呼啸着走了，留下一路尘土飞扬。在继续前行时，又遇到岩石山路，白哈王化身成一匹野驴，给他指出道路。最后安全抵达布让。

四、依止阿底峡尊者

阿底峡尊者住锡在布让甲喜（在今普兰县甲庆村），准备返回印度。至尊度母授记道："三四天后卫地一位大居士前来，你要加持他。"于是，阿底峡尊者建立密续密集坛城，准备好宝瓶等所需法器。三天后，阿底峡尊者守望者说："我的大居士弟子还不到。至尊度母又不会说谎。"说着不断远望。一位施主请阿底峡尊者用餐，此时格西仲敦巴大师进来，师徒俩就在施主家里见面了。无量劫以来的业缘，使得师徒二人一见如故。格西仲敦巴大师向阿底峡尊者献上一匹白绸，向阿底峡尊者询问目前印度有何大德，还向阿底峡尊者汇报自己曾经得到过什么教法，依止过多少上师，请问阿底峡尊者自己修行是否上路，以后跟随阿底峡尊者会怎么样，等等。阿底峡尊者将手放置于仲敦巴大师头顶，念诵了许多吉祥祝福辞。然后说："目前印度住锡许多大德，我来西藏时东部番伽罗地方每天出现一位成就者。你以前修法未上正道，侍奉上师的做法非常如法。从今往后你就跟我，我的本尊度母授记过你，我的清净教法具有不共加持。”是夜，阿底峡尊者给仲敦巴大师传授吉祥密集本尊文殊金刚灌顶，从此，按照大众部传规，晚上用帘子隔开，连着枕头同眠。阿底峡尊者给仲敦巴大师传授了显密教法及密乘戒，以及不共般若教授和诀窍，派人给纳措译师等诸弟子送信。

仲敦巴大师向阿底峡尊者汇报卫藏佛教情况，告诉阿底峡尊者卫藏的所有僧人都非常敬仰尊者，请求尊者前往卫藏地区弘法。阿底峡尊者说：“如来曾授记在这些僧人中会出现阿罗汉，如果众僧都要求，那我不能违背他们意愿，我答应前去弘法。”对着卫藏地区方向，向众僧顶礼。此后，仲敦巴大师派仲·聂巴旺久贡给格西嘎瓦送信，卫藏地区大人物协商后前来迎接阿底峡尊者。在信函中没有写库的名字，令库不爽，提前来迎接阿底峡尊者。据说他在迎接阿底峡尊者来卫藏方面有功劳。卫藏地区的大人物们来到藏地乃宁地方，向阿底峡尊者求法，商量如何将阿底峡尊者迎接到卫地。如果没有仲敦巴大师，阿底峡尊者几乎返回印度了。

此后，仲敦巴大师跟随阿底峡尊者来到桑耶，当时，祥・昌卡白琼派色达瓦和斯库旺俄二人，请求仲敦巴大师前去热振地区。仲敦巴大师说：“阿底峡尊者在藏期间我不能去热振，以后再去。在此期间你供养这些佛像，思维这些教法。”捎去文殊金刚像和韵文教授。如此，仲敦巴大师一直依止和侍奉阿底峡尊者，直到阿底峡尊者圆寂。在财物方面，最初在阿里拜谒阿底峡尊者那天，仲敦巴大师用施主供养的那块酥油做供灯，彻夜点在阿底峡尊者枕前，从此，直到阿底峡尊者请住于热振寺灵塔，从未间断过供灯；每日给阿底峡尊者敬献三餐，从未间断。

某时，在耶巴拉日宁布山，仲敦巴大师给阿底峡尊者同时献上一百零八两黄金和一百零八种供品。总之，仲敦巴大师将所有受用都敬献给阿底峡尊者。

虽然由阿底峡尊者的近侍大瑜伽来照顾阿底峡尊者的起居，但是，在寺院方面的所有重任都由仲敦巴大师担起。当阿底峡尊者外出时，仲敦巴大师卷起衣襟，手持禅杖，牵着阿底峡尊者坐骑前行。某次，经行处有垃圾，仲敦巴大师请阿底峡尊者坐到干净处，并把经行处擦拭干净，画上曼札。为此，阿底峡尊者显得非常高兴，说："像你这样的弟子在印度也有一位。"

在修行方面，仲敦巴大师根据诸佛一切唯一道路大乘传规，以三士道为基础，进行修行。曾经诸位上师传授的教法也向阿底峡尊者印证，并按照阿底峡尊者的教导理解证悟经藏诸法。当仲敦巴大师将自己在阿阇梨龙树中观方面证悟时，阿底峡尊者双手合十道："如你大菩萨在西藏，我可以不来西藏。"

仲敦巴大师如此令上师欢喜，并聆听《现观庄严论》。在乃宁，在阿底峡尊者座前求佛智《密集》次第时，花朵落在文殊金刚像上，心生殊胜禅定，亲见无量本尊面，如实生起三士道次第。尤其是，祈请上师见证，在热振时祈请阿底峡尊者，亲见世尊释迦牟尼。仲敦巴大师说："上师与本尊的本质相同。"阿底峡尊者在聂唐传授佛经传承时，大多由仲敦巴大师担任翻译。阿底峡尊者为前来拜谒者讲经说法方面情况见于阿底峡尊者传记，所有这些教法，仲敦巴大师都精通。另外，仲敦巴大师心胸宽广，从来不说"我不懂阿底峡尊者教授"，弟子向仲敦巴大师求法时，他也说“这个法我有”“这个教授我懂”，从来不说“我不懂”“我没有”。总之，仲敦巴大师圆满掌握了阿底峡尊者的一切知识。因为，仲敦巴大师拥有阿底峡尊者的所有福禄，令库氏等弟子不满。仲敦巴大师还翻译了《般若八千颂》，以及诸多秘诀修法。

五、遵照阿底峡尊者嘱咐修建热振寺，摄受弟子情况

（一）修建热振寺

阿底峡尊者圆寂时，留下诸多遗言，告诫众弟子要舍弃世间，要心地善良，余生不要离开仲敦巴大师。仲敦巴大师请问阿底峡尊者：“那么，我依止谁啊?”阿底峡尊者说：“以经为师，未获得通慧前，莫作利他事，这像瞎子射箭，难以中靶。要多做有利于佛法的事，弘扬佛法依仗僧团，僧团依仗比丘，比丘依仗戒律，要尽量培养持律僧侣。你也要修建一座寺院。”格西仲敦巴大师心中感到沉甸甸的，故对阿底峡尊者说：“上师请莫如此说，我一则不諳俗世，二则身为低劣的居士，三则仅有的财物也在藏北，缺少修建寺院所需资财，实在无能为力。”阿底峡尊者说：“你就负责管理，会有人前来帮助。”仲敦巴大师再不敢拂逆上师意，就勉强应承下来。

藏历第一绕迥木羊年（公元1055年），阿底峡尊者圆寂后，仲敦巴大师遵照本尊和上师意旨，将阿底峡尊者的遗骨和经卷迎请到热振。首先在一座形似狮子的岩石下面等待梦兆，结果梦见护法神青嘎瓦变成酥油团，帕崩唐草坝上铺满酥油，阿底峡尊者住锡的二柱殿的位置曾有一座非常高大的佛塔，发出无线光明，照耀整个藏土，前方还有一眼碧绿的湖，湖中显现万字符。得了如此神奇的梦兆后，仲敦巴大师进行实地

观察堪舆地形，发现地形非常优美圆满。于是，于藏历第一绕迴火猴年（公元1056年），由祥·昌卡白琼的公子为施主，在离村庄五百步弓[①]处修建了四瑜伽师住锡的上寺，并在龙王殿上面修建了仲敦巴大师自己寝宫，形制优美壮观。翌年，即藏历火鸡年（公元1057年），由祥··昌卡白琼做施主，仲敦巴大师主持修建了主殿面积为二柱子的邬孜殿，内供热振寺主供文殊金刚像。主殿四边各建二根柱子的神殿，四角各建一根柱子的神殿。如此，邬孜大殿的总面积为十四根柱子。完成了大殿的屋顶等后，仲敦巴大师说："其余的建筑以后自然有人来完成。"仲敦巴大师和四瑜伽师一道启开吉祥密集曼陀罗，举行隆重的开光仪式。此后，仲敦巴大师在寺院北面修建一百零八座佛塔，塔中装藏掺有阿底峡尊者骨灰的小泥像擦擦和一粒仲敦巴大师自己佛珠上的珠子。据《噶当教史》记载，举行开光仪式后，每座佛塔上面生长一朵白莲花，鲜艳灿烂。此后，仲敦巴大师见寺院东北山腰风水极佳，于是，修建了高一寻[②]的仲敦巴大师自己的法座。法座前面能容纳一百多名徒众听法。在此，仲敦巴大师为四瑜伽师和三同门[③]等有缘弟子传授了《噶当六明点》《菩提道炬论》[④]等正法，从此，热振寺成为噶当派教法源头。

如此，本尊和上师所授记的地、噶当一百零八寺之主寺、一百零八眼泉水的源头、雪域众人共同供养的对象、格西仲敦巴大师本人的承

---

① 步弓：四肘长，约合五市尺。

② 一寻：一弓，平伸两臂之长度。古代长度单位名。

③ 三同门：指博多瓦、京俄瓦、普琼瓦三大佛学大师，同出仲敦巴大师之门。

④ 《菩提道炬论》：十一世纪初，阿底峡尊者至西藏阿里后以梵文写成的一部佛教著作，后来成为藏传佛教噶当派和格鲁派一切见、行、修道次第的主要依据。

诺、佛教寺院热振寺的大殿打地基开始，格西仲敦巴大师主持了九年，之后由“三同门”主持一年，期间，以佛法喜宴，满足众生心愿，将总的佛法，尤其是噶当派教法广泛传播在乌如[1]之北方。仲敦巴大师曾经在此讲授《般若八千颂》及其注疏两次、《般若两万颂》一次，还多次讲授了《现观》《集学论》《入菩萨行论》修行次第、《唯识集学论》《中观论》等，在此开启了总的佛法和噶当七宝[2]传规。仲敦巴大师还撰写了《阿底峡赞三十颂》《旅途纪实》，以及浅显易懂、雅俗共赏的有关三士道次第法门教授。

总之，仲敦巴大师创建热振寺，在弘法利生的同时潜心修行，培养了许多学修兼备的优秀弟子。

（二）摄受弟子

仲敦巴大师有被称为“有缘八十人”的弟子，与阿底峡尊者共同的弟子有“五同门”[3]等无数弟子。不共弟子有康巴·龙巴(1025-1115)、党坚敦巴、居热·勋努沃赛、拉米·西绕雍仲、嘎巴甲噶、如贝祥钦布、本嘎觉尊、干雍巴、玉阿感觉巴、约宗瑜伽师、敦巴·云丹拔、贡巴仁青喇嘛、阿梅门根、噶贡阿聪、敦巴·旺久拔、帕根董敦、觉沃雷、丹郭，在家人阿米塔坚、拔绒巴、直麦巴·仁青坚参、彭域瓦大小两个、玛巴觉雷、衮巴仁青喇嘛、“三同门”等，其中最主要的弟子有“三同门”：广行教授（教典派）传承人博多哇·仁青赛(1027-1105)、实践加持（教诫派）传

[1] 乌茹：以拉萨为中心，东至桑日县境，南至玛=马拉山脉，西至尼木，北至朗马一带地区古名。

[2] 噶当七宝：噶当派所传释迦牟尼佛、观世音菩萨、度母、不动佛四本尊和经律论三藏，总称七出世法。

[3] 指阿梅·强久仁青、衮巴瓦·旺久坚参、西绕多吉、恰达敦巴、强巴洛珠等。

承人普琼哇·勋努坚参(1031-1106)、深观（教授派）传承人京俄哇·催陈拔(1038-1103)。在仲敦巴大师座前完成学业的弟子又“四同门”[①]和觉雷五人。此后，仲敦巴大师任命“三同门”为法太子，任命大瑜伽师阿梅·强久仁青为寺院主持，于木龙年[②]（公元1064年）为利益他界众生而往生。

《菩萨・宝鬘论》译者、《人道・要鬘》劝请者纳措译师简介

请问者纳措译师的优异功德，分两个部分叙述：诞生及获得教证功德情况、如何护持佛法情况。

一、请问者纳措译师于藏历第一绕年前的金猪年（公元1011年）出生在阿里贡唐拉董[③]地方，纳措系氏族名，从亲教师朗沃晋和轨范师至尊僧格出家，得名次程杰瓦，因为他精于律仪，重视戒律，被称为“持律师”。他迅速掌握《般若八千颂》，在游方僧鸟眼和班智达航度尊前学习印度方言和梵文。十五岁时因为语言上已经没有障碍，欲赴印度学习。当时，他阅读《般若十万颂》等显密经典，发现只有三十五部，感到不满意，就决定赴印度。在印度期间，得到甲・尊珠僧格的举荐，在阿底峡尊者等很多班智达尊前聆听了许多教法，从甲・尊珠僧格学习了《俱舍论》。

二、关于如何护持佛法，要从三个方面叙述：即如何迎请阿底峡尊者、如何翻译佛经及求法、如何专心修持及培养弟子。

---

① 格西博多瓦说：“一直在格西仲敦巴大师尊前学习的只有我们五个人，一个前往康区（衮巴仁青喇嘛），还有觉雷和我们三个。”“四同门”是指博多瓦・仁青塞、普琼瓦・勋努坚参、京俄瓦・崔陈拔、康龙巴・释迦云丹。

② 《日光论》云：“阴水兔年五月二十日示寂，享年六十岁。”

③ 今日喀则市吉隆县宗嘎镇。

（一）如何迎请阿底峡尊者。

纳措译师从印度学经回藏后，又遵照阿里拉尊·强久沃的命令，于藏历第一绕迥火牛年（公元1037年），年至二十七岁时，率五名侍从，携带三十二两黄金及一整块金子再赴印度迎请阿底峡尊者。在甲·尊珠僧格的陪同下，纳措译师多次拜谒阿底峡尊者，并向阿底峡尊者陈述为了迎请阿底峡尊者阿里王如何努力，阿底峡尊者如果能来西藏对佛法一定会有大利益，等等。阿底峡尊者终于答应赴藏传法，说："我处理一些未了事需要十八个月，你们能等待吗？"甲·尊珠僧格译师和纳措译师说："让我们等三年也可以。"阿底峡尊者说："那么，在此期间你们拜热纳阿嘎热为师，好好学习吧。"并商议悄悄离开印度。过了三年后，纳措译师对阿底峡尊者说："我到此已经有三年零五个月了，在此期间学到了很多真实的知识。"之后纳措译师向直嘎嘛拉希拉寺院的长老承诺三年后将阿底峡尊者送回印度。由于纳措译师迎请阿底峡尊者有功，当时西藏佛教徒都尊奉纳措译师为"上师"。

阿底峡尊者到五十九岁，即藏历第一绕迥金龙年（公元1040年）底，阿底峡尊者及其随从从印度出发，于金蛇年（公元1041年）到达尼泊尔。在尼泊尔呆了一年，当时甲·尊珠僧格去世。阿底峡尊者说："我的舌头断了，我去西藏也没有什么用。西藏人没有福报保住尊珠僧格不死。"对此纳措译师说："请上师不要这样说，请您一定要莅临西藏，西藏有大译师仁青桑布、小译师雷贝西绕和格威洛珠等。我也略懂翻译，请您千万不要担忧。"阿底峡尊者说："你比这些译师都强。"最后，阿底峡尊者到六十一岁，即藏历水马年（公元1042年）来到阿里。

当他们在玛旁雍错边休息时，阿底峡尊者独自来到湖畔端坐，纳措译师跟过去问：“您在做什么呢？”阿底峡尊者说：“在给饿鬼施水。”纳措译师说：“请把此教诀赐给我。”阿底峡尊者撰写《卡杂巴尼水施》送给纳措译师。之后，来到托林寺，在此，阿底峡尊者讲授了因果和发心等教法以及《菩提道炬论》，由纳措译师担任翻译。于木猴年（公元1044年），阿底峡尊者在布让时，格西仲敦巴大师首次见到阿底峡尊者，他想方设法将阿底峡尊者迎请到卫藏地区传法，阿底峡尊者也答应前往卫藏。但是，阿底峡尊者到阿里已经三年了，因为纳措译师曾经答应三年后将阿底峡尊者送回印度，所以纳措译师说：“我可没有勇气去地狱。”恳请阿底峡尊者返回印度。如此，纳措译师将阿底峡尊者送到尼泊尔，当时尼泊尔地区发生战乱，无法前往印度。阿底峡尊者说：“这是西藏人的福气。”纳措译师心中不安，阿底峡尊者安慰说：“不用担心，不能办到者无罪。”于是，纳措译师心生欢喜，邀请阿底峡尊者前往卫藏。当时，纳措译师将一皮袋黄金和阿底峡尊者亲手书写的《菩提道炬论》交给两名布让僧人，让他俩把黄金转交给热纳阿嘎热长老，并转告长老，本来准备将阿底峡尊者送回印度，但是尼泊尔地区发生战乱，返印道路被阻，而且阿底峡尊者本人也很喜欢西藏，饶益众生的事业也很伟大，故请允许阿底峡尊者继续留在西藏。让他们把《菩提道炬论》交给直嘎嘛拉希拉寺的僧众。两个僧人如是做了，长老极为高兴，说：“收到《菩提道炬论》犹如阿底峡尊者返回。我深知尊者非常喜欢西藏，而且能饶益西藏众生。只希望尊者为《菩提道炬论》做一注释寄给我们。”两个僧人返回西藏后如实说明情况，纳措译师显得非常高兴，说："压在我身上的包袱终于卸下了。"此后，阿底峡尊者为《菩提道炬论》做了注释，让两个僧人送到印度。印度的诸班智达像迎接阿底峡尊者本人一样，走了数天来迎接并做广大供养。阿底峡尊者及其随众来到芒域，当时阿底峡尊者说："有一位叫甲纳嘎热的班智达，他是那若巴大师的弟子，他有龙树传规的教法，但是没能求得。"纳措译师将此事记在心里，并在尼泊尔留下人委托。他自己跟随阿底峡尊者途经后藏来到前藏。水猪年（公元1047年）来到桑耶，纳措译师给《菩提道炬论》注释增添内容，并做广泛宣讲，此论被称为"《菩提道炬论》自注"。当时还撰写了《菩提心宝鬘》《菩萨行略论》等翻译成藏文。此后，阿底峡尊者莅临拉萨、耶巴、聂唐等卫藏地区时，纳措译师除了一年在青普静修外，一直跟随阿底峡尊者，共依止十九年[①]。

（二）如何翻译佛经、如何求法。

关于如何翻译佛经，阿底峡尊者师徒住锡聂唐时，纳措译师翻译了由榜敦、阿梅强久和恰赤巧所求得《不动愤怒尊》，曾在布让翻译了《如意宝仪轨》，阿底峡尊者亲自造的《药师佛仪轨》，由嘎瓦释迦旺久、噶尔米云丹雍仲、达尔强久赛、乃丹杰瓦等所求，金洲大师所造的《文殊修法》《释迦牟尼修法》，由格西敦巴所求、阿底峡尊者本人在印度森林中梦见的《三面六手观世音菩萨修法》《净业障仪轨》《药师佛仪轨》及其修法、《无量宫仪轨》《无垢顶髻佛母仪轨》及其《宝瓶仪轨》《缘起教授》《开光仪轨及教授》等，以及由仲敦、榜敦、阿

① 《赞译师》云："殊胜上师您，依止十九年，从未见到您，身心有错乱。"《来钦教法源流》云："在藏依止十二年，印度两年又五年，总共依止十九年。"

梅强久、恰赤巧、俄敦、乃丹跌巴尊珠等所求的《观自在菩萨所请经》《令众生满足》、阿底峡尊者所造的《发心仪轨》、功德光论师所造的《律仪品疏》，由仲敦巴大师、恰赤巧、尊巴格迥等所求，龙树论师所造有关世自在修法《空行修法》《六字修法》《狮子吼修法》，众喜藏论师所造的《战胜三界修法》，由阿梅强久和恰赤巧所求，由圣天(170-270)所造的《世自在幻化网修法》等，所译佛经不可思议。当时，纳措译师对阿底峡尊者说："我想有善事需要去青普办，请准许。"阿底峡尊者说："我需要翻译。"未允。经过反复请求才准许，由格西仲敦巴大师担任阿底峡尊者翻译达三个月。当时，绒巴敦巴格瓦、娘如敦巴妥白、索朗益西等佛教大师前来向阿底峡尊者求法。格西仲敦巴大师说"需要翻译，请纳措师速速返回。"派人去请纳措译师。纳措译师返回阿底峡尊者尊前，翻译了敦巴格瓦所求的《吉祥喜金刚》导师鲜迪巴所造的《俱生瑜伽》、阿底峡尊者作的仲巴黑如噶所造《甘露光》注疏、《胜乐轮》诸论典、《玛哈玛雅修法》、阿阇梨姑姑日巴、简巴玛、鲜迪巴等造的论典等。另外，还从《甘珠尔》中翻译了《玛噶哈普贤母本生》《圣尊度母作明佛母本生五品》《智金刚总分四十一》等。从《丹珠尔》翻译了《伏魔赞》《法界赞》《超凡赞》《出世间赞》《心金刚赞》《圣义赞》《三身赞》《善金刚释·难瑜伽宝鬘》《胜乐轮五次第》等一百五十多经论。

关于如何求法，阿底峡尊者住锡聂唐时，纳措译师向阿底峡尊者求了金洲大师传承的《集学论》和《入菩萨行论》等许多教法。阿底峡尊者将教法分为上士、中士、下士三道进行讲授。由于纳措译师求取了阿底峡尊者的所有教法，西藏的众佛教导师都尊称他为："恩重导师。"此后，在聂唐纳措译师向阿底峡尊者献上供养，并顶礼道："我本想在青普修养一段时间，但是西藏佛教大师们从东西南北四方云集过来，我也过来翻译，所以没有得到修养。现在，上师不会传授大论，我也没有能力翻译，一些小的教授，仲敦巴大师译师也能翻译，所以请准许我再去青普修养。"但是阿底峡尊者未允。经过反复请求后才得到允准。

几个月后，阿底峡尊者患疾，格西仲敦巴大师心中不安，遂派人到青普给纳措译师送函，请求纳措译师速速回聂唐。纳措译师在青普修养了六个月后返回聂唐。当时，纳措译师听说那若巴的弟子班智达甲纳嘎热从印度来到尼泊尔，就来到阿底峡尊者尊前，说："您曾经在尼泊尔跟我说，那若巴的弟子甲纳嘎热有圣人传承的教授，但是您未能求得。您还记得吗？"阿底峡尊者说："想起来了。"纳措译师说："那位班智达现在就在尼泊尔。"阿底峡尊者说："我已经老了，没有能力去求法，你去求法吧，我也将去兜率宫弥勒佛尊前听法。人无始以来就要独自来去，我们也不能一直作伴，你就去尼泊尔听法吧。"纳措译师哭泣着说："我把上师请到这里，也得到了您的所有教法，所以我不能扔下上师去尼泊尔求法。"阿底峡尊者说："是啊，你把我请到这里，也掌握了我的所有佛法，你不应该离开我。可是，大乘教法障碍多，所以你要去求法。期间你多作供养并祈祷我。"于是，纳措译师不断作供养祈祷，一个月后，绛尊·达玛强久和舍嘎·释迦洛珠从尼泊尔前来，他们是纳措译师曾经在尼泊尔留下的阿阇梨坚仁派遣来的。他们告诉纳措译师，班智达目前在尼泊尔，但是很快就要回印度，请纳措译师尽快赴尼泊尔求法。纳措译师将此事禀报给阿底峡尊者。阿底峡尊者说："我也不久就往生兜率宫，称为无垢天子。现在你赶紧绘制一副我的画像。我会从兜率宫开光。经常供养和祈祷我，我会从兜率宫下来。现在还有一个月，你要多作荟供。"于是，纳措译师在一个半月之间持续不断地举办荟供，祈请上师。此时，阿底峡尊者在藏的众弟子都聚集过来，说："感觉上师即将离开我们，我们中间谁能继承上师法脉。"大家都不敢喘气，纳措译师说："我也不清楚，众所周知，一切法的大小功德都源自上师，我们都没有像仲敦巴大师那样侍奉过上师，所以，仲敦巴大师最适合作阿底峡尊者的继承人。"众人都同意纳措译师所说。此后，阿底峡尊者催促纳措译师赴尼泊尔求法，临行前给纳措译师传授了不共的《观世音菩萨修法》等二十种未传教法，做了许多授记，把大如拇指的尊者自己旃檀像装进宝盒中，挂在纳措译师肩膀上。纳措译师祈请道："祈求上师从兜率宫观照我，祈求上师从兜率宫加持我！"

纳措译师迎请了阿底峡尊者，并一直跟随其左右，未曾远离过。现在，阿底峡尊者身患疾病，即将入涅槃，此时自己却要远离上师。想到这些，纳措译师不禁心生悲痛。仲敦巴大师为纳措译师送行，并给纳措译师讲授了《入道·要鬘》。纳措译师到了尼泊尔后参拜甲纳阿嘎热、尼泊尔人鲜迪拔扎、黑誓言金刚等求法，并翻译了诸多经论。

（三）如何专心修持及培养弟子

1. 潜心修行

纳措译师来到阿里芒域贡唐阳妥[1]地方，请一位印度画师在六十肘

[1] 在今吉隆县宗嘎镇，公元1233年至1236年间由恰译师曲吉白(1192—1264)主持三年。

大的布上绘制布画。上部绘制阿底峡尊者的诸本尊像，下部绘制阿底峡尊者的十二位上师，还有尊者自己一肘高的像，在其左右也绘制了诸像及阿底峡尊者的事迹图；下部在经院背景上绘制了库俄仲三师等西藏佛教大师，其前方绘制有纳措译师本人祈请状像，后方绘制有纳措译师造的《阿底峡尊者赞八十颂》内容。阿底峡尊者曾经应允从兜率宫加持，故纳措译师说："此幅画像与阿底峡尊者无异，是阿里三围最有加持的所依。"纳措译师还汇聚从印度和尼泊尔诸圣地取来的圣土，修建了意之所依佛塔。此后，根据阿底峡尊者的授记，在芒域贡唐翁岩洞潜心修行，亲见观世音菩萨、度母、文殊金刚等诸尊面，生起殊胜证悟。于第一绕迥木龙年（公元1064年）圆寂，享年五十三岁。纳措译师和仲敦巴大师圆寂的年岁生属和时期相同。

2. 培养弟子情况

纳措译师不共的弟子绒巴拉苏瓦能追忆自己十三世，拥有广大神通。他在热振迴琼地方修建拉苏寺聚集僧众，故被称为"下部噶当传承。"绒巴拉苏瓦为了求得阿底峡尊者教授和事业功德，曾参拜八位阿底峡尊者的亲传徒弟和两位阿底峡尊者的徒孙，八位亲传弟子所言相同，但是两位徒孙所言不尽相同。格西拉苏瓦心想："依止阿底峡尊者达十九年的大译师目前在贡唐地方，我必须要去拜谒他。"于是就前去拜谒纳措译师，从纳措译师求得一些密咒教授，心里得到了安抚。第二年，他向纳措译师请求道："请传授般若修法教授和阿底峡尊者伟大业绩，以及迎请到西藏的史事。"纳措译师说："这个方面我最清楚，以前无人来问询。"详细讲授了阿底峡尊者的历史，修行教授也毫无保留地给予传授。当拉苏瓦准备返回卫地时，纳措译师给他授记了修行地拉苏寺。纳措译师送行他时赠言道："拥有暇满具智慧，此生如何来生却，难遇无上菩提因，精进不怠做顶礼。"途中得到旁多瓦的迎接，在此讲授了《根本经》和《集学论》。此后，专心在拉苏寺闭关修行。当时，巴擦常嘎地方之间发生纠纷，拉苏瓦前去调停，在旁多遇见了格西玛措。格西玛措对拉苏瓦产生敬信，将他迎请到文绛多（在今曲水县才纳乡）地方讲经。当时，玛措的四位弟子求得阿底峡尊者教法，被称为"绒巴四人"，即甲堆·尊珠拔(1042-1118)、秀兰巴·西绕扎、绒·青普瓦、格西南巴。他们向拉苏瓦求取了噶当教法，故又被称为"拉苏四人。"

以上是《人道》请问者纳措译师的简介。

《人道·要鬘》补充释作者祥敦·丹巴加措简介

祥敦·丹巴加措情况从六个方面叙述。

一、关于出生

于藏历第十四绕迥木鸡年（公元1825年）出生在朵康麦的孜雄克梯地方。

二、关于学修

十一岁即木羊年进入拉卜楞寺，十三岁开始学习五部大论，十五岁即土猪年（公元1839）在嵗芒·贡觉坚参座前聆听了许多经教。通过摄类学考试，次第掌握教派原理、七十义等。二十一岁即木蛇年（公元1845年）在至尊洛桑土丹晋美加措尊前受圆满比丘戒，赐名丹巴加措。二十二岁时，获得“噶久林斯”格西学位。从此，闻习四种律典及其详略注疏，成为佛法美饰。是年冬季法会上获得“绕绛巴”格西头衔。三十岁时担任土观活佛的经师来到北京，火龙年返回寺院。

三、撰写《教言·宝鬘》

三十三岁即火蛇年（公元1857年）来到衮龙，两年间广泛转动深广法轮。当时，受近侍塔耶加措劝请，模仿印度学者和贡唐嘉木漾文风，撰写了仲敦巴大师《人道》的注释《教言·宝鬘》，从所断与所取、一般与特殊、总体与个别、譬喻与实意，进行补充完善。

四、摄受徒众

从四十三岁开始，为巧珠仁波切伴读，学习性相学，历时七年。金马年，红帽派活佛旦增加措专程前来求法，祥敦·强巴加措给他传授了教法。这位至尊结合闻思修进行实践，断证功德超群，善于摄受徒众，闻名遐迩。

五、著述

祥敦·丹巴加措六十八岁时返回寺院，撰写了《传记·中立智者顶饰》《菩提道次第教授调伏自续狂象的铁钩》《上师瑜伽传承》《至尊那若空行修法简略》《至尊度母天法史·璁叶庄严乐苑》等四部。其著作浅显易懂，文字优美。

六、示寂

七十三岁即第十五绕迥火鸡年（公元1897年）示寂。

《菩提埵萨·宝鬘论》及释文

《‹菩提萨埵·宝鬘论›及释文》分三个部分：书名、正文、结尾。

一、书名

书名《菩提萨埵·宝鬘论》，又名《答复·宝鬘》或《修心·宝鬘》。梵文“菩提萨埵嘛呢啊拔黎”，藏文“绛秋森贝诺布称瓦”，汉文“菩提萨埵宝鬘”。梵文“菩提”，藏文“绛秋”，汉文音译为“菩提”，意即“觉”；梵文“萨埵”，藏文“森巴”，汉文意译为“萨埵”，意即勇识；梵文“嘛呢”，藏文“诺布”，汉文意译“宝贝”；梵文“啊拔黎”，藏文“称瓦”，汉文意译“鬘”。说梵文的目的有三，即留下梵文印象、心续得到加持、经典来源可靠；说藏文的目的是为了忆起译者恩典；梵藏对照的目的是为了了然双语之区别。书名的实际意思，诸菩萨顺利实现一切意愿的方法，即犹如珍宝，不可舍弃的诸学处，是本书的主题思想。这种实现菩萨愿望的学处，通过词语珍宝，如珍珠鬘串联起来讲述。

之所以又称为《答复·宝鬘》，是因为阿底峡尊者答复仲、俄、库三人所问，以此答复为刚要衍生出噶当派的《祖师问道录》和《弟子问道录》，其内容珍贵如珍宝，又用文字串起，故名《答复·宝鬘》。

二、正文

（一）书首礼赞

颂曰：

顶礼大慈大悲尊！

顶礼恩重上师尊！

顶礼信奉诸本尊！

获得菩提心的主要内因是慈悲，故要顶礼；而主要外因是金洲大师等大乘诸善知识，故要顶礼；慈悲和事业速成的观世音菩萨和至尊度母等自己所信奉的诸本尊神，要从身语意虔敬地顶礼皈依。

《菩提萨埵·宝鬘论》是阿底峡尊者所著，是阿底峡尊者所造的《祖师问道录》《弟子问道录》[①]的刚要或结语。

前二句是仲敦巴大师向阿底峡尊者问道后得到《菩提萨埵·宝鬘论》所言顶礼殊胜对象的刚要或概述。此二刚要，广示《祖师问道语录》第一章所要顶礼的殊胜对象；第三句显示杰瓦仲敦巴大师向阿底峡尊者问道后得到《菩提萨埵·宝鬘论》所言顶礼四本尊的词句或经中所示。此句广示《祖师问道语录》第二章仲敦巴大师所要顶礼的殊胜对象四本尊[②]。所谓“四本尊”，就是指佛教创始人释迦牟尼佛、集一切寂静本尊为一体的观世音菩萨、集一切愤怒本尊为一体的不动明王、集一

---

① 《祖师问道录》《弟子问道录》：总称《噶当师弟问道录》。阿底峡尊者门徒秘密传授的教法。由仲敦巴·杰威迥乃请问者为《祖师问道录》，因为仲敦巴师噶当派的创始者，是噶当派的祖师；由俄·勒贝西绕和库·尊珠雍仲请问者为《弟子问道录》。

② 四本尊：噶当派所传的释迦牟尼、观世音、度母、不动佛四本尊，与经律论三藏共称“噶当七宝”。

切天女为一体的度母。

（二）正文

颂曰：

一切疑虑皆断除，

专心致志来修持。

阿底峡尊者告诫仲敦巴大师，为了断除对因果、轮回、三宝持有无的疑心，为了断除对人天善趣等圆满果位的疑心，为了断除阻碍趋向解脱和一切智的疑心，首先要依止具格上师，广泛闻思三藏。正如宗喀巴大师在《最初祈愿》中说："正如所闻诸教法，日夜深思其深意，反复思考所思意，利益智慧断迷惑。"如何彻底断除诸疑惑，在《手册》中说如果对佛语有疑惑，就难以得到加持。这是针对广泛听闻角度讲的，而不是指甚深空性，对于甚深空性哪怕心生疑惑都有裨益。在《中观四百颂》八品说："福德浅薄者，对法不生疑，若能生怀疑，能断轮回根。"最后要实践所闻教法，潜心修习以三中士道[①]为主的道次第。这就是此二句的中心要义。

阿底峡尊者在《祖师问道录》中说："甚深教法的关键是实践。"又说："做方便智慧缝纫活时，不要使用两头针，在一座实修甚深教法要义时，不能三心二意。"因此，用闻来彻底斩断诸疑虑，然后进行实修。这点非常重要。在宗喀巴大师的《菩提道次第广论》中说："闻是为了了解，实践所闻要义极为重要。"

---

① 三士道：即三士道次第。上中下士修学佛法所经地道以及论述此种地道之一切经论。在阿底峡尊者著的《菩提道炬论》中有详细论述。

此二句可以与以下所有讲述实践相结合。

这是阿底峡尊者为了回答仲敦巴大师所问而造的《菩提萨埵·宝鬘论》中，让仲敦巴大师如何选择三藏进行实修的刚要或总括。以此为刚要，在《祖师问道录》第三章中详细叙述教导仲敦巴大师如何抉择三藏教法方面的内容。《弟子问道录》引用以上的刚要，讲述仲敦巴大师曾转生为婆罗门子的本生故事，是仲敦巴大师本生传记的第一章。

颂曰：

沉眠懒惰皆断除，

时时勤奋加精进。

阿底峡尊者告诫仲敦巴大师，要善于断除专注善业之祸首睡眠，虽然心向善缘，但是身心难有作为、心智混沌，贪著于世间恶事，对善业心生惰怠，或者自觉无能为力，自己看不起自己的惰性等不良习气都应断除，时时刻刻让精进之水奔腾不息。沉眠懒惰无法完成诸善业，为此在《正法念住经》中云：“一切烦恼唯一根，乃是懒惰无其他，谁人若有懒惰性，此人没有诸教法。”在《祖师问道录》中说：“一切善趣及解脱，皆由精进来实现，善断恶友及沉眠，莫要懒惰所控制。”

此二句是《菩提萨埵·宝鬘论》中关于“行为上如何勤奋”内容的刚要或总括，以此为刚要，在《祖师问道录》第四章中详细讲述了如何在行为上勤奋的内容。《弟子问道录》引用以上刚要，讲述仲敦巴大师曾转生为无贪王子的本生故事，是仲敦巴大师本生传记的第二章。

颂曰：

正知正念不放逸，

时时护持诸根门，

日夜三时再又再，

时刻观察相续心。

阿底峡尊者告诫仲敦巴大师，正念使内心专注于善所缘以及戒律及善法而不忘不散；如果心散乱，正知能够刹那明了；不放逸能正确取舍，护持心念，当初学者不能集中精力，六根[①]攀缘美丑诸境，或生贪执，或生厌恶，因此需要时时护住自心，不使内心散乱分别。那么如何护住自心呢？白昼三时和夜晚三时即昼夜六时都要时时观察自心，观察身语诸业的源头心相续是不是被调伏了，观察自心是不是被沉眠和懒惰等障碍所带走，观察自心对外是不是有企望，要反复观察。

这是《菩提萨埵·宝鬘论》中开示“如何约束诸根，护持自心”方面内容的刚要或总括。以此为刚要，在《祖师问道录》第五章详细讲述了约束诸根、护持自心方面的内容。《弟子问道录》引用以上的刚要，详述仲敦巴大师曾转生为庆喜王子的本生故事，是仲敦巴大师本生传记的第三章。

颂曰：

自己罪孽要外扬，

他人错乱莫寻找。

阿底峡尊者告诫仲敦巴大师，自己的诸罪向人宣说，他人的过错或罪孽不闻不问，不找不寻。卡热大师所造的《修心七十颂》中说：“莫找他人错，要知自己过。”《祖师问道录》中说：“仲敦巴大师，狡诈

[①] 六根：眼耳鼻舌身意，前五者为有形根，后者为无形根。

等罪孽要外扬，只要清净罪孽，结果好也罢，不好也罢。如果假心假意赞美他人，令他人高兴，那就多赞美吧。不要去寻找他人的过错。”这就是菩萨行为，与此相反的是凡夫行为，那就是虚伪狡诈，隐瞒己过，追寻他错，凡事都与世间八法[①]有关。

《弟子问道录》引用以上刚要，详细讲述了仲敦巴大师曾转生为天生王子的本生故事，是仲敦巴大师本生故事的第四章。

颂曰：

隐瞒自己诸功德，

宣扬他人诸功德。

阿底峡尊者告诫仲敦巴大师，自己再有功德也不能想方设法显示，否则会损减原有的功德，而且会生起我慢，成为过邪命生活[②]的因，因此必须要隐瞒自己的诸功德。宣扬他人功德能表达对他人的敬重之心，令他人心生欢喜，而且能使未成徒众的化机成为徒众，已成徒众者令其成熟解脱。所以，宣扬他人功德非常必要。我等凡夫俗子往往喜好自吹自擂，对他人吹毛求疵，菩萨之行与之恰恰相反。《祖师问道录》中说：“要隐藏，就隐藏自己的诸功德，需要之时会显露出来；要宣扬，就宣扬他人的诸功德，令人欢喜，前来依止，不造恶业。”

《弟子问道录》引用以上刚要，详细讲述了仲敦巴大师如何转生为宝民王子的本生故事，是仲敦巴大师本生故事的第五章。

---

① 世间八法：又称八风，八世风，对自己稍有损益即生喜怒的世间八事：利、衰、誉、毁、称、讥、苦、乐。

② 邪命生活：贪心所发身语二业。邪命生活有五种：诈现威仪、谄媚奉承、旁敲侧击、巧取讹索、赠微博厚等。

颂曰：

断绝利养及恭敬，

时时断绝名和利。

阿底峡尊者告诫仲敦巴大师，要断绝“世间八法”。在《劝亲友书》中说：“利与衰，乐与苦，誉与毁，称与讥等世间八法不是我所想望的，要平等对待。”“世间八风”之第一风就是“利”，就是凡人一生所追求的金钱地位等物质享受；所谓“恭敬”就是千方百计追求他人对自己的恭敬爱戴，进而获得名利双收。作为菩萨，必须要断绝这一切，否则不仅对来世没有任何裨益，亦成为此世生起嗔怨，发生争斗的内因，所以必须舍弃或断绝诸名利。“名利给他人，亏损自己受。”这才是菩萨应有的行为。

此二句是《弟子问道录》中仲敦巴大师本生传记之第六本生，即如何转生为信坚王子章节的刚要。

颂曰：

少贪寡欲亦知足，

知恩报恩是贤德。

阿底峡尊者告诫仲敦巴大师，所谓少贪寡欲，就是告诫不要特别贪执饮食和服饰等日常生活用品，只要食能果腹，衣能遮体，就应该知足。诸众生曾为我们的母亲，那时跟现在的母亲一样，好吃好穿的都给我们，辛勤养育我们。所以，我们应该以“因果七诀（知母、念恩、报恩、慈心、悲心、增上意乐和发菩提心）”，令其生起菩提心宝；对自己有恩者，用佛法来报恩。《祖师问道录》中说：“心中莫要有贪欲，要知足。”又说：“要知恩念恩报恩。修持慈悲等四无量心，使菩提心坚固，并日日增长。用愿菩提心和入菩提心来引渡父母，断除一己私利，要有引渡父母之心，要有知恩报恩之心。”

此二句是《弟子问道录》中仲敦巴大师本生传记之第七本生，即如何转生为信极坚王子章的刚要。

颂曰：

修持慈心和悲心，

令使菩提心坚固。

阿底峡尊者告诫仲敦巴大师，难以调伏的诸众生曾经是我们的父母，并恩重如山，因此，为众生勤修愿其得乐的慈心和愿其离苦的悲心。不管何时何地，为了众生获得佛果位，而要勤修慈悲心为根本的菩提心，并使之坚定不移。

以上十句是《祖师问道录》之答复宝鬘中“汇集所有回答”的刚要或总括。以此十句为刚要，在《祖师问道录》第六章中详细讲述了所有教诫。其中最末二句是《弟子问道录》中仲敦巴大师本生传记之第八本生，即如何转生为增慧王子章的刚要。

颂曰：

断除应断十不善，

竖立牢固之信念。

阿底峡尊者告诫仲敦巴大师，要断除一切不祥和痛苦之源，身语意诸痛苦之因十不善，竖立牢固的因果信仰，无论遇到怎样的逆缘都毫不动摇。《要道》中说：“反复思考因果不虚轮回苦，能断只图眼前安乐之心念。”在《祖师问道录》云：“十恶是邪道，十善是正道，贪此是大缚，反之生大信，信由被信空，诚信大中观。”

此二句是《弟子问道录》中仲敦巴大师本生传记之第九本生，即如何转生为持欢童子章的刚要。

颂曰：

灭除愤怒及我慢，

具备谦卑恭敬心。

阿底峡尊者告诫仲敦巴大师，引起仇恨共有九事，称为“嫌隙九事”。那就是心想怨家仇敌，曾经损害我，现在损害我，将来还会损害我；怨家仇敌曾经损害我的亲友，现在还损害我的亲友，将来还会损害我的亲友；怨家仇敌曾经利济我的仇人，现在还利济我的仇人，将来还会利济我的仇人。如此三时三方，共为九事，会扰乱人的内心，使人心生大嗔恚，进而会产生想要打击报复的嗔恨。此外，一个人因为自己的家族、长相和财富等优于他人，心生傲慢，自视清高，蔑视他人，甚至因为自高自大，对上师和有知识的人都不敬不尊。俗话说满招损谦受益，又说骄傲山上不存功德水，虽然我慢心不会像嗔恨一样直接令人痛苦，但仍然是来世产生各种痛苦的因缘，所以须要断除，断除依烦恼的我慢，让自己时刻处于低处，不断提高自心悟性。在《修心八座》中说：“令使自己处低位，何地结伴与何人，一心所想为他人，以他为尊多恭敬。”在《祖师问道录》中说：“杰威迥乃知否？嗔恨会毁掉数劫善根，我慢会毁掉严整。”又说：“所以，勿要嗔恨我慢，要处于无慢之低处。”

此二句是《弟子问道录》中仲敦巴大师本生传记之第十本生，即如何转生为居士尊章节的刚要。

颂曰：

断除邪命之生活，

维持如法之生活。

阿底峡尊者告诫仲敦巴大师，要断除邪命生活，要过如理如法的生活。所谓“邪命生活”，共有五个方面，即通过诈现威仪、谄媚奉承、旁敲侧击、巧取讹索、赠微搏厚等不正当手段来维持生活。所谓“诈现威仪”，就是假装自己有种种功德，以骗取信徒供养；所谓“谄媚奉承”，就是通过阿谀奉承，假心假意夸赞对方来获得利益；所谓“旁敲侧击”，就是巧舌如簧地赞叹他人的东西，以求得到此物；所谓“巧取讹索”，比如告诉某施主说“某某施主作了如是供养，你也应该作如是供养。”通过这样的手段，进行巧取豪夺；所谓“赠微搏厚”，就是以物寻物，赠与他人微小之物，换取他人厚重之物。此等邪命生活须要断除，同时还要断除令生烦恼的身语方面歌舞娱乐。不仅要断除邪命生活，还要如理如法生活。所谓“如法生活”，就是满足于身着衲衣，化缘度日，睡破烂被褥的生活。 乐于断舍离，喜爱修禅定。龙树大师说：“要知食物如药品，无贪无嗔享用之，不为饱腹及显摆，不为肥壮为生存。”这就是说，人使用饮食是为了生存，如果是出家人，那就需要过三学清净的如法生活，反之谓“邪命生活”。克什米尔班钦造的《心语三十颂》说：“贪执物质享受经忏师，勿饮邪命毒水是心语，消化信徒所施之食物，须要三学清净来享用。”

以上六句是《祖师问道录》之答复宝鬘中关于“应断如何断，以入善业”的刚要或总括。以此为刚要，在《祖师问道录》第七章详细讲述了断舍方面的教诫。

颂曰：

断除一切财物等，

利用圣财来装扮。

阿底峡尊者告诫仲敦巴大师，如果是位真心修行佛法的人，应该满足于简陋的衣食居住，断除房田家畜财物等此生的物质享受，不能像凡夫一样只追求眼前的物质利益，而应该用圣人所追求的信、戒、闻、舍、惭、愧、慧等七圣财来装饰自己。谋求钱财，只能得到微小利益，追求圣财，能趋向无上解脱大乐道。

《祖师问道录》中云：“钱财犹如幻化宝，增减不定无意义。”用偈语告诉仲敦巴大师钱财的过患和圣财的功德，以及化缘度日时手持禅杖的方法及象征意义等。仲敦巴大师说：“至尊阿底峡，今天听到大法，此生定要断除世间钱财，将七圣财作为毕生的追求目标，就如禅杖所示。”

此句是《祖师问道录》之答复宝鬘中关于“圣财和禅杖”内容的刚要或总括。以此为刚要，在《祖师问道录》第八章详细讲述了这个方面的内容。

“断除邪命之生活，维持如法之生活。”和“断除一切财物等，利用圣财来装扮。”四句是《弟子问道录》中仲敦巴大师本生传记之第十一本生，即如何转生为宝贤童子章的刚要。

颂曰：

断除一切愦闹处，

长期居住寂静处。

阿底峡尊者告诫仲敦巴大师，要断除外身的愦闹和内心的愦闹等一切影响身心清净的热闹嘈杂地方，长期住于身心远离嘈杂的寂静处。“三学”是为了远离身心嘈杂和善于取舍的教诫。在《祖师问道录》中说：“断除不净嘈杂处，身处寂静寺院等。”《弟子问道录》十二本生中说：“此派所说闲寂处不仅指身寂静，也不是指清静地，而是指时时处处住于大乘圣地，不作小乘和无授记的思维。”

此二句是《弟子问道录》中仲敦巴大师本生传记之第十二本生，即如何转生为童子月章的刚要。

颂曰：

断除一切变异语，

时时处处管控嘴。

阿底峡尊者告诫仲敦巴大师，平时要实话实说，不能信口开河地说些毫无意义的废话。布顿·仁青珠(1290-1364)说：“欲己出名贬低对方人，行为狡黠言语粗恶者，说出各类绮语乱人心，如此辩论亦是地狱因。”所谓的“变异语”，就是为了自己出名而贬低他人，心怀狡诈而说不善之言语。要断除一切变异语，时时处处管住自己的嘴，禁止一切障碍善行的语言，不管身处何地，结伴何友，作何事，只说法语，不说变异语，因为豪无意义的空话绮语，会扰乱自心，使内心无法全心从事善业。而且，绮语是下地狱之因，故应断。《祖师问道录》中云：“身处极其寂静处，管束口业不废话，祈入无二法界中。”

后此二句是《弟子问道录》中仲敦巴大师本生传记之第十三本生，即如何转生为童子宝华章节的刚要。此刚要和以上“断除一切愦闹处，长期居住寂静处。”是《祖师问道录》之答复宝鬘中关于“清净道歌”内容的刚要或总括。在《祖师问道录》第九章中详细讲述了有关清净道歌方面的内容。

颂曰：

见到上师亲教师，
无上恭敬作侍奉。
具有法眼士夫和，
初入佛门诸众生，
生起一切皆佛想。
见到一切诸众生，
生起父母子女想。

阿底峡尊者告诫仲敦巴大师，见到或拜谒传授传承、指导、秘诀等的上师，以及传授别解脱戒的亲教师，心生清净恭敬，在身体、饮食等方面给予圆满侍奉；具法眼，即亲见“四圣谛”的圣人，以及初入佛门的初业人作为对境，方能成佛，如果没有这些众生，就无从谈及成佛，因为他们亦有佛性，他们亦是佛故，所以要观想为真实的佛陀；抑或，见到一切诸众生时，将年长男子视为自己父亲，年长女子视为自己母亲，将年幼者视为自己子女，将同龄人视为自己的兄弟姐妹。要日夜六时如此观想，而不是一时一刻。

以上七句是《祖师问道录》之答复宝鬘中关于“礼敬侍奉及丰富见解”方面内容的刚要或总括。以此为刚要，在《祖师问道录》第十章中详细讲述了这个方面的内容。此七句刚要又是《弟子问道录》中仲敦巴大师本生传记之第十四本生，即如何转生为童子宝华章节的刚要。

颂曰：

坚决断除诸恶友，

虔诚依止善知识。

断除嗔恨不安心，

平平安安达四方。

阿底峡尊者告诫仲敦巴大师，要断除所有障碍善业的恶友，从思想和行为两个方面虔诚依止善知识，前者使自己的身语意引向不善业，后者是自己一切美满幸福的根源。另外要断除贪恋亲友仇恨怨敌，令自己不安的心，时时处处要消弭嗔恨，胸怀愿众生具快乐及快乐因的慈心，努力趋向人天善趣和永久安乐。在《祖师问道录》中说：“对于希望解脱者，屠夫就是恶友伴，直接间接捆绑之，绳索就是恶友伴。”又说：“开示解脱诸功德，开示轮回诸过患，开示应舍应取法，虔诚依止善知识。”又说：“外道趋赴不正道，极其仇恨佛正法，并亦仇恨众僧伽，如此处所谓不安，产生不安诸心所，应断仇恨不安心，速速趋向寂静地。”

以上四句是《祖师问道录》之答复宝鬘中关于“如何护持圣人和圣人行”方面内容的刚要或总括。以此为刚要，在《祖师问道录》第十一章中详细讲述关于如何护持圣人和圣人行方面的内容。此刚要是阿底峡尊者和仲敦巴大师在唐波切和聂唐时所说。前二句是《弟子问道录》中仲敦巴大师本生传记之第十五本生，即如何转生为光明童子章节的刚要，亦是开示第十五本生的刚要。

颂曰：

断除一切诸贪执，
住于无贪无执中，
贪执难得诸善趣，
斩断解脱之命脉。

阿底峡尊者告诫仲敦巴大师，若想获得人天善趣和永久安乐，应断除对此生亲友、名誉和承事等事物的贪执，平等对待一切诸众生，心住慈悲。相反，如果贪恋亲友、家宅，不要说能获得一切智果位，会斩断解脱命根，连善趣也难以获得。《祖师问道录》中说："善业或者诸恶业，所断以及所对治，只要贪执即束缚，是故断除一切贪。"又说："若是贪执于善业，解脱命脉便斩断，若是贪执于恶业，善趣生命便斩断。"仲敦巴大师写给祥·昌卡白琼的第二封信中说："执着于佛亦难得解脱，执着于法亦成束缚因，富人贪执千万两黄金，穷人贪执针线等家什，一样障碍解脱无区别。"正如以上所言，修行人一定要断除对一切的贪执，因为只要有所贪执，即成为解脱的障碍。

以上四句是《祖师问道录》之答复宝鬘中关于"如何从贪执的泥潭中挣脱出来"方面内容的刚要或总括。以此为刚要，在《祖师问道录》第十二章中详细叙述了如何从贪执的泥潭中挣脱出来方面内容。另外，此一偈语和上面"断除嗔恨不安心，平平安安达四方。"二句是《弟子问道录》中仲敦巴大师本生传记之第十六本生，即如何转生为童子慈章的刚要。

颂曰：

何处遇见快乐法，
时时精进修此法，
最初做出何计划，
首先就要完成它，
如此善成一切事，
反之事事难成办。

阿底峡尊者告诫仲敦巴大师，要承办对此生来世及自己他人都有益处的事，是获得快乐果之因，因此要时时勤奋完成，无有懈怠。如果是追求解脱者，还要循序渐进，首先要勤修下士道及出离心和菩提心等共同道，然后逐渐进入密咒金刚乘道。如此按照先显后密的次第实修，才有可能获得一切智佛果位。与此相反，如果对下士道及出离心和菩提心等内容不甚了了，更没有深切体会，那么，在因法般若波罗蜜多和果法密咒金刚乘两个方面都不会有任何的收获。在《祖师问道录》中说：“何处遇见快乐法，心生欢喜并前往，疑虑重重难成事，先要完成初计划，然后逐次作诸事，反之一事无有成。”

此为《祖师问道录》之答复宝鬘中关于“如何请教祖师清净传记”方面内容的刚要或总括。以此为刚要，在《祖师问道录》第十三章中详细叙述了如何请教祖师清净传记方面内容。另外，此六句是《弟子问道录》中仲敦巴大师本生传记之第十七本生，即如何转生为狮子吼王子章的刚要。

颂曰：

平时远离诸罪过，
生起高傲思想时，
迅疾砸碎我慢心，
忆念上师诸教授。
生起恐惧畏难时，
振奋精神扬心帆，
二者观修为空性。

阿底峡尊者告诫仲敦巴大师，时时处处勤修行善断恶诸事，难免生起妄自尊大的心理，此时需要认识到这是我慢烦恼，并立即砸碎它。此时，还要忆念有利于禅修的上师教授，当心念昏沉畏缩时，要及时振作起来，令心思高昂清明。昂扬的精神和广阔的心境，能对治昏沉。总之，将散乱掉举的心内收，专注于所缘，使之安住。当获得安住分，能够专注一境时，须要警惕心思昏沉，要使心思明明朗朗。如此交替熏修，令心念既不昏沉，也不掉举，专注于无垢禅定中。依靠这样专注一境的禅定，令行者和所修法被明空二具的观察修所摄持，进而潜修空性。

以上七句是《祖师问道录》之答复宝鬘中关于“斩断痛苦根源，平等修持沉掉”方面内容的刚要或总括。以此为刚要，在《祖师问道录》第十四章中详细叙述了有关斩断痛苦根源，平等修持沉掉的内容。另外，此刚要是《弟子问道录》中仲敦巴大师本生传记之第十八本生，即如何转生为胜乐王子章的刚要。

颂曰：

何处遇到贪嗔境，

观为如梦如幻化；

听到不悦声音时，

观为山谷里回声；

身体遭到灾难时，

观为前世业所致。

阿底峡尊者告诫仲敦巴大师，当遇到一些美丑景象，令眼等五官产生贪恋或嗔恨等烦恼时，要将这些景象观想为幻化师幻化出来幻景，要认识到这些都是因为自己无明习气和分别妄念所造成的。当听到恶言恶语等不悦声音，把它观想为深山峡谷中的回音，毫无实质。此生异熟的肉身，如果罹患疾病，遭遇各种灾难不幸，要观想为这是因为自己前世所造业所致，不应怨天尤人，更不能意志消沉，而应该勤于断除这些产生的烦恼。因为之所以有种种不悦不乐的事，都是因为烦恼未除。 博多瓦说：“不管转生在六道何处，都会有病死等痛苦。这只是病的病，死的死，是轮回的本质，而并不是发生了什么突然事件。在轮回中永远如此，若对轮回产生厌离心，那就该断生死，若想了生死，就要断其因。”

以上六句是《祖师问道录》之答复宝鬘中关于“如何在现空闻空中修心”方面内容的刚要或总括。以此为刚要，在《祖师问道录》第十五章中详细叙述了如何在现空闻空中修心方面的内容。另外，此刚要是

《弟子问道录》中仲敦巴大师本生传记之第十九本生，即如何转生为天王章的刚要。

颂曰：

安闲自在居幽静，
犹如野兽之尸体，
自我隐瞒自我事，
无贪无执坦然住。

阿底峡尊者告诫仲敦巴大师，应该悠闲自在地独自居于远离繁杂村镇的幽静处，不显一切功德，犹如死在山坞、林间的野兽死尸，无人过问。如此隐居，将身心安然住于禅定，将一切令人产生贪欲的事物，观为如梦如幻不真实，进而不生贪执，身心清静。如此，犹如在他心通者面前没有秘密，在天眼通面前毫无隐瞒，珍宝深藏地下，却光芒闪现在空中，火虽隐藏在宅内，其烟弥漫四处，通达一切功德，毫无障蔽。此时，自己已列入本尊行列，值得称赞。

以上四句是《祖师问道录》之答复宝鬘中关于“如何隐居修行”方面内容的刚要或总括。以此为刚要，在《祖师问道录》第十六章中详细叙述了如何隐居寂静处修行方面内容。另外，此刚要是《弟子问道录》中仲敦巴大师本生传记之第二十本生，即如何转生为童子善增章节的刚要。

在《祖师问道录》第十六章中，有许多有关热振寺的授记，恐冗不述。

颂曰：

平时依止本尊神，

产生懒惰疲顿时，

向我供养诸供品，

忆念禁戒之要领。

阿底峡尊者告诫仲敦巴大师，对于立誓要完成的事，负担如何沉重，也不能有丝毫的动摇。当出现怠惰或享乐思想，就要立刻意识到这是修行的逆缘障碍，并像格西本贡杰（本贡杰·崔陈杰瓦出家后，过乞食化缘生活。他常常因为得不到化缘而断食，此时他清点自己的言行，并告诫自己，不要为了今明天的生计而奔波，当他想外出时，用绳索捆绑双脚。）一样，向我供养诸供品，调伏身语方面懒惰懈怠等恶行，使之趋向善行，并要忆念其禁戒的核心要领，守住自心，神不外驰。

以上四句是《祖师问道录》之答复宝鬘中关于"不舍誓言，阐释丰富教法"方面内容的刚要或总括。以此为刚要，在《祖师问道录》第十七章中详细叙述了不舍誓言，阐释丰富教法方面的内容。

颂曰：

遇见他人的时候，

温文尔雅说直话，

舍弃怒容及皱眉，

时时处处露笑颜。

平时遇见他人时，

大方施舍不吝惜，

舍弃嫉妒等一切；

为使他人心不乱，

舍弃一切辩论等，

时时具备忍辱心。

阿底峡尊者告诫仲敦巴大师，当独自居于寂静处时，如果遇见人或非人等，心中不生恐惧或狡诈，保持心平气和。要心怀慈悲，温和对待，真诚交流。如果对方要加害自己，也不要现愤怒皱眉等相，要时刻保持笑脸。平时所见到的人或非人，他们都曾为你的父母，对你恩爱有加，要知恩报恩，不要有吝啬心，应该乐于施舍。要生起施舍身体享用等，来满足其愿望的舍心。见到如母诸众生也因为各自的业愿，拥有丰富的财物时，一定要戒除嫉妒心，因为嫉妒心会毁掉自己的善根，成为产生贪嗔的基础。为了维护他人的平和心，要舍弃贪嗔、争斗、争辩等一切，时时刻刻要披上打不还手，骂不还口的忍辱铠甲。

以上十句是《祖师问道录》之答复宝鬘中关于“如何维护他人平和心”方面内容的刚要或总括。依此刚要，在《祖师问道录》第十八章中详细叙述了维护他人平静内心，不扰乱他人心等方面的内容。

没有阿谀见异心，

时时稳重又沉着，

断绝欺侮他人行，

和睦相处互恭敬，

要向他人传教授，

具备慈悲饶益心。

阿底峡尊者告诫仲敦巴大师，与人相伴相交时，对上没有阿谀奉承，对下没有轻视欺侮，对各方面相当的人，没有喜新厌旧心，而应该做个真诚善良的人，要有羞耻心。人都欲壑难填，你对他做得再好再多，也很少有知足的时候，对此你千万不要进行凌辱谩骂，自始至终要以礼相待，要沉稳，不要因为这些事扰乱自己内心。向那些具根器的人，传授消除能取所取分别妄念教授时，心怀慈悲和利他心是非常重要的。若不如此，对那些能取所取分别妄念特别重的人就不会有太大裨益。

以上六句是《祖师问道录》之答复宝鬘中关于“时时利他”方面内容的刚要或总括。以此为刚要，在《祖师问道录》第十九章中详细叙述了时时利他方面的内容。

此刚要及以上“平时依止本尊神，产生懒惰疲顿时”到“要向他人传教授，具备慈悲饶益心。”共二十句是《弟子问道录》中仲敦巴大师本生传记之第二十一本生，是童子第十三梯，即善知识如何转生为幻化鸟的刚要。

颂曰：

莫要歪曲诸教法，

希求心中所信服，

坚持从事十法行[1]，

夜以继日勤实践。

阿底峡尊者告诫仲敦巴大师，要知道语言方面的罪过，远离内心方

[1] 十法行：谓于佛经缮写、供养、施赠、听闻、受持、披读、开演、讽诵、思维和研习。

面的过患，对显密教法和大小乘教法不能因为自己未悟未信就执偏见，并进行歪曲诽谤。要勤修自己所信奉的教法，坚持十法行等善行，夜以继日地勤修十善法。《祖师问道录》中说："在这个世界上，有许多教徒，各自信奉不同的教派，其实践法亦多得不可思议。别的不说，光说一位上师的弟子，每个弟子都有各自的主张，相互争论不休，说这是你的教，这是我的法，矛盾重重。尊者，您知一切，那些种类繁多的教派，哪些能修，哪些不能修？"阿底峡尊者答道："仲敦巴，这一切都是佛所知，不能随意诽谤某个教派，要认真修持本派教法，若有疑问，就对照先贤大德的法语来解疑，再看看佛经中是如何说的，还要用自己的智慧考察辨别，看哪些道可行，哪些不可行，就选择自己认为可行的道，并通过勤做缮写、供养、布施等十法行，学习十善法、十波罗蜜，思维轮回过患，思维涅槃寂静利益，并进行取舍，最后用七支供进行回向善根。十法行和十善法等都是圣人所行，要夜以继日地勤修。"

以上四句是《祖师问道录》之答复宝鬘中关于"不诽谤其他教派，认真实践甚深教法"方面内容的刚要或总括。以此为刚要，在《祖师问道录》第二十章中详细叙述了不诽谤其他教法，要认真实践甚深教法方面的内容。

颂曰：

三世积累一切善，
为获菩提做回向，
福德施舍给众生，
时时进行七支供，

心怀大愿来祈祷。

如此方能得圆满，

福德智慧二资粮，

二障亦能得消尽，

获得人身方有意，

无上菩提定获得。

阿底峡尊者告诫仲敦巴大师，修法最后须要将过去、现在、未来三世所积累的善根，甚至给牲畜喂一口食的善根等所有善根，都为了如母众生获得无上大菩提佛果位而回向，将获得佛果位的因—福德资粮，毫无吝惜地施舍给三界众生。七支供集积累顺缘资粮、净除逆缘恶业的要义，平时要努力结合七支供发大愿做祈祷。将自己成就佛果位的愿望和众生的利益融为一体，三轮[1]无缘地回向。如此，不仅能圆满获得解脱和一切智的因福德和智慧资粮，而且能根除成为解脱的障碍，即烦恼障和所知障，暇满人身也变得有意义，而且不久就能获得无上佛果位。

以上十句是《祖师问道录》之答复宝鬘中关于“回向、忏悔”方面内容的刚要或总括。以此为刚要，在《祖师问道录》第二十一章中详细叙述了回向、忏悔方面的内容。

颂曰：

信财以及戒律财，

[1] 三轮：三轮有许多意，此处指能作的人、所作的事、事件的对象。比如行布施的三轮，指施者、施物、受施者。布施时若能没有此三种分别，而是三者为一体，或者三轮清净布施，其功德最大。按照“三圣”的要求，修法时，先要发菩提心，中要专注一境，后要回向。在回向时，若能三轮清空，没有回向者，没有回向物，没有回向对象，其功德最大。

闻财以及布施财，

有惭财和知愧财，

以及慧财等七财，

名为七个圣财宝，

乃是无尽七财宝，

非人等处莫宣说。

阿底峡尊者告诫仲敦巴大师，获得无上菩提后，用七圣财来满足众生愿。相信三宝，相信因果的“信财”，戒除十恶罪行的“戒财”，不贪享受不吝施舍的“舍财”，从善知识和教友座前听闻世出世间的诸知识的“闻财”，以他人为原有，禁忌罪业的“惭财”，以自己为原有，禁忌罪行的“愧财”，了解风俗了悟人性的真实性的“慧财”等七财谓“七圣财”，物质方面财有用尽的时候，而“七圣财”怎样使用也没有穷尽的时候。这“七圣财”不能示于非根器的人和非人等。

以上七句是《祖师问道录》之答复宝鬘中关于“七圣财”方面内容的刚要或总括。以此为刚要，在《祖师问道录》第二十一章中详细叙述了如何摄集七圣财，如何经营七圣财方面的内容。

颂曰：

众人之中观察嘴，

独处之时观察心。

阿底峡尊者告诫仲敦巴大师，在众人之中，要观察自己的言语，要知道该说什么不该说什么；独自在寂静处时，要观察自己的心，看看自心趋向善业还是趋向恶业，或者处于非善非恶的无记中。在《祖师问道录》中说："如此问答有无量，总要乃是七圣财，简要只有二观察，详述二观察品中。概括二观察如是：众人之中观察嘴，独处之时观察心，吉祥之地摄一切。"

以上二句是《祖师问道录》之答复宝鬘中关于"二观察"方面内容的刚要或总括。以此为刚要，在《祖师问道录》第二十三章中详细叙述了时时利他方面的内容。

在《弟子问道录》中，从"莫要歪曲诸教法，希求心中所信服。"到"众人之中观察嘴，独处之时观察心。"之间是《弟子问道录》中仲敦巴大师本生传记之第二十二本生，即如何转生为护施王的刚要，亦是《弟子问道录》二十二章中的库氏所请二章。

如此，《祖师问道录》十三章及《弟子问道录》十二章的刚要解释完毕。

三、结尾

《菩提萨埵·宝鬘》由天竺亲教师阿底峡尊者著，由大译师纳措·崔陈杰瓦翻译校订。

《菩提萨埵·宝鬘》与阿底峡尊者在尼泊尔致尼亚巴拉王的信《无垢宝鬘语》之间有很多相似或相同的词语，但如果认为是同一本书，那就错了。第七世达赖喇嘛格桑嘉措《全集》的第一部《受法录·珍宝王瓔珞》中说："《菩提萨·埵宝鬘》与《无垢宝鬘语》虽然大部分相同，但是不能相提并论。这是法主巴俄所说。但是，《菩提萨埵·宝鬘》中的很多文字与《无垢宝鬘语》相同，譬喻和原文须要区别开来。"另外，在《受法录》中说：“《菩提萨埵・宝鬘》之阿底峡尊者本人翻译的，但实际上是纳措译师翻译的，《菩提萨埵・宝鬘》中的大部分内容都在《无垢宝鬘语》中有。”在《百法论》中说:“大阿罗汉阿底峡尊者给尼亚巴拉说的。由译师比丘崔陈杰瓦翻译，有四十个颂。”

《菩提萨埵・宝鬘论》又名答复宝鬘作为刚要，衍生出《祖师问道录》和《弟子问道录》。在《祖师问道录》中，阿底峡尊者和仲敦巴大师师徒经过多次请问和答复后，最后仲敦巴大师用一刚要进行总结概括，形成了有二十三章的《祖师问道录》；《弟子问道录》是阿底峡尊者和仲敦巴大师的弟子俄氏和库氏请问阿底峡尊者所说仲敦巴大师历代身世传，俄氏请问二十章，库氏请问二章，形成答复宝鬘二十二章。《祖师问道录》每章内容进行总括，成为《祖师问道录》的刚要答复宝鬘，《弟子问道录》又引用这些刚要并作详解，成为《弟子问道录》二十二章。

《祖师问道录》《弟子问道录》都是阿底峡尊者所造，仲敦巴大师所请叫《祖师问道录》，库俄两弟子所请叫《弟子问道录》。

《人道·要鬘》及释文

佳句线条串起美文字，叙述世间俗人好行为，

好似深要金鬘之珍宝，可作高尚善良人饰品。

如此珍贵宝贝装饰物，而今无人问津成尘埃，

为使宝物重现其价值，吾作浅释吾心满欢喜。

在此浅显阐释无比阿底峡尊者心传弟子、噶当派创始人仲敦巴大师所造的《人道·要鬘》。内容分为前言、正文、后序三个部分。

前言

前言部分又有三个方面内容：解释此著作名内涵实意、书首礼赞、造此著作的缘由。

一. 解释书名内涵

此著名为《人道·要鬘》，其意即纳措译师临行前，仲敦巴大师为了回答纳措译师之问，用优美文字之鬘，讲述处事待人要义，故名《人道·要鬘》。

二. 书首礼赞

顶礼至尊观自在菩萨！

佛菩萨无边无际，与雪域西藏有缘者为观自在菩萨，故应顶礼，旨

在增长福报，消除障碍。

三 造此作的缘由

造此作的缘由分概述和详述。

（一）概述

仲敦巴大师杰威迥乃为出生在上部阿里贡唐、对噶当派有大恩的纳措·催陈杰瓦前往尼泊尔求法前而撰写的。

（二）详述

藏历第一绕迥水蛇年（公元1053年）年底，纳措译师听说那若巴的弟子班智达甲纳嘎热被达噶拔若迎请到尼泊尔，就来到阿底峡尊者尊前，说：“您曾经在尼泊尔跟我说，那若巴的弟子甲纳嘎热有圣人传承的教授，但是您未能求得。您还记得吗？”阿底峡尊者说：“想起来了。”纳措译师说：“那位班智达现在就在尼泊尔。”阿底峡尊者说：“我已经老了，没有能力去求法，如果有人请你去，你就去求法吧，我也十个月后将去兜率宫弥勒佛尊前听法。你去尼泊尔之前多作供养并祈祷我。”于是，纳措译师不断作供养祈祷，一个月后，绛尊·达玛强久和舍嘎·释迦洛珠从尼泊尔前来，他们告诉纳措译师，班智达目前在尼泊尔，但是很快就要回印度，请纳措译师尽快赴尼泊尔求法。纳措译师将此事禀报给阿底峡尊者。阿底峡尊者说：“现在还有一个月，你要为我作荟供。”于是，纳措译师在一个半月之间持续不断地举办荟供，祈请上师。纳措译师即担心甲纳嘎热返回印度，又担心阿底峡尊者圆寂，为此他消瘦了许多。此后，阿底峡尊者对纳措译师：“你快去尼泊尔求法，我也要去兜率宫”。临行前给纳措译师传授了不共的《观世音菩萨修法》等二十种未传教法，做了许多授记，把大如拇指的尊者自己旃檀像装进宝盒中，挂在纳措译师肩膀上。纳措译师祈请道："祈求上师从兜率宫观照我，祈求上师从兜率宫加持我！"

纳措译师迎请了阿底峡尊者，并一直跟随其左右，未曾远离过，历时十九年。阿底峡尊者在聂唐的九年期间，纳措译师离开阿底峡尊者前往青普一年，此外从未离开过阿底峡尊者。现在，阿底峡尊者身患疾病，即将入涅槃，此时自己却要远离上师。想到这些，纳措译师不禁心生悲痛。仲敦巴大师为纳措译师送行，从聂唐沃（在今曲水县卓玛拉康）一直送到二十五步弓，俩人手牵手，依依不舍，互诉衷肠。纳措译师说："您住于我心中莲花蕊上，永不分离。在不清净的藏人或一般的徒众心中，您与世人相处非常融洽。在一般人或特别人眼里，我们迎请了阿底峡尊者[1]，我们心意相通，做了许多弘法利生事业，今生无悔。现在我将远去尼泊尔，请您给我传授有利于心念的法要，作为我临行前的赠物。为来世实践正法方面我略知一二，请您给我讲授此生如何待人，如何处世方面心法，以免世人为我入世行为说三道四。"仲敦巴大师将长长的发辫甩到脑后，满心欢喜地给纳措译师讲授了《人道·要鬘》。

正文

正文部分有写作宗旨、总体概述及劝具根者聆听、分别详述、总义、嘱咐、回向等六个方面。

---

[1] 如博多瓦所说"父亲的儿子只有少数，母亲的儿子都是。"阿底峡尊者虽然有许多弟子，但是主要弟子只有库俄仲及纳措等四位。

一. 写作宗旨

颂曰：

吾本生于北部之藏地，

吾行各地遇见各类人，

听闻各种言语说不尽，

能辨是非区直称智者。

言仲敦巴大师本人出生于雪域西藏之邬如北部吉玛龙[①]，是雪域西藏主要氏族之一东氏族，属于宗王族之仲氏家族。说自己从小失去母爱，是尝尽世间艰辛、经验丰富的老者。仲敦巴大师自己还曾游历过上部阿里到下部朵康，遇到过各种各样的人，结识过各种各样的人，是见多识广的老人。不仅如此，仲敦巴大师本人曾经阅读过祖先松赞干布的《人道》[②]等各类处世规范方面的论著，阅历丰富。告诉纳措译师，如果我把将所有自己见闻觉知的经验告诉你，你会生厌烦，因此我将最主要的讲给你听。这就说明撰写《人道》者，不仅本人见闻觉知经验丰富，而且善于安排先后次序，善于甄别真伪，被称为“智者”[③]。因此，我将以韵文的形式，将做人的道德讲述。这就是写作宗旨或目的。

祥敦·丹巴加措所著的《教言·宝鬘》云：

本事尊贵父亲上师子，听闻诸多经论善言辞，

结识不同民族见识广，做人道理讲给心爱儿。

---

① 当雄县羊八井乡曲桑新村吉龙三队。

② 指吐蕃赞普松赞干布制定的《在家道德规范十六条》。详见《藏汉达辞典》第2068页。

③ 《喻法·聚宝》说：“仲敦巴大师时期，佛教从印度传播到乌茹和藏北地区。”

二 总体概述及劝具根者聆听

（一）总体概述

颂曰：

不管前往何方和何地，

不管远行抑或在住处，

不管结伴怎样之朋友，

随顺他人乃是最根本。

仲敦巴大师劝诫纳措译师，不管去往何处，不管居住何方，不管结伴怎样的朋友，随顺他人之意最重要。小而言之，私人之间交往，必须要和睦相处，要相互忍让相互体谅；大而言之，一个人德行、言语、意愿，也要顺应当地的法律法规、人民的心愿、风俗习惯、宗教信仰、社会发展，这是为人处世的关键。若能如此，将来自己可列入人间高尚人中，对当地社会发展也有裨益。反之，原有的名望地位也会丧失殆尽。正如我佛释迦牟尼应机教导，根据不同人的素质，先后三次转动法轮，讲经说法，还讲授四大教派，三大戒律。这就是随顺众生。同样，能够顺应民众心愿的祖孙三王[①]时代，吐蕃社会得到发展，而朗达玛拂逆民心，吐蕃社会也遭衰败。如此例子举不胜举。就说现在，国家制定法律法规，以及各类规章制度，要符合该国宪法，而国家的宪法必须要符合民意，顺应民心，并要不断根据民心民意进行修改。从小的方面看，个人的吃喝住行、言语举止，也要符合当时当地的风俗习惯，要顺应民心民意，以及时代发展和社会公德，进而实现自己的理想。这是做人的根

[①] 祖孙三王：吐蕃赞普松赞干布、赤松德赞和赤祖德赞等的三代总称。

本准则。这并不是说，一个人没有自己的理想，没有自己的主见，不分青红皂白，不管有理无理，而一味地效仿他人，盲从他人。

祥敦·丹巴加措所著的《教言·宝鬘》云：

虽然随顺众人是根本，一味效仿乃是无脑人，

虽然顺应一切为最善，违背佛戒乃是腐朽人。

（二）劝具根者聆听

颂曰：

讲述吾之主意要谛听，

辨别事物曲直要谛听，

讲授息事心要要谛听，

在家道德规范此最佳。

仲敦巴大师劝诫纳措译师，如上所述，顺应他人是做人的原则或根本。但是，如何具体事情具体对待，不同时间不同地点遇到的事如何处理，还须知晓。为此，我将讲述此生的主意，要沉下心来谛听；我将考察世间诸事曲直真伪来讲述，要带着善于辨别善恶的智慧来聆听；讲述息灭上至天界痛苦的方法，讲述息灭下至龙界痛苦的方法，讲述三界实情，要精进聆听。法有出世正法和世间人法，道有天道和人道，对于不愿舍弃此生的世俗人而言，此生符合人道最为重要。我对不勤修瑜伽[①]的

① 逐出人群，追踪狗群，列入神位。

俗人讲述做人道理，请断绝法器三过[1]、六过[2]、不持五过[3]，认真听讲。

三 详述

从总体概述和分别细述两个方面讲述。

（一）总体概述

颂曰：

不管为了何人而辛苦，

善为勿要动怒丑表功。

上至国王，下至乞丐，不管为谁付出艰辛，不仅要完成他人交付的任务，而且要懂得如何做事，要竭诚尽力。第二句劝诫不要如俗人，稍有不顺己意，就会生气动怒，以此为因，自我表功[4]。否则，为他人付出的努力就会前功尽弃，既无面子，又无好处，故要慎重。祥敦·丹巴加措所著的《教言·宝鬘》云：

勤奋利他虽是高尚人，但是自讨苦吃就活该。

颂曰：

不管从事何种之工作，

一切言行皆须随顺人。

仲敦巴大师劝诫纳措译师，不管如何做有益于世间的事，所作所为和言行举止都要符合他人的心愿。或者说，虽然内心所证同于天神[5]，但

[1] 法器三过：闻法弟子的三种缺点：耳不听，如器口下覆，不能注入；心不记，如器底穿漏，终归流失；具烦恼，如容器不洁，终变污秽，不堪饮用。

[2] 六过：听讲佛法时应断的六种障碍：骄傲、不信、不好学、心散乱、神志昏沉和厌倦。

[3] 不持五过：不持词、不持意、不领会而持、颠倒持、不持完整。

[4] 勿向亲眷奉承，勿向臣民表功。

[5] 见地同于本尊，行为合乎人群。

是，外在的言行须要与一般人一致。噶当派僧人反对随意显示神通等，如仲敦巴大师师徒在热振上寺聚会谈论时，近侍说："今日没有什么可吃的。"衮巴瓦说："老子要吃布纳董[①]送来的食物。"没多久，一位施主用马驮来糌粑、酥油、酥糕、饼子、酸奶等，供养给僧众。仲敦巴大师说了供施赞语，等施主离开后说："大禅师不应该外露功德，以后不许如此显示神通。"又有一次，仲敦巴大师身患微恙，大瑜伽师使用神通从桑普来到热振寺，穿墙透壁来到仲敦巴大师尊前问安。仲敦巴大师说："你是不是把应该羞耻的东西视为功德。"进行了严厉的批评。红帽师《道次第》中说，不让轻易显示神通是为了防止将来出现有害佛法根本别解脱戒的不良现象。噶当派的格西仲敦巴大师禁止随意显示前知和天眼通等神通，也是遵照佛律仪，防止"说实得上人法"堕罪[②]，以此也可以断绝"妄说上人法"罪。另外，如果有一名真有神通者显示神通，那一定会有一百名没有神通而假装有神通的骗子，会有欺骗没有神通者的危险。反之，有真神通者不说神通，假装有神通者容易露馅。佛陀制说实得上人法堕罪，正是为了言行随顺众生，将无垢正法永驻人间。佛法乃是解脱之道，主要开示"四谛"取舍，或实践调心次第，如果普遍显示神通异能，那就犹如"捡了芝麻丢了西瓜"，沉湎于细枝末节，而无法享受佛法的真意。

祥敦·丹巴加措所著的《教言·宝鬘》云：

随顺众生虽是最根本，但若模仿一切是傻瓜，

---

① 指热振寺下方的智乌纳董地方。

② 妄说上人法堕罪：四他胜之一。犯罪事，说话对象，须是人能言语能解义。欲欺骗对方，自己虽未证得神通等功德，但谎言已证得，终使对方理解其所言。

懂得一切语言诚可赞，但若丢弃母语诚可耻。

颂曰：

哪怕自己拥有诸功德，

也勿欺负小视其他人。

仲敦巴大师劝诫纳措译师，哪怕你掌握了工巧明、医方明等“大五明”和诗歌、星算等“小五明”，但是也不能欺负和小视那些知识不如你的人。虽然有文化知识，但是如果使之成为蔑视甚至欺负他人的理由，那不仅不利于自他，而且会带来嗔恨和痛苦，正如俗话所说：天神变魔鬼，圣药成毒药。因此不管什么时候都不能蔑视和欺侮他人，因为每个人都有一技之长。

祥敦·丹巴加措所著的《教言·宝鬘》云：

没有欺侮他人是善行，不辨善恶乃是大傻瓜。

颂曰：

虽然贪执自家之财产，

但勿抢夺他人之财物。

仲敦巴大师劝诫纳措译师，不管如何贪执迷恋自己辛辛苦苦积累，或因福报所得的财宝，也不要巧取豪夺农牧民等的钱财，如强行收税、奸狡敛财，甚至巧取豪夺，劝导人们要知足，勿贪婪。比如现今，有些官员虽然国家每月发给他够用的工资，但是他还不满足[①]，还要贪污扶贫钱款。又比如，有些上师活佛或寺院，虽然信教群众自愿供养的财物足以维持生计，但是仍然不满足，硬要从条件并不好的信教群众那里索取

[①] 俗话说：富人欲积累而不食，穷人无奈何而不做。吃山不饱，喝海不足。

钱财，如夏冬两季索要牛羊肉和酥油，秋季索要粮食，春季索要虫草。甚至有些出家人，平时也去城镇要钱。这是一种不合时宜的行为，出现了“行乞者富于布施者”的怪现象。目前社会上，有很多富有的企业和私人，以及很多宗教人士，在经济方面帮助群众，以提高自己的社会地位。而我们有些出家人却要增加民众的负担，这是非常不应该的。

祥敦·丹巴加措所著的《教言·宝鬘》云：

不恋财物本是大善行，不善积累财物终落空。

颂曰：

虽然自己善于作计划，

但勿轻易度量公共法。

仲敦巴大师劝诫纳措译师，虽然自己善于计划，善于成事，但是不要轻易去衡量或轻贱佛教戒律和世间共同要遵守的法律法规。有人为了一己私利，肆意修改规矩，总想一切服从自己的意愿和利益，毫无责任心。这里主要劝诫人少一点私心，多一点公心。如果，为了自己微小利益，诡计多端，不顾国家和民族，不顾佛法的总利益，将主次颠倒，公私颠倒，最终落得名利双失，也不符合国家和民族的共同利益[①]。俗话说：洪水冲山沟，难以有干石。利公即能利己，害公必会害己。这是自然规律，须要从眼前和永久的利益考虑。

祥敦·丹巴加措所著的《教言·宝鬘》云：

虽然不损公利是善行，若是过于小心是遗屎。

---

① 建党为公，执政为民。

颂曰：

虽然本是自己积累物，

但勿众人中间吃独食。

仲敦巴大师劝诫纳措译师，虽然是自己千辛万苦积累的财物或饮食，但是也不要在众人中吃独食，告诫人们不要在背地里偷吃偷喝。比如，四五个人在一起，如果你有足够的食物，那应该一起享用，就算没有足够的食物，也不应该偷吃。

祥敦·丹巴加措所著的《教言·宝鬘》云：

虽然自己积累财物多，示于众人面前是邪魔。

颂曰：

虽然众人奉汝为榜样，

但是勿要骄傲和自满。

仲敦巴大师劝诫纳措译师，虽然自己因为种姓高贵，或者是上师活佛，加上为人正直，而受到众人信赖爱戴，但是不能因此而骄傲自满，进而不尊重他人。这就告诫人们，虽然自己没有什么特别值得称道的功德，只是因为种姓高贵，且为人诚实生起骄慢之心。《喻法论》[①]云："空穗如土丘。"《喻法论·聚宝》[②]解说道："无知者骄慢，空麦穗昂首。"智者懂得戒骄戒躁，越是满腹经纶，为人越谦逊，无知者不懂这些道理，反而会更加骄傲自大。俗话说，没有知识的人和不结果实的树好昂首，有知识的人和结果子的树喜低头。确实如此，如果我们听

[①] 《喻法论》：以谚语譬喻《菩提道炬论》的噶当语录名。十一世纪中，格西博多瓦所说，扎普瓦初辑一略本，扎嘎瓦继增为广本，杰贡瓦继辑为中型本。

[②] 《喻法论·聚宝》：扎嘎瓦为格西博多瓦的《喻法论》所作的注释。

闻佛法后增加我慢和自诩，那就说明我们没有智慧；同理，如果没有知识而自夸，没有功德而自诩，那只能成为贬低自己的因。

祥敦·丹巴加措所著的《教言·宝鬘》云：

优于众人成为人榜样，若太傲慢无益于自他。

颂曰：

虽然自己超过诸众人，

但是勿要自高和过慢。[①]

仲敦巴大师告诫纳措译师，虽然自己在各个方面都出类拔萃，名副其实，但是也不应该骄傲，不应该有比骄傲还骄傲的过慢心。

以上四句告诫人在名望和实际两个方面都要谦虚谨慎，不要骄傲自满。仲敦巴大师也说过骄傲会成为获得世出世间功德的障碍，他说：“骄傲的山岗不会出功德水。”京俄巴说：“黄昏时分山顶冒青烟，看看是不是从低洼处升腾的？”《菩提道次第广论》说：“要戒除一切我慢和过慢，将自己放地处。”之所以圣人们不断教诫，是因为我慢是功德的反面和痛苦的源头。世人也说：“骄傲使人落后，谦虚使人进步。”

颂曰：

虽然被人敬为善知识，

但勿小视贤者与愚者。

仲敦巴大师告诫纳措译师，虽然众人把自己奉为开示取舍的善知识，并顶礼膜拜，但是不能小觑蔑视他人。尤其是，良莠不齐的众弟子不懂或者问错问题的时候，不能讥讽嘲笑，而要慈悲为怀，正确引导他们。

---

① 过慢：自心以为我虽与彼相同，但有些方面我胜过彼，名为过慢。

祥敦·丹巴加措所著的《教言·宝鬘》云：

虽然自己本是善知识，轻蔑他人成为敌旗子。

颂曰：

虽然没有比己显赫者，

但要安抚观照其他人。

仲敦巴大师告诫纳措译师，大至国家，小至家庭，在公私团体中没有比自己地位显赫的人，但是在日常生活中戒骄戒躁，低调做人，要让其他人，即对比自己地位低下的民众和伴侣子女，给予关心，与之和睦相处。

祥敦·丹巴加措所著的《教言·宝鬘》云：

慈悲爱护下人是善行，若护恶人就会生口舌。

颂曰：

不管那些头人如何坏，

相遇须要以礼相待之。

仲敦巴大师告诫纳措译师，不管地方或寺院的那些头头脑脑思想行为如何坏，也不应有小视和嫉恨心，在相遇时须要按照世间的礼仪，以礼相待，如果人家向你行礼，那更应该还礼。告诫遇到各类头领时要以礼相待。比如，现在泰国等亚洲人相见时双手合十来相互问候，这种就是一种以礼相待的礼节。见到品性不甚好的其他教派等的神职人在集会上，如果以民族或宗教不同等为理由，对其不敬，不仅有损于自己的形象，而且令这些阿訇神父不快，因此须要以礼相待。或认为这样做有违于皈依戒，那只能说明他对皈依戒的深意不甚明白。佛教皈依戒所禁止的戒条是，不能为了解脱痛苦而皈依世间神祇，因为世间神祇也在轮回中，未得到解脱，又怎能救度其他。如《佛子行》云：“自身尚系轮回狱，世间神祇能救谁？”世间神祇没有能力把众生从轮回中救度，所以不应皈依顶礼。但是，皈依戒并没有禁止风俗习惯中的礼仪，仲敦巴大师自己从康区前往卫地时，也曾向热振地方首领祥·昌卡白琼行过礼。无比阿底峡尊者说：“断除欺侮他人行，以礼相待好相处。”总之，不能把行礼搞绝对化。

祥敦·丹巴加措所著的《教言·宝鬘》云：

应该礼敬各类诸首脑，不分大小就会失传统。

颂曰：

对于与己同等诸众人，

低下高头尊敬并施礼。

仲敦巴大师告诫纳措译师，遇到与自己年龄相仿，文化知识相当，身份地位相等的人，须要放下竞争攀比心，点头施礼，以示自己低于对方，但是须要适度恰当。

祥敦·丹巴加措所著的《教言·宝鬘》云：

虽要礼敬与己同等人，但是过于谦卑似猴子。

颂曰：

不管麻子乞丐谁求法，

定要舍得开示诸教授。

仲敦巴大师告诫纳措译师，遇到患有麻风病或乞丐前来求法，要舍弃蔑视心，并不惧染疾，走进中间讲授诸教授。麻风病人有求于自己，自己也有完成其心愿的责任，但是因为害怕被传染而不去作，就有悖于世出世法。一些无神论国家的领导人，前去看望患有艾滋病等传染病人，进行慰问，并嘱咐医务人员好好治疗。这就符合人道精神，符合为人处世的行为规范。传说，以前在热振地方的某村庄发生麻风病，无人进入村庄，使得麻风病患者的生活格外艰苦。仲敦巴大师知道此情况后，亲自前去该村庄进行帮助，像母亲照顾养育子女一样关心照顾麻风病人。最后，仲敦巴大师自己也染上了麻风病。徒众对仲敦巴大师说："您不应该去看望帮助麻风病人，现在您自己也染上麻风病，怎么办啊？"仲敦巴大师说："我为了众生念诵皈依、发心和四无量心，徒众们也有饶益众生的能力，但是如果不愿意利益众生，那念诵又有什么用呢？我死了也无悔，如果不去救度众生，那修慈悲心又有何意？"据说，最后仲敦巴大师因患麻风病而圆寂。在第司·桑杰嘉措(1653-1703)所著的《黄琉璃》中说到麻风病会要人命，但是如何患麻风病，笔者只是听一些上师说过，但是没有见到过书中记载。

祥敦·丹巴加措所著的《教言·宝鬘》云：

为了众人说法是善行，说得过多乞丐念经般。

颂曰：

如果有人较量试探你，

断证功德优故示正法。

仲敦巴大师告诫纳措译师，如果有人前来试探较量你，不应该生嗔恨，而要言行温和地进行讲经说法，以显示自己断证功德圆满的智者风范。这就是说，如果有人心怀对自己的仇视或欺侮抗衡，来刺探，也要将自己最好的教授传授给他，如佛子寂天行持如小道阿罗汉。此二偈告诫传授正法要适度。

祥敦·丹巴加措所著的《教言·宝鬘》云：

试探口风就要大胆说，说得过分犹如敲己头。

颂曰：

勿看供奉敬奉等供养，

而要一视同仁待众人。

仲敦巴大师告诫纳措译师，从弟子角度看，向自己上师作钱财物品方面供养和身语方面敬奉，能增加自己的福报，有利于眼前和究竟。但是，作为上师不能光看供养大小多寡，而要一视同仁地对待所有人，要浅显易懂地讲经说法，以满足求法者。告诫纳措瓦不要根据对自己有无利益来传授教授。或者说，从各种财物和身语方面供养三宝，孝敬头人，能帮助自己完成眼前和究竟诸事，所以是完全应该的，但是供养者不能光看供养的对象对自己有无利益，而要看供养的善根功德，要知道三宝和众生，头人和百姓，都是自己积累福德资粮的对象[①]，所以要一视同仁地对待。《宝积经大迦叶品》说：“大迦叶，如是如是，大迦叶，信仰我者应该礼拜诸菩萨，而非诸如来。何以故，诸如来源自诸菩萨，声闻独觉源自诸如来。”

祥敦·丹巴加措所著的《教言·宝鬘》云：

不看供养大小很重要，黄金没有价值如土石。

[①] 寂天菩萨言：有情众生及诸佛，修行佛法皆相同，如是尊重诸佛陀，为何不尊重有情，佛生第一世法智，诸众有情亦具有，如此结合相交后，供养有情亦有理。

颂曰：

须要保密诸事应保密，

装聋作哑身居寂静处。

仲敦巴大师告诫纳措译师，应该保密的事情保密，对己对他都有益处，如果该保密的不保密，就成为祸根，所以应该当做不知道，守口如瓶，甚至闭上嘴身居寂静处。告诫纳措瓦不能随便说话，要谨言慎行。事先要分析考察哪些话该说，哪些话不该说，不能没有考虑清楚就随意开口，胡乱说话会给自己和他人带来灾祸。比如佛陀在世时，一位贪执人我执见的外道问佛陀有无人我执。如果说有我执，那就是我见，会有落入常边的危险；如果说没有我执[①]，那就会否定因果，有落入断边的危险。所以佛陀默不作声[②]。俗话说，“夏季要管好铁器，冬季要管好陶器，平时要管好嘴巴”。管好嘴的好处和没有管好嘴的坏处方面也有许多谚语，如：“闭上嘴巴无口角，缩头入怀不着凉。”“长长舌头若不管，圆圆脑袋要受苦。”最重要的是要适中，不能搞绝对，不能落入二边。

祥敦·丹巴加措所著的《教言·宝鬘》云：

深邃秘诀应该要保密，保密过头就会烂于腹。

颂曰：

一般总体内容叙述尽。

以上所述乃是总体叙述世间道德规范的一般内容。

---

① 如此此类等士夫，无缘证悟空性意。

② 询问前际诸问题，世尊佛陀不言语。

祥敦·丹巴加措所著的《教言·宝鬘》云：

一般总体内容叙述尽。

（二）分别细述

分别细述部分有五个方面内容：接触他人等的利弊；避免接触他人时的错误；宗教徒取舍教言；交往注意事项；正确取舍教言。

1. 接触他人等的利弊方面又有两层意思，一是连接，二是次第叙述与人接触的利弊。

（1）衔接

颂曰：

尚有忠告继续来聆听。

除了做人的一般性道理外，还有具体的做法，为此下面将诸多忠告继续叙述，敬请认真听讲。这句衔接上下文，是总体概述和分别细述间的过度连接，同时劝请具根者认真聆听。

（2）次第叙述与人接触时的利弊

颂曰：

与敌接触一样要慎行。

仲敦巴大师告诫纳措译师，在世间须要结交相处的人有三种，即敌人、亲友和一般人。在交往接触这三种人时，与怨敌相处最难，需要讲究方式方法，要想方设法使怨敌变成亲友；与一般人接触就不必太在意；要加深与亲友的感情。此句不仅告诫纳措译师，与怨敌相交相处时要格外谨慎小心，而且与不熟悉的人结伴时也要跟怨敌结伴一样小心行事。如此，才能避免与人交往接触时发生不必要的错误。因此，此教诫内涵深刻。

祥敦·丹巴加措所著的《教言·宝鬘》云：

因无先知难知他人心，不信一人犹如诸妖怪，

相信众人就会丢自己，与敌接触一样要慎行。

颂曰：

忠言保密于子最可靠。

仲敦巴大师告诫纳措译师，自己心中的秘密，不能或有些朋友因为相信自己，而告诉自己的秘密，连自己最亲近的子女都不能讲，更不要说告诉其他人。这样做，朋友关系更加牢固。

祥敦·丹巴加措所著的《教言·宝鬘》云：

对于亲爱子女和朋友，不说心中话语暂保密。

颂曰：

轻声念诵经咒为清净。

仲敦巴大师告诫纳措译师，在念诵经咒时不宜大声，声音只有自己听到就可以了，这样也不会打扰他人，不会影响他人修禅。这就是语清净。现在有些人去寺院朝拜时，大声念诵，在人群中大声说话，打电话的声音也特别大，根本不考虑他人。这种行为有悖于一般的世俗行为规范，因此一定要注意。

祥敦·丹巴加措所著的《教言·宝鬘》云：

特别欢乐时和热闹时，容易无所顾忌而喧哗，

为此依靠正念和正知，轻声念诵经咒为清净。

颂曰：

隐瞒相互丑话是智者。

仲敦巴大师告诫纳措译师，人们和好时互诉衷肠，后来不睦之时相互揭短，将对方的丑话、坏话到处传扬，为此有的锒铛入狱。仲敦巴大师告诫纳措译师，将自他所说各类恶语坏话加以隐瞒，不给外扬，对自他都有益处。这是智者或聪明人应该做的。或者说，自他相互指出缺点时，不能太过分，善于保密和善于言辞的人是智者，是聪明人。

祥敦·丹巴加措所著的《教言·宝鬘》云：

嘴上不说传扬诸缺点，换着方式泄露诚可耻，

为此身语言行各方面，隐瞒恶语缺点是智者。

颂曰：

自我批评检讨是智者。

仲敦巴大师告诫纳措译师，不相互揭短，善于保密缺点是智者，敢于自我检讨和批评也是智者。世间平庸之人善于隐瞒己过，乐于揭露他短，仲敦巴大师告诫纳措译师要敢于自我批评。

祥敦·丹巴加措所著的《教言·宝鬘》云：

自我批评检讨为相宜，以身作则行事最相宜，

自他互换思考忒相宜，调查以后思考最妥当。

颂曰：

他过视而不见是善行。

仲敦巴大师告诫纳措译师，对他人的过错，不去追寻，不去隐瞒，而当做没有看见，没有听到，这对自他都有好处，故为善行。

祥敦·丹巴加措所著的《教言·宝鬘》云：

背后说人过错是恶人，不给当面指出是恶意，

指出错误好处少人知，不闻不问他过才安稳。

颂曰：

爱护托付之人最稀奇。

仲敦巴大师告诫纳措译师，应该真心实意爱护观照那些信任你，依靠你的人，当他们遇到困难时不惜生命去保护。这是世间最值得称奇的信任。

祥敦·丹巴加措所著的《教言·宝鬘》云：

尽力爱护信任依靠者，不必好吃好用都给他，

关键之时各有苦与乐，真诚爱护乃是最稀奇。

2. 避免接触他人时的过错

避免接触他人时的过错，有四个方面内容：认识与人接触时犯的错误；错误的过患；避免错误，以求正确的教诫；避免过错教诫。

（1）认识与人接触时犯的错误

又有两层意思：衔接、认识与人接触时犯的错误。

第一、衔接

颂曰：

尚有忠告继续来聆听。

仲敦巴大师告诉纳措译师，还有忠告要说，让纳措译师继续聆听，用此句进行过度衔接。

祥敦·丹巴加措所著的《教言·宝鬘》云：

尚有忠告继续来聆听。

第二、认识与人接触时犯的错误

颂曰：

见面就说忠言是错误。

仲敦巴大师告诫纳措译师，与不了解的人相处时一见面就把心里话和盘托出乃是错误。由于没有先知先觉，虽然认识了某人，但是未曾了解，如果一见面就把心里话都告诉他，今后一定会带来不祥，所以要特别注意。

祥敦·丹巴加措所著的《教言·宝鬘》云：

民族不同好似杂马毛，心思不同好似花尼布，[①]

是故事先不做深了解，见面就说忠言是错误。

颂曰：

未做调查信任是错误，

调查有误还作更是错。

仲敦巴大师告诫纳措译师，与人相交，如果事先没有了解清楚，没有用心观察，就盲目信任人家，那是错误；如果了解观察后有值得信任错觉，虽然对方欺骗了你，你还要与之交往交心，那就更是错误。

祥敦·丹巴加措所著的《教言·宝鬘》云：

本性善良容易无原则，怜悯过分容易生恶心，

最初善良最后生恶心，是故未查信任是错误。

[①] 花尼布：指产自尼泊尔的花布。

颂曰：

委托放荡之人是错误。

仲敦巴大师告诫纳措译师，从大的方面讲，人的一生，从小的方面讲，一天或一个小时，为自己的事情不做计划，身形放荡不羁，向这样的人委托办事是错误。比如，把大事委托给一位做事没有计划，生活没有目标的人，不要说能办好大事，有可能会失去你完成大事的机会。所以，绝对不能委托这种人办事。或者，相交懒惰放荡的人，并效仿他，那么，自己也会成为一个无所事事，放荡不羁的人，所以这样作也是错误的。可从以上两个方面理解。

祥敦·丹巴加措所著的《教言·宝鬘》云：

饮酒唱歌玩骰及棋子，所见所闻一切效仿人，

为所欲为犹如大疯子，委托放荡之人是错误。

颂曰：

心愿交付无怜是错误。

仲敦巴大师告诫纳措译师，把自己的心愿或希望委托给对自己没有慈爱怜悯的人是错误，因为他不仅不会真诚地完成你的心愿，反而会欺骗你，影响你愿望的实现，让你后悔莫及。比如，米拉日巴的父亲米拉·西绕坚参临死时把妻儿和财产都委托给米拉日巴的叔叔和姑姑。

祥敦·丹巴加措所著的《教言·宝鬘》云：

心愿交付无怜是错误，犹如让狗看护新鲜肉。

颂曰：

摄受不信徒弟是错误。

仲敦巴大师告诫纳措译师，虽然是具格上师，但是如果把没有信仰的人收为弟子，那也是错误的。因为就算你给他传授了许多有利于此生善恶取舍和来世趋向解脱的甚深教法，由于根器之过，对其心念不会有丝毫的裨益，就像酥油浸不软酥油包壳，河水泡不湿河里石头，教法教化不了宗教油子。而且，尽管给予诸多益处，反而会以怨报德。依止上师的目的是，为了知道判断取舍善恶，以及增长功德，断绝恶行，而这一切的源头是信仰[①]。比如，一位自己非常信仰的上师让你看书，一位自己不甚信仰的上师让你看书，同样都是“让你看书”，但是你对他们的信仰不同，其结果也不同。这是显而易见的。在《大宝积经大乘十法会第九》[②]云：“不信之人心灵中，难以生起诸善法，被火烧焦之种子，难以生出绿苗子。”仲敦巴大师曾经询问阿底峡尊者：“西藏修行者甚多，然获得殊胜功德者甚少，不知何故？”阿底峡尊者说：“大乘的大小一切功德都是依靠上师才生起，你们藏土人将上师视为平庸之人，怎能生起殊胜功德。”另外，在格西博朵瓦的《喻法论》中有“有嘴无嘴兄弟喻”，此喻说，一位母亲生了双胞胎，一个儿子有嘴巴，一个儿子没有嘴巴。虽然母亲对双子一视同仁，但是只能给有嘴的儿子喂奶，而对没有嘴巴的儿子，只能关心其冷暖，而无法喂奶。就如此喻，虽然具格上师对弟子没有亲疏好恶，但是，根据弟子的根器，因材施教。对具根器的合格弟子，传授诸教授，而对非法器的不合格弟子，只是传授简单的法要，不给传授甚深教法，因为传授甚深教法对其无益。说这是由

[①] 《大方广总持宝光明经》云：“生起信仰犹如前行母，护持发展一切诸功德。”

[②] 《大宝积经大乘十法会第九》：二卷五十一颂。印度佛学家姿纳迷扎及西藏译师益西德等由梵译藏并加以校订。

各自的近取因[1]所决定。言："闭着嘴巴之儿子，如何吸吮母之奶；恶贯满盈人心中，无法显现佛形象。"

祥敦·丹巴加措所著的《教言·宝鬘》云：

双手合十诋毁上师尊，摄受不信徒弟是错误。

颂曰：

依止无慈之师是错误。

仲敦巴大师告诫纳措译师，虽然弟子具有清净的信仰，但是如果将没有饶益他人慈悲心的人尊奉为上师，是错误的。这种缺乏利他慈悲心的上师，只会利用弟子的信念谋求自己利益，一心放在牟取钱财利养，丝毫不关心弟子修行正确与否，此类人不应尊奉为上师。夏热瓦(1070-1141)说："喜欢修行精进的弟子，毫无关心钱财供养。这就是上师。与此相反者，不能作修解脱者的上师。"尤其是，利他之法主要看慈悲动机，如果上师的动机不纯正，弟子再有信仰，也难以成熟利他法的果子。比如，具备青稞、土壤、雨水、肥料、温度等，但是如果没有太阳，很难生长庄稼。上师须要具备诸多特质，但是作为大乘佛教的上师，必须要具有慈悲心[2]，因为没有慈悲心，对主修大乘慈悲和菩提心的弟子不会有任何帮助。博朵瓦说："上师的特性[3]，主要是指戒定慧三学、证空性和慈悲等五种。我们的上师祥尊衮没有广大的见识，也没有承受艰辛的忍耐，也没有超强的记忆，但是他具备五种特性，所以对

[1] 近取因：因之一种。如由种生芽之因。主要在于能生自果实质之连续性。

[2] 无比阿底峡尊者亦说："教授传给他人时，应具慈悲利他心。"

[3] 《经庄严论》云："善知识应具调柔、寂静、永寂、学优于弟子、发勤精进、教德渊博、通达空性、说法善巧、悲心具足、诲人不倦。"弟子应该依止具备十相的善知识。

前去拜谒者都能得到益处。年敦巴不善言辞，说个供施赞语，众人也听不懂，但是他具备五种特性，所以能利益亲近者。”另外，结贡·西绕多吉所造的《喻法论·聚宝》云：“阉割黄牛如珷玞。”以去势阉割的公黄牛为喻，一头去势的公黄牛，或者一头老得没有生育能力的公黄牛，守住所有母黄牛，不让其与其它公黄牛交配，跟它自己交配后又不能生牛犊。遇到恶上师，不让那些有缘弟子参拜其他上师，在他跟前又不能使弟子增长学识、生起功德。这样的上师不能依止。

祥敦·丹巴加措所著的《教言·宝鬘》云：

教授对换钱财生意人，依止无慈之师是错误。

颂曰：

结交无耻之徒是错误。

仲敦巴大师告诫纳措译师，结交那些不知羞耻，以怨报德者是错误的。因为这类恶友不可靠，当你拥有地位、钱财时，他会想方设法靠近你拉拢你，当你失去这些时，他连个招呼都不会给你打。不仅如此，近朱者赤，近墨者黑，结交恶友，会沾染其坏习性。《喻法论·聚宝》中以“黑瓦罐”为喻，说接触黑瓦罐，会沾染黑。如果结交恶友，就算不想像他一样，但是不知不觉中会沾染其恶习，最后变成跟他一样的人。

祥敦·丹巴加措所著的《教言·宝鬘》云：

再作努力不知有无利，结交无耻之徒是错误。

颂曰：

劝诫顽梗之人是错误。

仲敦巴大师告诫纳措译师，劝诫那些顽梗不化，世出世教诫都听不进的人是错误的。这样做，不仅不会有教育的结果，反而会产生许多负面问题，所以劝诫人也要看对象。俗话说："说者嘴痛，听者耳痛。""劝诫顽梗不化者，不如手揉干牛皮。"

祥敦·丹巴加措所著的《教言·宝鬘》云：

犹如对牛对羊等说话，劝诫顽梗之人是错误。

颂曰：

商询无知之人是错误。

仲敦巴大师告诫纳措译师，向不知取舍，不明道理者询问做事原则是错误的，因为他无法提出对你有帮助的建议，就算提出了一些建议意见，也只会适得其反。比如，有些不学无术者善于装模作样，致使很多人向他讨教此生生计和来世去处。这些人连起码的常识都不懂，又怎么能知道细微隐蔽的事情？《喻法·论聚宝》中以"织造工"为喻，说以前印度有一位织造工人前往林中砍伐做织布机的木料。看到许多正在茁壮成长的树木，不忍砍伐。森林女神非常满意，问他："我可以赐予你成就，你要什么？"他说："我要问问妻子。"妻子说："现在我们用四肢手脚织布，如果还有四肢手脚能织出更多的布，能得到更多的报酬。"于是他对女神说："请再给我四肢手脚。"女神满足了他们的愿望。于是夫妻俩到城里去揽活，问谁需要织布。人们看到他俩就认为是凶兆，不要说请他们织布，大家都用石块砸他们。此时天神在空中用韵文道："丈夫愚昧又无知，妻子亦无少许慧，此类必定迅速败，犹如林中织造工。"我等自己没有知识能力，再向无知无慧之人商询大事，对于此生来世大事都有害无益。

祥敦·丹巴加措所著的《教言·宝鬘》云：

不知先后任何大小事，商询无知之人是错误。

颂曰：

知道是错还要不舍弃，

要知自己本是大疯子。

仲敦巴大师告诫纳措译师，如上指出了诸错误做法，如果还不醒悟，还不舍弃，那只能说你自己是个不明事理的疯子。比如有些上师活佛不符合人类善良的言行，对佛法和众生都有害无益，但是他们还认为“凡夫不知师行状，老狗不懂狮威风。”将上师比喻为狮子，将人比喻为狗，还培养许多不僧不俗，不伦不类的上师活佛，明知道他们对总的佛法有害无益，仍旧侍奉恭敬他们，使之变本加厉。如此的行为，犹如心思无主的疯子。

祥敦·丹巴加措所著的《教言·宝鬘》云：

知道是错还要不舍弃，要知自己本是大疯子。

（2）错误的过患

错误的过患有两个方面内容：前后衔接和错误的过患。

第一、衔接

颂曰：

尚有忠告继续来聆听。

用这句话衔接先后内容。

祥敦·丹巴加措所著的《教言·宝鬘》云：

尚有忠告继续来聆听。

第二、错误的过患

颂曰：

吃喝之时众人乐呵呵，

接触三日就会互揭短。

仲敦巴大师告诫纳措译师，人们在吃喝玩乐时大家都显得开开心心，其乐融融，是个充满欢歌笑语的世界。但是，没多久就相互埋怨相互揭短。比如现在很多人喜欢当主人，请人去饭店吃饭玩耍，此时人们都奉承他，掷骰玩牌都让他赢。[①]但是，当他不做主人，而做客人受邀时，人们说他如何如何吝啬，掷骰玩牌如何赖账。像此类人，最好当初就敬而远之，不做深交，如果需要交朋友，也要事先进行观察。

祥敦·丹巴加措所著的《教言·宝鬘》云：

三日之后杀父亦忘记，看到财宝母亲也敢杀，

关键时候上师也欺骗，贪欲过多儿子也敢卖，

恶时恶人犹如云间日。

颂曰：

不管远近不到一年间，

委托要事必定会犯错。

仲敦巴大师告诫纳措译师不管是身边的朋友，还是远处的朋友，如果相交不到一年[②]，或没有长时间接触，就把自己的远近大事委托给他们，这样没有多久就会出现错误。委托大事，必须要回望过去，吸取

---

① 俗话说："吃饭时笑嘻嘻，干活时黑黢黢"。

② 马好坏跑路知，人好坏交结知。（路遥知马力，日久见人心。）

教训，观察未来，明辨是非，不能像狗遇到肥，不分青红皂白。

祥敦·丹巴加措所著的《教言·宝鬘》云：

不管远近不到一年间，委托要事必定会犯错。

颂曰：

揭露自己短处之恶言，

只有一人得知是厉鬼，

若是二人知晓是祸根，

三人获悉风吹恶言行，

若能秘而不宣是智者。

仲敦巴大师告诫纳措译师，自己方面的恶言恶语或揭发过错的话语，如果让一位知心朋友知道，等于埋下祸根，日后与其不睦，就会成为你罪状的证据，并会把你的丑事传扬四方，致使你身败名裂，犹如厉鬼迫害人类。如果你的这些丑话让第二个人知道，将来一定会令你不得安宁，成为灾难的祸根。如果你的丑话让三个人以上知道，那就会一传百百传千，人们心中留下特别坏的印象，成为自己失败的根源。格西博朵瓦的《喻法论》中有“父亲遗嘱留给风。”的典故。说藏北的一个人被仇家抓获，仇家将要杀害他时，他说：“我要留下遗嘱。”仇家问：“你要给谁留遗嘱？”他说：“我让风带去我的遗嘱。”仇家人感到非常奇怪，逢人就把此事当奇闻异事说出来。后来传到那个人亲戚耳朵里，于是亲戚就为他报了仇。所以，需要隐瞒的事，如果能秘而不宣，将它化为乌有，那才称得上是智者。这个训诫到现在仍有其不可估量的现实价值，很多人，因为政治、经济、地位等各方面原因，受到各种形式的监视，一言一行都需要非常谨慎。俗话说："白昼勿偷盗，山头都是人，夜晚莫议事，墙缝都是耳。"现在到处都有监听监视器，已经涉及到社会生活的方方面面，很多人因言行不慎而遭殃。这就是"病从口入，祸从口出。"须要谨言慎行。

祥敦·丹巴加措所著的《教言·宝鬘》云：

揭露自己短处之恶言，使之四处传扬难收回，

百人反感千人也反对，家丑外扬被人骂败类，

忏悔过多就会失本心。

颂曰：

设法得知错话应失笑，

自我揭露错话令魔喜，

祸根当做朋友是大错。

仲敦巴大师告诫纳措译师，通过佛法理论、世间亲友怨敌的教导及其他人的批评等各种方法，知道自己在语言方面犯的种种过错，连自己都感到可笑[1]，但是如果自己去揭露这些过错，那不仅令障碍行善的魔类高兴，而且成为自己失败的祸根。因此，不应该自我披露自己的过错。

祥敦·丹巴加措所著的《教言·宝鬘》云：

设法得知错话是智者，诸魔缠绕多疑多忌者，

自我揭发错话令魔喜，如果祸根当做己朋友，

他化自在天也难驯服。

（3）避免过错，以求正确的教诫

[1] 想起己过不禁发笑。

第一、衔接

颂曰：

尚有忠告继续来聆听。

说还有忠告要说，劝请读者继续聆听。

第二、避免过错，以求正确的教诫

颂曰：

莫要贪恋食物作布施，

莫要贪恋钱财作供养。

仲敦巴大师告诫纳措译师，不要过于贪恋食物，自己舍不得吃，也不愿意施与人，致使食物陈旧腐烂。不应浪费食物，而应该布施给需要的人。那些富裕人家也不应该过于吝惜钱财，而应该供养三宝，应孝敬自己的恩德老师和父母。这并不是叫你不爱惜食物和钱财，也不是舍弃一切，而告诫人们不过度吝啬食物和钱财，要适当地作布施和供养。俗话说："富人欲积财而不吃饭，穷人因无奈而不做事。"告诉人们不应该如俗话所说那样搞绝对，而应当适中。无比阿底峡尊者也说："平常遇见他人时，应该不吝而布施。"

祥敦·丹巴加措所著的《教言·宝鬘》云：

莫像老狗守护干骨头，莫恋食物应该多布施，

莫像饿鬼守护细微物，莫惜钱财应该多供养。

颂曰：

莫要变脸笑迎所有人，

莫分敌友平等对待之。

仲敦巴大师告诫纳措译师，不要因为一些小事而变化脸色，喜怒哀乐无常，而应该时时喜迎众人，笑对所有；对于亲友和怨敌，不要过于爱憎，而应该平等对待，要有一颗平常心。无比阿底峡尊者说："如果遇到他人时，和颜悦色说实话，切莫皱眉现怒容，时时保持微笑相。"

祥敦·丹巴加措所著的《教言·宝鬘》云：

莫似夏日密云中太阳，喜怒无常而应喜相迎，

莫如山顶旌旗被风吹，莫分敌友平等对待之。

颂曰：

莫多赞扬下属记心间，

莫速谩骂应该讲策略。

仲敦巴大师告诫纳措译师，大至国家领导小至僧院教师，对于自己的下属，应该鼓励做好事，但是不能过分地赞扬，小的好人好事不宜过多赞扬，而应记在心上；同样，如果他们做恶事，也不应该马上就批评甚至谩骂，而应该先做调查，若有人责难或造成不良影响，就可以在众人中做适当批评和处理，但是平日里不能以此为借口，不断去谩骂。如果只是一些小错误，那就不必过分教训，而应该用善巧方法进行引导。如果过分赞扬，受到赞扬的人容易得意忘形，也令他人不愉快；如果不做调查，随意批评谩骂人，对方难以承受，甚至会发生争斗、自杀、逃跑等消极情况，所以对待犯错误的人必须要讲究方式方法。

祥敦·丹巴加措所著的《教言·宝鬘》云：

今年虽好明年就变坏，莫早赞扬属下看心思，

恶人也有可能变好人，莫速谩骂善巧爱护之。

颂曰：

不要过多承诺要落实。

仲敦巴大师告诫纳措译师，不管对谁，都不要给予太多的承诺，承诺过后一定要落到实处，如此才能得到他人的信任。相反，如果承诺太多，而落实太少，不管什么人都不会信任你。总之，少做承诺，承诺后一定要落实，这是圣人的特质。龙树论师说："圣人不会轻易做承诺，如果万一需要做承诺，犹如石头上面刻字体，死了也去落实其承诺。"

祥敦·丹巴加措所著的《教言·宝鬘》云：

承诺不能落实诚丢人，不要过多承诺要落实。

颂曰：

不要太多指责应提示。

仲敦巴大师告诫纳措译师，不管对谁，都不要一味去指责揭发，而应该以友好商量的态度来提示提醒对方。如果对自己的亲戚、男朋友、女朋友等关系亲密的，或者关系一般的，或者没有什么关系的人，如果一味地指责对方，那他们不会信任你，不会跟你交心，只会防着你，不久你就成为孤家寡人。所以，不管是指责批评或和颜悦色地开导提示，都要适中，都要恰到好处。

祥敦·丹巴加措所著的《教言·宝鬘》云：

不必过于痛苦和悲伤，不要太多指责应提示。

颂曰：

犯错莫多后悔吸教训。

仲敦巴大师告诫纳措译师，指责他人批评他人，如果与世出世道理相悖，成为扰乱他人思想的因，那么，也不必过分地自责忏悔，而应该吸取教训，避免今后再犯同样的错误。

（4）避免错误的教诫

第一、衔接

颂曰：

尚有忠告继续来聆听。

说还有心里话要说，请继续认真听讲。

祥敦·丹巴加措所著的《教言·宝鬘》云：

尚有忠告继续来聆听。

第二、避免错误教诫，即逐渐断除身语意诸过的教诫

颂曰：

恶口招敌旗帜要善断。

仲敦巴大师告诫纳措译师，说离间语和谎话的罪恶嘴巴，是扰乱他人心续，结怨结仇的祸端，犹如无端招惹敌人旗帜信号，所以，要善于断除一切无意义的言辞。俗话说："疾风无根子，巨响遍虚空；言语如利剑，伤人于无形。"如果不约束自己的口，肆无忌惮地说别人坏话，揭他人的老底，那么，朋友也慢慢会变成敌人，带来不尽的不祥。无比阿底峡尊者说："众人之中管住嘴，独处之时管住心。"

祥敦·丹巴加措所著的《教言·宝鬘》云：

恶口好似嘴上挂镰刀，成为招惹怨敌之旗帜，

犹如喷吐毒液之毒蛇，是故定要管住自己嘴。

颂曰：

多事祸殃前导要善断。

仲敦巴大师告诫纳措译师，做无谓而又不合群的琐事，是灾祸之根源，是祸殃之前导，因为多事会使俗人生口舌，使出家人生懒惰，所以应该要善于断除。并不叫人无所事事，相反，出家人要次第完成讲修三轮[①]事业，需要断除的是影响闻思修的无谓琐事，佛陀也要求出家人清心寡欲，淡薄名利。在家人的事特别多，一件事未办完，另一件事就出来了，永远没完没了。很多人为了琐碎小事，费尽心机，耗费钱财，其结果往往是带来无尽的烦恼，甚至徒生口舌争执。像此类事应该断除。无比阿底峡尊者说："何处见诸安乐事，时时精进行此事，最初开始之事情，先要认真完成它，如此善成诸事业，三心二意难成事。"

祥敦·丹巴加措所著的《教言·宝鬘》云：

随心所欲而为之琐事，乃是倾家讼事之使者，

乃是刮伤身心之锉刀，是故莫要多事放轻松。

颂曰：

多虑计划搅棍要善断。

仲敦巴大师告诫纳措译师，人思虑过多，考虑问题太复杂，就会打乱你的眼前和永久的计划，使之无法顺利完成，所以须要断除[②]。尤其是带头人，如果太过于多疑多虑，犹豫不决，就成为搅乱众人心愿和公众计划的搅拌棍。这里并不是不让人多思考慎考虑，不管僧俗何人，

---

① 三轮：指身、语、意三业。

② 俗话说："三心二意难成事，两个针尖难缝合。"

学习精通“十明”等文化知识，就会增长才智。《道次第》中云：“闻越多，智亦越多，智越多，思亦越多，思越多，修亦越多，修越多，实践越多，实修越多，断除弊病、成就功德的方法越多。”这就是闻思修的关系。此类的思虑是应该肯定的，而不是应该否定的。那么，需要断除，需要否定的思虑是什么呢?此处所说应要断除思虑就是那些搅乱计划的无谓的多思多虑，应该理解为今天做的计划明天推翻的那种多变思维。比如，今天产生了出家的念头，明天就出家了，后天又变心了，于是就还俗了。像这类例子枚不胜举。要断除和否定的就是这种三心二意，不坚定的多思多虑。

祥敦·丹巴加措所著的《教言·宝鬘》云：

多思多虑多疑想法多，搅乱计划犹如搅拌棍，

白昼乱心夜晚难安眠，是故应该立断多思虑。

颂曰：

恶习怨敌聚处要善断。

仲敦巴大师告诫纳措译师，秉性恶劣的人或性格不好的人，跟自己的父母亲友等都不和，结怨结仇很多人，犹如招聚怨敌。所以一定要舍弃断除这种性格。自己难以发现自己的坏脾气或孬性格，应该从正面的佛法、老师和父母的教导，和反面的他人批评和评价来审视自己，如果批评自己的越来越多，自己的声望越来越低，曾经的熟人朋友也逐渐远离自己，不曾熟悉的人也因为自己的言行而敌视自己，到某地做某事，遇到很多不利因素，没有任何有利因素，要知道这一切都是因为自己的秉性恶劣或性格不好造成的。那么又如何知道他人的坏秉性呢？如果跟

谁作伴结交，时时处处所作所为都有悖于世出世法，那就说明对方的秉性恶劣。应该认识清楚自己和他人的坏秉性孬脾气，从而舍弃之，断除之。

祥敦·丹巴加措所著的《教言·宝鬘》云：

不能丝毫忍受恶秉性，乃是煎熬此生身与心，

消减来世善根之扫帚，故应培养宽宏好性格。

颂曰：

妄念魔鬼集聚要善断。

仲敦巴大师告诫纳措译师，要彻底断除心中的贪嗔痴三毒的妄念，因为妄念像魔鬼的集聚地。当自己不断遭遇各种不幸时，要知道这是自己心中的“三毒”所造恶业得到成熟的结果，而不应该认为是外界的妖魔鬼怪所害，进而去算卦禳灾。认识到一切恶缘不幸的根源在于内心的贪嗔痴慢疑妒等颠倒意识，要依靠对治力进行忏悔，并发誓今后遇到生命危险也不犯此类过错，如此才能清净罪障，将恶缘变成顺缘。因变了果也会变，这是显而易见的道理。 事实就是如此，所谓外界的妖魔鬼怪，其实就是内心妄念[1]的使者，其根源在于贪嗔痴三毒。比如某人贪恋他人妻子，想方设法占有，并对其丈夫百般仇恨，万般加害。其结果自己也会灾难不断，得不到幸福。如霍尔古嘎尔强娶珠牧，并向格萨尔发动战争。这就是贪嗔在作祟。那么，痴为因而犯的过错又如何呢？比如，疲劳驾驶，双眼昏花，看不清道路，造成交通事故，伤人伤己。事后去打卦问卜，或言这是魔鬼在作祟，眼花缭乱，将不是道路的当做道

[1] 俗话说：“计虑成敌人，满屋都是贼。”满屋的贼，就是计虑或多疑。

路，这是妖魔幻化的。自己也信以为真，并根据卦师的嘱咐，在出事的路旁树立经幡，举办火供，念经祈祷，而不去找根本的原因。其实，造成如此交通事故的原因就是因为愚痴，不懂得不能疲劳驾驶的道理。这就证明了没有断除妄念魔鬼。

祥敦·丹巴加措所著的《教言·宝鬘》云：

不起自我内心之怨敌，外界魔鬼难以加害你，

疑神疑鬼本是幻觉故，妄念魔鬼集聚要善断。

颂曰：

恶眷闲话根基要善断。

仲敦巴大师告诫纳措译师，要善于断除恶毒的眷属，因为那些秉性恶劣，道德败坏的眷属，像闲言碎语的根基，将会败坏自己的名声。比如，佛祖在世时，提婆达多分裂僧团；在赞普赤热巴坚时期，达纳坚、觉如拉、列杜赞等吐蕃大臣离间赤热巴坚和朗达玛，并设计刺杀赤热巴坚。恶劣的眷属或下人会制造各类闲言碎语进行分裂破坏，以达到自己不可告人的目的。恶毒的眷属是国王与大臣，上师与弟子，父母与子女，僧人与俗人之间不睦的根源，不仅历史上有许多事例，在当前现实生活中也随处可见。所以应该吸取教训，断除闲话的根源恶眷。

祥敦·丹巴加措所著的《教言·宝鬘》云：

本来功德殊胜旃檀树，若被毒蛇缠绕无人来，

好似荆刺覆盖美鲜花，恶眷闲话根基要善断。

颂曰：

恶友悔恨根本要善断。

仲敦巴大师告诫纳措译师，那些以怨报德[1]的恶友，是将来令人悔恨的恶事之根源，故应善于断除。结交品行恶劣的朋友，在不知不觉中会沾染恶劣习性，难以改正，而且像传染病，你又把恶习传染给其他朋友，进而大至社会，小至家庭都受到不良影响，成为自己后悔莫及的根源，所以最好当初就不结交此类恶友，这是最重要的。宗喀巴大师在《极乐世界祈愿文》中都祈愿"祈愿刹那不被恶友所控制。"如此祈祷也是因为恶友是悔恨之根源。格西博多瓦也说："恶友的习气容易沾染，善友的习气却不易沾染，比如，破烂衣服地上拖，只会沾染许多杂草灰尘，而不会沾染黄金白银。"结贡·西绕多吉造的《喻法论·聚宝》中以"结地兄弟僧"为喻，说彭域结地方有两位兄弟僧人，一个饮酒，一个不饮酒，后来喜欢饮酒者来到热振，戒了酒，回到家乡时也不沾酒；而不饮酒的那个去了拉萨，最后变成饮酒僧。如此，本来自己有修法守戒的心愿，但是如果结交的恶友，自己也慢慢沾染其恶习，最后变成跟他一样的人。如果结交善友，就算自己没有什么能耐，善友也不会嫌弃。

祥敦·丹巴加措所著的《教言·宝鬘》云：

月亮虽白兔影所玷污，鲜花虽美臭味所玷污，

犹如双牛掉落深谷中，恶友悔恨根本要善断。

颂曰：

恶地痛苦轮回要善断。

所谓"恶地"，就是指那些能使好的行为不断减弱，坏的行为不断

[1] 饲料喂马儿，尥蹶来报恩。

增长的地方。仲敦巴大师告诫纳措译师，这种地方像痛苦的轮回，故要断除。世间分为器世间和情世间，在器世间方面的恶地，就是指人没有信仰自由的地方，无端争斗不休的社会，搬弄是非的寺院等。这些地方没有自由，争斗不休，不得安宁，在痛苦中度过一生，是痛苦的轮回。喜欢搬弄是非的僧团中充满罪恶，僧人之间搬弄是非，相互离间。像这类地方，有人修行十二年也不会获得丝毫的证悟，而且与之有关联者都会携手到恶趣。以前噶当派的一位叫格西赛西的人因制造僧众内部的纷争而去世。仲敦巴大师说："我的弟子赛西如果三年前去世，那就是一位三藏法师的去世，可惜三年后去世了。"在《道次第解脱·手握》中说："讲说道次第的上师们都说赛西至今在地狱中。"《喻法论·聚宝》中以"受伤的青蛙"为喻，说青蛙进入窝穴后大家一起睡觉，如果一只青蛙有伤，所有青蛙都会腐烂。如果我们出家人中有一个违犯戒律者，受此冒渎晦气，所有僧人不仅难生修行功德，而且罪孽颇多，故须非常慎重。而违背密乘誓言的危险就更大，有说，人们甚至不与犯密乘戒律者同饮一江水。

祥敦·丹巴加措所著的《教言·宝鬘》云：

亲里恶毒犹如无底器，恶地痛苦轮回要善断。

颂曰：

俗事腿脚绳索要善断。

仲敦巴大师告诫纳措译师，修习佛法者，对世俗没有厌离心，一心为了今生的安乐，或扶亲灭敌，追求名望利养。这样的世间之事犹如绑缚自己手脚的绳索，阻止你从轮回中得到解脱，故要断除。对于僧俗而言，为了发展人类的政治、经济、文化，必须要熟悉和了解外面社会，但是如果只顾及自己身边的父母亲戚，并只为他们忙于琐碎小事，那么，自己学习正规的文化知识，难以获得现实生活的真实经验。比如，用绳索或铁链绑缚自己的双脚，永远无法前往更远的地方。如果一生沉湎于繁琐的世间俗事，会严重影响提高自己身语意方面本领，故要善于断除。俗话说“俊杰在外显本领。”另外，还可以理解为要断除给国家、民族、教派、家庭、家族丢脸的事情。比如，有些活佛胡作非为，其所作所为有悖于世出世要求，给上辈活佛丢脸。

祥敦·丹巴加措所著的《教言·宝鬘》云：

我能我知无薪之佣人，俗事双脚绳索要善断。

（一）宗教徒取舍教言

1. 衔接

颂曰：

尚有忠告继续来聆听。

说还有教言忠告需要讲述，请继续聆听。以此为衔接上下文。

2. 宗教徒取舍教言

颂曰：

五浊大肆泛滥之恶世，

所有教徒妖魔是贪嗔，

无论何处须要少贪嗔。

所谓“五浊恶世”，就是指劫、有情、寿、烦恼和见等五者，日趋鄙恶，浊秽泛滥之时。此时，加害所有修法人的妖魔就是心中的贪嗔，即贪恋己方，嗔恨他方。是故，仲敦巴大师告诫纳措译师，不管到何地，都要注意断除贪嗔这个最大的妖魔。或过度贪恋己方，执着于理论的闻思和自己的行为，不做任何力所能及的利他帮助，为他人理论善见的推广制造障碍，给利他帮助的善行进行损害。像此类的贪嗔心态，无论到何处都须要断除。有些人虽然自己闻思教理不差，但是，使之成为心生我慢和扰乱他人心思的工具，自己没有做如何有利于佛法和民族的事业，也见不得他人这样做，心生嗔恨，进而进行否定和阻挠。此类行为应该断除。

祥敦·丹巴加措所著的《教言·宝鬘》云：

贪嗔过盛干草被火烧，污浊恶世风行于各处，

所有教徒妖魔是贪嗔，无论何处须要少贪嗔。

颂曰：

作何事情皆须守低位。

仲敦巴大师劝诫纳措译师，不管做大小什么样的事，都应该舍弃我慢和我欲，要谦虚谨慎，时时守低位。所谓谦逊或守住低位，并不是让人畏缩或任人欺侮，而是叫人断除阻碍自信生起功德的我慢心。众所周知，如果总认为自己比别人强，那就很难看到别人的优点，如果不见其优点长处，又从何谈起学习借鉴呢？总之，为人谦恭，不仅自己能增长功德，而且能看到他人优点，有诸多裨益。比如，曾有国王微服出行，了解民情；或有军人身着百姓服装深入敌营，获取情报，最后打败敌人。在《夏岗丘陵》中说：“对于一切众生持感恩，对于修法之人修净相，怨敌在内调伏诸烦恼。”

祥敦·丹巴加措所著的《教言·宝鬘》云：

守住低位能够到高处，作何事情皆须守低位。

3. 劝诫出门注意事项

颂曰：

尼泊尔地遥远并炎热，

喝水吃饭皆须多谨慎。

尼泊尔离西藏路途遥远，而且天气炎热。仲敦巴大师真诚劝诫纳措译师饮用方面多加注意，千万不要因为炎热口渴就见什么喝什么。此类忠告至今仍有重要的现实价值。现在很多孩子前往内地学习工作，一定要注意饮食。因为有个别坏人，挣钱不择手段，有时甚至在低廉的饮料中放迷昏药。有专家指出有些工厂生产的饮料也含有危害人体的元素，因此吃什么喝什么不能随心所欲，一定要选择好。尤其是出家人，因为口渴，渴不择饮，饮用酒类，致使违犯戒律，坏失戒体，因此要格外慎重。

颂曰：

拉堆南部强盗频出没，

贪嗔施放恶咒须警惕。

在后藏拉堆南部（即今日喀则定日和聂木拉一带）地方强盗多，他们因为贪嗔而打劫路人，而且念诵恶咒加害路人，抢夺财物。仲敦巴大师劝诫纳措译师要多加小心。旧社会，西藏很多地方强盗出没频繁，他们或明强，或暗夺，或施恶咒加害行人后抢劫，使得很多人无法到达目的地，甚至一生被奴役。供养施放恶咒害人之事，在《米拉日巴传》等书籍中都有记载。如今，经常听到有人被药物和机器加害的消息。因此要特别注意。

颂曰：

娘晓北部风言风语多，

胡说八道之人须警惕。

在后藏娘晓北部（即今日喀则江孜和萨迦一带）地方的人爱说闲话，闲言碎语非常多。仲敦巴大师劝诫纳措译师要警惕那些捕风捉影、搬弄是非的人。西藏有些生意人，靠自己的勤奋，生意做得越来越好。有些人却因嫉妒，到处散布谣言，说生意人的货物如何如何，而不明真相的人信以为真，不去买该生意人的东西，致使本来勤奋诚实做生意的人无端遭受亏损。所以，一方面不能轻易听信传言，另一方面，不能随意造谣惑众。

颂曰：

前藏地区无耻亦无愧，

愁苦嗔恨所在须谨慎。

前藏地区的人鲜廉寡耻，不知羞耻，令人生起愁苦嗔恨，须要谨慎。所谓前藏，只是个举例，意思是叫人到了少廉寡耻的地方一定要注意。如果自己是个不知廉耻的人，就会让别人心生悲哀和嗔恨，如果他人不知廉耻，就会给自己带来悔恨和嗔恨，所以应该特别注意。《喻法论·聚宝》说：“另外，名为教徒却没有廉耻者、沉湎于吃喝玩乐者、一味贪图享受者，以及喜欢观看污秽的人，这些都是我所厌恶的。”

颂曰：

现在喜新厌旧人很多，

诱惑欺骗环境须谨慎。

仲敦巴大师说他在撰写《人道·要鬘》的那个时期，人们喜欢阿谀奉承，喜欢喜新厌旧，劝诫纳措译师要警惕那些善于诱惑别人欺骗别人的周围人。这种教诫也适用于现代社会。现在的很多年轻人，心思不坚定，变化无常，喜欢喜新厌旧，而且缺乏社会经验，特别容易上当受骗。我们经常能看到“寻人启事”“钱财被骗”的消息，这都是因为喜好新奇造成的[①]。俗话说：“贪新弃旧三春柳，烧时暖和不经久。”

祥敦·丹巴加措所著的《教言·宝鬘》云：

今日人们喜好新奇事，应该观察一月又一年；

低头谦卑并非皆教徒，须要警惕假装教徒者；

甜言蜜语并非皆善人，须要警惕口蜜腹剑者；

直言揭短之人是善心，须要注意自己生嗔恨；

我知我能之人不可靠，须要谨慎诱惑欺骗者；

说话甜蜜之人非恭敬，须要警惕与己相等者；

施舍好物并非好心肠，须要注意偿还己回报；

叫苦叫穷不可全当真，须要注意手捧头颅者。

4. 取舍互不颠倒的教诫

取舍互不颠倒的教诫有两个方面，一是衔接，二是正文。

（1）衔接

① 俊杰显示本领在外。

颂曰：

尚有忠告继续来聆听。

告诉纳措译师还有忠告要说，请继续认真聆听。

（2）正文

颂曰：

企望本尊神众勿失去，

企望恶世人们应少些。

仲敦巴大师告诫纳措译师，对于本尊众神的企望或想望永远不能丢失，对于那些自己做坏事却要抵赖他人，他人做了好事却要占为己有的恶世之人，不能托付大事，不能企望过高。当时的西藏是几乎全民信教的社会，所以做人原则也要符合出世法，而本尊神能解除自己的恐惧，能解脱他人的恐惧，慈悲对待一切众生，没有亲疏远近，不管利益与否，一视同仁地饶益所有，有事应该企望；相反，对于恶世之人或世间神祇都不值得企望，因为他们不具有信赖企望的条件，相反，他们会令你生起嗔恨，因此不能有所企望。

颂曰：

对于友伴要有畏忌心，

对于善恶诸事少议论。

仲敦巴大师告诫纳措译师，对于平时结伴的友人要有廉耻畏忌之心，不能做以怨报德之事，而且不要过多评论朋友的所作所为。我们需要的是，自己所生存的周围环境充满笑声，和睦友好。这样的环境不能用权力和金钱买到，也不会有人送给你这样的环境，而且，在花言巧语、互相猜忌、装模作样充斥的社会中很难有这样的环境。那么如何创造这样和谐的环境呢？对于你自己的朋友或同事，不管他们怎么样，从你自己的角度，要真诚，要相互帮助，相互关心，要真心相处不能搞当面一套背后一套。比如，今天跟自己结伴的一位出家人，如果他做了违犯戒律，违背父母教导，违犯国家法律的事，你没有向上师汇报，反而告诉对其吹毛求疵的仇人，以求自己获得利益，清净罪孽。这样没有廉耻的事绝对不能做。

颂曰：

莫把行善之事向后推，

勤奋修行正法莫怠惰。

仲敦巴大师劝诫纳措译师，对于结善果的善法三学不要因为懒惰而一拖再拖，要勤奋学修三学及三藏。正如所言，对于善行善法，不能今天拖明天，明天拖后天，一再往后拖，而应该克服懒惰之心，勤奋学修[1]。《正法念住经》[2]中说：“诸多烦恼之一是，乃是懒惰无其他，谁人具有懒惰心，此人没有一切法。”没有精进，只有怠惰，难以完成诸善法，也会耽误眼前和永久的各种事。克服这种懒惰的方法是，思维难得人身易失，思维死后堕恶趣，思维再次难得此人身。如此思维，能克服懒惰之心，知道佛法是此生和来世一切快乐的根源，不能说无意话，做无意事来耽误学修佛法，进而来世多痛苦。如此思修能断懒惰心。《入菩萨行论》中云：“弃舍胜法喜，无边欢乐因，何故如反喜，散掉等苦

[1] 俗话说：“喜新好似快马，持续短于羊毛。”（喻意志不坚。）

[2] 《正法念住经》：全书三万六千颂。古印度班智达阿巴亚嘎拉故达、释迦拉吉达、苏布底赞札和西藏译师崔称坚参比丘由梵译藏。

因？”质问你为什么舍弃殊胜喜乐之根源正法，反而喜乐痛苦的原因散漫和掉举。

祥敦·丹巴加措所著的《教言·宝鬘》云：

虽然不能立马能见到，善业白法果位诚可贵，

邪恶残暴虽然似威风，业果不虚终究会得报。

颂曰：

莫要过于贪图诸计划，

三门清净恭敬上师尊。

仲敦巴大师劝诫纳措译师不要过于贪恋享用获得教证[1]永久计划解脱和遍知妙欲，要三门清净恭敬承事教证诸功德源泉上师。仲敦巴大师自己也为了教证二法，依止上师赛尊二十年，为了更好地侍奉上师，仲敦巴大师不做比丘而做居士，因为他要做很多违背比丘戒律的内外事，在外，他需要腰挂箭、刀、矛三种武器，昼夜看护牛马牲畜；在内需要负责磨糌粑等大小诸事。总之，三门清净侍奉上师，胜过常啼菩萨。在诸教史中都有记载。后来，前往阿里拜谒阿底峡尊者，尽力从行动和财产等方面侍奉上师，直至阿底峡尊者示寂，从未离开过上师。阿底峡尊者也将教法毫无保留地传授给了仲敦巴大师。仲敦巴大师之所以具有广大的弘法利生事业，也是因为三门侍奉上师的结果。总之，对具格上师不能须臾不敬和说长道短，而须身语意恭敬依止。

或者，不管你想完成什么夙愿，不使自己懒惰懈怠，而应勇猛精进，身语意三门清净侍奉善知识，以此来实现自己的愿望，上师和老师

[1] 教证：教法和证法的合称。教法，十二部契经；证法，指戒、定、慧三学。

不能替你完成心愿。

祥敦·丹巴加措所著的《教言·宝鬘》云：

无人用手牵引到极乐，无人用脚牵引到地狱，

自身苦乐握在自己手，勿要自我欺骗要珍重。

四、 总结要义

颂曰：

总之尊重高贵如帽子，

观照低贱之人如剑刃，

对待平等之人如双牛。

仲敦巴大师劝诫纳措译师，对待比自己学问高的人，或者说在家人比你年长[①]，出家人比你戒腊高者，要像帽子一样顶戴；对待比自己低贱的人，就要像没有高低不平的剑刃一样一视同仁来慈悲观照；对待跟自己一般的人，就要像二牛抬杠耕地一样，心无竞争，同甘共苦。应该断除的是嫉妒高贵，小视低贱，无益竞争相等人的心里；而应该做的是，尊老爱幼，相敬如宾，创造和睦相处的社会。

祥敦·丹巴加措所著的《教言·宝鬘》云：

处在高位有朝堕地处，处在低位有朝升高处，

快乐若不节制终痛苦；虽衰本性善良会快乐，

下玄月后就有上玄月，莫要嫉妒高者要尊重，

莫要轻视低者要爱护，莫要竞争相等要和睦。

---

① 俗话说：“僧人看学问，俗人看年岁。”

颂曰：

不管何事私欲要减少，

凡是心愿公平去完成。

仲敦巴大师劝诫纳措译师，不管做什么事都不应该以私欲为主任性而为，而应该向有经验而又亲切的人进行商量咨询，吸取他人长处，不能为人太任性太主观。《萨迦格言》说：“智者完成诸小事，时时协商而完成，若能完成何须说，未能完成显美德。”如此，不管成办眼前和未来的任何事，都须要尊重时代变化、社会发展、国家法律，要合理公允。比如，有些人生怕有悖于国家法律、时代变化、社会发展，就缩手缩脚，不敢大胆地去做该做的事，不敢大胆地去实现该实现的心愿。或有人私心太重，为了一己私利，为了满足自己的私欲，不顾国家法律和社会道德，结果中途折腰，做事有始无终。这一切都是因为没有平常之心，不能平衡利弊。所以不管做什么都要保持一种平常心，不能完全为自己，也不能完全为他人，而应该均衡而为。

祥敦·丹巴加措所著的《教言·宝鬘》云：

虽然教诫道理都明白，如法实践少如白昼星，

欺骗他人乃是狡诈人，心中无惧乃是真英雄，

分析了知其意是明了，说了稀有珍贵是明说，

平时勤于私利是需求，以上种种不是真智者。

虽然一时欺骗其他人，有朝定会得到诸报复，

心中无惧虽是真英雄，无有犹豫飞蛾扑火焰，

分析其意虽然能明了，灯火难以照明其近旁，

己利没有过失是智者，善恶分析得知是智者。

五、劝诫重视教诫

颂曰：

如此劝诫汝之诸教诫，

犹如鸟儿不忘其鸟蛋，

此等善言写于兰札字。

仲敦巴大师说，我给你讲了《人道·要鬘》，告诉你如何处世待人的道理，要牢牢记住，就像母鸟未孵出雏鸟前非常爱惜鸟蛋一样，你在行住坐卧任何时期都要珍惜这些教诫，并用兰札字将教诫书写，使之在印度和西藏等地得到传扬。或者可以理解为，我给你传授的此生待人接物的道理，你可不能像母鸟孵出雏鸟后对鸟蛋没有任何眷恋一样不珍惜。就算你完成了此生和来世的诸事，也要认识到教诫的珍贵性，并为了让后来初学者受益，将教诫付诸文字，使之永远传扬。

在《喻法论·聚宝》中以“婴儿雏鸟依赖母”为例，讲述了婴儿和雏鸟刚生下来像水泡没有任何能力，一切需要母亲照顾，不能须臾离开母亲。正如此例子，初入佛门者没有任何佛学基础，要想不断增长知识，就必须依靠上师，自己没有获得稳固自信之前，不能须臾离开上师以及经验丰富的人的教诫。因此，不仅本人要珍惜这些教诫，而且为了饶益他人，将教诫付诸文字。如此理解亦无不可。

祥敦·丹巴加措所著的《教言·宝鬘》云：

有益之言上师也稀有，虽是子孙聆听者稀少，

求学者多真学者稀少，讲法者多实践者稀少。

颂曰：

寂静之处观看大演出，

长期坚持更能深入心。

仲敦巴大师劝诫纳措译师，要到远离嘈杂的寂静山岭修行，到时要仔细阅读我为你写的《人道·要鬘》，要认真理解和领会其丰富的内容，就像观看一出演出。我所说的教诫如果长期研习，越看越觉得是真理，不管世间人谁实践都能得到收获，都能深入人心。第一句“寂静之处观看大演出”体现了阿底峡尊者让纳措译师前往寂静处修行的意思，“观看大演出”的意思就是，离开世间，将世间俗事当戏观看，如此才能看得清清楚楚。比如舞台上演出的演员远不如舞台下观看演出的观众看得那么清楚。第二句体现了仲敦巴大师自己的所见所闻和亲身感受。

祥敦·丹巴加措所著的《教言·宝鬘》云：

只知词语好坏难受益，长期熏修方能大受益，

从小如理依师好徒弟，牢牢记住老人心中话。

今后很难再有如此话，虽有难知是否真心话，

身处熟悉地或陌生处，都要牢牢记住此教诫。

六. 回向发愿

颂曰：

此生直至一切之生世，

事业相连引导诸众生，

普贤菩萨如何做发愿，

一同欢喜发愿并回向。

仲敦巴大师说："从此生开始，在前世后世一切世中，我俩的事业相连，获得能够引导如母众生的遍知佛位，诚如普贤菩萨为善财童子所说大愿，为以自他三世所积一切善业回向行持普贤大愿，愿以喜乐信三方面，为获得饶益众生获得佛果位，将此教诫讲听的诸善根同时回向发愿。"

后序

纳措译师道：

感恩戴德奇异大海祥，心中铭记珍贵宝贝洲，

有益心灵优美真诚语，实践之人永远受大益。

蜜蜂群里鲜花美味香，大海之中莲花具清凉，

悲智林中所言甘露甜，雪域之中汝之甘霖凉。

纳措译师说："非常感谢慈悲深广如大海无法衡量的上师仲敦巴大师，感谢精通如珍宝般三学的上师仲敦巴大师，因为您大慈大悲心中记挂我，把带到如实现世间一切愿望的如意宝洲，给我开示了此生人世间的道德规范，对我纳措的心灵受益匪浅。不仅如此，内容深邃，形式优美，又浅显易懂的教诫，适合所有世间人，谁实践谁获益。比如，在蜜蜂群里，鲜花是最香甜的美味；在大海中，莲花显得特别清凉；在佛的悲智林苑，教导众生的言语甘露最甜；在雪域西藏，大悲观世音菩萨化身仲敦巴大师您的语录如甘霖般消除烦恼热恼，带来无限清凉。"纳措译师中肯指出了《人道·要鬘》殊胜特点。

阿底峡尊者三师徒间的问答

以下阿底峡尊者三师徒间的问答比较容易看懂，而且怕冗长，就没有作解释。

接着，纳措译师又道：

开示有益教言者稀少，聆听此等教言者更少，

今日寻得如意珍宝串，吾将顶在头顶诚恭敬。

以前西藏犹如黑暗罩，如今好似殊胜灵鹫山，

我等有请感恩又戴德，若无汝语何以得精通。

以前西藏畜生低劣种，如今好似殊胜鲜花园，

我等坚韧不拔具毅力，自欺欺人自他皆遭殃。

现在开始如帽顶在头，头人爱护民众如爱子，

平等相处真诚情谊深，须要少言寡语少讥讽。

抛弃俗事多行诸善业，了解里外诸事莫糊涂，

好心对待一切诸众生，对于一切受用少贪恋。

亲疏远近都要少指望，敌友双方莫分远与近，

麻风病人乞丐少顾虑，认真对待三学莫怠惰。

总之汝之所有言与语，乃是如意珍宝铭记心，

请您莫要担心莫乱心，在此北方之地传佛法，

大力培养僧才建僧团，边鄙之地弘扬佛正法，

雪域之地响彻圣法音，传讲三学不离众眷属，

大士所言乃是大喜宴，敬请满足教徒之心愿。

没有树林不聚众禽鸟，没有江河水鸟何处翔，

没有传出化机难调伏，敬请修建授记之寺院。

我等身居何处去何方，祈求慈悲之眼常观照，

宏大事业时时祈救护！虽然为请尊者付辛劳，

依止拉尊学习诸教法，但是汝之徒儿福慧浅，

正如授记师徒常相见。我虽欢喜追随和侍奉，

阿底峡师直至他在世，但是邦君侍奉更适合。

前往他处无有可担心，如汝所言生生与世世，

有幸与您相伴并相随，摆设正法喜宴利众生。

无灾无难善业得通达，犹如金刚寿命获坚固，

不被邪恶黑业所侵扰，为利众生寿命无灭亡，

常住世间贵体常安康！

纳措译师一边回头一边往后藏前行。

此后，仲敦巴大师来到阿底峡尊者座前，阿底峡尊者微笑着对仲敦巴大师说：

具备慧眼乃是翻译家，能说善言精通语言学，

能够时时保有清净相，是否宣说有益心灵话。

崔陈杰瓦历尽诸艰辛，前往印度迎请我到此，

能否实现你的诸心愿，这位英勇无畏之士夫，

为了求取无餍之正法，前往遥远尼泊尔地方。

我本不应为此去担忧，目前我的身体患疾病，
纳措译师突然离我去，是否那些多嘴多舌者，
诋毁污蔑恩重纳措巴。我本国王需要之学者，
王舍城中巍峨大寺院，理应转动甚深大法轮，
你来追随是否心满足。现在贡唐大师去远行，
阿梅圣人亦去印度国，库俄等人在曲卡修行，
我再你的跟前呆数日。分辨一切是是非非时，
一切对治归总一处时，审思一切闻思修三时，
密严刹土实施往生时，仲敦巴求五千教法住。
但是安乐如何得正法，我的心法不断要弘扬，
现在感受寂静之善业，善于生起正法仲敦巴。
最后前往北方具勇气，执持男子传记具廉耻，
唯一心传弟子记心间，贡唐巴师寻找第二师。
仲敦巴你一心向着我，蛇类换成新皮身不变，
我示死亡现象仍是我，我法交付于你要继承。
北方之地传法达一年，降落法雨饶益诸众生，
此后你要佛法传他人，因为一人难以持所有。
任命八十名人担责任，要把教法普通之秘诀，
主要传授三位化身徒，无有盈亏而住常见面。
任命阿梅管理诸寺院，此后勿要贪执此世间，
前来兜率宫的我座前，此后将近十个月期间，
掌握密咒金刚乘教法，现空幻化显现如游戏，

远离八边空性中舞蹈。奇哉如何行事皆快乐，

奇哉如何行事皆幸福，完全调伏一切诸化机，

暂时前往弥勒佛尊前。师徒因缘圆满真神奇，

今日唱出神奇大歌谣，时机已至适时而吟唱，

好好思考仲敦大菩萨。

阿底峡尊者圆寂时将仲敦巴大师任命为法太子。

仲敦巴大师知道阿底峡尊者即将往生，心中不安而说道：

几生几世积累二资粮，今日获得圣果吾上师，

无与伦比师尊法主人，我曾短程送行贡唐巴，

开示合乎人道诸教诫，交谈特别有益心灵话。

犹如母亲不忍离女孩，依依不舍告别远行客，

母女相遇相连难割舍，为他谆谆教导如溪水。

我本与他难以相别离，无奈贡唐决意去远方，

法主您又示现患疾病，仲敦巴我中间心难安。

贡唐巴师心中唯念您，心虽担忧远行办大事，

这位大师在藏持平等，无有偏私但到阿里地，

生于西藏苯教家族中，多嘴之人总有诋毁他。

藏人恬不知耻无羞耻，这位恩人远行无忧虑，

如今仲敦巴心如母心，好似母羊失子念纳措，

好似妻失夫君念纳措，恰如鸟儿失卵念纳措，

犹如雄鹿失鼻难相信，好比日食月食心抑郁，

就像鱼儿离水念纳措。至尊反复说出此类话，

至尊同伴贡唐巴远行，如眼般的大师也圆寂，

不断抽泣眼泪滴答流，慈悲犹如观世音菩萨。

众生怙主您来辅佐我，今日世间留下我一人，

法主阿梅大师也前来，要让牛犊担负公牛责。

藏土地神凶恶又残暴，雪域需要能担重任者，

邪恶鬼怪具有大幻术，制造障碍扰乱众生心。

难知中阴世界尚遥远，恶世五浊众生难忍受，

修习五智路途太遥远，欲将细微业果给调伏，

欲将细小对治相调换，欲要一通百通欲飞翔。

和合最终如此这般样，有为之事又有何意义，

积累财富又有何用处，说话之间一生将结束。

圣人佛陀八十岁涅槃，龙树大师六百岁逝世，

金刚身亦向上竖立起，显示疾病不令尊主喜。

转轮圣王般的上师尊，命我佛法太子委托寺，

月称论师四百岁示寂，明智杜鹃三百岁示寂，

但是细微业果难战胜，怙主加持牢记于心间。

雪域罗刹密林之深处，我像林中小鸟在飞翔，

没有血肉踽踽在独行，勿要遗忘年年祈救护。

此后三怙主所授记般，生于三位爱子之心间，

三种传承教传不减弱，神圣事业传扬到十方。

法主佛法寺院将衰落，佛法余烬不断在减弱，

任命八十名僧得扩大，佛法弘扬在于北方地。

您的金洲大殿内供养，文殊菩萨勇士金刚称，

无垢大海般的诸经典，以及同门昆季等圣尊。

热振寺院之中将建立，此后没有需要担忧事，

无碍来到怙主您尊前，大力弘扬密集等教法。

为了慈悲困乏诸众生，圆满聚集不净诸众生，

念诵普贤菩萨行愿品。

见到此文诸众生，速获无上菩提心，

怙主师徒三尊者，问答记录如以上。

阿底峡尊者三师徒的问答根据旧文书记录于此。

说者仲敦巴·杰威迥乃，所说内容为《人道·要鬘》，说法地点在于藏土聂唐地方，说法时间为藏历第一绕迥木马年（公元1054年），当时仲敦巴大师51岁，纳措译师44岁。《教言·宝鬘》中说："观世音菩萨的化身仲敦巴大师法主所造《人道·要鬘》的注释《教言·宝鬘》的正文浅显易懂，无需阐释，借鉴《经庄严论》和《地庄严论》等，模仿印度学者和贡唐嘉木漾文风，从所断与所取、一般与特殊、总体与个别、譬喻与实意，进行补充完善，须要结合正文阅读。"在此亦结合正文而写。

云：

心怀助益教诫者稀有，虽有教诫实践者稀少，

尽管如此人道教言释，为使自己行善而撰写。

热振寺森珠·丹增益西于藏历第十七绕迥金鼠年五月二十日，即先祖仲敦巴大师杰威迥乃圆寂日，写于热振上寺院寝宫。

《西藏地理》及释文

第一、概述

嗡嗦底！

妥顶金顶神殿里，[①]

萨益桑嘎印度君，[②]

问仲敦杰威迥乃，

相关西藏之情况。

“嗡嗦底”，是梵文，意即“愿得吉祥”；“妥顶金顶神殿里”，指出问答有关西藏人文地理情况的地点；“萨益桑嘎印度君”，是请问者；“仲敦杰威迥乃”，是请问的对象；“相关西藏之情况”，是所问内容。

第二、详述

西藏人之皈依处，

具备无碍智慧者，

至尊仲敦巴大师请听。

---

① 在阿里地区札达县。

② 与阿底峡尊者一同来西藏的一位西印度邦君，见仲敦巴大师著的《旅途志》。

此三句赞美仲敦巴大师的智慧功德，请求他聆听并回答有关西藏的情况。

萨益桑嘎邦君我，
印度广袤山川地，
跟随阿底峡尊者，
来到丘壑西藏地。

此偈简要介绍了向仲敦巴大师请问者的情况。

我虽了知自家事，
对于藏土无了解，
为此相关西藏地，
还请大师多开示。

此偈表达了询问西藏情况的原因和所问内容。

为此仲敦大师说：

印度大王听我讲，
西藏总名大雪域，
分为卫藏康三地。

此偈说明仲敦巴大师回答相关西藏人文地理时先介绍西藏地理知识，告诉他西藏总称为雪域，有卫藏康三个组成。

达[1]工[2]龙沃娘四地，

---

[1] 在今西藏自治区加查县和朗县。

[2] 拉萨市东部有娘布、龙布、工布三地。指尼洋河上中下游的三个地方，上游至工布江达之间流域叫娘布；从雪卡河汇合处是龙布，也是尼洋河的中游流域；尼洋河和雪卡河汇合处到孜拉岗之间叫工布，亦为尼洋河下游流域。

边鄙藏北[1]等五地，

不同地形有八类。

此三句说明，远在松赞干布时期将卫藏划分为五个茹，这里把卫地夭茹的有些主要地名和边鄙藏北等五个，加上前面说的三大区，总共八个不同的地形。

阿里地区也有三。

西藏不仅有卫藏康三大地区，还有阿里，阿里又分为三地。吐蕃王朝后代吉德尼玛衮，公元十世纪出走阿里，其三子分建了三个小邦，即长子白德衮领地玛尔隅，次子扎西衮领地古格普兰，第三子德祖衮领地芒域桑嘎尔。

那么卫藏两地又有那些地方呢？

藏有也茹和运茹，

萨和直蔡络门三，

塞和茹仓乌玉香，

大小山川二百三。

偈说，藏地总分也茹和运茹，包括以香曲河流域的南木林为中心的萨、直蔡[2]、络门[3]、塞[4]、茹仓[5]、乌玉[6]、香等七个地方，其间有众多

---

[1] 疑是现今那曲市的牧区。

[2] 萨和直蔡，位在今定结县。

[3] 珞门，位在今亚东县。

[4] 塞，位在今萨迦县。

[5] 茹仓，位在今尼木县。

[6] 香和乌玉，位在今南木林县。

山川丘壑。

卫有乌茹和天茹，

乌茹还分南和北，

南有彭域和堆龙，

北有雪和墨竹二。

在卫藏康三地区的卫有乌茹和天茹两翼，天茹如上已说，乌茹又分南北两块，南部有彭域和堆龙，北部有雪和墨竹[1]等四个地方。

大的山谷二百三，

上下部有四千个，

康有二百一十个。

在卫藏两地有二百三十个大小地方，从阿里到多麦共有四千个，康区有二百一十个。

总之雪域大地上，

大地共有一千五，

小地一万两千个，

大山共有四十万，

小山二百五十万，

平原一千六十七，

一百十七万小坝，

大江大河有四条，

小河三百五十万，

---

[1] 位在今林周和墨竹工卡两县，达孜和堆龙两区。

泉眼四百一十万，

岩山共有九万座，

大小道路十九万，

西藏地理就如此。

介绍西藏大小地方、大小平原、大小江河，以及岩山和泉眼，大路和小路。

萨益桑嘎诚惊奇，

又向仲敦巴询问。

萨益桑嘎邦君为仲敦巴大师的知识叹服，再次向仲敦巴大师询问相关西藏人文情况。

西藏木门有多少，

牧区帐篷有几许，

寺院神庙有多少，

请求智者给开示。

如此，印度萨益桑嘎邦君又问仲敦巴大师，西藏有多少常住农村户，有多少游牧民，有多少出家人住的寺院和神庙，请求智者仲敦巴大师开示。

仲敦巴师如实答：

五十万一千村户，

牧帐两千四百万，

寺院五十五座等。

此四句告诉印度王，西藏的农户有五十万一千，游牧牧帐有二百四十万，寺院有五十五座，农牧民的户数加寺院共有二百九十万一千零五十五（2901055）。

萨益桑嘎诚惊奇，
再次询问仲敦巴，
藏人中有多少男，
妇女又有多少个，
其中修法人几许，
其中得道人多少？

仲敦大师如是答：

藏人男子三千万，
妇女共有四千万，
修法之人四万名，
得道之人四百名。
邦君大人请聆听，
本性业之明镜中，
显现各类业影像，
错乱忏悔于至尊，
但愿满足邦君愿。

仲敦巴大师告诉印度邦君，七千多万藏人中有男子三千万，女子四千万，出家人四万，共有七千零四万（70040000），当时有“西藏”和“大西藏”，“大西藏”包括多堆和多麦两地，其中多堆康区和多麦的安多。“西藏”是指卫藏康三区，达布、工布、龙沃、娘四地，以及边鄙藏北草原，共划分为八个地方，这是当时的划分法。“卫藏四茹”

之卫地二茹中的乌茹，以吉续（今拉萨）为中心，东至桑日县境，南至玛拉山脉，西至尼木，北至朗马；夭茹，以昂续（今乃东昌珠寺）为中心，东至工布，南至错那，西至喀惹雪峰，北至玛拉山。后藏有二茹，其中茹拉克（又名也茹），以哲地的杜瓦纳拉为中心，东至绛纳扎，南与尼泊尔的朗纳接界，西至拉更亚米，北至杰麻拉恩；也茹，以南木林为中心，东至朗马古普，南至聂拉木，西至皆麻拉古，北至黑河麦底。而所谓的“大藏区”，包括上部阿里三围、中部卫藏四茹、下部多康六高地。

在萨迦地方政府时期，元朝将卫藏四茹划分为十三万户，其中，后藏的南拉堆万户有一千九百九十户，北拉堆万户有两千户，夏鲁万户有三千八百九十二户，强卓万户，或名羊卓万户总共有十六万户，卫地的直贡万户有三千三百八十户，蔡巴万户有三千七百户，帕木珠万户有两千四百三十八户，亚桑万户有三千户，甲玛和甲域万户共有五千九百户，达龙万户有五百户。另外，有散户一千四百户。于公元1354年，帕珠地方政权建立，以宗来代替万户，有泽当乃东宗、琼结青瓦达孜宗、沃卡达孜宗、桑日宗、卫堆吉日达孜宗、扎嘎桑阿德钦宗、彭域轮珠宗、谿卡内邬宗、吉续麦觉贡嘎宗、曲水宗、央卓白德宗、绒仁蚌宗、娘堆杰卡达孜宗、娘堆巴朗轮珠宗等共十三个宗，开始建立了宗谿制度。以上是依据《龙堆阿旺洛桑文集》撰写。现在西藏自治区包括上部阿里和卫藏康三区，有六个市和一个地，即拉萨市、日喀则市、昌都市、林芝市、山南市、那曲市、阿里地区，共有县区七十多，人口在三百五十万左右。西藏的人文地理简述毕。

藏历第十七绕迴金鼠年九月十八日，森珠·丹增益西写于四瑜伽住锡地上寺寝宫。

མཇུག་གི་གཏམ།

སྤྱིར་འགྲེལ་པ་འདི་ཉིད་བཀའ་གདམས་ཆོས་འབྱུང་ཁག་དང་ཕ་ཆོས་བུ་ཆོས་གཙོས་འབྲེལ་ཡོད་ཡིག་ཆ་འགར་བརྟེན་ནས་འགྲེལ་ཁུལ་ཡིན་ཡང་རང་ལ་ཉམས་མྱོང་མེད་པ་དང་། དཔྱད་གཞིའི་ཡིག་རིགས་དཀོན་པ། རིག་གནས་ལ་ཤེས་རྒྱ་ཆུང་ཞིང་། ལོ་རྒྱུས་ཀྱི་ཐོས་པས་དབུལ་བ། རྣམ་དཔྱོད་ཀྱི་ཤེས་རབ་དམན་པ་བཅས་ཀྱིས་རྗོད་བྱེད་ཚིག་དང་བརྗོད་བྱའི་དོན་ལ་འཁྲུལ་པ་ཇི་སྙེད་ཅིག་ཡོད་སྲིད་པས་གཟིགས་མཁན་གཟུར་གནས་བློ་ལྡན་རྣམས་ཀྱིས་འཛེམ་བག་མེད་པའི་དགོངས་འཆར་ལྷུག་པོར་སྩལ་བར་ཞུ། འདིར་ཆེད་དུ་ཞུ་བ་ནི་དེབ་འདི་རྒྱ་ཡིག་ཏུ་སྒྱུར་མཁན་ཏན་མཁས་གྲུབ་ཆོས་འཕེལ་མཆོག་དང་། ཁོ་བོར་རྒྱུན་དུ་ཕ་ལྟར་བྱམས་སྐྱོང་གནང་མཁན་གྱི་ཞང་ཚོགས་རྣམ་སོགས་འདིར་རྒྱབ་སྐྱོར་གནང་མཁན་ཡོངས་དང་། ལྷག་ཏུ་ཏན་ལྷ་གཡང་ནོར་བུ་མཆོག་ནས་དཔེ་སྐྲུན་ཁང་མཚམས་སྦྱོར་དང་བོད་ལྗོངས་མི་དམངས་དཔེ་སྐྲུན་ཁང་ནས་དཔེ་སྐྲུན་འགྲེམས་སྤེལ་གནང་བ་བཅས་ལ་སོར་བཅུའི་འདབ་མ་སྙིང་ཁར་སྦྱར་ཏེ་བཀའ་དྲིན་བླ་མེད་དུ་ཆེ་ཞུའོ། །མཇུག་ཏུ་འདི་ལྟར་འབད་པའི་དགེ་བས་མཉམ་མེད་ཇོ་བོ་བཀའ་གདམས་པའི་བསྟན་པ་རིན་པོ་ཆེ་ཕྱོགས་དུས་གནས་སྐབས་ཀུན་ཏུ་དར་ཞིང་རྒྱས་པ་དང་། བཀའ་དྲིན་གཞལ་མཐའ་བྲལ་བའི་བཤེས་གཉེན་དམ་པ་རྣམས་ཀྱི་ཐུགས་དགོངས་ཡོངས་སུ་རྫོགས་པ། ཚེ་སྔོན་

ལས་ཀྱིས་འབྲེལ་བའི་དྲིན་ཅན་ཕ་མ་གཉིས་ཀྱིས་གཙོས་གཉེན་ཉེ་ སྲུན་མཆེད་ཡོངས་མི་འདོད་པའི་ཉེར་འཚེ་ཞི་བ་དང་། ལྷག་པར་བདག་ལ་འབྲེལ་ཐོགས་ཀྱི་སེམས་ཅན་ཐམས་ཅད་སྐྱེ་བ་ནས་སྐྱེ་བར་ཇོ་བོ་ཡབ་སྲས་ཀྱིས་རྗེས་སུ་བཟུང་ཞིང་ལྷ་ཆོས་མི་ཆོས་ཀུན་དང་མཐུན་པའི་བཀའ་གདམས་གོང་མའི་རྣམ་ཐར་གཙང་མ་འཛིན་པའི་རྒྱུར་གྱུར་ཅིག། ॥

སྟོན་པའི་འདས་ལོ། ༢༥༨༧ བོད་རབ་བྱུང་༡༧ཚུ་ཡོས་བོད་ཟླ་༡༠པའི་ཚེས་སུམ་ཅུ་ཉིན་རྭ་སྒྲིང་དགོན་གྱི་རང་ཤག་ནས་སློམ་ལས་པ་བསྟན་འཛིན་ཡེ་ཤེས་ཀྱིས་རྫོགས་པར་སྦྱར་བའོ། །

སརྦ་མངྒ་ལཾ།

后记

在此由衷感谢给予帮助的相关人员，特别要感谢的有翻译成汉文的克珠群佩老师、如父慈护我的舅曲朗和《西藏文艺》主编拉央罗布老师，还要感谢西藏人民出版社的有关领导和编辑。

笔者参阅《噶当派教法源流》《祖师问道录》《弟子问道录》为主的相关文献资料，阐释《菩·萨宝鬘论》和《人道·宝鬘》等名著。可资参校的史料奇缺，加上本人缺乏经验、学识浅薄、孤陋寡闻、智慧低劣，因此，在内容和形式各方面存在诸多错谬，敬请大方之家不吝赐教。

藏历第十七绕迥水兔年十月三十日写于上寺寝室。

森珠•丹增益西

བྱང་སེམས་ནོར་བུའི་ཕྲེང་བ་དང་མི་ཆོས་གནད་ཀྱི་ཕྲེང་བའི་འགྲེལ་པ།

མཛད་པ་པོ།	གཟིམ་སྤྱིལ་བསྟན་འཛིན་ཡེ་ཤེས།
སྒྲུར་པ་པོ།	མཁས་གྲུབ་ཆོས་འཕེལ།
རྩོམ་སྒྲིག་འགན་འཁུར་བ།	པ་སངས་དབང་ཆེན།
ཁ་ཤོག་བྱུས་འགོད།	བསྟན་འཛིན་དབང་རྒྱལ།
པར་འདེབས་འགན་འཁུར་བ།	ཉི་སྒྲོན།
པར་གཞི་བྱུས་འགོད།	པ་སངས་དབང་ཆེན།
དཔེ་སྐྲུན་འགྲེམས་སྤེལ་ཚན་པ།	བོད་ལྗོངས་མི་དམངས་དཔེ་སྐྲུན་ཁང་། (ལྷ་ས་གླིང་སྐོར་བྱང་ལམ་སྒོ་ཨང་20པ།)
པར་འདེབས་ཚན་པ།	བོད་ལྗོངས་ཤིན་ཏུ་པར་འདེབས་ཚད་ཡོད་མཐུན་གཉེར་ཁང་།
དེབ་ཚད།	635 × 965 1/16
དཔར་ཤོག	22.375
ཡིག་གྲངས།	ཁྲི་20
པར་གཞི་སྒྲིག་ཐེངས།	2024ལོའི་ཟླ་6པར་པར་གཞི་1བསྒྲིགས།
དཔར་ཐེངས།	2024ལོའི་ཟླ་6པར་དཔར་ཐེངས་1བཏབ།
དཔར་གྲངས།	01−2,000
དཔེ་རྟགས།	ISBN 978−7−223−07707−1
བཅད་གོང་།	སྒོར་58.00